汽车保险与理赔

实训教程

主　编　周唤雄
副主编　王一斐　王　芳

西南交通大学出版社
·成　都·

图书在版编目（CIP）数据

汽车保险与理赔实训教程 / 周唤雄主编. -- 成都：西南交通大学出版社，2024. 10. -- ISBN 978-7-5774-0123-2

Ⅰ. F842.634

中国国家版本馆 CIP 数据核字第 20244NL095 号

Qiche Baoxian yu Lipei Shixun Jiaocheng

汽车保险与理赔实训教程

主　编 / 周唤雄

策划编辑 / 张　波
责任编辑 / 罗爱林
封面设计 / 曹天擎

西南交通大学出版社出版发行
（四川省成都市金牛区二环路北一段 111 号西南交通大学创新大厦 21 楼　610031）
营销部电话：028-87600564　　028-87600533
网址：http://www.xnjdcbs.com
印刷：成都中永印务有限责任公司

成品尺寸　185 mm × 260 mm
印张　18.75　　字数　467 千
版次　2024 年 10 月第 1 版　　印次　2024 年 10 月第 1 次

书号　ISBN 978-7-5774-0123-2
定价　49.00 元

课件咨询电话：028-81435775
图书如有印装质量问题　本社负责退换

前　言

汽车作为现代交通工具，在给人们生产生活带来便利的同时，也产生了相应的风险。随着汽车保有量的迅速增长，道路交通事故也越来越多，汽车保险越来越受到人们的重视，从而导致汽车保险人才紧缺。汽车保险行业需要大量掌握专业知识和专业技能的从业人员，许多高职专科院校、应用型和职业本科院校相继开设了汽车保险专业或在相关专业中开设了“汽车保险与理赔”课程，因此，急需紧跟行业发展，紧密结合实际，能利用“互联网+”展示工作场景，能为教学提供全方位资料的实训教材。在此背景下，我们组织教学经验丰富、实践能力强的教师和长期从事汽车保险工作的专业人员，编写了本书。

本书的编写以最新的法律法规为依据，以汽车保险工作内容为基础，围绕汽车保险业务的各个环节，进行教学内容的选取，主要有以下 3 个特点。

1. 紧跟时代需要，利用“互联网+”手段。本书通过“互联网+”展示汽车保险工作的实景、实情，使学生在课堂上就能感受工作氛围，了解工作场景。

2. 紧密结合实际，选取“真材实料”。本书使用了大量的实物照片，提供了汽车保险工作中实际使用的大量图表，能够使学生在学习中接触到工作内容，激发学习兴趣。

3. 真正的“立体化”。本书提供教学课件、技能实训工单、课后复习思考题、试题库、试卷库，还提供了相应的答案，对教师的教学工作有很大的帮助。

本书由甘肃交通职业技术学院周唤雄担任主编，甘肃交通职业技术学院王志新教授担任主审。王志新教授对书稿进行了全面审阅，并提出了宝贵的修改建议。参加编写的人员分别是甘肃交通职业技术学院周唤雄（编写项目一、项目三、项目四、项目五）、甘肃交通职业技术学院王一斐（编写项目六、项目七）、甘肃交通职业技术学院王芳（编写项目二）。本书在编写过程中得到了山东交通学院李景芝教授的指导和大力支持，这里提出特别感谢！本书的编写还得到中国大地财产保险股份有限公司甘肃分公司李斐先生、中国人民财产保险股份有限公司甘肃分公司张佩霞女士、甘肃民通汽车维修服务有限公司赵东辉先生、甘肃泓通汽车销售服务有限公司寇登斌先生的大力支持，在此表示感谢！

本书在编写过程中，参考了许多中外汽车保险的论著、教材及相关网站的资料，在此对相关著作权人表示衷心的感谢。

由于编者水平有限，书中难免存在不足之处，敬请广大读者批评指正。

编　者

2024 年 8 月

目 录

项目一　汽车保险基础

学习目标

1. 理解风险的含义。
2. 掌握风险的特征、要素、类型。
3. 了解风险的管理方法。
4. 理解保险的概念。
5. 知道保险的常用术语。
6. 知道保险的要素、特征、作用及类型。
7. 了解汽车保险史。

学习导入

2016 年夏天，邢台市暴发了洪水，大量的汽车被水淹没，造成严重的生命和财产损失，可见风险存在于我们的周围（见图 1-1）。风险是人们在日常生活和生产中始终存在着的客观现象，任何人都不能确切地预知某一灾害和意外事故是否会发生，以及造成多大的损害。

图 1-1　邢台暴雨带来的损失

任务一　风险与风险管理

一、风险的含义

中国有一句古话："天有不测风云，人有旦夕祸福。"在现实生活中，时时处处都可能存在风险，人们的生命和财产安全随时可能受到威胁。为规避风险，保护自我和保护自我发展，发生风险事故前人们采取预防措施，防止事故发生，发生事故后通过风险转移减轻自己的损失，如购买人身和财产保险。而购买保险是一种比较简单、便于计算成本的风险管理方法。

风险与保险之间存在着内在的必然联系，风险的客观存在是保险产生与发展的自然基础，"无风险则无保险"。因此，对保险的研究必须从风险入手。

风险是指某种事件发生的不确定性。从广义上讲，只要某一事件的发生存在两种或两种以上的可能性，就认为该事件存在风险。在保险理论与实务中，风险仅指损失的不确定性。

这一学术定义与我们日常生活中所说的"风险"的含义是不同的。我们通常说"做什么事情都有风险"，意思是说"把握不大""成功的可能性小"。保险学中的风险有以下 3 层含义：

（1）风险是指未来可能发生而目前尚未发生的某种损失的可能性。风险一旦发生，可能性就变成了事实，也就不能再称其为风险，而要称为风险事件或风险事故。

（2）风险是与人身伤害或财物损失相联系的概念。若未引起人身伤害或财物损失，只是精神等方面的损害，不能称其为保险学中的风险。

（3）风险并不是指导致损失的随机事件本身，而是指损失的不确定性，是人们对未来难以预测的一种主观上担忧、忧虑的心境。

这里的不确定性包括 3 个方面：

① 损失发生与否不确定。如果一个特定的意外事故肯定不会发生，就没有保险的必要。如果肯定有发生的风险，就不会有人愿意承担保险责任，保险就不会存在。因此，只有事故发生与否尚不确定，也就是说，有可能发生但不一定发生，保险才能成立。

② 损失发生的时间不确定。某一特定事故的发生可以肯定，但何时发生不能预测，这也是一种不确定性。如人身保险中，人的死亡是确定无疑的，但何时发生就难以预测了。

③ 损失发生的程度不确定。事故发生虽然是确定的，但所导致的结果无法预料。如每年都会有大量的交通事故，但每一起交通事故所导致的损失不确定，有时损失很轻，有时又相当严重。

损失的不确定性程度越高，风险就越大。不确定性是风险的本质属性，所以，有时人们干脆就用"不确定性"来代替风险使用。

二、风险的要素

风险是由多种要素构成的，一般认为风险的要素包括风险因素、风险事故和损失。

（一）风险因素

风险因素是指促使某一特定风险事故发生或增加其发生的可能性或扩大其损失程度的原因和条件。风险因素是风险事故发生的潜在原因，是造成损失的内在的或间接的原因。如酒后驾车、疲劳驾驶、车辆制动系统故障等是导致车祸的原因。根据风险因素的性质不同，通常分为物质风险因素、道德风险因素和心理风险因素 3 种。

（1）物质风险因素。物质风险因素也称实质风险因素，是指有形的并能直接影响事物物理功能的因素，即某一标的本身所具有的足以引起或增加损失机会和损失幅度的客观原因及条件，如汽车的超速行驶、地壳的异常变化、恶劣的气候、疾病传染、环境污染等。

（2）道德风险因素。道德风险因素是与人的品德修养有关的无形的因素，是指由于个人不诚实、不正直或不轨企图促使风险事故发生，以致引起社会财富损毁或人身伤亡的原因和条件，如欺诈、纵火、贪污、盗窃等。

（3）心理风险因素。心理风险因素是与人的心理状态有关的无形的因素，是指由于人的不注意、不关心、侥幸或存在依赖保险的心理，从而增加了风险事故发生的概率和损失幅度的因素。例如，停车忘记锁车门，增加了偷窃的风险；发动机水管陈旧，电线老化，不及时更换，增加了发动机受损的可能性；传动带超期限使用，不及时更换，存在侥幸心理，增加了敲缸发生的可能性。此外，还有如酒后驾车，驾驶有故障车辆，企业或个人投保财产保险后放松对财物的保护措施，投保人身保险后忽视自己的身体健康等。

综上所述，物质风险因素是客观存在的，心理风险因素是主观性的，但前者是故意的，后者是过失或疏忽的。

（二）风险事故

风险事故是指造成生命和财产损失的偶发事件，是造成损失的外在的和直接的原因。损失都是由风险事故造成的。风险事故使风险的可能性转化为现实，即风险的发生。如制动系统失灵酿成车祸而导致人员伤亡，其中，制动系统失灵是风险因素；车祸是风险事故；人员伤亡是损失。如果仅有制动系统失灵，而未导致车祸，则不会导致人员伤亡。

对于某一事件，在一定条件下，可能是造成损失的直接原因，则它成为风险事故。而在其他条件下，可能是造成损失的间接原因，则它便成为风险因素。如下冰雹使路滑而造成车祸，造成人员伤亡，这时冰雹是风险因素，车祸是风险事故；若冰雹直接击伤行人，则它是风险事故。

（三）损　失

在风险管理中，损失是指非故意的、非预期的和非计划的经济价值的减少。这一定义是狭义损失的定义。显然，风险管理中的损失包括两个方面的条件：一是非故意的、非预期的和非计划的观念；二是经济价值的观念，即经济损失必须以货币来衡量，两者缺一不可。如有人因病使其智力下降，虽然符合第一个条件，但不符合第二个条件，不能把智力下降定为损失。

广义的损失既包括精神上的耗损，又包括物质上的损失。例如，记忆力减退、时间的耗费、车辆的折旧和报废等属于广义的损失，不能作为风险管理中所涉及的损失，因为它们是必然发生的或是计划安排的。

在保险实务中，损失分为直接损失和间接损失，前者是直接、实质的损失；后者包括额外费用的损失、收入损失和责任损失。

（四）风险三要素之间的关系

风险是由风险因素、风险事故和损失三者构成的统一体，它们之间存在着一种因果关系，其关系如图 1-2 所示。风险因素会引起和增加风险事故的发生，风险事故的发生可能导致损失的产生。但是，风险因素、风险事故和损失之间的关系并不一定具有必然性，即风险因素并不一定引起风险事故，风险事故也不一定导致损失。

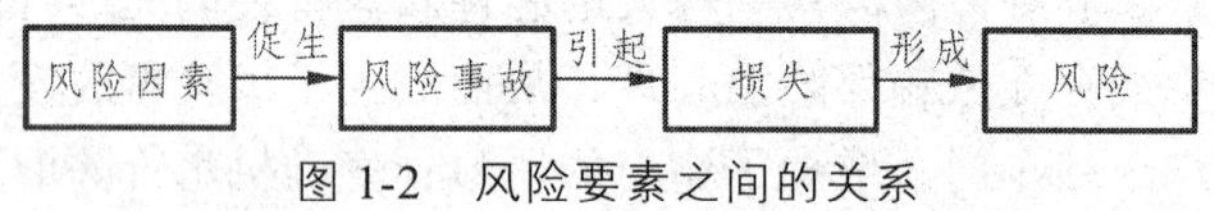

图 1-2　风险要素之间的关系

三、风险的特征

根据风险的概念及其发展规律的外在表现可概括出风险的 7 个特征：客观性、损失性、不确定性、可测性、可变性、普遍性、社会性。

（一）客观性

风险独立于人的意识之外客观存在，不以人的意志为转移。比如自然界的地震、台风、洪水，人类社会的瘟疫、战争、意外事故等，无论人们是否意识到，它们都是客观存在的。人们只能在一定的时间、空间内改变风险存在和发生的条件，降低风险发生频率和损失幅度，使风险得到一定程度的控制。

（二）损失性

风险与人们的利益密切相关，其发生后果是损失，表现为经济利益的减少。财产损失的经济利益可以用货币直接进行衡量，而人身损害的经济利益一般表现为所得的减少或支出的增多。保险的作用就是对损失的经济利益进行补偿。

（三）不确定性

风险是客观存在的，但就某一具体风险而言，它的发生是不确定的，是一种随机现象，是主观意识不能事先予以准确测定的。风险发生的不确定性源于导致某一风险事件发生的风险因素的本身具有偶然性。并且风险因素的作用方向、强度、时间以及各种风险因素作用的先后顺序都会影响风险发生。因此，风险的发生具有偶然性，这种偶然性使风险本身具有不确定性，也意味着风险的发生具有突发性，人们对风险的发生事先无法准确把握、测定，从而造成心理上的某种不确定感。风险也可认为是经济损失的不确定性。

风险事故的不确定性主要表现为：风险事故是否发生不确定、何时发生不确定、发生的后果不确定。

（四）可测性

个别风险的发生是偶然的，但人们根据以往发生的一系列类似事件的统计资料，通过对大量风险事故的观察会发现，其往往呈现出明显的规律性。运用统计学方法处理大量相互独立的偶发风险事故，可以比较准确地反映出风险的规律性。根据以往大量资料，利用概率论和数理统计的方法可测算出风险事故发生的概率及其损失程度，并可建立损失分布模型，成为风险估测的基础。例如，西方学者通过对造成人身伤亡的风险事故的分析、统计，估算出一个人在一年中遭受意外伤害的频率为1/2，在家受伤的频率为1/8，在行走时被车撞死的频率为1/13 000，死于空难的频率为1/25 000。

运用概率统计的方法，能对某类风险进行预测、衡量与评估，体现了风险总体的可测性。风险的可测性，为风险的可经营性奠定了基础。

（五）可变性

风险并不是一成不变的，在一定条件下是会发生变化的。风险的发生及其产生的后果的程度，可以随着条件的改变、人们认识的深入、治理水平的提高和管理措施的完善而发生变化。随着科学技术的发展、环境的改变、人们面临的某些能源消失，而随之新的危险又可能产生。例如，人类使用油灯照明时，面临着打翻油灯而引发火灾的危险；随着科技的发展，电灯代替了油灯，这种危险便不存在了，但随之又产生了电会使人触电身亡的风险，电引发的火灾等风险。因此，风险在一定的条件下是会转化的。

（六）普遍性

风险是无处不在、无时不在的，存在于社会经济生活的方方面面，风险随时威胁着人类的生命和财产的安全。古代社会有风险，现代社会也有风险；国外有风险，国内也有风险；大到一个国家，小到个人、家庭、企事业单位、机关团体等，都面临着各种各样的风险。因此风险具有普遍性。风险的普遍性决定了保险需求的普遍性。

（七）社会性

风险是一个社会范畴，社会由人构成。只有风险给人们的生命和财产造成损害时，才称其为风险，否则只是一种自然现象。

四、风险的分类

风险是多种多样的，可根据不同的研究目的，按照不同的分类方式进行分类。

（一）按风险产生的原因分类

按风险产生的原因，风险分为自然风险、社会风险、政治风险、经济风险、技术风险、法律风险。

（1）自然风险。自然风险是指自然力的不规则变化引起的种种现象所造成的财产损失及人身伤害的风险，如风灾、雹灾、火灾、地震、海啸等。在所有风险中，自然风险所占比重较大，其已成为保险中承保最多的风险之一。

（2）社会风险。社会风险是指个人或团体的故意或过失行为、不当行为等所导致的损害风险，如盗窃、抢劫、玩忽职守等。

（3）政治风险。政治风险是指由于政局的变化、政权的更替、政府法令和决定的颁布实施等政治原因导致损失的风险，如对外投资风险。

（4）经济风险。经济风险是指在生产经营过程中，因各种因素的变化或估计错误，导致经济损失的风险，如市场预期失误、经营管理不善、消费需求变化、通货膨胀、汇率变动等所导致的经济损失。

（5）技术风险。技术风险是指伴随着科学技术的发展、生产方式的改变而产生的风险，如核辐射、空气污染和噪声等。

（6）法律风险。法律风险是指由于颁布新的法律和对原有法律进行修改等原因而导致经济损失的风险。

（二）按风险的性质分类

按风险的性质，风险可分为纯粹风险与投机风险。

（1）纯粹风险。纯粹风险是指一旦发生风险事故只有损失机会而无获利可能的风险，如自然灾害。纯粹风险所导致的结果只有两种：损失或无损失。纯粹风险的变化较为规则，有一定的规律性，可利用数理统计法计算其发生频率、损失程度。保险公司所承保的风险基本上是纯粹风险。

（2）投机风险。投机风险是指既有损失可能又有获利希望的风险，如赌博。投机风险所导致的结果有 3 种：损失、无损失和盈利。投机风险一般都是不规则的，无规律可循，难以利用数理统计的方法加以测算。保险人通常将投机风险视为不可保风险。

（三）按风险损害对象分类

按风险损害对象，风险可分为财产风险、人身风险、责任风险和信用风险。

（1）财产风险。财产风险是指导致各种财产发生损毁、灭失和贬值的风险，如房屋发生火灾的风险。

（2）人身风险。人身风险是指由于人的生老病死残和自然、政治、军事、社会等原因给人们带来的风险，如人意外伤残的风险。

（3）责任风险。责任风险是指由于侵权行为造成他人的财产损失或人身伤害，根据法律规定应承担经济赔偿责任的风险，如汽车肇事导致第三者受伤的风险。

（4）信用风险。信用风险是指权利人因义务人不履行义务而导致损失的风险，如贷款人因借款人不按期还款而遭受损失的风险。

五、风险的管理

面对种类繁多、时刻威胁人们自身和财产安全的风险，人们在长期的生活实践中不断分析和总结，识别风险，控制风险，处理风险，以便获得较大的安全保障，这就是风险的管理。

（一）风险管理的定义

风险管理是指社会组织或者个人通过风险识别、风险估测、风险评价，对风险实施有效的控制和妥善处理风险所致损失，期望达到以最小的成本获得最大安全保障的管理活动。

风险管理是研究风险发生规律和风险控制技术的一门新兴管理学科，主要是为了适应现代企业自我发展和自我改造的能力。首先，由于科学技术的飞速发展及其广泛应用于社会生活的各个方面，无形中各种风险因素及风险发生的可能性大大增加，并且风险事故发生所造成的损失规模也有了很大变化。例如，万吨巨轮遭遇海难、钻井平台倾覆海中等，这都说明，现代化的工业也会造成巨额经济损失，这就对企业所承担的责任提出了更高的管理要求。其次，在现代经济生活中，企业面临着国内外众多商家的激烈竞争，其各种经济活动、经济关系日趋复杂，投机活动也越来越多，各种动态风险因素剧增，并渗透到社会生产和社会生活的各个方面。企业为了防止可能发生的风险与损失，以及解决损失后如何获得补偿等问题，就必须进行风险识别、风险估测、风险评价，并在此基础上优化组合各种风险管理技术，对风险实施有效的控制和妥善处理风险所致损失的后果，期望达到以最小的成本获得最大安全保障的目标。

（二）风险管理的目标

风险管理目标由两部分组成：损失发生前的风险管理目标和损失发生后的风险管理目标。损失发生前的目标是避免和减少风险事故的形成，包括节约经营成本、减少忧虑心理；损失发生后的目标是努力使损失的标的恢复到损失前的状态，包括维持企业的继续生存、生产服务的持续、稳定的收入、生产的持续增长和社会责任。两者有效结合，构成完整而系统的风险管理目标。

（三）风险管理方法

风险管理方法即风险管理技术，可分为控制型和财务型两大类。

1. 控制型

控制型风险管理方法是指避免、消除风险或减少风险发生频率及控制风险损失扩大的一种风险管理方法。其目的在于改善损失的不利条件、降低损失频率、缩小损失幅度。常见的控制型方法有：风险避免、风险预防、风险抑制、风险集合和风险分散等。

（1）风险避免。风险避免是指设法回避损失发生的可能性，即放弃或根本不去做可能发生风险的事情。这是一种最彻底的风险处理方法，也是一种消极的方法，容易失去与该事情相关的利益。另外，在现实经济生活中，绝大多数风险是难以避免的。

采用避免方法通常在两种情况下进行：一是某特定风险所致损失频率和损失幅度相当高时；二是在处理风险时，其成本大于其产生的效益时。

（2）风险预防。风险预防是指在风险发生前为了消除或减少可能引发损失的各种因素而采取的处理风险的具体措施，其目的在于通过消除或减少风险因素降低损失发生频率。风险预防措施可分为：工程物理法和人类行为法。工程物理法是指在风险单位的物质因素方面设置预防措施，如防盗装置的设置；人类行为法是指在人们行为教育方面设置预防措施，如安全教育。

（3）风险抑制。风险抑制是指在损失发生时或之后为缩小损失幅度而采取的各项措施，如发生火灾后应及时用灭火设备灭火。它是处理风险的有效技术。

（4）风险集合。风险集合是指集合同类风险的多数单位，使之相互协作，提高各自应对风险的能力。如多个小船只连接在一起以抵抗风浪冲击翻船的风险。

（5）风险分散。风险分散是指将企业面临损失的风险单位进行分散，如企业采用商品多样化经营方式以分散或减轻可能遭受的风险。

2. 财务型

财务型风险管理方法是指采用财务技术来处理风险，目的在于建立财务基金消除损失的成本。常见的财务型方法有：风险自留和风险转嫁。

（1）风险自留。风险自留是指对风险的自我承担，即社会组织或个人自行承担全部或部分风险的方法。风险自留可分为主动自留和被动自留。当风险管理者经过对风险的衡量，考虑各种风险处理方法后，决定不转移风险的，为主动自留；当风险管理者没有意识到风险的存在，没有采取措施处理风险的，为被动自留。通常，在风险所致损失频率和程度低、损失在短期内可以预测以及最大损失不影响社会组织或个人财务稳定时，采用自留风险的方法。自留风险的成本低，方便有效，可减少潜在损失，节省费用。但自留风险有时会因风险单位数量的限制或自我承受能力的限制，而无法实现其处理风险的效果，导致财务困难。

（2）风险转嫁。风险转嫁是指社会组织或个人将自己的风险转嫁给他人的方法。风险转嫁可分为保险转嫁和非保险转嫁两种。保险转嫁是指通过购买保险将风险转嫁给保险公司，这是一种最重要、最常用的风险处理方法。非保险转嫁是指通过保险以外的方式将风险转嫁给他人，如出让转嫁、保证互助、基金制度等。

不同的风险管理方法具有不同的特点，应从实际出发，根据最小成本原则，择优选用或组合应用，以取得最佳的风险管理效果。

任务二　保险概述

一、保险的含义

《中华人民共和国保险法》(简称《保险法》)第二条规定：保险是指投保人根据合同约定，向保险人支付保险费，保险人对于合同约定的可能发生的事故因其发生所造成的财产损失承担赔偿保险金责任，或者当被保险人死亡、伤残、疾病或者达到合同约定的年龄、期限等条件时承担给付保险金责任的商业保险行为。

保险学对保险的定义从经济学角度、法律角度和风险管理角度分别给出了解释。

从经济学角度看，保险是分摊意外事故损失的财务安排。投保人参加保险，实质上是将他的不确定的大额损失变成确定的小额支出，即保险费。而保险人集中了大量同类风险，能借助大数法则来正确预见损失的发生额，并根据保险标的的损失概率制定保险费率。向所有被保险人收取保险费建立保险基金，用于补偿少数被保险人遭受的意外事故损失。因此，保险是一种有效的财务安排，并体现了一定的经济关系。

从法律角度看，保险是一种合同行为，体现的是一种民事法律关系。根据合同约定，一方承担支付保险费的义务，换取另一方为其提供的经济补偿或给付的权利，这正好体现了民事法律关系的内容——主体之间的权利和义务关系。

从风险管理角度看，保险是一种具有分散风险、消化损失的非常有效的风险管理方法。

二、保险相关专业术语

在保险活动中，经常提及的 4 种保险活动直接人是指保险人、投保人、被保险人、受益人；3 种保险活动辅助人是指代理人、经纪人、公估人；与保险活动相关的专业术语还有保险标的、保险利益、保险责任、保险价值、保险金额、保险费等。

（一）保险人

保险人又称承保人，是经营保险业务收取保险费和在保险事故发生后负责给付保险金的人。保险人以法人经营为主，通常被称为保险公司。保险人具有以下法律特点：

（1）保险人是保险基金的组织、管理和使用人。保险人通过收取保险费而建立保险基金、经营保险业务，保险资金的分配和运用由保险人根据有关法律和合同规定办理。

（2）保险人必须是依法成立并允许经营保险业务的法人。由于保险业涉及社会公众利益，因此，各国保险法对保险人的资格以及组织形式都作了严格规定。世界上除英国允许个人经营保险业务外，其他国家都规定以法人经营为原则。《保险法》对保险公司的设立均作了较其他行业更为严格的规定。

（3）保险人是履行补偿损失或给付保险金义务的人。保险人的这种义务不是因侵权或违约行为而产生的，而是法律规定或合同约定的义务。

（4）保险人是有权向投保人请求缴付保险费的人。但人寿保险另有法律规定者除外。

（二）投保人

投保人是指对保险标的具有可保利益，与保险人订立保险合同，并按照合同约定负有支付保险费义务的人。投保人可以是自然人，也可以是法人。投保人为自己的利益投保时，必须具有以下要件：

（1）必须具有权利能力和行为能力。权利能力是指能够参加一定的法律关系，依法享受一定权利和承担一定义务的资格。这是实际取得权利、承担义务的先决条件，并不是权利本身。行为能力是指法律关系主体能够通过自己的行为实现取得权利和承担义务的能力。法人的权利能力和行为能力由其章程设定，由营业执照加以公示。

（2）必须对保险标的具有保险利益。保险利益是指投保人对保险标的具有的法律上承认的利益。《保险法》第十二条规定：财产保险的被保险人在保险事故发生时，对保险标的应当具有保险利益。因而投保人对保险标的不具有保险利益的，保险合同无效。

（3）必须承担缴付保险费的义务。保险合同为标准的有偿合同，投保人取得经济补偿的代价就是支付保险费。不论投保人为谁的利益而订立保险合同，均应承担支付保险费的义务。如投保人因故未付保险费，被保险人或受益人及其他人也可以代为缴付，保险人不得拒收。

（三）被保险人

被保险人是指保险事故在其财产或其身体上发生而受到损失时享有向保险人要求赔偿或给付保险金的人。被保险人是受保险合同保障的人。以其财产、生命或身体为保险标的的保险事故发生后，被保险人享有保险金请求权。

被保险人与投保人是否相同，根据保险的具体情况而定。人身保险的被保险人，是以其生命或身体为保险标的，并以其生存、死亡、疾病或伤害为保险事故的人，也就是保险的对象，也即保险事故发生时，遭受损害的人。投保人不仅可以以自己的身体为标的而订立保险契约，也可以以他人的身体为标的而订立保险契约，如丈夫为妻子、父母为孩子购买人寿保险，汽车所有人为第三方购买第三方责任险。

（四）受益人

受益人是指人身保险合同中由被保险人或者投保人指定的享有保险金请求权的人。在汽车保险活动中，受益人就是被保险汽车的所有者。

（五）保险标的

保险标的是保险保障的目标和实体，指保险合同双方当事人权利和义务所指向的对象。保险标的可以是财产、与财产有关的利益或责任，也可以是人的生命或身体。保险标的是直接获得保险合同保障的物、民事权利、民事责任、人的身体与寿命等保险合同权利义务直接的对象。不同的保险标的，其保险价值不同，面临的危险种类、危险因素多少、危险程度高低亦不同，直接影响保险人所承担的义务，也使投保人所付的对价（保险费）随之变化。

（六）保险利益

保险利益又称可保利益，是指投保人或者被保险人对保险标的具有的法律上承认的利益。也就是说，投保人或者被保险人对保险标的具有利害关系，在保险事故发生时，保险标的受到损害，他们的经济利益也随之遭受损害；或者在没有发生保险事故时，保险标的不受损害，他们则继续享有经济利益，则说明他们对保险标的具有保险利益；如果保险事故发生，保险标的受到损害，而他们的经济利益没有受到任何影响，则说明他们对保险标的没有保险利益。

（七）保险责任

保险责任是指保险人承担的经济损失补偿或人身保险金给付的责任，即保险合同中约定由保险人承担的危险范围，在保险事故发生时所负的赔偿责任，包括损害赔偿、责任赔偿、保险金给付、施救费用、救助费用和诉讼费用等。

被保险人签订保险合同并交付保险费后，保险合同条款中规定的责任范围，即成为保险人承担的责任。在保险责任范围内发生财产损失或人身保险事故，保险人均要负责赔偿或给付保险金。保险人赔偿或给付保险金的责任范围包括：损害发生在保险责任内、保险责任发生在保险期限内、以保险金额为限度。所以，保险责任既是保险人承担保障的保障责任，也是负责赔偿、给付保险金的依据和范围，同时也是被保险人要求保障的责任及获得赔偿或给付的依据和范围。

（八）保险价值

保险价值是指保险标的在某一特定时期内以金钱估计的价值总额，是确定保险金额和确定损失赔偿的计算基础。

保险价值由投保人和保险人在订立合同时约定，并在合同中明确做出记载。合同当事人通常都根据保险财产在订立合同时的市场价格，评估确定其保险价值，有些不能以市场价格评估确定的，就由双方当事人约定其价值。事先约定保险价值的合同为定值保险合同，采用这种保险合同的保险，是定值保险。属于定值保险的，发生保险责任范围内的损失时，不论所保财产当时的实际价值是多少，保险人都要按保险合同上载明的保险价值计算赔偿金额。

（九）保险金额

保险金额简称保额，是保险利益的货币价值表现，是投保时为保险标的确定的金额，是指保险人承担赔偿或给付保险金责任的最高限额，即投保人对保险标的的实际投保金额，同时又是保险公司收取保险费的计算基础。

（十）保险费

保险费简称保费，是投保人为转嫁风险支付给保险人的与保险责任相应的费用。一般情况下，保险费按保险金额与保险费率的乘积来计收，也可按固定金额收取。保险合同生效后，投保人的基本义务是按照保险合同的约定交付保险费，保险人的义务是按照保险合同约定的时间开始承担保险责任。

（十一）代理人

保险代理人是根据保险人的委托，向保险人收取佣金，并在保险人授权的范围内代为办理保险业务的机构或者个人。在现代保险市场上，保险代理人已成为世界各国保险企业开发保险业务的主要形式和途径之一。

根据《保险法》和《保险代理人管理规定（试行）》，从事保险代理业务必须持有国家保险监管机关颁发的"保险代理人资格证书"，并与保险公司签订代理合同，获得保险代理人展业证书后，方可从事保险代理活动。

（十二）经纪人

经纪人是基于投保人的利益，为投保人与保险人订立保险合同提供中介服务，并依法收取佣金的机构。

保险经纪人应当具备国务院保险监督管理机构规定的条件，取得保险监督管理机构颁发的保险经纪业务许可证。

（十三）公估人

公估人是指依法设立的独立从事保险事故评估、鉴定业务的机构和具有法定资格的从事保险事故评估、鉴定工作的专家。

在保险经营的过程中，保险公司所承保的风险是多种多样的，保险公司不可能配备门类齐全的所有专业人员，而且由保险公司自己评估和鉴定保险事故，其公正性难以使人信服，于是从事保险事故勘验、鉴定、评估的保险公估人应运而生。

依据《保险公估机构管理规定》规定，保险公估机构可以是合伙企业、有限责任公司、股份有限公司等形式。一般分别应当具有发起人、协议或章程、出资数额、名称和住所、高级管理人员及公估人员。必须符合规定条件（如学历为大学本科）或具有相应资格等方面的条件要求。

保险公估人的评估、鉴定结果关系到保险公司和被保险人的合法利益问题，因此，《保险法》第一百二十九条规定：保险活动当事人可以委托保险公估机构等依法设立的独立评估机构或者具有相关专业知识的人员，对保险事故进行评估和鉴定。接受委托对保险事故进行评估和鉴定的机构和人员，应当依法、独立、客观、公正地进行评估和鉴定，任何单位和个人不得干涉。

三、保险要素

保险要素是指进行保险经济活动所应具备的基本条件，包括以下 5 个要素。

（一）可保风险的存在

可保风险是指符合保险人承保条件的特定风险，也是保险人可以接受承保的风险。

可保风险应具备的 6 个条件：

（1）风险应当是纯粹风险；

（2）风险应当具有不确定性；

（3）风险应该使大量标的均有遭受损失的可能；

（4）风险应该有导致重大损失的可能；

（5）风险不能使大多数的保险对象同时遭受损失；

（6）风险应当具有现实的可测性。

风险有很多种，有些风险是保险人不能接受的，只有符合保险人承保条件的风险，保险人才可以接受。

（二）大量同质风险的集合与分散

保险的过程，既是风险的集合过程，又是风险的分散过程。众多投保人将其所面临的风险转嫁给保险人，保险人通过承保而将众多风险集合起来。当发生保险责任范围内的损失时，保险人又将少数人发生的风险损失分摊给全部投保人，也就是通过保险的补偿行为分摊损失，将集合的风险予以分散转移。保险风险的集合与分散应具备两个前提条件：一是多数人的风险。如果是少数或个别人的风险，就无所谓集合与分散，而且风险损害发生的概率难以测定。二是同质风险。同质风险，是指风险单位在种类、品质、性能、价值等方面大体相近。如果风险为不同质风险，那么风险损失发生的概率就不相同，因此风险也就无法进行集合与分散。此外，由于不同质的风险损失发生的频率与幅度是有差异的，倘若进行集合与分散，会导致保险经营财务的不稳定，保险人将不能提供保险供给。

（三）保险费率的厘定

保险在形式上是一种经济保障活动，实质上是一种特殊的产品。因此，必须为其制定价格，即厘定保险费率。保险费率厘定主要是根据保险标的的风险状况确定的。保险费率由纯费率和附加费率构成。纯费率是根据保险标的所面临的风险程度而厘定的，附加费率是根据保险经营的成本和保险人应得的利润而厘定的。保险的费率厘定得过高，保险需求会受到限制；反之，费率厘定得过低，保险供给得不到保障。费率过高和过低都不能称为合理的费率。而保险产品定价，除要考虑风险状况外，还要考虑其他因素。影响保险人定价的其他因素包括市场竞争对手的行为、市场供求的变化、保险监管的要求和再保险人承保条件的变化等。费率的厘定应依据概率论、大数法则的原理进行计算。

（四）保险基金的建立

保险的分摊损失与补偿损失功能是通过建立保险基金实现的，保险基金是保险分摊损失和补偿功能的物质基础，是用以补偿或给付因自然灾害、意外事故和人体自然规律所致的经济损失、人身损害及收入损失，并由保险公司筹集、建立起来的专项货币基金。只有建立了雄厚的保险基金，保险才能发挥其损失补偿和经济给付的职能。保险基金主要来源于保险公司开业资金和向投保人收取的保险费，其中保险费是形成保险基金的主要来源。

（五）保险合同的订立

保险是一种经济关系，是投保人与保险人之间的经济关系。这种经济关系是通过合同的订立来确定的。保险是专门对意外事故和不确定事件造成的经济损失给予赔偿的，风险是否发生，何时发生，其损失程度如何，均具有较大的随机性。保险的这一特性要求保险人与投保人应在确定的法律或契约关系约束下履行各自的权利与义务。倘若不具备在法律上或合同上规定的各自的权利与义务，保险经济关系则难以成立。因此，订立保险合同是保险得以成立的基本要素，它是保险成立的法律保证。

四、保险的特征

（一）经济性

保险是通过保险补偿或给付而实现的一种经济保障活动。其表现有两个方面：一是通过保险可以把多个投保人的闲散资金积累成雄厚的保险基金，为国家建设、企业发展、社会进步提供资金支持；二是保险机构利用多种投资形式进行有效运营，使保险基金得以增值，增强保险人对被保险人的补偿和给付能力。另外，人身保险还具有储蓄功能。因此，在我国，保险机构、证券机构和银行被称为“三大金融机构”。

（二）互助性

保险是多数人在互助共济基础上建立起来的，是积聚多数人的力量来分担少数人的风险的保障措施。当特定风险损失发生后，保险人依据保险合同，并根据实际损失，对被保险人进行经济赔偿，缓解被保险人的经济困难，从而形成一种经济互助关系，体现了“我为人人，人人为我”的互助精神。互助性是保险的基本特性。

（三）法律性

保险在民商法中是一种契约关系，保险的经济保障活动是依据保险合同进行的，在保险合同中明确了当事人的权利和义务，从法律角度看，保险是一种合同行为。为了规范保险行为，特制定了《保险法》。

（四）科学性

保险是处理风险的科学措施。保险经营的科学性是保险存在和发展的基础。现代保险经营以概率论和大数法则等科学的数理理论为依据，通过科学计算，确定风险发生的频度和幅度，推算风险损失，确定保险费率的厘定和保险准备金的提存，确保投保人所交的保险费能够支付个别风险发生产生的损失，使保险活动不间断进行。

五、保险的作用

随着社会经济的发展，保险已经渗透到国民经济和社会经济生活的各个领域，因此，保险的作用日益广泛，实际效果日趋显著。保险的作用可以从宏观和微观两个层次进行分析。

（一）保险的宏观作用

保险的宏观作用是指保险对全社会以及国民经济在整体上所产生的效果。

保险的宏观作用如下：

（1）有利于积累资金，支援国家经济建设；

（2）有利于促进社会稳定；

（3）有利于推动科学技术转化为现实生产力；

（4）有利于增加外汇收入，增强国际支付能力。

（二）保险的微观作用

保险的微观作用是指保险对于企业、家庭、个人所起的保障作用。

保险的微观作用如下：

（1）有利于企业及时恢复生产或经营；

（2）有利于企业加强经济核算；

（3）有利于促进企业加强风险管理和防灾防损；

（4）有利于安定人民生活，使家庭或个人在风险发生的危难时刻从经济上得到救援。

六、保险的职能

保险的职能是指保险内在的、固有的功能。保险的职能有基本职能和派生职能之分。基本职能是反映保险原始与固有的职能，它不以时间的推移和社会形态的不同而改变。派生职能是在保险基本职能基础上，伴随着保险分配关系的发展而产生的。基本职能包括补偿损失职能和经济给付职能，派生职能包括融资职能和防灾防损职能。

（一）补偿损失职能

补偿损失职能具体体现在特定风险损害发生时，在保险的有效期和保险合同约定的责任范围以及保险金额内，按其实际损失数额给予赔付。

（二）经济给付职能

经济给付职能具体体现在人身保险事故的保险保障方面。人的价值是难以用货币具体量化的，人身保险责任事故发生造成的损失，难以用补偿实现其保险保障，所以人身保险的保障是通过保险人和投保人双方约定的经济给付行为来实现的。

（三）融资职能

融资职能具体体现在保险把多个投保人的闲散资金先积累成雄厚的保险基金，然后再利用多种投资形式对其进行有效运用，实现其增值。融资职能的发挥能增强保险人的补偿和给付能力，促进保险基本职能的实现。

（四）防灾防损职能

防灾防损职能具体体现在：整个保险过程中保险双方强化防灾防损意识，实施防灾防损的措施，力争降低损失发生的频率；如果真是出现了损失，投保方依据保险合同约定，也会采取有效的施救措施，将风险损失控制在最小的范围内。防灾防损职能可减少保险人所积累的社会资产出现的不必要损失，这对保险保障基本职能的发挥也是一种促进。

七、保险的分类

保险种类繁多，根据不同的分类依据，有不同的分类结果。

（一）按保险实施方式分类

按保险实施方式不同，可分为自愿保险和强制保险 2 种。

（1）自愿保险。自愿保险也称任意保险，是指投保人与保险人在平等自愿的基础上建立的保险关系，如汽车保险中的商业险。

（2）强制保险。强制保险也称法定保险，是指投保人与保险人根据国家法律或行政命令的要求必须建立保险关系，否则属于违法行为，如交强险、道路运输承运人责任险。

（二）按保险标的分类

按保险标的不同，可分为财产保险、责任保险、信用保证保险和人身保险 4 种。

（1）财产保险。财产保险是指以各种有形财产及其相关利益、责任和信用为保险标的的保险。从财产保险的发展看，最初的财产保险标的是单纯的“物”，随着社会经济的发展和人们需求的增加，保险标的才逐渐发展为与物质财产密切相关的利益、民事损害依法应负的经济赔偿责任和由信用关系产生的违约经济损失。财产保险标的分为有形财产和无形财产2种。财产保险主要有海上保险、运输货物保险、运输工具保险、火灾保险、工程保险、盗抢保险、农业保险等。

（2）责任保险。责任保险的标的是被保险人依法应对第三者承担的民事损害赔偿责任。在责任保险中，凡根据法律或合同规定，由于被保险人的疏忽或过失造成他人的财产损失或人身伤害所应负的经济赔偿责任，由保险人负责赔偿。常见的责任保险有公众责任保险、雇主责任保险、产品责任保险、职业责任保险。

（3）信用保证保险。信用保证保险的标的是合同双方权利人和义务人约定的经济信用。信用保证保险是一种担保性质的保险。按照投保人的不同，信用保证保险又可分为信用保险和保证保险2种类型：信用保险的投保人和被保险人都是权利人，所承担的是契约的一方因另一方不履约而遭受的损失。例如在出口信用保险中，保险人对出口人（投保人、被保险人）因进口人不按合同规定支付货款而遭受的损失负赔偿责任。保证保险的投保人是义务人，被保险人是权利人，保证当投保人不履行合同义务或有不法行为使权利人蒙受经济损失时，由保险人承担赔偿责任。例如在履约保证保险中，保险人担保在承包工程业务中的工程承包人不能如期完工或工程质量不符合规定致使权利人遭受经济损失时，承担赔偿责任。综上所述，无论是信用保险还是保证保险，保险人所保障的都是义务人的信用，最终获得补偿的都是权利人。目前，信用保证保险的主要险种有雇员忠诚保证保险、履约保证保险、信用保险。

（4）人身保险。人身保险是以人的身体或生命为标的的一种保险。人身保险以伤残、疾病、死亡等人身风险为保险内容，被保险人在保险期间因保险事故的发生或生存到保险期满，保险人依照合同规定对被保险人给付保险金。由于人的价值无法用金钱衡量，具体的保险金额是根据被保险人的生活需要和投保人所支付的保险费，由投保人和保险人协商确定。人身保险主要包括人寿保险、健康保险和人身意外伤害保险。

（三）按保险性质分类

按保险性质不同，可分为社会保险、商业保险、政策保险3种。

（1）社会保险。社会保险是指国家通过立法对社会劳动者因遭遇年老、疾病、生育、伤残、失业和死亡等风险而暂时或永久丧失劳动能力或失业时提供一定的物质帮助以保障其基本生活的一种社会保障制度，常见种类有养老保险、医疗保险、失业保险、生育保险、工伤保险等。

（2）商业保险。商业保险是指投保人根据合同约定，向保险人支付保险费，保险人对于合同约定的风险导致的被保险人的财产损失承担赔偿责任，或者当被保险人死亡、伤残、疾病或者达到合同约定的年龄、期限时承担给付保险金责任的保险。

（3）政策保险。政策保险是政府为了某种政策目的，运用普通保险的技术而开办的一种保险，常见种类有农业保险、为扶持中小企业开办的信用保险、为促进国际贸易开办的出口信用保险等。

（四）按风险转移方式分类

按风险转移方式不同，可分为原保险、再保险、共同保险和重复保险4种。

（1）原保险。原保险是保险人与投保人之间直接签订保险合同而建立保险关系的一种保险。在原保险关系中，保险需求者将其风险转嫁给保险人，当保险标的遭受保险责任范围内的损失时，保险人直接对被保险人承担赔偿或给付责任。

（2）再保险。再保险是保险人将其所承保的风险和责任的一部分或全部转移给其他保险人的一种保险。分出业务的是再保险分出人，接受分保业务的是再保险接受人。这种风险转嫁方式是保险人对原始风险的纵向转嫁，即第二次风险转嫁。

（3）共同保险。共同保险是由几个保险人联合直接承保同一保险标的、同一风险、同一保险利益的保险。共同保险的各保险人承保金额的总和不超过保险标的的保险价值。在保险实务中，可能是多个保险人分别与投保人签订保险合同，也可能是多个保险人以某一保险人的名义签发一份保险合同。与再保险不同，这种风险转嫁方式是保险人对原始风险的横向转嫁，它仍属于风险的第一次转嫁。

（4）重复保险。重复保险是指投保人以同一保险标的、同一保险利益、同一保险事故分别与两个或两个以上保险人订立保险合同，保险金额总和超过保险价值的保险。与共同保险相同，重复保险是保险人对原始风险的横向转嫁，它仍属于风险的第一次转嫁。

（五）按风险转移程度分类

按风险转移程度不同，可分为足额保险、不足额保险与超额保险3种。

（1）足额保险。足额保险是指投保时约定的保险金额与保险标的价值相等的保险。当保险标的遭受损失时，如果是全损，保险人按保险金额赔偿；如果是部分损失，保险人按保险标的实际损失赔偿。

（2）不足额保险。不足额保险是指投保时约定的保险金额小于保险标的实际价值的保险。当保险标的全损，保险人按保险金额赔偿；当保险标的部分损失，保险人按保险金额与保险价值比例赔偿。

（3）超额保险。超额保险是指投保时约定的保险金额大于保险标的实际价值的保险。造成超额保险的主要原因有：一是投保人想获得超过保险价值的赔偿；二是投保人在投保时高估了保险标的的实际价值；三是保险标的的市价下降了。不管出于什么原因，超额保险的超额部分无效。其赔偿同足额保险。

【例1-1】一新购买的轿车价值20万元，即保险标的实际价值为20万元，如果保额也为20万元，则为足额保险；如果保额为15万元，则为不足额保险；如果保额为25万元，则为超额保险。如果该保险标的因保险事故发生全损，则足额保险将赔偿20万元；不足额保险将赔偿15万元；超额保险将赔偿20万元。如果该保险标的因保险事故发生部分损失，损失10万元，则足额保险将赔偿10万元；不足额保险将赔偿10×（15/20）=7.5（万元）；超额保险将赔偿10万元，超额部分不赔。

（六）按保险价值在合同中是否确定分类

按保险价值在合同中是否确定，分定值保险和不定值保险2种。

（1）定值保险。定值保险是指以保险当事人双方商定的价值作为保险金额，并载明于保险合同的保险形式。定值保险适用于货物运输保险以及财产险中某些贵重物品的保险。定值保险的赔偿，如果是全损，则按保险金额全数赔偿；如果是部分损失，则需确定损失程度，按损失程度比例赔偿。法律允许定值保险，并非默认超额保险是合法的，超额部分仍无效。

（2）不定值保险。不定值保险是指不列明保险标的的实际价值，只列保险金额作为最高赔偿限度，并载明于保险合同的保险形式。不定值保险的赔偿按事故发生时保险标的的实际损失与保险金额比较后的较小者确定。财产损失保险多为不定值保险。

【例 1-2】某一保险标的以定值保险的方式投保。投保时按实际价值与保险人约定保险价值为 20 万元，保险金额也为 20 万元，后保险标的发生保险事故，出险时当地完好市价为 18 万元。如果保险标的全损，保险人应按保险金额赔偿，赔款为 18 万元。如果保险标的部分损失，损失程度为 80%，则保险人应按损失程度比例赔偿。因此，赔款 = 保险金额 × 损失程度 = 20 × 80% = 16（万元）。

如果该保险标的以不定值保险方式投保，投保时按实际价值与保险人约定保险金额为 20 万元，后保险标的发生保险事故，出险时当地完好标的市价为 18 万元。如果保险标的全损，保险人应按保险标的实际损失赔偿，赔款为 18 万元。如果保险标的部分损失，损失程度为 80%，则保险人应按比例赔偿。因此，赔款 = 实际损失 × 损失程度 = 18 × 80% = 14.4（万元）。

本章小结

1. 保险理论中的风险是指损失的不确定性。风险的 3 个不确定性是指损失发生与否不确定、损失发生的时间不确定、损失发生的程度不确定。风险是由多种要素构成的，一般认为风险的要素包括风险因素、风险事故和损失 3 个要素。

2. 根据风险的概念及其发展规律的外在表现可知，风险具有客观性、损失性、不确定性、可测性、可变性、普遍性、社会性 7 个特征。

3. 风险是多种多样的，根据不同的研究目的，可按照不同的分类方式进行分类，如表 1-1 所示。

表 1-1　风险的类型

分类标准	类型
风险产生的原因	自然风险、社会风险、政治风险、经济风险、技术风险、法律风险
风险的性质	纯粹风险与投机风险
风险损害对象	财产风险、人身风险、责任风险和信用风险

4. 明确保险学中的以下专业术语：风险、风险因素、风险事故、风险损失、纯粹风险、投机风险、风险管理、可保风险、保险、财产保险、人身保险、责任保险、信用保险、足额保险、定值保险、不定值保险、保险人、投保人、被保险人、受益人、代理人、经纪人、公估人，保险标的、保险利益、保险费、保险价值、保险金额。

5. 风险管理是指社会组织或者个人通过风险识别、风险估测、风险评价，对风险实施有效的控制和妥善处理风险所致损失，期望达到以最小的成本获得最大安全保障的管理活动 。风险管理方法可分为控制型和财务型两大类。 常见的控制型方法有风险避免、风险预防、风险抑制、风险集合和风险分散等；常见的财务型方法有风险自留和风险转嫁。

6. 保险是指投保人根据合同约定，向保险人支付保险费，保险人对于合同约定的可能发生的事故因其发生所造成的财产损失承担赔偿保险金责任，或者当被保险人死亡、伤残、疾病或者达到合同约定的年龄、期限等条件时承担给付保险金责任的商业保险行为。

7. 保险的5个要素指：必须存在可保风险、大量同质风险的集合与分散、保险费率的厘定、保险基金的建立、保险合同的订立。

8. 保险具有经济性、互助性、法律性、科学性4个特征。

9. 保险有宏观和微观两方面的作用。保险的宏观作用有：① 有利于积累资金，支援国家经济建设；② 有利于促进社会稳定；③ 有利于推动科学技术转化为现实生产力；④ 有利于增加外汇收入，增强国际支付能力。保险的微观作用有：① 有利于企业及时恢复生产或经营；② 有利于企业加强经济核算；③ 有利于促进企业加强风险管理和防灾防损；④ 有利于安定人民生活，使家庭或个人在风险发生的危难时刻从经济上得到救援。

10. 保险种类繁多，根据不同的分类依据，有不同的分类结果，如表1-2所示。

表1-2　保险的类型

分类标准	类型
按保险实施方式不同分类	自愿保险、强制保险
按保险标的不同分类	财产保险、责任保险、信用保证保险、人身保险
按保险性质不同分类	社会保险、商业保险、政策保险
按风险转移方式不同分类	原保险、再保险、共同保险、重复保险
按风险转移程度不同分类	足额保险、不足额保险、超额保险
按保险价值在合同中是否确定分类	定值保险、不定值保险

技能实训指导

◆ **实训指导 1–1**

情景描述：据2020年10月22日海口网报道，截至23日中午12点，全省12家财产险公司共接到因台风暴雨所致的案件4 450件，其中车险总报案数3 750起，非车险700起，总报损金额12 672万元。

保险公司提供的统计数据表明，报案涉及的基本情况包括车险、工程险、农险、企财险、意外险。其中，接到的报案电话多数为企业财产和车辆受损。平安财保海南分公司表示，目前所有案件都在有序处理中，所有出险客户全部安排了专人跟踪，随时提供咨询服务。如客户的爱车不慎受损，在该公司合作快赔厂维修则可以享受先赔付再修车的便利，索赔资料交由公司后，客户只需等待理赔即可。

思考题：

1. 按风险的分类，本报道中涉及哪些风险种类？

2. 按保险标的的分类依据，本报道中共涉及哪些种类？

3. 本报道体现了保险的什么作用？

分析：

1. 按风险的分类，本报道中涉及财产风险、人身风险、责任风险和信用风险。

2. 按保险标的的分类依据，本报道中共涉及汽车保险、农业保险、财产保险、人身保险、意外险。

3. 本报道体现了保险的补偿职能和给付职能。在保险事故发生后，保险公司及时向被保险人进行保险理赔或提前给付，使被保险人及时得到经济补偿，能缓解被保险人的经济压力，提高被保险人抗击灾害的能力和恢复生产的能力，帮助被保险人渡过难关。

◆ **实训指导 1-2** 保险金额与实际价值对赔偿金额的影响

情景描述：某财产实际价值 10 万元，假若分别以 15 万元、10 万元、5 万元的保险金额在某保险公司投保，则构成了超额保险、足额保险、不足额保险。

思考题：

1. 若发生了保险事故，导致保险标的全损，则 3 种投保方式分别如何赔偿？
2. 若发生了保险事故，导致保险标的损失 5 万元，则 3 种投保方式分别如何赔偿？

◆ **实训指导 1-3** 对本章学习导入案例进行分析

1. 按风险的分类，本案例中涉及哪些风险种类？
2. 按保险标的的分类依据，本案例中涉及哪些种类？
3. 本案例体现了保险的什么作用？

◆ **实训指导 1-4** 汽车全损的赔偿分析

情景描述：老王给自己用了 8 年的桑塔纳出租车投保了交强险、车辆损失险及自燃损失险、第三者责任险等。其中，车辆损失险是按照新车购置价格 6.8 万元确定的保险金额。2020 年 12 月 20 日，老王在安宁区运行过程中，发现发动机盖冒烟，停车查看，发现着火，赶紧施救，结果因火势过猛，当 119 赶到后车辆已烧毁。经保险公司人员查勘，认为车辆已无修复价值，最后保险公司根据保险责任，按车辆折旧并扣除残值 1 000 元（烧毁车辆由老宋处理），保险公司赔偿老王车辆损失 3.4 万元。老王不同意，双方产生纠纷。

思考题：

1. 车辆损失险是定值保险还是不定值保险？两者的赔偿有何区别？
2. 保险公司是否应按 6.8万元赔偿？为什么？

【实训任务工单 1-1】

<table>
<tr><td>任务名称</td><td>设计风险管理方案</td><td>学时</td><td>2</td><td>班级</td><td></td></tr>
<tr><td>学生姓名</td><td></td><td>学生学号</td><td></td><td>任务成绩</td><td></td></tr>
<tr><td>实训场地</td><td colspan="2">汽车保险与理赔实训室</td><td></td><td>日期</td><td></td></tr>
<tr><td>实训设备</td><td colspan="5">电话、电脑、接待桌椅、笔、记录本、风险管理方法资料</td></tr>
<tr><td>任务描述</td><td colspan="5">出租车公司原有 50 辆出租车，本公司主要是雇佣司机开车。现又买了 10 辆车，需要为这 10 辆新车设计汽车保险投保方案，这 10 辆车主要由雇佣司机使用。要求学生分析出租车公司车辆所面临的风险，并为此出租车公司设计风险管理方案</td></tr>
<tr><td colspan="6">一、资讯
教师分析案例提出引导问题，学生通过小组讨论、查询和指导教师指导等形式获得准备工作的信息。
1. 风险构成要素有哪些？

2. 风险如何分类？

</td></tr>
</table>

3. 风险管理的程序有哪些？

二、决策

1．学生小组讨论分析风险。

2．学生通过小组讨论确定风险管理方案。

三、计划

1．工作分配：以 6 人一组进行训练，____人代表出租车公司投保；____人作为风险分析员对风险进行分析并选择风险管理方法。

2．时间安排：出租车公司投保（____分钟）+风险分析员对风险进行分析并选择风险管理方法（____分钟）。

3．工作步骤：按小组讨论的决策方案实施。

4．设备和工具：需要准备哪些设备和工具？

四、实施

1. 风险分析：

2. 选择风险管理方案：

五、检查

1. 自查

自查人：

2. 互查

互查人：

六、评估

1. 考核评价

项目	能力表现	分值	得分
记录投保信息	记录技巧、详细程度、规范程度、仔细程度、书写情况、填写速度	10	
风险分析	耐心程度、沟通要点、准确	10	
选择风险	管理方案、风险分析准确、方法选择得当	10	
团队合作情况	团队荣誉感、协作能力、领导能力	5	
学习工作态度	谦虚、诚恳、刻苦、努力、积极	5	
合计		40	

2. 教师点评（60 分）

教师签名：

复习思考题

一、填空题

1. ________、________、________是风险的 3 个要素，构成了风险存在与否的基本条件。

2. 风险的不确定性包括_______、________、_______3 个方面。

3. 根据风险因素的性质不同，通常有______风险因素、______风险因素和______风险因素。

4. 按风险损害对象，可将风险分为________、________、________和________。

5. 风险管理方法分为______和______两类。

6. 常见的控制型方法有风险________、风险________、风险________、风险________和风险________等。

7. 常见的财务型方法有________和_______。

8. 纯粹风险导致的结果为_______和_______。

9. 从经济学角度看，保险是______的财务安排。

10. 保险风险的集合与分散应具备 2 个前提条件：一是______________________________；二是____。

11. 保险的特征有________、________、________和________。

12. 保险的基本职能包括______和______，派生职能包括______和______。

13. 按风险转移程度，保险可分为________、_______与________。

14. 按风险转移的方式分类，可将保险分为________、________、________和________。

15. 按保险价值在合同中是否确定分________保险和________保险两种。

16. 2 个或 2 个以上的保险人共同承保同一________，同一________，同一________的保险称为重复保险。

二、判断题

1. 风险事故使风险的可能性转化为现实，即风险的发生。（ ）

2. 对于某一事件，在一定条件下，可能是造成损失的直接原因，则它成为风险事故。而在其他条件下，可能是造成损失的间接原因，则它便成为风险因素。（ ）

3. 小王因车祸记忆力下降，应作为本次事故损失进行补偿。（ ）

4. 风险的发生具有必然性。（ ）

5. 利用概率论和数理统计的方法可测算出风险事故发生的概率及其损失幅度。（ ）

6. 风险的发生及其产生的后果的程度，可以随着条件的改变、人们认识的深入、治理水平的提高和管理措施的完善而发生变化。（ ）

7. 自留风险的成本低，方便有效，可减少潜在损失，节省费用，所以尽可能采用风险自留。（ ）

8. 不同的风险管理方法，具有不同的特点，应从实际出发，根据最小成本原则，择优选用或组合应用，以取得最佳的风险管理效果。（ ）

9. 保险人是履行补偿损失或给付保险金义务的人。（ ）

10. 法人不能作为投保人。 ( )

11. 被保险人与投保人不能相同。 ( )

12. 保险标的可以是财产、与财产有关的利益或责任，也可以是人的生命或身体。 ( )

13. 不同的保险标的，保险价值不同，面临的危险种类、危险因素多少、危险程度高低不同，直接影响保险人所承担的义务，也使投保人所付的对价（保险费）随之变化。 ( )

14. 定值保险的赔偿，如果是全损，则按保险金额全数赔偿；如果是部分损失，则需确定损失程度，按损失程度比例赔偿。 ( )

15. 超额保险理赔时也按保险限额赔偿。 ( )

三、选择题

1.（ ）是风险的本质属性。

A. 可保性　　B. 不可保性

C. 不确定性　　D. 可预测性

2.（ ）是造成损失的外在的和直接的原因，损失都是由风险事故造成的。

A. 风险因素　　B. 风险事故

C. 风险损失　　D. 以上都对

3.（ ）风险因素是与人的品德修养有关的无形的因素。

A. 道德　　B. 心理

C. 物质　　D. 风险

4. 下雪路滑，发生车祸，造成人员伤亡，其中（ ）是风险事故，（ ）是风险因素。

A. 下雪　路滑　　B. 车祸　下雪

C. 下雪　车祸　　D. 路滑　下雪

5. 风险的发生具有（ ）。

A. 偶然性　　B. 必然性

C. 客观性　　D. 主观性

6. 按（ ），可将风险分为纯粹风险与投机风险。

A. 风险产生原因　　B. 风险损害对象

C. 风险的性质　　D. 风险管理方法

7. 炒股的风险属于（ ）风险。

A. 经济风险　　B. 技术风险

C. 纯粹风险　　D. 投机风险

8. 保险人集中了大量（ ），能借助大数法则来正确预见损失的发生额，并根据保险标的的损失概率制定保险费率。

A. 经济风险　　B. 技术风险

C. 纯粹风险　　D. 同类风险

9.（ ）是确定保险金额和确定损失赔偿的计算基础。

A. 保险价值　　B. 保险责任

C. 保险金额　　D. 保险费

10. 道路运输承运人责任险属于（　　）保险。

A. 自愿　　B. 强制

C. 信用　　D. 再保险

四、名词解释

1. 风险　2. 风险因素　3. 风险事故　4. 风险管理　5. 投机风险

6. 纯粹风险　7. 保险　8. 保险人　9. 保险利益　10. 被保险人

11. 保险标的　12. 保险金额　13. 保险代理人　14. 经纪人　15. 公估人

16. 同质风险

五、简答题

1. 保险学中，风险有哪 3 层含义？

2. 风险要素有哪些？它们相互之间是什么关系？

3. 风险有哪些特征？

4. 风险管理的方法有哪些？

5. 投保人必须满足的 3 个条件是什么？

6. 保险包括哪 5 个要素？

7. 保险有哪些作用？

8. 保险的职能有哪些？

9. 原保险与再保险有哪些区别？

10. 列表概括保险的分类。

项目二 汽车保险认知

学习目标

1. 掌握汽车保险的含义和特点。
2. 知道汽车保险的作用和职能。
3. 熟悉汽车保险的险种。
4. 掌握汽车保险合同的特征。
5. 熟悉汽车保险合同的基本内容。
6. 知道汽车保险合同的形式。
7. 了解汽车保险合同的订立、生效、履行、变更、解除、终止的相关规定。
8. 掌握汽车保险合同的解释原则。
9. 理解并掌握保险的 6 个原则。
10. 学会签订汽车保险合同。
11. 学会利用保险六原则对事故原因进行分析。

学习导入

我国道路条件越来越好，汽车保有量越来越大，汽车在给人们的生产和生活带来便利的同时，也带来了大量的风险。日常生活中的每个人都是交通活动的参与者，都有可能面临交通意外。交通事故的发生，会给人们带来生产困难和生活压力，通过汽车保险，可以将被保险人的风险进行转移。

任务一 汽车保险

一、汽车保险的含义

汽车保险是指以汽车为保险标的的保险，其保障范围包括车辆本身因自然灾害或意外事故导致的损失，及车辆所有人或其允许的合格驾驶员因使用车辆发生意外事故所负的赔偿责任。

车辆本身损失常见原因有碰撞、倾覆、坠落、被外界物砸损、火灾、水灾、雹灾、其他自然灾害、爆炸、自燃、盗窃、抢劫、玻璃破碎、车身划痕、标准配置外的设备损坏、随车行李物品损坏、事故发生后的抢险救灾费用等。为保障以上风险，分别有相对应的保险险种，如车辆损失险、全车盗抢险、自燃险、玻璃单独破碎险、发动机特别损失险、车辆停驶损失险、车身划痕险、新增设备损失险、随车行李物品损失险等，这些都属于损失类保险，可归为财产损失保险范畴。

车辆在使用过程中常引发的责任有：因车辆发生碰撞、倾覆、坠落、火灾等意外事故导致第三者人员或财产损害的赔偿责任、车上人员或财产损害的赔偿责任、因车载货物掉落而引起的第三者人员或财产损害的赔偿责任。与之相对应的一些险种，如机动车第三者责任险、车上人员责任险、车上货物责任险、车载货物掉落责任险等，这些都属于责任类保险，可归为责任保险范畴。

总之，汽车保险既属于财产损失保险范畴，又属于责任保险范畴，是综合性保险。

二、汽车保险的发展史

1886 年德国人卡尔·本茨获得了世界上第一项汽车发明专利。汽车问世后，由于汽车设施简陋、工艺粗糙、操纵性能一般、安全性能较差，驾驶人员的驾驶经验比较欠缺，加之道路状况不好，所以驾驶汽车容易出事故。事故除了造成车辆自身损坏外，还经常导致他人财产损失和人身损害。汽车的这种使用风险，促生了汽车保险。于是在 1895 年，英国的法律意外保险有限公司签发了世界上最早的汽车保险单，为汽车责任险保单，保险费为 10 ~ 100 英镑，于是汽车保险诞生了。1898 年，美国的旅行者保险公司签发了美国历史上第一份汽车人身伤害责任保险。1899 年，英国将汽车保险范围扩大到与其他车辆碰撞所造成的损失。1901 年，英国将汽车保险范围又扩大到盗窃和火灾等引起的损失。1902 年，美国第一张汽车损失保险单问世。1903 年，英国成立了第一家专门经营汽车保险的公司，即“汽车综合保险联合社”。1906 年，英国成立了“汽车保险有限公司”。该公司有专门工程技术人员，负责每年对保险汽车免费检查一次，这与目前我国对汽车保险的“验标核保”、提供风险控制建议等基本相同，所以这种成功的运作经验极大地推进了汽车保险的发展。1927 年，美国的马萨诸塞州首先将汽车造成他人的财产损失和人身伤害视为社会问题，于是公布实施了汽车强制保险法，成为世界上首次将汽车的第三者责任规定为强制责任保险的地区。1931 年英国开始强制实施汽车责任保险。1936 年，英国国会成立了强制责任保险调查小组，该小组于 1937 年提交了著名的“卡斯奥报告”，报告讨论了在实行强制汽车责任保险后，如果部分车辆所有人未依法投保责任险或者保险单失效时，受害人将无法得到保险人的赔偿，对此应如何处理的问题。但由于第二次世界大战于当年爆发，所以“卡斯奥报告”的建议当时没有付诸实施。1945 年年底，英国根据“卡斯奥报告”的建议成立了“汽车保险人赔偿局”，规定当事故受害人因肇事者未依法投保责任险，或者保险单失效而无法得到赔偿时，由该局承担赔偿责任，受害人获得赔偿后，须将其向肇事者索赔的权利转移给汽车保险人赔偿局。目前，对肇事者逃逸，受害人无法得到保险赔偿的情况，也由该局负责赔偿。后来，日本、法国、德国等也纷纷实施了强制汽车责任保险。

总之，汽车保险是伴随着汽车的出现而产生的，在财产保险领域中属于一个相对年轻的险种。汽车保险的发展过程是：先出现汽车责任保险，后出现车辆损失保险。汽车责任保险是先实行自愿方式，后实行强制方式。车辆损失保险一般是先负责保障碰撞危险，后扩大到非碰撞危险，如盗窃、火灾等。

1949 年中国人民保险公司成立，开始开办汽车保险，不久后出现了争议，认为汽车保险以及第三者责任保险对肇事者予以经济补偿，会导致交通事故的增加，对社会产生负面影响，于是中国人民保险公司 1955 年停办了汽车保险。20 世纪 70 年代，随着我国对外关系的发展，各国纷纷与我国建立友好关系，为满足各国驻华使领馆汽车的保险需要，70 年代中期，开始办理以涉外业务为主的汽车保险业务。1980 年我国全面恢复国内保险业务，汽车保险也随之恢复。1983 年 11 月，我国将汽车保险更名为机动车辆保险，使其具有了更广泛的适用性。

1985 年，我国首次制定车险条款；2000 年保监会颁布《机动车辆保险条款》；2003 年，为适应保险市场化，要求各保险公司制定自己的条款，报保监会备案；2006 年，推出交强险条款，同时推出商业险的 A、B、C 3 套主险条款；2007 年，保险行业协会又重新对商业险的 A、B、C 3 套条款进行修正和补充。2012 年，保险行业协会公布了《机动车辆商业保险示范条款》。

2006 年 3 月 21 日，中华人民共和国国务院令第 462 号公布《机动车交通事故责任强制保险条例》，2012 年 3 月 30 日根据《国务院关于修改〈机动车交通事故责任强制保险条例〉的决定》做了第一次修订，以国务院令第 618 号公布，2012 年 12 月 17 日根据《国务院关于修改〈机动车交通事故责任强制保险条例〉的决定》进行了第二次修订），形成 2013 年版《机动车交通事故责任强制保险条例》。

三、汽车保险的作用

我国自 1980 年恢复保险业务以来，汽车保险业务已经取得了长足的进步，尤其是伴随着汽车进入百姓的日常生活，汽车保险正逐步成为与人们生活密切相关的经济活动，其重要性和社会性也正逐步突显。

（一）扩大了人们对汽车的需求

汽车保险业务自身的发展对于汽车工业的发展起到了有力的推动作用。汽车保险的出现，消除了企业与个人对使用汽车过程中可能出现的风险的担心，在一定程度上提高了消费者购买汽车的欲望，从而扩大了人们对汽车的需求，进而促进了汽车工业的发展。

（二）稳定了社会公共秩序

随着我国经济的发展和人民生活水平的提高，汽车作为重要的生产运输和代步的工具，已经成为社会经济及人们生活中不可缺少的一部分。汽车作为一种保险标的，虽然单位保险金不是很高，但数量多而且分散，车辆所有者既有党政部门，也有工商企业和个人。车辆所有者为了转嫁使用汽车带来的风险，愿意支付一定的保险费投保，在汽车出险后，从保险公司获得经济补偿。由此可以看出，开展汽车保险既有利于社会稳定，又有利于保障保险合同当事人的合法权益。

（三）促进了汽车安全性能的提高

在汽车保险业务中，经营管理与汽车维修行业及其价格水平密切相关。原因是在汽车保险的经营成本中，事故车辆的维修费用是其中重要的组成部分，同时车辆的维修质量在一定程度上体现了汽车保险产品的质量。保险公司出于有效控制经营成本和风险的需要，除了加强自身的经营业务管理外，必然会加强事故车辆修复工作的管理，一定程度上提高了汽车维修质量管理的水平。同时，汽车保险的保险人从自身和社会效益的角度出发，联合汽车生产厂家、汽车维修企业开展汽车事故原因的统计分析，研究汽车安全设计新技术，并为此投入大量的人力和财力，从而促进了汽车安全性能的提高。

（四）汽车保险业务在财产保险中占有重要的地位

目前，大多数发达国家的汽车保险业务在整个财产保险业务中占有十分重要的地位。美国汽车保险保费收入，占财产保险总保费的45%左右，占全部保费的20%左右。日本汽车保费占整个财产保险总保费的比例高达58%。我国机动车辆保险业务保费收入每年都以较快的速度增长。在国内各保险公司中，机动车辆保险业务保费收入占其财产保险业务总保费收入的50%以上，部分公司的机动车辆保险业务保费收入占其财产保险业务总保费收入的60%以上。机动车辆保险业务已经成为财产保险公司的“吃饭险种”。其经营的盈亏，直接关系到整个财产保险行业的经济效益。可以说，机动车辆保险业务的效益已成为财产保险公司效益的“晴雨表”。

四、汽车保险的特点

（一）出险率高

汽车是陆地的主要交通工具，由于其经常处于运动状态，总是载着人或货物不断地从一个地方开往另一个地方，很容易发生碰撞及意外事故，造成人身伤亡或财产损失。随着车辆数量的迅速增加，一些国家交通设施及管理水平跟不上车辆的发展速度，再加上驾驶人的疏忽、过失等人为原因，交通事故发生频繁、汽车出险率较高。

随着我国汽车保有量的增加，道路交通事故发生的次数也不断增加。目前我国每年发生的事故达到50万次，接近每分钟发生1次事故，每次事故损失4 800元。除道路交通事故外，属于汽车保险赔偿的车辆事故还有很多，如盗抢事故、火灾事故、水灾事故、雹灾事故、玻璃破碎事故等，因此，车辆出事故的频率非常高。

（二）保险标的种类繁多且差异大

机动车辆种类非常多，按用途可分为客车、货车、特种车、摩托车、拖拉机等。按性质可分为营业车辆和非营业车辆，营业车辆又可分为出租租赁、固定路线运输、公路运输等，非营业车辆又可分为家庭自用、企业非营业、机关非营业等。按座位客车可分为6座以下、6 ~ 10座、10 ~ 20座、20 ~ 36座、36座以上等。按载质量货车可分为2t以下、2 ~ 5t、5 ~ 10t、10t以上等。特种车按用途可分为用于各类装载油料、气体、液体等的专用罐车；用于清障、清扫、清洁、起重、装卸（不含自卸车）、升降、搅拌、挖掘、推土、压路等的各种专用机动车；用于装有冷冻或加温设备的厢式机动车；车内装有固定专用仪器设备，从事专业工作的监测、消防、运钞、医疗、电视转播、雷达、X 光检查等机动车；专门用于牵引集装箱箱体（货柜）的集装箱拖头。

种类、性质、座位、载质量、用途、排量、功率不同的汽车，其结构、性能、零件、材料等也有很大差异，其风险状况也不同，所以对保险人来说，经营汽车保险要从多方面增强风险控制，对于不同的机动车辆，收费要有所差别。同时，还要拥有一支懂汽车专业、知识结构不断更新的理赔队伍为保险标的的查勘定损工作服务。

（三）投保率高

由于汽车出险率较高，汽车的所有者需要以保险方式转嫁风险。各国政府在不断改善交通设施，严格制定交通法规的同时，为了保障受害人的利益，对第三者责任保险和道路运输承运人责任保险实施强制保险。几乎促使所有车辆参加车辆保险。保险人为满足投保人转嫁风险的不同需要，为被保险人提供了更全面的保障，在开展车辆损失险和第三者责任险的基础上，推出了一系列附加险，使汽车保险成为财产保险中业务量较大、投保率较高的一个险种。

（四）被保险人多且差异大

截至 2015 年年底，全国汽车保有量已达 1.72 亿辆。数量众多的车辆属于众多不同的被保险人，而汽车保险业务需要和每个投保人接触，需要和发生事故并索赔的每个被保险人接触，要融洽地处理好与众多接触对象的关系，需要汽车保险行业的从业人员素质高、能力强、见识广。

汽车保险中，针对汽车所有者与使用者的不同特点，汽车保险条款一般规定："不仅被保险人本人使用车辆时发生保险事故保险人要承担赔偿责任，而且其他合法的驾驶人使用车辆时，也视为其对保险标的具有保险利益，如果发生保险单上约定的事故，保险人同样要承担事故造成的损失。"此规定是为了对被保险人提供更充分的保障，并不违背保险利益原则。但如果在保险合同有效期内，被保险人将保险车辆转卖、转让、赠送他人，被保险人应当书面通知保险人并申请办理批改。否则，保险事故发生时，保险人对被保险人不承担赔偿责任。

（五）保险设计和营销手段高科技化

汽车保险具有面广、量大、品种单一等特点，随着互联网技术的发展，通过大数据统计，可以准确地统计保费收入和支出成本。因此，在调整保费时，可以做到公平合理。风靡全球的网上销售和电话销售，就是首先在汽车保险产品的销售上被应用的，并取得了良好效果。我国也是在汽车保险业务上，首先采用 IC 卡及其技术支持系统进行风险管理、风险评估、电脑远程核保、远程出单和网上销售等业务的，而且未来还将进一步通过高技术手段改造传统车险产品。

（六）被保险人自负责任与无赔款优待

为了促使被保险人注意维护、保养车辆，使其保持安全行驶技术状态，并督促驾驶人注意安全行车，以减少交通事故，汽车保险实行绝对免赔率和无赔款优待措施。

保险合同根据驾驶人在交通事故中所负责任，对车辆损失险和第三者责任险在符合赔偿规定的金额内实行绝对免赔率。负全部责任的免赔 20%，负主要责任的免赔 15%，负同等责任的免赔 10%，负次要责任的免赔 5%，单方肇事事故的绝对免赔率为 20%。投保时，投保了不计免赔险后，车辆商业险的这条规定就失效了，无论我们在事故中承担什么责任，都可以得到 100%的赔偿。

保险车辆在保险期限内无赔款，续保时可以按保险费的一定比例享受无赔款优待，各个保险公司对无赔款优待有不同的规定，一般可以优惠标准费率的 30%。

五、汽车保险的职能

保险是根据科学计算，以事先交纳保险费的办法建立集中的保险基金，用于对被保险人因自然灾害或意外事故造成的经济损失给予补偿，或对人身伤亡和丧失工作能力者给予物质保障的一种制度。职能是某种客观事物或现象所表现的内在功能，是由事物的本质和内容决定的。汽车保险的职能，就是指汽车保险固有的一种功能，它是由汽车保险的本质和内容决定的，是汽车保险本质的体现。汽车保险的发展，派生出了新的职能。因此汽车保险的职能包括基本职能和派生职能。

（一）汽车保险的基本职能

汽车保险的基本职能主要是补偿损失的职能，即汽车保险通过保险组织收取社会上分散的保险费，建立保险基金，用来对因自然灾害和意外事故造成的车辆损毁给予经济上的补偿，以保障社会生产的持续进行，安定人民生活，提高人民的物质福利。这种赔付原则使已经存在的社会财富即车辆、因灾害事故所导致的实际损失，在价值上得到了补偿，使其使用价值得以恢复。汽车保险的这种补偿职能，只是对社会已有的财富进行了再分配，而不能增加社会财富。从社会的角度来讲，个别出险车辆的被保险人所得的赔偿正是没有受损害的多数被保险人的所失，它是由全体投保人给予的补偿。

汽车保险在大量的风险单位集合的基础上，将少数被保险人可能遭受的损失后果转嫁到全体被保险人身上，而保险人作为被保险人之间的中介对其实行经济补偿，这是现代社会处理风险的一种非常重要的手段，是风险转嫁中一种最重要、最有效的手段，是不可缺少的经济补偿制度。

（二）汽车保险的派生职能

汽车保险的派生职能主要有防灾防损职能、金融性融资和财政性分配职能。

（1）防灾防损职能。汽车保险中，保险人和被保险人有着共同的经济利益，即减少灾害和事故的发生，尽量避免保险车辆的损失和人员伤亡。保险人为了减少赔款、提高经济效益，分析各种灾害事故造成损失的资料，对灾害原因有较确切的分析和结论，同时运用保险财力和专业人员的技术力量，提出防灾防损方案。这种风险管理职能，即保险企业参与社会、企业、家庭和个人的风险管理，提供防灾、防损、咨询和技术服务的职能，减少车辆的损失和社会成员的人身伤害，为保险企业自身效益和社会效益的提高创造有利条件。保险人还依靠保险制度、保险条款和保险费率督促被保险人提高遵守安全法规的自觉性，增强社会防灾能力。

（2）金融性融资职能。即将保险组织的可运用资金，重新投入到社会再生产过程中，以便实现保险资金的保值和增值。由于保险人经营的连续性和保险事件的随机性，在保险人的业务经营中会有一部分资金处于暂时的闲置状态。这种闲置的资金构成了保险人的可运用资金。保险公司作为金融机构的组成部分，其融资的方式主要有银行存款、证券投资、贷款、信托投资、公共投资和各种票据等。

（3）财政性分配职能。它是指保险企业参与对一部分社会总产品分配的职能，并能为国家在建设方面筹资。通过向投保人收取保险费而形成保险基金，实际上是以货币形态表现一定的社会总产品，是社会后备基金体系的重要组成部分。向保险公司交纳保险费是全体投保人的义务，而从保险公司获取损失补偿的只是少数出险车辆或人身受到伤害的被保险人与第三者。这样，一部分社会总产品就以保险公司为中介，在被保险人之间进行分配，即保险标的未发生灾害事故的被保险人原来占有的一部分社会总产品的价值转移到保险标的发生灾害事故的被保险人手里，保险便实现了对一部分社会总产品价值的分配。

六、汽车保险的分类

汽车保险有交强险和商业险两大类。交强险是机动车交通事故责任强制保险的简称，是指由保险公司对被保险机动车发生道路交通事故造成本车人员、被保险人以外的受害人的人身伤亡、财产损失，在责任限额内予以赔偿的强制性责任保险。商业险又分为基本险和附加险，主险是独立的险种，投保人可以选择投保全部险种，也可以选择投保其中部分险种，附加险不能独立投保。

（一）基本险

基本险（简称主险）包括车辆损失险（简称车损险）、第三者责任险（简称三责险）、全车盗抢保险、车上人员责任保险。

（1）车辆损失险：负责赔偿由于自然灾害或意外事故造成的车辆自身的损失，是车辆保险中最主要的险种。保与不保这个险种，需权衡一下它的影响。若不保，车辆碰撞后的修理费用得全部由自己承担。

（2）第三者责任险：负责保险车辆在使用中发生意外事故造成他人（即第三者）的人身伤亡或财产的直接损毁的赔偿责任。撞车或撞人时不仅自己的爱车受损失，还要花大笔的钱来赔偿他人的损失。交强险（2013 版）对第三者的医疗费用和财产损失的赔偿较低，在购买了交强险的同时，仍可考虑购买第三者责任险作为补充。

（3）全车盗抢险：负责赔偿保险车辆因被盗窃、被抢劫、被抢夺造成车辆的全部损失，以及其间由于车辆损坏或车上零部件、附属设备丢失所造成的损失。车辆丢失后可从保险公司得到车辆实际价值（以保单约定为准）80%的赔偿。若被保险人缺少车钥匙，则只能得到 75%的赔偿。

（4）车上人员责任险：负责保险车辆发生意外事故造成车上人员的人身伤亡和车上所载货物的直接损毁的赔偿责任。其中，车上人员的人身伤亡的赔偿责任就是过去的司机乘客意外伤害保险。

（二）附加险

附加险包括玻璃单独破碎险、自燃损失险、新增加设备损失险、车身划痕损失险、发动机涉水损失险、修理期间费用补偿险、车上货物责任险、精神损害抚慰金责任险、不计免赔率险、机动车损失保险无法找到第三方特约险、指定修理厂险等。

（1）玻璃单独破碎险：车辆在停放或使用过程中，其他部分没有损坏，仅风挡玻璃单独破碎，风挡玻璃的损失由保险公司赔偿。

（2）自燃损失险：对保险车辆在使用过程因本车电器、线路、供油系统发生故障或运载货物自身原因起火燃烧给车辆造成的损失负赔偿责任。

（3）新增加设备损失险：车辆发生车辆损失险范围内的保险事故，造成车上新增设备的直接损毁，由保险公司按实际损失计算赔偿。未投保本险种，新增加设备的损失，保险公司不负赔偿责任。

（4）车身划痕损失险：由于他人恶意行为造成车身划痕损坏，保险公司将按实际损失进行赔偿或按保险金额赔偿，在保险期间内，累计赔款金额达到保险金额，本附加险保险责任终止。

（5）发动机涉水损失险：也称涉水险或称汽车损失保险、发动机特别损失险等，《机动车综合商业保险示范条款》中称发动机涉水损失险。涉水险是一种新衍生的车险险种，主要是指车主为发动机购买的附加险，主要保障车辆在积水路面涉水行驶或被水淹后致使发动机损坏可给予赔偿。购买了涉水险，即使车被水淹后车主还强行启动发动机而造成了损害，保险公司仍然给予赔偿。

（6）修理期间费用补偿险：也称车辆停驶损失险，发生汽车损失保险产品责任范围内的事故，造成车身损毁，致使保险车辆停驶，保险人按有关规定向被保险人补偿修理期间费用，作为代步车费用或弥补停驶损失的保险。

（7）车上货物责任险：保险车辆在使用过程中发生意外事故，致使保险车辆上所载货物遭受直接损毁，依法应由被保险人承担的经济赔偿责任，以及被保险人为减少车上货物损失而支付的合理的施救、保护费用，由保险人在保险单载明的赔偿限额内计算赔偿的保险。在投保了第三者责任险的基础上方可投保车上货物责任保险。

（8）精神损害抚慰金责任险：发生保险责任事故，造成第三者或车上人员的人身伤亡，受害人据此提出精神损害赔偿请求，保险人依据法院判决及保险合同约定，需要支付的精神损害抚慰金，在扣除机动车交通事故责任强制保险应当支付的赔款后，在赔偿限额内负责赔偿。精神损害抚慰金责任险只在投保第三者责任保险或车上人员责任保险的基础上附加。

（9）不计免赔率险：只有在同时投保了车辆损失险和第三者责任险的基础上方可投保本保险。办理了本项特约保险的机动车辆发生保险事故造成赔偿，对其在符合赔偿规定的金额内按基本险条款规定计算的免赔金额，保险人负责赔偿。也就是说，办了本保险后，车辆发生车辆损失险及第三者责任险方面的损失，全部由保险公司赔偿。

（10）机动车损失保险无法找到第三方特约险：投保了本附加险后，对于机动车损失保险事故发生后，被保险机动车损失应当由第三方负责赔偿，但因无法找到第三方而增加的由被保险人自行承担的免赔金额，由保险人负责赔偿。

（11）指定修理厂险：机动车损失保险事故发生后，被保险人可指定修理厂进行修理，保险责任范围内的维修费用全部由保险人赔偿。投保了机动车损失保险的机动车，可投保本附加险。

我国汽车保险产品的种类如表 2-1 所示。

表 2-1　我国汽车保险产品的种类

强制性	类型	
强制险	交强险	
非强制险	基本险	车损险、三责险、全车盗抢险（盗抢险）、车上人员责任保险
	附加险	玻璃单独破碎险、自燃损失险、新增加设备损失险、车身划痕损失险、发动机涉水损失险、修理期间费用补偿险、车上货物责任险、精神损害抚慰金责任险、不计免赔率险、机动车损失保险无法找到第三方特约险、指定修理厂险

任务二　汽车保险合同

《保险法》第十条规定："保险合同是投保人与保险人约定保险权利义务关系的协议。投保人是指与保险人订立保险合同，并按照保险合同负有支付保险费义务的人。保险人是指与投保人订立保险合同，并按照合同约定承担赔偿或者给付保险金责任的保险公司。"根据这一概念，投保人有向保险人支付保险费的义务，同时有从保险人那里获取保险保障的权利；而保险人有收取保险费的权利，同时有在约定的保险事故发生或在约定保险事件出现或者期限届满时履行赔偿责任或者给付保险金的义务。汽车保险合同是双方当事人约定保险权利和义务的协议，也是双方当事人应遵循的唯一有效的法律依据。

一、汽车保险合同的特征

汽车保险合同除具有一般合同的法律特性外，还具有一些独有特征。

（一）汽车保险合同是有偿合同

订立保险合同是双方当事人有偿的法律行为，保险合同的一方在享有合同规定的权利的同时，必须付出一定的代价，这种相互的报偿关系称为对价。汽车保险合同的生效是以投保人交付保险费为条件，换句话说是以交付保险费作为换取保险人承担危险的代价。这种对价是相互的和有偿的。所以汽车保险合同是一种有偿合同。

（二）汽车保险合同是射幸合同

射幸是指侥幸、偶然或不确定的意思。射幸合同是指当事人双方在签订合同时不能确定履行内容的合同。即合同当事人一方并不必然履行给付义务，而只有当合同中约定的条件具备或合同约定的事件发生时才履行。投保人根据保险合同支付保险费的义务是确定的，而保险人的义务是否履行在汽车保险合同订立时尚不确定，而是取决于偶然的、不确定的保险事故是否发生。但是，汽车保险合同的射幸性是针对单个保险合同而言的，而且也是针对有形保障而言的。

（三）汽车保险合同是双务合同

双务合同是指双方当事人相互享有权利，并且相互承担义务的合同。汽车保险合同对双方当事人都有法律约束，都有义务履行合同，所以是双务合同。投保人在承担支付保费义务后，合同生效；被保险人在保险车辆发生保险事故时，依据合同享有保险人补偿损失的权利；保险人在收取投保人保费后，就必须履行保险合同所规定的赔偿损失义务。

（四）汽车保险合同是附和合同

附和合同是指合同双方当事人不充分商议合同的重要内容，而是由一方提出合同的主要内容，另一方只能取与舍，即要么接受对方提出的合同内容，签订合同，要么拒绝。汽车保险合同的主要内容一般情况下由保险人事先拟定好，供投保人或被保险人选择，没有变更或修改的余地，所以汽车保险合同是附和合同。

汽车保险合同具有附和性是由汽车保有量大和汽车保险业务专业性强决定的。随着汽车保有量增长迅速，保险人每年签订的合同数量巨大。因此，保险手续必须力求迅速，由保险人事先拟就好合同的主要内容，然后投保人进行选择即可。同时，由于汽车保险合同内容的技术性较强，一般投保人缺乏了解，根本无法让其参与协商确定合同内容。

汽车保险合同附和性的特点，决定了保险合同的双方当事人对合同信息的知晓是不对称的，因此，当双方当事人对汽车保险合同出现争议与分歧的时候，法院和仲裁机关通常会做出有利于合同非制定方的解释，这是对投保人和被保险人利益加强保护的一个体现。

（五）汽车保险合同具有属人性

保险汽车转卖时，必须对保险合同进行批改，对于不同的人，由于年龄、性别、职业、习惯等不同，决定了汽车在不同的人手中，出险频率的大小是不同的，所以，保险公司有权重新核定，看是否继续接受该人的投保请求。这体现了保险合同的属人性特征。

二、汽车保险合同的主体和客体

汽车保险合同必须具备主体（当事人、关系人）与客体（保险利益）两个要素。

（一）汽车保险合同的主体

汽车保险合同的主体是指在保险合同订立、履行过程中享有合同赋予的权利和承担相应义务的人。根据在合同订立、履行过程中发挥的作用不同，保险合同的主体分为当事人和关系人两类。当事人包括保险人和投保人；关系人包括被保险人和受益人，汽车保险的关系人仅指被保险人。

现实生活中，有大量的汽车保险合同是在辅助人的帮助、撮合之下订立的。保险合同的辅助人虽然不是保险合同的主体，不受保险合同保障，也不必承担合同的相关义务，但是对于保险合同关系的建立和维护发挥着极其重要的辅助作用。汽车保险合同的辅助人主要有汽车保险代理人、汽车保险经纪人和汽车保险公估人。

（二）汽车保险合同的客体

汽车保险合同的客体是被保险人对投保车辆的保险利益。保险利益是指被保险人对保险标的所具有的国家法律认可，并予以保护的合法的经济利害关系。被保险人对车辆具有保险利益，表现为因投保车辆责任或投保车辆遭受损坏而使其蒙受的经济损失。

三、汽车保险合同的内容

汽车保险合同的内容是投保人、被保险人与保险人之间所约定的权利与义务及其他有关事项，用条款的方式写在汽车保险合同中，它是当事人双方履行合同义务、承担法律责任的依据。当汽车保险合同生效后，双方都必须遵守合同的内容。汽车保险合同的内容分为基本内容和约定内容。

（一）基本内容

汽车保险合同的基本内容是《保险法》规定必须列明的、涉及合同双方当事人权利义务的内容，是必不可少的组成部分，也是制定汽车保险合同条款和安排汽车保险合同格式的法律依据。基本内容一般由保险人事先拟定，并印制在保险单上。

被保险人作为合同的关系人，是合同保障的对象，因此无论其与投保人是否同一，名称和住所也应在合同中载明。合同主体为单位的，其名称应与公章名称一致，住所应为主要办事机构所在地；合同主体为个人的，其名称应与相关证件上的姓名一致，住所应为生活住所。

保险责任是指保险人承担的具体风险，规定了保险人对被保险人承担赔偿或给付保险金责任的范围。通常，保险责任由保险人制定，保险人根据不同险种和相应风险制定出保险责任条款并载明于保险合同中。保险人并不对保险标的的所有风险承担责任，而是仅对与投保人在保险合同中约定的风险项目承担责任。险种和风险不同，保险责任也不同。

※法律链接※

《保险法》第十八条　保险合同应当包括下列事项：

（一）保险人的名称和住所；

（二）投保人、被保险人的姓名或者名称、住所，以及人身保险的受益人的姓名或者名称、住所；

（三）保险标的；

（四）保险责任和责任免除；

（五）保险期间和保险责任开始时间；

（六）保险金额；

（七）保险费以及支付办法；

（八）保险金赔偿或者给付办法；

（九）违约责任和争议处理；

（十）订立合同的年、月、日。

投保人和保险人可以约定与保险有关的其他事项。

受益人是指人身保险合同中由被保险人或者投保人指定的享有保险金请求权的人。投保人、被保险人可以为受益人。

保险金额是指保险人承担赔偿或者给付保险金责任的最高限额。

责任免除是指保险合同规定的保险人不承担赔偿或给付保险金责任的范围。由于责任免除直接涉及被保险人利益，所以责任免除条款通常采用列举的方式在保险合同中明确列明，同时投保人在投保时，保险人还必须对责任免除条款尽明确说明义务。除此之外，对不属于保险责任而在责任免除部分又未明确列明的风险统归为责任免除的内容。

保险期间和保险责任开始时间。保险期间是保险合同所持续的有效时间，是保险人必须按保险合同约定的保险条款为被保险人提供保险保障的起止时间。保险责任开始时间是保险人承担被保险人保险责任的开始时刻。

保险期间的确定方式一般有两种：一种是保险合同上约定明确的按自然日期计算的起止时间，如某年某月某日某时起至某年某月某日某时止。汽车保险的保险期间就是这种确定方式，如某汽车保险合同保险期间自 2020 年 9 月 9 日 0 时起至 2021 年 9 月 8 日 24 时止。另一种是按保险事件的过程来确定的。例如，货物运输保险以航程或路程的运行期为保险期间，工程保险以工程开始到工程结束的工程期为保险期间。

保险合同中的保险费是根据保险金额和保险费率计算出来的，即保险费等于保险金额乘以保险费率。保险费率的高低取决于保险责任范围的大小、以往经营中的出险损失率和经营成本。《保险法》第一百三十五条规定：关系社会公众利益的保险险种、依法实行强制保险的险种和新开发的人寿保险险种等的保险条款和保险费率，应当报国务院保险监督管理机构批准。国务院保险监督管理机构审批时，应当遵循保护社会公众利益和防止不正当竞争的原则。其他保险险种的保险条款和保险费率，应当报保险监督管理机构备案。因此，合同双方确定保险费时，应以保险监督管理部门审批或备案的保险费率为依据。

违约责任是指保险合同当事人一方违反保险合同的约定，必须向另一方当事人承担相应的违约责任。保险合同明确违约责任可以防范和减少当事人违约行为的发生。当事人一旦没有按照合同约定完全、全面地履行合同，那么他就应当承担相应的法律后果和违约责任，这是保险合同法律效力的必然要求，也是保证保险合同正常履行的基本条件。

订立保险合同的时间是指保险人同意承保后，在投保单上签字盖章的同时，所注明的时间。该时间对于认定保险合同的订立日、证明保险利益的存在、判断保险危险是否发生有着十分重要的意义。因此，在合同中应注明订立合同的时间。

（二）约定内容

《保险法》第十八条第二款规定：投保人和保险人可以约定与保险有关的其他事项。因此，当保险合同的基本内容不能完全表达当事人双方的意愿时，当事人双方可以通过协商约定其他内容，这些称为保险合同的约定内容。保险合同的约定内容必须是《保险法》所允许的，不得与其他法律、法规相抵触，也不得违背最大诚信原则。

四、汽车保险合同的形式

（一）投保单

投保单是投保人向保险人申请订立保险合同的书面要约，是保险人承保的依据，是保险合同的重要组成部分，因此投保人必须如实填写。投保单的内容一般包括投保人、被保险人或受益人的名称、住所、保险标的、投保险别、保险金额、保险期间等。中国人民保险公司商业险投保单如图 2-1 所示。

国家金融监督管理总局监制　　　　限在甘肃省销售

收费确认时间：2024-09-29 14:46

生成保单时间：2024-09-29 14:46　　**机动车商业保险保险单**（电子保单）

产品条款：机动车综合条款（家庭自用汽车产品）

保险单号：PDAA202462010000178867

被保险人						
车主						
保险车辆情况	号牌号码		厂牌型号			
	VIN码/车架号			发动机号	NN8AV325159	
	核定载客	5 人	核定载质量	0.000 千克	初次登记日期	2022-12-12
	使用性质	家庭自用汽车	年平均行驶里程	0.00 公里	机动车种类	客车

承保险种	绝对免赔率	费率浮动（+/-）	保险金额/责任限额	保险费（元）
机动车损失保险		0.45500000	83241.20	914.19
机动车第三者责任保险		0.45500000	3000000.00	423.07
机动车车上人员责任保险（司机）		0.45500000	20000.00/座*1座	25.75
机动车车上人员责任保险（乘客）		0.45500000	20000.00/座*4座	65.32
附加医保外医疗费用责任险（机动车第三者责任保险）		0.45500000	共享主险限额	37.33
附加机动车增值服务特约条款（道路救援服务）		0.45500000	2次	0.00
附加机动车增值服务特约条款（车辆安全检测）		0.45500000	1次	0.00
附加机动车增值服务特约条款（代为驾驶服务）		0.45500000	1次	0.00
附加机动车增值服务特约条款（代为送检服务）		0.45500000	1次	0.00

特别提示：除法律法规另有约定外，投保人拥有保险合同解除权，涉及（减）退保保费的，退还给投保人。

本保单投保人为：

保险费合计（人民币大写）：壹仟肆佰陆拾伍元陆角陆分　　（¥：1,465.66元）

保险期间：自2024年10月27日0时0分起至2025年10月26日23时59分止

特别约定

1. 尊敬的客户：您本次是通过专业中介渠道购买的车辆保险。中介机构名称：帮帮保险销售有限公司甘肃分公司。手续费比例、金额：8.0000%、110.62元。联系电话：13919336379。
2. 理赔服务承诺：本公司严格按条款履行理赔服务。
3. 本保单保险期限内您可享受代驾服务，代驾区域为兰州市城关区、七里河区、西固区、安宁区，单次距离最长为30公里。请登录“甘肃人保财险”微信公众号，在个人中心-我的礼包中下单使用。。
4. 保险期间内，如发生本保险合同约定的保险事故造成被保险车辆损失或第三者财产损失，保险人可采取实物赔付或现金赔付方式进行保险赔付。选择采取实物赔付方式的，由保险人和被保险人在事故车辆修理前签订《实物赔付确认书》。

保险合同争议解决方式　诉讼

重要提示

1. 本保险合同由保险条款、投保单、保险单、批单和特别约定组成。　含税总保险费1465.66元，其中：不含税保险费总计：1382.69元，增值税额总计：82.97元
2. 收到本保险单、承保险种对应的保险条款后，请立即核对，如有不符或疏漏，请及时通知保险人并办理变更或补充手续。
3. **请详细阅读承保险种对应的保险条款，特别是责任免除、投保人被保险人义务、赔偿处理和通用条款等。**
4. 被保险机动车被转让、改装、加装或改变使用性质等，导致被保险机动车危险程度显著增加，应及时通知保险人。
5. 被保险人应当在保险事故发生后及时通知保险人。
6. 被保险人可通过保险人网站自主查询承保理赔信息。

保险人				
	公司名称：	中国人民财产保险股份有限公司兰州市分公司	**公司地址：**	[illegible]
	邮政编码：	730030	**服务电话：**	95518
	签单日期：	2024-09-29		（保险人签章）
	网址：	www.picc.com		

中国人民财产保险股份有限公司 兰州市分公司 电子保单专用章 6201028249743

核保：自动核保　　制单：　　经办：

图 2-1　中国人民保险公司商业险投保单

（二）保险单

保险单是保险人和投保人之间订立保险合同的正式书面文件，是保险人向被保险人履行赔偿或给付义务的依据。保险单的内容通常包括保险项目、保险责任、责任免除及附注条件等。保险单应将保险合同的全部内容详尽列明，包括双方当事人的权利义务和保险人应承担的风险责任。保险合同成立后，保险人应当及时向投保人签发保险单。而被保险人在保险事故发生后，也必须凭借保险单向保险人索赔。机动车交通事故责任强制保险单如图 2-2 所示。

国家金融监督管理总局监制　　　　限在甘肃省销售

收费确认时间：2024-09-29 14:46

生成保单时间：2024-09-29 14:46　**机动车交通事故责任强制保险单**（电子保单）

保险单号：PDZA202462010000235989

被保险人	名称				
	被保险人身份证号码（组织机构代码）	6226281993******79			
	地址	甘肃省陇南市礼县		联系电话	153****0931
被保险机动车	号牌号码		机动车种类	客车	使用性质	家庭自用汽车
	发动机号码		车辆识别代码			
	厂牌型号		核定载客	5人	核定载质量	0.000千克
	排量	1.4940L	功率	138.0000KW	登记日期	2022-12-12

责任限额	死亡伤残赔偿限额	180,000元	无责任死亡伤残赔偿限额	18,000元
	医疗费用赔偿限额	18,000元	无责任医疗费用赔偿限额	1,800元
	财产损失赔偿限额	2000元	无责任财产损失赔偿限额	100元

与道路交通安全违法行为和道路交通事故相联系的浮动比率：-30%

保险费合计（人民币大写）：陆佰陆拾伍元整　（￥：665.00元）其中救助基金（0.00%）（￥：0.00元）

保险期间：2024年10月27日0时0分起至2025年10月26日23时59分止

保险合同争议解决方式：诉讼

代收车船税	整备质量	1,460.00	纳税人识别号	622628199308214679		
	当年应缴	￥：420.00元	往年补缴	￥：0.00元	滞纳金	￥：0.00元
	合计（人民币大写）：	肆佰贰拾元整				（￥：420.00元）
	完税凭证号（减免税证明号）		开具税务机关	国家税务总局兰州市税务局第一税务分局		

特别约定

1. 尊敬的客户：您本次是通过专业中介渠道购买的车辆保险。中介机构名称：帮帮保险销售有限公司甘肃分公司。手续费比例、金额：4.0000%、25.09元。联系电话：13919336379。
2. 保险期间内，如发生本保险合同约定的保险事故造成被保险车辆损失或第三者财产损失，保险人可采取实物赔付或现金赔付方式进行保险赔付。选择采取实物赔付方式的，由保险人和被保险人在事故车辆修理前签订《实物赔付确认书》。

重要提示

1. 请详细阅读保险条款，特别是责任免除和投保人、被保险人义务。　含税总保险费665.00元，其中：不含税保险费总计：627.36元，增值税额总计：37.64元
2. 收到本保险单后，请立即核对，如有不符或疏漏，请及时通知保险人并办理变更或补充手续。
3. 保险费应一次性交清，请您及时核对保险单和发票（收据），如有不符，请及时与保险人联系。
4. 投保人应如实告知对保险费计算有影响的或被保险机动车因改装、加装、改变使用性质等导致危险程度增加的重要事项，并及时通知保险人办理批改手续。
5. 被保险人应当在交通事故发生后及时通知保险人。

保险人	公司名称：	中国人民财产保险股份有限公司兰州市分公司	公司地址：	
	邮政编码：	730030	服务电话：	95518
	签单日期：	2024-09-29		（保险人签章）

核保：自动核保　　制单：　　经办：

中国人民财产保险股份有限公司 兰州市分公司 电子保单专用章 6201028249745

图 2-2　机动车交通事故责任强制保险单

（三）保险凭证

保险凭证是保险人签发给投保人或被保险人证明保险合同已经订立的书面凭证，是一种简化的保险单，与保险单具有同等的法律效力。在保险凭证上除了没有保险条款外，有保险单上所有的项目。对保险凭证中没有的内容，均以保险单上所载内容为准。

（四）暂保单

暂保单是保险人或保险代理人向投保人出具保险单或保险凭证之前签发的临时保险凭证。其内容一般比较简单，只包括当事人双方约定的一些重要项目，如保险标的、保险金额、保险费率、承保险种、被保险人姓名、当事人双方的权利义务等。暂保单的法律效力等同于保险单或保险凭证。暂保单的有效期限较短，一般只有 30 天，且当保险单或保险凭证出具后暂保单将自动失效。保险人可以在保险单出具前终止暂保单，但必须提前通知被保险人。

（五）批单

批单是保险合同双方当事人对于保险单的内容进行修改或变更的证明文件，是保险合同的重要组成部分。批单的形式有两种：一种是在原保险单或保险凭证上批注（背书）；另一种是出立一张变更保险合同内容的附贴便条。

批单的内容与原保险合同内容冲突的，以批单为准，多次批改签发的批单，应以最后批改的批单为准。批单样式如图 2-3 所示。

五、汽车保险合同的订立与生效

汽车保险合同的订立是指投保人和保险人在意思表示一致时双方订立保险合同的行为。保险合同在订立时，首先投保人必须有投保意愿，并向保险人提出保险要求，然后保险人接受投保人提出的保险要求。所以保险合同必须经过投保人的要约和保险人的承诺两个阶段才能订立，即合同的订立包括要约阶段与承诺阶段。要约阶段是投保人向保险人提出保险要求的意思表示。在保险实务中，由于汽车保险合同是附和合同，所以投保人的要约为书面要约形式，即填写投保单。承诺阶段是保险人同意投保人提出的保险要求的意思表示。也就是说，保险人认可和接受了投保人在投保单上提出的所有条件，并同意在双方合意的条件下承担保险责任。在保险实务中，保险人接到投保单，经审核没有异议后签字盖章，并出具保险单或保险凭证，保险合同即告成立。

保险合同的生效是指保险合同对当事人双方产生约束力，即合同条款产生法律效力。合同生效时间有即时生效和约定生效时间两种，一般的合同成立即生效。但是，在保险业务实践中，对于保险合同的生效往往采取特别约定的方式，即约定在合同成立后的某一时间生效。为了便于计算起止日期，我国在汽车保险实务中普遍实行“次日零点起保”。只有当新车投保交强险时，投保人特别提出时，才约定为即时生效。所以保险合同的成立和生效往往不一致，保险合同即使已经订立，但生效前发生的保险事故，保险人不承担赔偿责任。

国家金融监督管理总局监制　　　　　　　　　　　　　　　　　　　　　　　　　　限在甘肃省销售

机动车交通事故责任强制保险批单（电子批单）

流水号：6200240002258281

批改确认码：05PICC620024051295397188743546

批改日期：2024-05-11

批 单 号：EDZA202462010000013154

保险单号：PDZA202362010000269995

被保险人：

批文：

投保人为：　　兹经投保人申请，本公司同意自2024年5月12日0时起，对号牌为甘AK7898的机动车辆保险单（保险单号：PDZA202362010000269995）的保单作如下批改：

（一）变更关系人信息：

删除被保险人、车主信息：

客户名称：

移动电话：139****6665，

证件号码：

变更投保人、被保险人、车主信息：

投保人、被保险人、车主张积元作如下变更：

角色由：投保人变更为：投保人、被保险人、车主。

（二）变更车辆信息：

号牌号码由甘AK7898变更为陕AY6Q91，过户车标识由　否　变更为　是，过户日期变更为2024-03-26。

本次批改没有保费变化。

本保险单所载其他条件不变，特此批注。

中国人民财产保险股份有限公司
兰州市分公司
电子保单专用章

备注：

核保：　　　　制单：　　　　经办：

（a）机动车交通事故责任强制保险批单

国家金融监督管理总局监制　　　　　　　　　　　　　　　　　　　　　　　　　　限在甘肃省销售

机动车商业险保险批单（电子批单）

流水号：6200240002255781

批改确认码：V22PICC620024050975392114442246

批改日期：2024-05-11

批 单 号：EDAA202462010000011799

保险单号：PDAA202362010000213623

被保险人：

批文：

投保人为：　　兹经投保人申请，本公司同意自2024年5月12日0时起，对号牌为甘AK7898的机动车辆保险单（保险单号：PDAA202362010000213623）的保单作如下批改：

（一）变更关系人信息：

删除关系人信息：客户代码：　　客户名称：　　客户角色：被保险人、车主，客户类型：个人，性别：女性，证件类型：身份证，证件号码：　　地址：甘肃省兰州市城关区，移动电话：139****6665，邮编：730000。

投保人、被保险人、车主张积元作如下变更：角色由：投保人变更为：投保人、被保险人、车主。

（二）变更车辆信息：

号牌号码由甘AK7898变更为陕AY6Q91，过户车标识由　否　变更为　是，过户日期变更为2024-03-26。

（三）变更保险责任信息：

保费变化计算公式：批改后的标准保费*批改后的短期费率*批改后的未了责任天数 / 批改后的总保险天数*批改后的折扣率 - 批改前最新标准保费*批改前的短期费率 *批改前的未了责任天数 / 批改前的总保险天数*批改前的最新折扣率

变更险别清单：

机动车第三者责任保险保额/限额由2000000.00元变更为2000000.00元、保险费由434.16元变更为460.78元，保额/限额变化0.00元，保险费变化26.62元；机动车车上人员责任保险（司机）保额/限额由10000.00元变更为10000.00元、保险费由15.40元变更为16.34元，保额/限额变化0.00元，保险费变化0.94元；机动车车上人员责任保险（乘客）保额/限额由40000.00元变更为40000.00元、保险费由39.07元变更为41.47元，保额/限额变化0.00元，保险费变化2.40元；

机动车第三者责任保险保额/限额变化0.00元，加收保费=797.80*1.0000*226/365*0.5981-797.80*1.0000*226/365*0.5442=26.62元；

机动车车上人员责任保险（司机）保额/限额变化0.00元，加收保费=28.29*1.0000*226/365*0.5981-28.29*1.0000*226/365*0.5442=0.94元；

机动车车上人员责任保险（乘客）保额/限额变化0.00元，加收保费=71.79*1.0000*226/365*0.5981-71.79*1.0000*226/365*0.5442=2.40元；

总合计加收保费29.96元整。

本保险单所载其他条件不变，特此批注。

中国人民财产保险股份有限公司
兰州市分公司
电子保单专用章

备注：

核保：　　　　制单：　　　　经办：

（b）机动车商业保险批单

图 2-3　批单

※法律链接※

《保险法》第十四条　保险合同成立后，投保人按照约定交付保险费，保险人按照约定的时间开始承担保险责任。

六、汽车保险合同的履行

保险合同的履行，分为投保人义务履行和保险人义务履行两种。

（一）投保人义务履行

（1）及时足额缴纳保费。投保人必须按约定的缴费期限、保险费数额、缴纳方式履行自己的缴费义务。及时缴纳保险费是合同生效的必要条件。

（2）维护保险标的安全。保险合同生效后，投保人或被保险人应当遵守国家有关消防、安全、生产操作、劳动保护等方面的规定，维护保险标的的安全。同时在合同有效期内，保险人可以对保险标的的安全状况进行检查，及时向投保人、被保险人提出消除不安全因素和隐患的书面建议，或者经被保险人同意，可以对保险标的采取安全防范措施。如果投保人或被保险人未履行上述义务，保险人有权要求增加保险费或解除合同。

（3）保险标的危险增加通知义务。保险人是按照保险合同成立时投保人告知的保险标的的危险程度来决定承保的，在保险合同有效期内，保险标的出现了订立保险合同时双方当事人未曾估计或无法预料到的危险情况，保险标的危险增加时，投保人或被保险人就及时通知保险人。如果投保人或被保险人没有把保险标的危险增加通知保险人，那么，因保险标的危险程度增加而发生的保险事故，保险人不承担赔偿责任。

（4）出险通知义务。出险通知是指在汽车保险合同约定的保险事故发生后，被保险人应及时通知保险人。

此时，保险人履行保险赔偿义务的条件已经具备。被保险人及时通知保险人，一方面便于保险人及时采取施救措施，避免保险事故的扩大和损失的增加；另一方面利于保险人保护现场，掌握第一手资料，以便为确定损失程度、明确事故责任及损失原因提供可靠的依据。如果投保人或被保险人未及时履行出险通知的义务，由此造成的损失扩大，保险人将不承担扩大部分的保险责任。

（5）积极施救义务。保险事故发生后，被保险人应积极采取施救措施，防止损失程度扩大。被保险人因此而支出的必要费用，保险人负责赔偿，并在保险金额外另行计算，但不得超过保险金额。被保险人未履行积极施救义务的，对保险标的因此而扩大的损失，保险人有权拒绝承担赔付责任。施救费用在保险金额外另行计算，不得超过保险金额。

（二）保险人义务履行

1. 条款说明义务

在订立保险合同时，保险人有义务向投保人详细说明保险合同的各项条款及含义。

国际上许多国家一般对条款只要求明确列明，而我国除对条款要求明确列明外，还要求保险人尽明确说明义务，尤其是责任免除条款，如未尽明确说明义务，该条款不产生效力，这在《保险法》第十七条中做了明确规定。

要求保险人尽明确说明义务的原因是条款由保险人制定，保险人熟悉条款内容，而投保人由于保险知识普及不够等原因对保险业务不熟，对条款理解不透，甚至产生误解，从而有可能使被保险人得不到预期保障。因此，保险人在订立合同时应对条款内容做出说明，使投保人正确理解，自愿投保。

2. 及时签发保单

保单是合同成立的证明，也是履行保险合同的依据，其上载明了合同内容，是保险合同的重要书面形式。保险合同成立后，及时签发保险单证是保险人的义务。

※法律链接※

《保险法》第十三条　投保人提出保险要求，经保险人同意承保，保险合同成立。保险人应当及时向投保人签发保险单或者其他保险凭证。

保险单或者其他保险凭证应当载明当事人双方约定的合同内容。当事人也可以约定采用其他书面形式载明合同内容。

依法成立的保险合同，自成立时生效。投保人和保险人可以对合同的效力约定附条件或者附期限。

3. 赔付保险金义务

这是保险人在保险合同中最基本的义务，也是保险最基本的目的。保险合同既是特殊的有偿合同，又是射幸合同；投保人支付保险费，向保险人购买保险，目的就是一旦发生保险事故，被保险人或受益人可从保险人那里获得相应的保险利益，得到经济上的补偿。所以保险事故一旦发生并经确定，保险人应该及时、迅速、准确、合理地履行赔付保险金义务，否则，由此造成被保险人或受益人损失的，保险人除赔付保险金外，还要承担违约责任。

4. 承担施救及其他合理费用义务

当保险事故发生后，为降低事故损失，投保人和被保险人有义务采取施救措施，而由此产生的施救费用及其他费用应由保险人承担。这些费用一般包括施救费用、核定事故性质和评估保险标的损失的费用、仲裁或诉讼费用。

（1）施救费用是指在保险事故发生时，为阻止事故的继续和扩大，减少保险标的损失，投保人或被保险人用于抢救、保护、整理被保险财产而付出的合理费用。

（2）核定事故性质和评估保险标的损失的费用。这部分费用主要用于核定事故的性质、原因所支付的勘察及鉴定费用以及评估保险标的损失程度而支付的费用等。

（3）仲裁或诉讼费用是指投保人或被保险人为保险利益需要仲裁或诉讼所支付的必要的、合理的费用。

5. 保密义务

《保险法》第一百一十六条第（十二）项规定：保险公司及其工作人员在保险业务活动中不得有泄露在业务活动中知悉的投保人、被保险人的商业秘密行为。

在订立和履行保险合同的过程中，保险人在询问、现场查勘、审核证明资料等的过程中，可以了解投保人和被保险人的一些业务和财产情况，这可能涉及投保人、被保险人的秘密、隐私以及其他不愿公开的事项，因此，保险人必须替他们保密。

七、汽车保险合同的变更

汽车保险合同的变更是指在保险合同有效期内，投保人和保险人通过协商，在不违反有关法规、法律的情况下，变更保险合同的主体、客体和内容。

（一）汽车保险合同的主体变更

（1）保险人变更。一般情况下，保险人是不会变更的。但特殊情况下，比如保险人破产、被责令停业、公司的合并或分立时，也可能导致保险人的变更。此种情况下，为了保护被保险人的权利，各国保险法都规定原保险人必须将持有的保险合同转移给其他保险人，以保证保险合同继续有效。

（2）投保人的变更。由于汽车保险合同期限较短，且多为一次性缴足保险费，所以汽车保险合同中一般不会出现投保人的变更。但在人身保险合同中，由于合同期限长，且多为分期付款，在保险合同有效期内，可能出现投保人死亡或投保人因婚变而不愿继续缴费等情况，所以为使保险合同继续有效，会经常出现投保人变更。

（3）被保险人的变更。被保险人的变更在汽车保险合同中经常出现。由于我国汽车工业发展迅猛，新车型不断推出，所以更新旧车的频率大大加快，出现了大量的二手车交易业务。此种情况下，随着车辆的转让会导致保险标的的所有权发生转移，原被保险人已失去对保险标的的保险利益，此时被保险人必须变更为保险标的的新所有者。

（二）汽车保险合同客体的变更

保险合同客体是保险利益，保险利益的载体是保险标的，因此，保险合同客体的变更是指在保险合同的有效期内，投保人和保险人通过协商，变更保险标的的保险范围。如汽车保险合同中，保险标的出现数量增减、保险价值明显增加或减少等情况导致保险利益明显变化时，被保险人可以向保险人提出保险合同变更的申请。

（三）汽车保险合同内容的变更

保险合同内容的变更是指在主体不变的情况下，改变保险合同中约定的当事人双方权利和义务。汽车保险中，合同内容变更的常见情况有：用途改变、危险程度增加、延长或缩短保险期限、扩大或缩小保险责任范围和条件等。这些都会影响保险人所承担的风险大小，都会导致增加或减少保险费，所以必须变更保险合同的内容。

（四）汽车保险合同变更的程序

首先，由投保人或被保险人提出变更保险合同的书面申请。其次，保险人审核变更请求，作出相应决定，如风险增大，需增加保险费的，投保人应按规定补交，如风险降低，应减少保费的，保险人须退还。最后，保险人签发批单，保险合同变更生效。

※法律链接※

《保险法》第二十条　投保人和保险人可以协商变更合同内容。变更保险合同的，应当由保险人在保险单或者其他保险凭证上批注或者附贴批单，或者由投保人和保险人订立变更的书面协议。

八、汽车保险合同的解除与终止

（一）汽车保险合同的解除

保险合同的解除是指在保险合同有效期限内，当事人双方协议或者一方依法解除保险合同的行为。保险合同的解除分为投保人解除和保险人解除。

1. 投保人解除

由于保险合同是为分担投保人的风险而订立的，因此《保险法》赋予投保人可以任意解除保险合同的权利。但有特殊规定的除外，如货物运输和运输工具航程等保险合同，保险责任开始后，投保人不得解除合同。

投保人在保险合同有效期内解除保险合同时，要支付相关费用。在汽车保险责任开始前，投保人要求解除本保险合同的，应向保险人支付应交保费一定比例的退保手续费，保险人应当退还保险费。保险责任开始后，投保人要求解除本保险合同的，自通知保险人之日起，本保险合同解除。保险人按短期月费率或日费率收取自保险责任开始之日起至合同解除之日止期间的保险费，并退还剩余部分保险费。

2. 保险人解除

为保证被保险人的权利，《保险法》有明确的规定，保险人不得随意解除保险合同。

（1）当投保人、被保险人有违约或违法行为时，保险人也可以解除保险合同。依照规定，保险合同成立后，如果投保人有《保险法》第十六条规定两种不如实告知情形，保险人可以解除保险合同。

① 当投保人故意不履行如实告知义务时，保险人对于保险合同解除前发生的保险事故，不承担赔偿或者给付保险金的责任，并不退还保险费。

② 投保人因重大过失未履行如实告知义务，对保险事故的发生产生了严重影响的，保险人对于保险合同解除前发生的保险事故，不承担赔偿或者给付保险金的责任，但可以退还保险费。

※法律链接※

《保险法》第十五条　除本法另有规定或者保险合同另有约定外，保险合同成立后，投保人可以解除合同，保险人不得解除合同。

第十六条　订立保险合同，保险人就保险标的或者被保险人的有关情况提出询问的，投保人应当如实告知。

投保人故意或者因重大过失未履行前款规定的如实告知义务，足以影响保险人决定是否同意承保或者提高保险费率的，保险人有权解除合同。

前款规定的合同解除权，自保险人知道有解除事由之日起，超过三十日不行使而消灭。自合同成立之日起超过二年的，保险人不得解除合同；发生保险事故的，保险人应当承担赔偿或者给付保险金的责任。

投保人故意不履行如实告知义务的，保险人对于合同解除前发生的保险事故，不承担赔偿或者给付保险金的责任，并不退还保险费。

投保人因重大过失未履行如实告知义务，对保险事故的发生有严重影响的，保险人对于合同解除前发生的保险事故，不承担赔偿或者给付保险金的责任，但应当退还保险费。

保险人在合同订立时已经知道投保人未如实告知的情况的，保险人不得解除合同；发生保险事故的，保险人应当承担赔偿或者给付保险金的责任。

保险事故是指保险合同约定的保险责任范围内的事故。

第十七条 订立保险合同，采用保险人提供的格式条款的，保险人向投保人提供的投保单应当附格式条款，保险人应当向投保人说明合同的内容。

对保险合同中免除保险人责任的条款，保险人在订立合同时应当在投保单、保险单或者其他保险凭证上作出足以引起投保人注意的提示，并对该条款的内容以书面或者口头形式向投保人作出明确说明；未作提示或者明确说明的，该条款不产生效力。

（2）被保险人或受益人有违法行为包括谎称发生保险事故骗保和故意制造保险事故两种，任何一种出现，保险人都可以解除保险合同。

※法律链接※

《保险法》第二十七条 未发生保险事故，被保险人或者受益人谎称发生了保险事故，向保险人提出赔偿或者给付保险金请求的，保险人有权解除合同，并不退还保险费。

投保人、被保险人故意制造保险事故的，保险人有权解除合同，不承担赔偿或者给付保险金的责任；除本法第四十三条规定外，不退还保险费。

保险事故发生后，投保人、被保险人或者受益人以伪造、变造的有关证明、资料或者其他证据，编造虚假的事故原因或者夸大损失程度的，保险人对其虚报的部分不承担赔偿或者给付保险金的责任。

投保人、被保险人或者受益人有前三款规定行为之一，致使保险人支付保险金或者支出费用的，应当退回或者赔偿。

（3）《保险法》规定了投保人或被保险人有维护标的安全的义务，投保人或被保险人对保险标的安全未尽责任的，保险人有权解除合同。

保险人为维护保险标的的安全，经被保险人同意，可以采取安全预防措施。

※法律链接※

《保险法》第五十一条 被保险人应当遵守国家有关消防、安全、生产操作、劳动保护等方面的规定，维护保险标的的安全。

保险人可以按照合同约定对保险标的的安全状况进行检查，及时向投保人、被保险人提出消除不安全因素和隐患的书面建议。

投保人、被保险人未按照约定履行其对保险标的的安全应尽责任的，保险人有权要求增加保险费或者解除合同。

保险人为维护保险标的的安全，经被保险人同意，可以采取安全预防措施。

（4）《保险法》规定了被保险人对保险标的危险程度增加有及时通知保险人的义务。不论何种原因引起的危险变化，被保险人都应当及时通知保险人。否则，保险人可以解除保险合同。

※法律链接※

《保险法》第五十二条　在合同有效期内，保险标的的危险程度显著增加的，被保险人应当按照合同约定及时通知保险人，保险人可以按照合同约定增加保险费或者解除合同。保险人解除合同的，应当将已收取的保险费，按照合同约定扣除自保险责任开始之日起至合同解除之日止应收的部分后，退还投保人。

被保险人未履行前款规定的通知义务的，因保险标的的危险程度显著增加而发生的保险事故，保险人不承担赔偿保险金的责任。

第五十八条　保险标的发生部分损失的，自保险人赔偿之日起三十日内，投保人可以解除合同；除合同另有约定外，保险人也可以解除合同，但应当提前十五日通知投保人。

合同解除的，保险人应当将保险标的未受损失部分的保险费，按照合同约定扣除自保险责任开始之日起至合同解除之日止应收的部分后，退还投保人。

3. 保险合同解除的程序

先由解约方向对方发出解约通知书，然后经双方协商一致解除合同或一方依据法律终止合同。如果协商不一致或对对方依法终止合同有争议的，可通过仲裁或诉讼方式解决。

（二）汽车保险合同的终止

保险合同的终止是指保险合同双方当事人消灭保险合同确定的权利和义务的行为。

导致合同终止的常见原因有：

（1）当法律规定或合同约定的事由出现时，当事人通过行使解除权使保险合同效力终止。

（2）保险合同因保险期限到期而终止，又称自然终止，这是最常见的一种方式。

（3）在保险合同有效期内，保险事故发生后，保险人依合同规定履行了赔付保险金的全部责任后使合同终止，即保险合同因义务履行而终止。

（4）保险标的发生部分损失，在保险人赔偿后，合同的双方当事人都可以行使终止权使合同效力终止。

（5）因非保险事故引起保险标的全部灭失而导致保险合同终止。

（三）保险合同解除与终止的区别

（1）直接原因不同。解除的直接原因是一方意思的表示或解除合同的协议；而终止的直接原因往往是合同到期、合同履行完毕或保险标的灭失等。

（2）履行程度不同。解除通常是合同未到期，也未履行完毕，而是将正在生效的合同提前终止其效力；而终止通常是合同到期、合同履行完毕。

（3）法律后果不同。解除是提前解除合同，存在溯及既往的问题；而终止是合同权利义务归于消灭，不存在溯及既往的问题。

九、汽车保险合同的解释原则

这是对保险合同约定条款的理解和说明。保险合同生效后，双方当事人履行各自义务、保障自身权利的前提是对保险合同有一致的理解。但在保险实践中，保险双方当事人由于种种原因对保险合同往往有不同的解释，这会直接影响双方当事人各自的权利和义务，并引发保险纠纷。所以必须按照以下保险合同的解释原则，规范保险合同的解释。

（一）文义解释

文义解释就是对保险合同中条款的文字用最通常、一般的文字意义并结合上下文进行解释。文义解释原则是解释保险合同条款最主要的方法。

（二）意图解释

意图解释是指当保险合同的某些条款文义不清、用词混乱或含糊，无法运用文义解释时，应根据双方当事人订立合同时的真实意图进行解释。运用意图解释原则时，要根据合同的文字、订约的背景及客观实际情况等因素综合分析，以合理判断出合同当事人订约时的真实意图。

（三）有利于被保险人或受益人的解释

由于保险合同是格式合同，其主要条款通常是由保险人事先制定的，保险人在制定保险合同条款时，会更多地考虑其自身利益。而投保人在订立保险合同时，对保险条款只能进行选择，即同意接受或不同意接受，却不能对其进行修改。所以，从公平合理的角度出发，当保险合同某些条款出现一词多义时，应当做有利于非起草人（即被保险人或受益人）的解释。这不仅是《合同法》和《保险法》所规定的，而且有利于保护弱势群体。

（四）尊重保险惯例解释

保险是一个专业性极强的行业，在长期实践中，保险业产生了许多专业用语和行业习惯用语，这些用语为世界各国保险经营者所承认和接受。在对这些用语做解释时，应考虑其在保险合同中的特别含义，即在这种情况下，尊重保险惯例的原则来解释保险合同。

※法律链接※

《保险法》第三十条　采用保险人提供的格式条款订立的保险合同，保险人与投保人、被保险人或者受益人对合同条款有争议的，应当按照通常理解予以解释。对合同条款有两种以上解释的，人民法院或者仲裁机构应当作出有利于被保险人和受益人的解释。

十、汽车保险合同的争议处理

当投保人、被保险人和保险人对汽车保险合同出现了各自的解释，又无法达成妥协时，便产生了保险合同的争议。保险合同争议的处理方法通常有协商、仲裁和诉讼 3 种。

（一）协　商

协商是指双方当事人本着互谅互让、实事求是的原则，在平等互利、合法的基础上自行解决争议。协商解决方式的好处是双方气氛友好、处理事情的灵活性大并能节省仲裁或诉讼的费用。

（二）仲　裁

仲裁是指双方当事人把保险合同的纠纷提交有关仲裁机关作出判断或裁决。仲裁解决方式费用较诉讼低，且不公开进行，不至于损害双方的利益。另外，仲裁结果为终局制，一经作出便产生法律效力，必须执行，若一方拒不执行，另一方可向人民法院申请强制执行；若对仲裁结果不服，可在收到仲裁决定书之日起 15 日内向法院提起诉讼。

（三）诉　讼

诉讼是指双方当事人请求人民法院依照法定程序，对保险纠纷予以审查，并作出判决。诉讼解决方式是司法活动，司法判决具有国家强制力，当事人必须予以执行。

任务三　汽车保险原则

保险的基本原则是人们在保险业务的长期经营过程中总结出来的规律性的东西，是保险合同相关人员应当遵守的基本准则。深刻理解这些原则，对保险合同相关人员理解条款、分析案例、解决纠纷具有指导意义。

保险的六原则：最大诚信原则、保险利益原则、近因原则、损失补偿原则、代位原则、重复保险的分摊原则。

一、最大诚信原则

（一）最大诚信原则的概念

讲诚信是做人的基本准则，是进行任何民事活动都必须遵循的原则。

诚信是指诚实和守信。诚实是指一方当事人对另一方当事人不得隐瞒事实、进行欺骗；守信用是指任何一方当事人都必须善意、全面地履行自己的义务，以保证对方权利的实现。与一般民事活动不同的是，在保险活动中，对当事人的诚信要求更为严格，必须具有最大诚信。

最大诚信原则是指保险合同的双方当事人在保险合同的签订和履行过程中，必须以最大的诚意，履行自己的义务，互不欺骗和隐瞒，恪守合同的约定，否则保险合同无效。

※法律链接※

《保险法》第五条　保险活动当事人行使权利、履行义务应当遵循诚实信用原则。

（二）最大诚信原则的内容

最大诚信原则的内容包括告知、保证、弃权与禁止反言。

1. 告　知

告知分为投保人告知和保险人告知两种。

（1）投保人告知。投保人告知主要是指将保险标的的相关事项和被保险人的有关信息如实陈述给保险人。这种告知并不是保险合同的组成部分，但对保险合同的签订和履行至关重要。投保人告知的形式有无限告知和询问回答告知两种。无限告知是指法律对告知的内容没有具体的规定，只是要求投保人或被保险人自行尽量将保险标的的风险状况及其有关重要事实如实告知保险人。询问回答告知是指投保人或被保险人对保险人询问的问题必须如实告知，对询问以外的问题视为非重要事实，不需要告知。告知的具体内容包括：

① 投保人投保时，应当向保险公司如实告知重要事项。重要事项包括机动车的种类、厂牌型号、识别代码、牌照号码、使用性质和机动车所有人或者管理人的姓名（名称）、性别、年龄、住所、身份证或者驾驶证号码（组织机构代码）、续保前该机动车发生事故的情况以及国务院保险监督管理机构[①]规定的其他事项。一般由投保人如实填写投保单即可。

② 保险合同订立后，如果保险标的的危险程度增加、保险标的转让、保险事故发生、出现重复保险等情况，被保险人应当及时通知保险人。

③ 保险事故发生后，被保险人应及时通知保险人。保险公司行业惯例要求，被保险人应当在保险事故发生的 48 小时内报案。

④ 重复保险的投保人，应将重复保险的相关情况通报保险人。

⑤ 转让的保险标的，投保人应及时通知保险人，经保险人同意继续承保后，方可变更合同。

（2）保险人告知。保险人告知是指保险人应当向投保人据实说明保险合同条款内容。保险人告知形式有明确列明和明确说明两种。明确列明是指保险人只需将保险的主要内容明确列明在保险合同中，即视为已告知投保人；明确说明是指保险人不仅应将保险的主要内容明确列明在保险合同中，还必须对投保人进行明确的提示和正确的解释。在国际上，通常只要求保险人采用明确列明的告知形式。我国为更好地保护被保险人的利益，要求保险人在采用

① 2018 年 3 月，第十三届全国人民代表大会第一次会议批准《国务院机构改革方案》，组建中国银行保险监督管理委员会，不再保留中国保险监督管理委员会。2023 年 3 月，组建国家金融监督管理总局，不再保留中国银行保险监督管理委员会。

明确列明形式的基础上履行明确说明的告知义务，即需要对保险条款、责任免除等部分加以解释。告知的具体内容包括：

① 合同订立时，保险人应当主动向投保人说明保险条款中保险责任、责任免除、投保人、被保险人义务等内容，尤其是要明确说明责任免除部分。

② 合同订立时，保险人应当向投保人说明费率档次的选择和保险费用的交付。

③ 保险人还应当向投保人说明其他可能会影响投保人做出投保决定的事实。

※法律链接※

《保险法》第十七条　订立保险合同，采用保险人提供的格式条款的，保险人向投保人提供的投保单应当附格式条款，保险人应当向投保人说明合同的内容。

对保险合同中免除保险人责任的条款，保险人在订立合同时应当在投保单、保险单或者其他保险凭证上作出足以引起投保人注意的提示，并对该条款的内容以书面或者口头形式向投保人作出明确说明；未作提示或者明确说明的，该条款不产生效力。

2. 保　证

保证是指投保人或被保险人根据保险合同的规定，在保险期间内对某一投保事项的作为或不作为，或某种事态的存在或不存在向保险人做出的承诺。保证分为明示保证和默示保证。

（1）明示保证。明示保证是指以语言、文字和其他习惯方式在保险合同内说明的保证。明示保证按事项内容又可以分为确认保证和承诺保证。确认保证是指投保人对过去或现在某种事态存在或不存在的保证，其所保证的事项不涉及将来。承诺保证是指投保人对将来某一特定投保事项的作为或不作为。违反确认保证的，保险合同自始无效，故意违反的，不退还保险费，过失违反的，可退还保险费；违反承诺保证的，自违反之时起保险合同归于无效，并不退还保险费。

（2）默示保证。默示保证是指在保险单中，虽没有文字明确列出，但在习惯上已经被社会公认为是投保人或被保险人应该遵守的规则，如要求被保险的车辆必须有正常的行驶能力等。

对于保证条款，包括明示保证和默示保证，投保人或被保险人应严格遵守，一旦违反，无论是否给保险人造成损害，保险人均有权解除合同，并不承担赔偿或给付保险金的责任。

3. 弃权与禁止反言

弃权是指保险合同的当事人放弃他在保险合同中可以主张的权利。禁止反言是指保险合同的一方当事人既然已经放弃了这种权利，当保险合同生效后，就不得反悔，再向对方主张这种权利。在保险活动中，弃权与禁止反言主要用以约束保险人。

（三）汽车保险注重最大诚信原则的原因

汽车保险中非常注重最大诚信原则，其原因主要是保险经营对象的特殊性、保险合同双方信息的不对称性以及随合同的成立易诱发新的风险。这是由汽车保险的特点决定的。

（1）汽车保险经营的对象是汽车在使用中所面临的各种风险，如碰撞、水淹、被盗、着火等。同时，汽车保险不仅对汽车本身提供保护，也对被保险人使用汽车，致使他人财物损失或人身伤害导致的经济赔偿责任提供保护，其涉及面十分广泛。

（2）双方当事人所知晓的信息不对称。投保人为汽车投保的目的是转嫁使用汽车的风险，而保险人为了降低经营风险，限定了保险责任，投保人购买保险后，能否实现自己的目的，取决于投保人想转嫁的汽车使用风险与保险合同规定的保险责任是否相一致。由于保险合同具有附合性特征，为保险人单方制定，再加上一些保险专业的术语，所以对合同的保险责任、责任免除等内容的含义，保险人最清楚。当保险人履行了说明义务后，投保人可根据自己的实际情况选择是否投保，以避免日后索赔时产生保险纠纷。而被保险汽车的车辆结构、技术状况及驾驶员的习惯等事实，投保人、被保险人最清楚。因此，汽车保险中只有双方都如实告知，诚实信用，双方当事人才能清楚。

（3）购买了汽车保险后，被保险人容易放松警惕而诱发较大心理风险。比如疏忽了车辆的日常保养和维护，从而导致车辆的技术状况（如制动性、操纵稳定性、动力性、通过性等）下降，也可能使汽车重要零部件和轮胎等超出正常使用限度，这些都增大了被保险汽车的运行风险。如果保险人在与投保人签订合同时，对保险车辆的使用不做任何限制，无疑是对被保险人的间接放纵，将不断扩大汽车的使用风险，同时会增大全体投保人的负担。就汽车保险的风险控制而言，保证条件十分重要。因此，在各国的汽车保险合同中，就被保险人应保证的事项进行了规定。我国机动车辆保险条款中，对被保险人的义务也有明确规定，如“被保险人及其驾驶员应当做好保险车辆的维护、保养工作，保险车辆的装载必须符合规定，使其保持安全行驶的技术状态”“保险车辆发生保险事故后，被保险人应当采取合理的保护、施救措施，并立即向事故发生地的交通管理部门报案，同时在48小时内通知保险人”“被保险人索赔时不得有隐瞒事实、伪造单据、制造假案等欺诈行为”等。这些对被保险人的义务要求条款的规定就属于保证内容。

【案例分析】某建筑公司当时是以一进口轿车向江苏省盐城市郊区某保险代办处投保机动车辆保险的。承保时，粗心的保险代理人误将该车以国产车计收保费，少收保费482元。保险公司发现这一情况后，遂通知投保人补缴保费，但遭拒绝。无奈下，保险公司单方面向投保人出具了保险批单，批注：“如果出险，我司按比例进行相关的赔偿。”合同有效期内，该车不幸出险，这时候投保人向保险公司申请全额赔偿。这时出现意见分歧：被保险人认为，该保险合同是有效合同，之所以造成进口车按国产车计费，是因为保险代理人的过失，且保险公司单方面出具批单，该批单应视为无效。因此对于车辆损失的相关问题，保险公司应全额赔偿。保险公司认为，自己所收取的保险费，即保险价格必须与保险责任相一致，此案应按比例赔偿。

案件点评：本案中，保险公司应按全额承担赔偿责任，理由是：保险合同是最大诚信合同，如实告知、弃权、禁止反言是保险最大诚信原则的内容。本案投保人以该进口轿车为标的投保是履行如实告知义务。保险合同是双务合同，即一方的权利为另一方的义务。在投保人履行合同义务后，保险公司依法必须使其权利得以实现，即依合同规定金额赔偿保险金。保险代理人误以国产车收取保费的责任不在投保人，代理人的行为在法律上应推定为放弃以进口车为标准收费的权利即弃权。保险公司单方出具批单的反悔行为是违反禁止反言的，违背了最大诚信原则，不具法律效力。

二、保险利益原则

（一）保险利益原则的概念

保险利益是指投保人或被保险人对保险标的所具有的法律上承认的利益，即在保险事故发生时，可能遭受的损失或失去的利益。

保险利益原则是指在保险合同签订时，投保人或被保险人对保险标的必须具有保险利益；在保险合同有效期内，投保人或被保险人不能失去对标的的保险利益，否则合同将失效。例如，一行人将路边停放的汽车投保，由于他对该车不具有保险利益，所以签订的合同无效；如果这位行人对自己拥有的汽车投保，则保险合同有效，但当车辆转让他人后，由于他对该车辆失去了利益，所以合同也会随之失效，如果此时车辆再发生事故，保险公司便不会对其进行赔偿。保险法规要求，对此种情况，需要办理合同的变更手续，以维持合同的继续有效。对上述情况，《保险法》第十二条、第四十八条、第四十九条做出了明确规定。

（二）保险利益构成条件

投保人或被保险人对保险标的所拥有的任何利益并非都可成为保险利益，保险利益的构成必须具备下列条件：

（1）保险利益必须是合法利益。保险利益必须是法律上承认的利益。保险利益必须符合法律规定，符合社会公共秩序要求，为法律认可并受法律保护的利益。违法行为所产生的利益不能成为保险利益，以其为保险标的所签订的保险合同均无效。例如，投保人以盗窃、诈骗、走私等手段所获取的汽车即为非法利益，不能成为保险合同的标的物。

（2）保险利益必须是经济利益。经济利益是指可以用货币估算其价值的利益。保险实质是对被保险人遭受的经济损失给予补偿。如果不能用货币衡量其价值的经济损失，就无法计算其损害程度大小，也就难以确定对其损失补偿的标准。因此，只有经济利益才能构成保险利益，其他利益如政治利益、精神创伤等不能构成保险利益。

（3）保险利益必须是确定利益。确定利益包括已经确定利益和即将确定利益。已经确定利益指事实上的利益即现有的利益。即将确定利益指客观上可以实现的利益即预期利益。预期利益是基于现有利益于未来可以实现的利益，其必须具有客观标准，不能凭当事人主观预测或想象可能会获得。现有利益比较容易确定，预期利益容易引起争议。对于汽车保险，其保险利益多偏重现有利益。

（三）保险利益原则的作用

依照保险利益原则，如果投保人以不具有保险利益的标的投保，保险人可单方面宣布合同无效。即使投保人对保险标的具有保险利益，当保险标的发生保险责任事故时，被保险人从保险人处获得的赔偿也不得超过保险利益限度，即不能获得额外利益。

（1）避免变保险为赌博。保险与赌博的最大区别就是，保险有保险利益的要求，没有保险利益的保险就是赌博。保险与赌博行为都具有射幸性。如果保险关系不是建立在投保人对保险标的具有保险利益的基础上，那么必将助长人们为追求获得远远高于其保险费支出的赔付数额而利用保险进行投机的行为。因此，保证利益原则可以有效地避免保险成为赌博和类似赌博的行为。

（2）防止道德风险。道德风险是指被保险人或受益人为获取保险金赔付而违反道德规范，甚至故意促使保险事故发生或在保险事故发生时放任损失扩大。由于保险费与保险赔偿或给付金额的悬殊，如果不以投保人对保险标的具有保险利益为保险合同的有效条件，将诱发投保人或被保险人为牟取保险赔款而故意破坏保险标的的道德风险，引发犯罪动机与犯罪行为。以汽车保险为例，如果投保人在无保险利益的情况下订立了汽车保险合同，则保险汽车随时有被破坏和焚毁的可能。反之，如果保险在签订保险合同时具有保险利益，即使保险标的因保险事故受损，被保险人最多也只能获得原有的利益。因此，保险利益原则可有效地防止发生道德风险。

（3）有效地限制了保险补偿的程度。财产保险以损害补偿为目的，当保险事故发生时，被保险人所能获得的赔偿额度以保险利益为最高限度。也就是说，投保人或被保险人对超过保险标的实际价值的部分，不具有保险利益。如某车主将其价值 20 万元的汽车投保，在保险事故发生时，他最多只能得到 20 万元的保险赔款。即便是他投保了 25 万元的保险金额，并多交了保险费，也不能获得超过车辆价值以外的赔款。因为他对超过其车辆实际价值的部分金额没有保险利益，投保是无效的。因此，保险利益原则可以有效地限制保险赔偿的程度。

（四）保险利益的形式

汽车保险利益的具体表现形式多样，但投保时比较集中的利益形式有民事损害赔偿责任利益、所有利益、营运收入利益、抵押利益等。

（1）财产利益包括汽车的所有利益、占有利益、抵押利益等。

（2）收益利益包括对汽车的营运收入利益、租金利益等。

（3）责任利益包括汽车的民事损害赔偿责任利益等。

（4）费用利益是指施救费用利益及救助费用利益等内容。

三、近因原则

（一）近因原则的概念

近因是指造成保险标的损失的最直接、最有效，起主导作用或支配性作用的原因，而不是指在时间或空间上与损失最接近的原因。

近因原则是指造成保险标的损失的近因是保险责任范围的，保险人承担损失赔偿责任；造成保险标的损失的近因不属于保险责任范围的，保险人不承担损失赔偿责任。在保险业务中，近因原则是认定保险责任的一个重要原则，对判定事故损失是否属于保险赔偿范围具有重要意义。

（二）近因的判定

任何一起事故的理赔都必须坚持近因原则，所以对事故的近因判定非常关键。事故的近因判定可分为以下几类：

1. 单一原因造成的损失

造成损失的原因只有一种，该原因即为近因。若这一原因符合条款的保险责任范围，则保险人应赔偿事故损失；否则，保险人不应赔偿事故损失。例如，一投保了车辆损失保险的车辆，若因雹灾导致车辆受损，则雹灾为近因，且雹灾属于车辆损失险的保险范围，所以保险人负责赔偿车辆损失；若因地震导致车辆受损，则地震为近因，而地震不属于车辆损失险的保险范围，所以保险人不负责赔偿车辆损失。

2. 多种原因同时发生造成的损失

该种情况下，造成损失的多种原因均为近因。若这些原因均符合条款的保险责任范围，则保险人应赔偿事故损失；若这些原因均不符合条款的保险责任范围，则保险人不应赔偿事故损失；若这些原因中既有符合保险责任范围的，也有不符合保险责任范围的，且损失比例划分清楚，则保险责任范围内的原因导致的损失保险人负责赔偿，而保险责任范围外的原因导致的损失，保险人不负责赔偿；如果损失比例难以划分清楚，则保险人不予赔偿或保险双方协商后按比例赔偿。例如，意外事故中对死亡人员“伤病比”的讨论，单纯的“伤”不会产生死亡结果，单纯的“病”也不会产生死亡结果，但在两者共同作用下导致了人的死亡，所以，此时应确定两种因素对死亡结果的作用比例。再比如，保险汽车低速行驶时撞伤一慢性病患者行人，立即送医院治疗，一天后死亡。用近因原则分析该事故可知：单纯的交通事故或慢性病都不会产生行人死亡的结果，但在两者共同作用下导致了行人死亡，因此，交通事故与慢性病均视为行人死亡的近因。但保险赔偿时，应确定两种因素对死亡结果的作用比例，按比例进行赔偿。

3. 多种原因连续发生造成的损失

该种情况下，要分析前因与后因之间有无因果关系。若有因果关系，那么最先发生并造成一连串事故的前因为事故损失的近因。此时，只需要判断最先的原因是否属于保险责任范围即可。若无因果关系，只是时间有先后，则后因为事故近因。若后因属于保险责任范围，则保险人应负赔偿责任，否则，不负赔偿责任。如保险车辆暴雨中行驶时熄火，强行启动后导致发动机受损的案例，用近因原则分析可知：发动机受损的过程是“暴雨—强行启动—发动机受损”，有暴雨的前因，有强行启动的后因，但后因与前因之间没有必然联系。因此，该起事故的近因是强行启动发动机。

4. 多种原因间断发生造成的损失

在一连串间断发生的原因中，有一项新的独立的原因介入，导致损失，若它为保险责任，保险人应负赔偿责任；反之，保险人不负赔偿责任。

5. 不明原因造成的损失

一般需要根据事实进行推断。首先，要广泛收集造成损失的各种资料，为判定近因做准备；其次，根据所掌握的资料，科学地分析造成损失的主要原因，从而正确确定近因。

四、损失补偿原则

（一）损失补偿原则的概念

损失补偿原则是指当保险标的发生保险责任范围内的损失时，保险人按照合同规定，给予被保险人一定的保险赔偿，使被保险人恢复到受灾前的经济原状，但不能因损失而获得额外利益。

保险的职能是通过补偿被保险人因保险事故造成的损失，而达到社会生产和社会生活稳定的目的。如果保险能够给被保险人带来额外利益，就可能导致个别不法之徒故意制造保险事故，以此谋取好处，诱发道德风险，从而为社会带来新的危害和不稳定因素。因而，坚持损失补偿原则，可有效杜绝保险不法行为，防范道德风险的发生。

（二）损失补偿方式

损失补偿方式即保险人履行损失赔偿责任的方式。保险损失补偿有现金给付、重置和维修3种。

（1）现金给付。现金给付是财产保险最常见的一种损失补偿方式，它简单方便，结案迅速，深受欢迎，如机动车第三者责任险中的人身伤害的赔偿。

（2）重置。重置是指保险人重新购置与保险标的相同或相似的物品给予被保险人作为补偿，如汽车玻璃破碎的赔偿。

（3）维修。维修是指当保险标的受损时，保险人采用维修的办法，将保险标的的性能恢复到未受损时的状况，如车辆损失的赔偿。目前，汽车保险条款中一般都规定：因保险事故损坏的被保险机动车和第三者财产，应当尽量修复。修理前被保险人应当会同保险人检验受损财产，协商确定修理项目、方式和费用。

（三）损失补偿限度

损失补偿限度是指保险人履行损失赔偿责任的限度。保险人履行损失赔偿责任时，必须把握3个限度，以保证被保险人既能恢复失去的经济利益，又不会由于保险赔款而额外受益。

（1）以实际损失为限。实际损失是根据保险标的损失时的市价来确定的，保险赔偿以被保险人所遭受的实际损失为限，即赔偿金额不能超过该项财产损失的市价。因此，保险人在实际理赔中必须充分考虑标的价格变动的因素。例如，某汽车投保了车辆损失保险，保险金额20万元。该车出险时，由于车市价格跌落，该车的市场价已降到15万元。如果该车发生全损，保险公司只能赔偿15万元，而不能赔偿20万元。

（2）以保险金额为限。保险金额是保险人承担赔偿保险金责任的最高限额。赔偿金额不得高于保险金额。如果前例中汽车实际价值为25万元，而被保险人在投保时所确定的保险金额为 20 万元。当该汽车发生全损时，尽管标的实际损失为 25 万元，但保险人只能赔偿 20 万元。

（3）以保险利益为限。保险人的赔偿以被保险人对保险标的所具有的保险利益为限。被保险人对遭受损失的财产具有保险利益，是被保险人索赔的基础，被保险人获得的赔款，不得超过对被损财产所具有的保险利益。例如，在抵押贷款中，抵押权人对抵押汽车具有保险利益。如果借款人借入的款项为 15 万元，而他用作抵押的汽车的价值为 20 万元。即使抵押权人按 20 万元投保车辆损失险，那么在抵押汽车出险时，保险人最多只能赔偿其 15 万元。

五、代位原则

代位原则是损失补偿原则的派生原则。

代位原则是指保险人依照约定，对被保险人遭受的损失进行赔偿后，依法取得向对损失负有责任的第三者进行追偿的权利，或取得被保险人对保险标的的所有权。代位原则包括代位追偿和物上代位两部分。

（一）代位追偿

代位追偿又称权利代位，是指在财产保险中，第三者的过错致使保险标的发生保险责任范围内的损失，保险人按照合同约定给付了保险金后，依法取得向对损失负有责任的第三者进行追偿的权利。

（1）代位追偿产生的条件。产生代位追偿，必须具备 3 个条件：① 保险标的的损失必须是第三者造成的，依法应由第三者承担赔偿责任；② 保险标的的损失是保险责任范围内的损失，根据合同约定，保险公司理应承担赔偿责任；③ 保险人必须在赔偿保险金后，才能取代被保险人的地位与第三者产生债务债权关系。

（2）代位追偿的权利范围。保险人通过代位追偿得到的第三者赔偿额度，只能以保险人支付给被保险人的实际赔偿额为限，超出部分的权利属于被保险人，保险人无权处理。如保险人在支付了 1.5 万元的保险赔款后向有责任的第三方进行追偿，追偿款为 2 万元，保险人要将多余的 5 000 元退还给被保险人。

保险人向负民事赔偿责任的第三者行使代位请求赔偿的权利，不影响被保险人就未取得赔偿的部分向第三者请求赔偿的权利。

※法律链接※

《保险法》第五十九条　保险事故发生后，保险人已支付了全部保险金额，并且保险金额等于保险价值的，受损保险标的的全部权利归于保险人；保险金额低于保险价值的，保险人按照保险金额与保险价值的比例取得受损保险标的的部分权利。

第六十条　因第三者对保险标的的损害而造成保险事故的，保险人自向被保险人赔偿保险金之日起，在赔偿金额范围内代位行使被保险人对第三者请求赔偿的权利。

前款规定的保险事故发生后，被保险人已经从第三者取得损害赔偿的，保险人赔偿保险金时，可以相应扣减被保险人从第三者已取得的赔偿金额。

保险人依照本条第一款规定行使代位请求赔偿的权利，不影响被保险人就未取得赔偿的部分向第三者请求赔偿的权利。

（3）代位追偿的对象。代位追偿的对象是负民事赔偿责任的第三者，既可以是法人、自然人，也可以是其他经济组织，但保险人不得对被保险人的家庭成员或者其组成人员行使代位追偿权利，除非被保险人的家庭成员或者其组成人员为故意造成保险事故。

※法律链接※

《保险法》第六十二条　除被保险人的家庭成员或者其组成人员故意造成本法第六十条第一款规定的保险事故外，保险人不得对被保险人的家庭成员或者其组成人员行使代位请求赔偿的权利。

在保险实践中，当被保险人向保险人请求赔偿时，经常会因被保险人的一些不当作为或不作为而使保险人的代位追偿权利遭到损害。因此《保险法》要求，保险事故发生后，保险人未赔偿保险金之前，被保险人放弃对第三者请求赔偿权利的，保险人不承担赔偿保险金的责任。保险人向被保险人赔偿保险金后，被保险人未经保险人同意放弃对第三者请求赔偿的权利的，该行为无效。被保险人的过错致使保险人不能行使代位请求赔偿权利的，保险人可以相应扣减保险赔偿金。

※法律链接※

《保险法》第六十一条　保险事故发生后，保险人未赔偿保险金之前，被保险人放弃对第三者请求赔偿的权利的，保险人不承担赔偿保险金的责任。

保险人向被保险人赔偿保险金后，被保险人未经保险人同意放弃对第三者请求赔偿的权利的，该行为无效。

被保险人故意或者因重大过失致使保险人不能行使代位请求赔偿的权利的，保险人可以扣减或者要求返还相应的保险金。

第六十三条　保险人向第三者行使代位请求赔偿的权利时，被保险人应当向保险人提供必要的文件和所知道的有关情况。

（二）物上代位

保险事故发生后，保险人已支付了全部保险金额，并且保险金额等于保险价值的，受损保险标的的全部权利归于保险人；保险金额低于保险价值的，保险人按照保险金额与保险价值的比例取得受损保险标的的部分权利。物上代位实际上是一种物权的转移，当保险人在处理标的物时，若得到的利益超过赔偿的金额，应属保险人所有。

※法律链接※

《保险法》第五十九条　保险事故发生后，保险人已支付了全部保险金额，并且保险金额等于保险价值的，受损保险标的的全部权利归于保险人；保险金额低于保险价值的，保险人按照保险金额与保险价值的比例取得受损保险标的的部分权利。

六、重复保险的分摊原则

分摊原则是指投保人对同一标的、同一保险利益、同一保险事故分别与两个以上保险人订立保险合同，其保险金额总和超过保险标的实际价值，已构成重复保险，发生事故时，按照补偿原则，不能由几个保险人各自赔偿实际损失金额，只能由这几个保险人根据不同比例分摊损失，以免造成重复赔款。这可防止被保险人获得超过实际损失以外的不当利益，以免引发道德风险。

（一）损失分摊条件

损失分摊的条件必须是已构成重复。损失分摊的特征是：同一保险利益、同一保险标的、同一保险事故、同一保险期间、保险金额总和超过保险标的的实际价值。

（二）损失分摊方式

保险人之间的赔款分摊方式有 3 种：比例责任分摊、限额责任分摊、顺序责任分摊。

1. 比例责任分摊

比例责任分摊是将各保险人的保险金额相加，除以各个保险人的保险金额，得出每个保险人应分摊的比例，然后按比例分摊损失金额。

$$赔款=损失金额\times\frac{该保险人的保险金额}{各保险人保险金额总和}$$

2. 限额责任分摊

限额责任分摊是假定在没有重复保险的情况下，按各保险人单独应负的责任限额比例分摊损失金额。

$$赔款=损失金额\times\frac{该保险人责任限额}{各保险人责任限额总和}$$

※法律链接※

《保险法》第五十六条　重复保险的投保人应当将重复保险的有关情况通知各保险人。

重复保险的各保险人赔偿保险金的总和不得超过保险价值。除合同另有约定外，各保险人按照其保险金额与保险金额总和的比例承担赔偿保险金的责任。

重复保险的投保人可以就保险金额总和超过保险价值的部分，请求各保险人按比例返还保险费。

重复保险是指投保人对同一保险标的、同一保险利益、同一保险事故分别与两个以上保险人订立保险合同，且保险金额总和超过保险价值的保险。

举例说明：

王某将一财产先后向 A、B 两家保险公司投保，保险金额分别为 4 万元和 8 万元。如果保险财产发生保险事故损失 6 万元， A、B 两家保险公司应分别赔付多少？

按比例责任分摊：

A 保险公司的赔款额 = 6 × 4 ÷（4 + 8）= 2（万元）

B 保险公司的赔款额 = 6 × 8 ÷（4 + 8）= 4（万元）

按限额责任分摊：

A 保险公司的赔款额 = 6 × 4 ÷（4 + 6）= 2.4（万元）

B 保险公司的赔款额 = 6 × 6 ÷（4 + 6）= 3.6（万元）

本章小结

1. 汽车保险是指以机动车辆为保险标的的保险，其保障范围包括车辆本身因自然灾害或意外事故导致的损失，及车辆所有人或其允许的合格驾驶员因使用车辆发生意外事故所负的赔偿责任。汽车保险既属于财产损失保险范畴，又属于责任保险范畴，是综合性保险。

2. 汽车保险的 4 个作用：① 扩大了人们对汽车的需求；② 稳定了社会公共秩序；③ 促进了汽车安全性能的提高；④ 汽车保险业务在财产保险中占有重要的地位。

3. 汽车保险的 6 个特点：① 出险率高；② 保险标种类繁多且差异大；③ 投保率高；④ 被保险人多且差异大；⑤ 保险设计和营销手段高科技化；⑥ 被保险人自负责任与无赔款优待。

4. 汽车保险的职能有基本职能和派生职能之分。基本职能是补偿损失职能；派生职能包括防灾防损职能、金融性融资职能和财政性分配职能。

5. 我国汽车保险分为交强险和商业险两大类。商业险又分为基本险和附加险，基本险是独立的险种，投保人可以选择投保全部险种，也可以选择投保其中部分险种，附加险不能独立投保。基本险（简称主险）包括车辆损失险（简称车损险）、第三者责任险（简称三责险）、全车盗抢保险、车上人员责任保险。附加险包括玻璃单独破碎险、自燃损失险、新增加设备损失险、车身划痕损失险、发动机涉水损失险、修理期间费用补偿险、车上货物责任险、精神损害抚慰金责任险、不计免赔率险、机动车损失保险无法找到第三方特约险、指定修理厂险等。

6. 汽车保险合同的 5 个特征：① 汽车保险合同是有偿合同；② 汽车保险合同是射幸合同；③ 汽车保险合同是双务合同；④ 汽车保险合同是附和合同；⑤ 汽车保险合同具有属人性。

7. 保险合同应的主要内容包括：① 保险人的名称和住所；② 投保人、被保险人的姓名或者名称、住所，以及人身保险的受益人的姓名或者名称、住所；③ 保险标的；④ 保险责任和责任免除；⑤ 保险期间和保险责任开始时间；⑥ 保险金额；⑦ 保险费以及支付办法；⑧ 保险金赔偿或者给付办法；⑨ 违约责任和争议处理；⑩ 订立合同的年、月、日。

8. 汽车保险的形式主要有 5 种：投保单、保险单、保险凭证、暂保单、批单。

9. 汽车保险合同的解释原则为：① 文义解释；② 意图解释；③ 有利于被保险人或受益人的解释；④ 尊重保险惯例解释。

10. 保险合同争议的处理方法通常有协商、仲裁和诉讼 3 种。

11. 汽车保险的六原则分别为最大诚信原则、保险利益原则、近因原则、损失补偿原则、代位原则、分摊原则。其中最大诚信原则是最基本的原则。

技能实训指导

◆ **实训指导 2-1** 是否拥有保险利益的案例分析

情景描述：某企业一辆货车因年久且设备老化，经批准予以报废，但该企业并未按规定将该车作为废车处理，而是以数千元的价格卖给王某。王某将该车重新加以拼装整修，并经当地车管部门年审合格后，以 1.5 万元的价格卖给运输个体户赵某。赵某明知该车有“乾坤”，但也抵不住价格的诱惑将车买下，并向某保险公司投保了车辆损失险，保险金额为 6 万元。几月后，该车翻在路沟，损毁较重。保险公司派人勘查后，决定以 8 000 元将其修复，但赵某不同意，而是要求保险公司全额赔付。

思考题：

1. 该案例中赵某违反了汽车保险的什么原则？

2. 保险公司应该如何赔偿？为什么？

分析：

1. 赵某违反了汽车保险的最大诚信原则。

2. 汽车保险的基本职能是损失补偿。如果该车是合格车辆，按全损赔偿时以投保时的实际价值为依据计算赔偿金，或者按折旧规定计算出投保时车辆价格，以此为依据进行赔偿。但在本案例中，保险公司应该拒绝赔偿，理由如下：

本案中的赵某明知该货车有问题，仍以低价买入，投保时他不仅超额投保了车辆损失险，还隐瞒了该货车的真实情况，违反了被保险人的义务，由此根据《保险法》第十六条：投保人故意或者因重大过失未履行如实告知义务，足以影响保险人决定是否同意承保或者提高保险费率的，保险人有权解除保险合同。投保人故意不履行如实告知义务的，保险人对于保险合同解除前发生的保险事故，不承担赔偿或者给付保险金的责任，并不退还保险费。因此保险公司有权解除该保险合同，并不负赔偿责任。

据当时适用的《机动车辆保险条款》第二十二条第一款的规定：被保险人及其驾驶员应当做好机动车辆的维护、保养工作，保险车辆装载必须符合规定，使其保持安全行驶技术状态。因此，该车虽然通过了车检部门年审，但实际上并不符合投保车辆的技术、质量标准，且赵某投保金额远远高于其购入车价，出险后又拒绝保险人修复受损车辆的建议，其意图在于骗取高额保险赔款。因此，该保险合同是无效合同，从开始订立起就没有法律效力。

本案中赵某通过欺诈手段订立保险合同，出险后索要高额赔付，严重违反了有关法律、法规的规定，保险公司可以拒绝赔偿，并不退还保险费。

◆ **实训指导 2-2** 车辆水淹事故损失的近因分析

情景描述：2015 年 8 月 8 日晚 10 时左右，王女士驾驶自己的小轿车行驶至兰州市西固区阀门厂十字口。因当晚雨很大，此处积水太深，导致车辆无法正常行驶而且熄火，在消防救援人员和其他救援人员的帮助下，通过装载机牵引至无积水的路边。王女士清理车内积水，并擦拭发动机舱后，启动发动机，结果发动机发出发动声后随即熄火，尔后则无法启动。王女士询问 4S 店后，向保险公司报了案。查勘人员很快到达现场，对现场进行了查勘，并协助王女士联系 4S 店进行救援，将车辆拖至 4S 店，经检查连杆弯曲、气缸受损，发动机损伤严重。王女士为该车购买了 198 600 元的车辆损失险以及三责、不计免赔等常规险种，未购买发动机特别损失险。对于损失赔偿，王女士与保险公司产生了很大争议，保险公司只同意赔偿车辆内室清洗、车辆救援等费用 1 860 元，拒绝赔偿 18 600 元的发动机维修费。保险公司认为造成发动机损伤的原因是发动机进气系统进水并被吸进燃烧室，活塞运转时，水不可压缩，进而导致连杆弯曲变形，缸体损坏。王女士认为所有损失均因暴雨引起。

思考题：

1. 发动机损坏的近因是什么?依据是什么?

2. 近因原则在保险理赔中有什么作用?

3. 你认为通过司法诉讼，王女士能获得全部损失的赔偿吗?

【实训任务工单 2-1】

<table>
<tr><td>任务名称</td><td>投保人是否拥有保险利益的分析</td><td>学时</td><td>2</td><td>班级</td><td></td></tr>
<tr><td>学生姓名</td><td></td><td>学生学号</td><td></td><td>任务成绩</td><td></td></tr>
<tr><td>实训场地</td><td colspan="2">汽车保险与理赔实训室</td><td></td><td>日期</td><td></td></tr>
<tr><td>实训设备</td><td colspan="5">教材、笔、记录本、电脑</td></tr>
<tr><td>任务描述</td><td colspan="5">2018 年 9 月，某地 A 厂购得奥迪 A6 轿车一辆。10 月，司机李某在厂长的指示下向当地保险公司投保了车辆损失保险和第三者责任保险。在投保中，为了方便省事，司机李某在投保人和被保险人两栏中都写了自己的名字。2019 年 5 月，该轿车在行驶中不慎与一辆卡车相撞，车身严重毁损。
保险公司在随后的调查中发现,被保险车辆的碰撞责任及相关损失都在保险责任范围之内，但是保险公司同时也发现，李某所投保的轿车并非其个人财产，而是 A 厂的企业财产。也就是说，李某是以个人的名义对企业的财产进行了投保</td></tr>
<tr><td colspan="6">一、资讯
教师分析案例提出引导问题，学生通过小组讨论、查询和指导教师指导等形式获得准备工作的信息。
1. 汽车保险的职能与原则分别有哪些?

2. 客户购买保险，最常见的保险合同形式为投保单和保险单，哪个需要由客户填写?

3. 保险条款是合同内容的组成，对合同内容是否应告知客户?要告知哪些方面的内容?

</td></tr>
</table>

4. 客户签订了保险合同，发生事故后，保险是否赔偿？阐述依据。（考虑点：合同是否生效、被保险人对标的是否有利益、被保险人是否尽了最大诚信、事故的近因是否属于保险范围、损失额度大于保险金额等）

5. 如果标的转让，客户应对保险合同办理什么手续？

二、分析

1. 该份保单是否有效？为什么？

2. 本次事故损失有哪些？

3. 保险公司是否应该赔偿全部事故损失？如果不全赔，哪些损失应赔？为什么？

三、结论

四、评估

1. 考核评价

项目	能力表现	分值	得分
资讯知识	准确程度、规范程度、仔细程度、书写情况、填写速度	40	
分析过程	准确程度、关键点把握情况	40	
结论	是否正确	10	
团队合作情况	团队荣誉感、协作能力、领导能力	5	
学习工作态度	谦虚、诚恳、刻苦、努力、积极	5	
合计		100	

2. 教师点评

教师签名：

复习思考题

一、填空题

1. 世界上最早的汽车保险单是______年由英国的法律意外保险有限公司签发的。1927年，______公布实施了汽车强制保险法，为世界上首次将汽车第三者责任规定为强制责任保险的地区，______年英国开始强制实施汽车责任险。20世纪50年代初，中国人保公司开办了汽车保险。但不久后出现争议，于是______年我国停办汽车保险业务。1983年11月我国将汽车保险更名为______。

2. 截至2015年1月，在我国开展汽车保险业务的中资财产保险公司有____家。

3. 2014年我国汽车保险的保费占整个财产保险总保费的比例达到______。

4. 机动车辆种类非常多，按用途可分为______、______、特种车、摩托车、拖拉机等。按性质可分为______车辆和______车辆，营业车辆又可分为出租租赁、固定路线运输、公路运输等，非营业车辆又可分为______、______、机关非营业等。

5. 为了减少交通事故，汽车保险实行________和________措施。

6. 保险合同根据驾驶人在交通事故中所负责任，对车辆损失险和第三者责任险在符合赔偿规定的金额内实行绝对免赔率。负全部责任的免赔______，负主要责任的免赔______，负同等责任的免赔______，负次要责任的免赔_____，单方肇事事故的绝对免赔率为______。投保时，投保了不计免赔险后，车辆商业险的这条规定就失效了，无论我们在事故中承担什么责任，都可以得到______的赔偿。

7. 汽车保险有________和________两大类

8. 根据在合同订立、履行过程中发挥的作用不同，保险合同的主体分为_____和_____两类。当事人包括_______和_______；关系人包括被_______和_______，汽车保险的关系人仅指_______。

9. 汽车保险合同的_______是被保险人对投保车辆的保险利益。

10. 投保人对保险标的不具有_________的保险合同无效。

11. 汽车保险合同的形式主要有______、_______、_______、________、________5种。

12. 保险合同必须经过投保人的______和保险人的______两个阶段才能订立。

13. 在保险实务中，由于汽车保险合同是附和合同，所以投保人的要约为书面要约形式，即______________________________。

14. 合同生效时间有_______和_______时间两种。

15. 最大诚信原则的内容包括_____、______、弃权与禁止反言。

16. 保证分为______和______。

17. 保险人告知形式有_______和______两种；投保人告知的形式有_____和_____两种。

18. 保险损失补偿有______、______和_____3种。

二、判断题

1. 我国于2007年开始实施机动车交通事故责任强制保险。 (　　)

2. 为了保障受害人的利益，对第三者责任保险和道路运输承运人责任保险实施强制保险。 (　　)

3. 被保险人本人使用车辆时发生保险事故保险人要承担赔偿责任，其他驾驶员使用车辆时发生保险事故保险人不承担赔偿责任。 (　　)

4. 主险和附加险可以由投保人自愿选择。 (　　)

5. 主险是独立的险种，投保人可以选择投保全部险种，也可以选择投保其中部分险种，附加险不能独立投保。 (　　)

6. 涉水险即使被水淹后车主还强行启动发动机而造成了损害，保险公司仍然给予赔偿。 (　　)

7. 保险人在收取投保人保费后，就必须履行保险合同所规定的赔偿损失义务。 (　　)

8. 汽车保险合同属人性的特点，决定了保险合同的双方当事人对合同信息的知晓是不对称的。 (　　)

9. 当双方当事人对汽车保险合同出现争议与分歧的时候，法院和仲裁机关通常会做出有利于合同非制定方的解释，这是因为汽车保险合同是附和合同。 (　　)

10. 汽车保险合同的射幸性是针对单个保险合同而言的。 (　　)

11. 保险人对车辆具有保险利益，表现为因投保车辆责任或投保车辆遭受损坏而使其蒙受的经济损失。 (　　)

12. 保险人只对与投保人在保险合同中约定的风险项目承担责任。 (　　)

13. 汽车保险的险种相同，保险责任相同。 (　　)

14. 保险人必须对责任免除条款尽明确说明义务。 (　　)

15. 保险合同的订立时间对于认定保险合同的订立日、证明保险利益的存在、判断保险

危险是否发生有着十分重要的意义。（ ）

16. 被保险人在保险事故发生后，索赔时必须向保险人提供保险单。（ ）

17. 汽车保险合同的成立和生效往往不一致，保险合同即使已经订立，但生效前发生的保险事故，保险人不承担赔偿责任。（ ）

18. 在保险合同有效期内，保险标的出现了订立保险合同时双方当事人未曾估计或无法预料到的危险情况，当发生保险责任事故后投保人或被保险人应及时向保险人说明危险情况。（ ）

19. 因保险标的危险程度增加而发生的保险事故，保险人不承担赔偿责任。（ ）

20. 投保人因重大过失未履行如实告知义务，对保险事故的发生有严重影响的，保险人对于合同解除前发生的保险事故，不承担赔偿或者给付保险金的责任，但应当退还保险费。（ ）

21. 对保险合同中免除保险人责任的条款，保险人在订立合同时应当在投保单、保险单或者其他保险凭证上作出足以引起投保人注意的提示，并对该条款的内容以书面或者口头形式向投保人作出明确说明；未作提示或者明确说明的，该条款不产生效力。（ ）

22. 保险公司可以自行印制保险单。（ ）

23. 汽车保险合同实行一车一单和一车一证制度。（ ）

24. 我国保险实务中普遍实行“零点起保”。（ ）

25. 重复保险原则上是不允许的。（ ）

26. 保险合同生效前发生的保险事故，保险人应承担保险责任。（ ）

27. 如果保险人变更，原保险人必须将持有的保险合同转移给其他保险人，以保证保险合同继续有效。（ ）

28. 我国为更好地保护被保险人的利益，要求保险人在采用明确列明形式的告知义务，对保险条款、责任免除等部分加以解释。（ ）

29. 在保险合同有效期内，投保人或被保险人失去对标的的保险利益，汽车保险合同将失效。（ ）

30. 依照保险利益原则，如果投保人以不具有保险利益的标的投保，保险人可单方面宣布合同无效。（ ）

31. 当保险标的发生保险责任事故时，被保险人从保险人处获得的赔偿也不得超过保险利益限度，即不能获得额外利益。（ ）

32. 多种原因连续发生造成的损失。该种情况下，要分析前因与后因之间有无因果关系。若有因果关系，那么最先发生并造成一连串事故的前因为事故损失的近因。此时，只需要判断最先的原因是否属于保险责任范围即可。（ ）

33. 多种原因间断发生造成的损失。在一连串间断发生的原因中，有一项新的独立的原因介入，导致损失，若它为保险责任，保险人应负赔偿责任；反之，保险人不负赔偿责任。（ ）

34. 保险人通过代位追偿得到的第三者赔偿额度，只能以保险人支付给被保险人的实际赔偿额为限，超出部分的权利属于被保险人，保险人无权处理。（ ）

三、选择题

1. 我国于（　　）年开始实施交强险。

A. 1983　　B. 2006

C. 2007　　D. 2008

2. 中国平安财产保险股份有限公司的报案电话为（　　）。

A. 95518　　B. 95511

C. 95500　　D. 95585

3. 保险车辆在保险期限内无赔款，续保时可以按保险费的一定比例享受无赔款优待，各个保险公司对无赔款优待有不同的规定，一般最多可优惠标费的（　　）。

A. 10%　　B. 20%

C. 30%　　D. 50%

4. 单方肇事事故中车辆损失险的绝对免赔率为（　　）。

A. 5%　　B. 10%

C. 15%　　D. 20%

5. 负主要责任的第三者责任险免赔率为（　　）。

A. 5%　　B. 10%

C. 15%　　D. 20%

6. 保险汽车转卖时，必须对保险合同进行批改，这体现出汽车保险合同具有（　　）的特征。

A. 射幸合同　　B. 属人性

C. 双务合同　　D. 附和合同

7. 汽车保险合同中效力最高的是（　　）

A. 投保单否　　B. 保险单

C. 保险凭证　　D. 批单

8. 暂保单的有效期限较短，一般只有（　　）天，且当保险单或保险凭证出具后暂保单将自动失效。

A. 5　　B. 7

C. 15　　D. 30

9. 在保险实务中，保险人接到投保单，经审核没有异议后签字盖章，并出具保险单或保险凭证，保险合同即告（　　）。

A. 生效　　B. 成立

C. 终止　　D. 不确定

10. 投保人对保险标的所具有的法律上承认的利益称为（　　）。

A. 保险利益　　B. 经济利益

C. 法律权益　　D. 经济权益

11. 由机动车辆本身所面临的风险而产生的险种是（　　）。

A. 机动车辆损失险　　B. 第三者责任险

C. 附加险　　D. 特约险

12. 由机动车本身所创造的风险产生的险种是（　　）。

A. 机动车辆损失险　　B. 第三者责任险

C. 附加险　　D. 特约险

13. 机动车辆保险合同是（　　）。

A. 定值保险合同　　B. 不定值保险合同

C. 定额保险合同　　D. 超额保险合同

14. 投保人提出保险要求，保险人同意承保的属于（　　）行为。

A. 要约　　B. 反要约

C. 承诺　　D. 受约

15. 保险人依据法律规定或合同约定，不承担赔偿和给付责任的范围叫做（　　）。

A. 保险责任　　B. 保险范围

C. 责任免除　　D. 保险约定

16. 通过保险代理人与投保人之间签订的保险合同所产生的权利义务，其后果承担者是（　　）。

A. 投保人　　B. 被保险人

C. 保险人　　D. 保险代理人

17. 根据我国机动车辆保险的规定，以下不属于机动车辆范围的是（　　）。

A. 摩托车　　B. 电动自行车

C. 拖拉机　　D. 专用机械车辆

18. 根据《保险法》，保险经纪人是基于（　　）的利益，为投保人与保险人订立保险合同提供中介服务，并依法收取佣金的个人。

A. 投保人　　B. 保险人

C. 自己　　D. 受益人

19. （　　）年我国第一部保险法颁布。

A. 1995　　B. 1996

C. 2002　　D. 2004

20. 财产保险是以（　　）为保险标的的一种保险。

A. 利益　　B. 信用

C. 财产　　D. 财产及有关利益

21. 玻璃单独破碎险的保障对象是（　　）。

A. 车窗玻璃　　B. 后视镜玻璃

C. 车灯玻璃　　D. 仪表玻璃

22. 全车盗抢险须满足的时间是（　　）。

A. 30 天　　B. 60 天

C. 90 天　　D. 120 天

23. 保险合同生效后，保险标的危险程度增加时，被保险人未履行危险程度增加通知义务，保险人对因危险程度增加而导致的保险标的的损失，可采取的正确方式是（　　）。

A. 酌情赔偿　　B. 不予赔偿

C. 部分赔偿　　D. 必须赔偿

24. 保险损失的近因，是指在保险事故发生时（　　）。

A. 时间上最接近损失的原因　　B. 引起损失发生的第一个原因

C. 空间上最接近损失的原因　　D. 最直接、起主导和支配作用的原因

25. 以下属于第三者责任险中第三者的是（　　）。

A. 投保人　　B. 保险人

C. 允许的合格驾驶员　　D. 保险事故中受害的第三方

26. 汽车保险合同的客体是（　　）。

A. 汽车　　B. 保险利益

C. 保险人　　D. 投保人

27. 在变更保险合同中用的是（　　）。

A. 保险单　　B. 暂保单

C. 批单　　D. 投保单

28. 以下属于纯粹风险的是（　　）。

A. 战争　　B. 火灾

C. 暴乱　　D. 恐怖活动

29. 下列属于保险当事人的是（　　）。

A. 投保人　　B. 保险代理人

C. 被保险人　　D. 受益人

30. 我国机动车辆保险的险种不包括（　　）。

A. 车辆损失险　　B. 第三者责任险

C. 附加险　　D. 分红险

31. 下面属于第三者责任保险附加险是（　　）。

A. 自燃损失险　　B. 车上人员险

C. 车身划痕险　　D. 发动机特别损失险

32. 车辆损失费用包括（　　）。

A. 医疗费　　B. 丧葬费

C. 修理工时费　　D. 交通费

33. 交通强制第三者责任险是分项理赔的，包括死、伤、残费用、医疗费用和（　　）

A. 丧葬费用　　B. 营养费用

C. 财产费用　　D. 误工、误时费用

34. 下列不在机动车保险单正面出现的内容是（　　）。

A. 被保险人　　B. 车架号

C. 保险费　　D. 责任免除条款

35. 汽车保险的最基本原则是 （　　）。

A. 最大诚信原则　　B. 保险利益原则

C. 近因原则　　D. 损失补偿原则

36. 在保险活动中，弃权与禁止反言主要是用以约束（　　）的。

A. 保险人　　B. 被保险人

C. 受益人　　D. 代理人

37. 保险公司行业惯例要求，被保险人应当在保险事故发生的（　　）小时内报案。

A. 12　　B. 24

C. 48　　D. 任何时候

38. 在保险业务中，（　　）是认定保险责任的一个重要原则。

A. 最大诚信原则　　B. 保险利益原则

C. 近因原则　　D. 损失补偿原则

39. 如保险人在支付了 1.5 万元的保险赔款后向有责任的第三方进行追偿，追偿款为 2 万元，多余的 5 000 元应归（　　）。

A. 保险人　　B. 被保险人

C. 受益人　　D. 保险代理人

四、名词解释

1. 交强险　2. 射幸合同　3. 双务合同　4. 附和合同　5. 保险责任

6. 受益人　7. 禁止反言　8. 近因

五、简答题

1. 汽车保险有哪些作用？

2. 汽车保险的特点有哪些？

3. 我国机动车辆商业保险的险种主要有哪些？

4. 汽车保险合同具有哪些特征？

5. 保险单通常包括哪些内容？

6. 投保人有哪些义务？

7. 保险人有哪些义务？

8. 汽车保险合同内容变更常见的情况有哪些？

9. 汽车保险合同的解释原则是什么？

10. 最大诚信原则的内容包括哪些？

11. 汽车保险合同的保险利益构成条件有哪些？

12. 汽车保险的保险利益形式有哪些？

13. 汽车保险原则分别是什么？

14. 保险人履行损失赔偿责任时，必须把握的 3 个限度是什么？

15. 产生代位追偿，必须具备哪 3 个条件？

项目三　汽车保险产品

学习目标

1.了解交强险的产生与发展，理解交强险的特征。

2. 熟练掌握交强险的保险责任、垫付与追偿、责任免除、赔偿处理的相关规定以及不同车型交强险保费的计算。

3. 了解我国机动车商业保险条款的变化情况。

4. 知道机动车商业保险险种。

5. 掌握汽车主险产品的保险责任、责任免除、免赔率、保险金额、赔偿处理。

6. 熟悉常见附加险的保险责任、责任免除及赔偿处理。

学习导入

一辆出租车购买了交强险、车辆损失险及自燃损失险、第三者责任险等。其中，车辆损失险的保险金额是按照新车购置价格 7.8 万元投保的。该车于 2020 年 8 月 20 日行驶到兰州市靖远路口时起火。整车自前向后均有燃烧痕迹，四车轮及悬架烧毁，前保险杠、全车玻璃、前照灯均烧毁。驾驶室内座椅、仪表、内饰等全部烧毁；发动机舱内有燃烧痕迹。变速器壳前部熔化，发电机后部壳体熔化严重，且第二缸高压线屏蔽罩颜色明显较其他缸发白。

由案情可知，该车在行驶过程中着火，1、2 缸高压线屏蔽罩颜色较白，燃油压力调节器烧蚀严重，发电机后部烧损严重，起火点应在 1 缸火花塞附近。经分析，起火原因为燃油压力调节器与燃油分配器漏油。

该事故损失是否属于自燃险赔偿范围？保险公司如何进行理赔？赔偿金额是否为 7.8 万元？要想准确回答这些问题，就要全面了解汽车保险产品。

任务一　机动车交通事故责任强制保险

一、交强险

机动车交通事故责任强制保险，也称法定汽车责任保险，简称交强险，是指在机动车保有量增加、交通事故矛盾日益突出的情况下，国家或地区基于维护社会大众利益考虑，为保障交通事故受害者能获得基本的赔偿,以颁布法律或行政法规的形式实施的机动车责任保险。

（一）交强险的产生与发展

第一次世界大战后，汽车产量骤增，销售却成了难题。为了促进销售，出现了分期付款的促销方式，于是汽车迅速在大众中普及。由于汽车价格仍比较昂贵，购车首付几乎花光了车主所有的积蓄，而日后的分期付款和使用费也使车主收入基本没有剩余，于是出现了许多无力购买汽车保险或无相应财产做担保的驾车人。当事故发生时不仅自己的损失无法弥补，而且受害人的损害也无法得到及时有效的赔偿。为了确保受害人能得到及时补偿，许多国家和地区相继颁布了有关法令，强制实施汽车责任保险。

最初将车辆损害视为社会问题的是美国的马萨诸塞州，该州认为公路是为全体行人修建的，驾车者在使用汽车时对其他行人会构成威胁，万一发生事故，必须具有赔偿能力，因此要求驾车者应该预先投保汽车责任保险或者提供保证金以证明自己具有赔偿能力，于是在1925年着手起草保险史上闻名的强制汽车保险法，并于1927年实施。英国于1930年颁布实施《道路交通法》，并于1931年1月1日起实施机动车交通事故责任强制保险制度；日本于1956年实施了强制汽车责任保险；法国于1959年施行强制汽车责任保险制度；德国于1965年制定了《汽车所有人强制责任保险法》，等等。

我国于2004年5月1日实施了《中华人民共和国道路交通安全法》(简称《道路交通安全法》)，并于2007年、2011年、2021年进行了修正。该法第十七条规定，国家实行机动车第三者责任强制保险制度，设立道路交通事故社会救助基金。但该法只是对机动车辆强制责任保险做了一个原则性的规定，与之配套施行的《机动车交通事故责任强制保险条例》(国务院第462号令）自2006年7月1日起施行。与此同时，2006年3月21日《机动车交通事故责任强制保险条款》颁布后，我国正式施行了强制汽车责任保险制度，分别于2008年2月1日、2020年9月19日修订了交强险的保险责任、保险费率和其他部分内容。

（二）交强险的特征

（1）强制性。一般的汽车保险都属自愿办理，而强制汽车责任保险根据强制保险的相应法规开办，汽车拥有者必须购买，否则属于违法行为。

（2）基本保障性。交强险的责任限额是固定的，不能自愿选择，正因为这一点，各国在制定责任限额时都定得比较低，以使大多数投保人都有购买能力。因此较低的限额只是对事故受害者的一个基本保障。

（3）以无过失责任为基础。一般汽车责任保险依据保险合同的规定，以被保险人在事故中所负责任比例确定损害赔偿范围和多少，它是以过失责任为归责原则的。而交强险根据相关法律规定，大多基于损害的存在对受害者予以补偿，因此多采用以无过失责任为归责原则。我国的交强险采用过失责任和无过失责任相结合的原则。

（4）公益性。一般汽车责任保险的费率厘定考虑公司盈利，而交强险保险费率由政府统一制定，不考虑盈利，所以保险费率相对较低，具有公益性。

二、交强险条款

交强险条款的内容共分10部分，分别为：总则，定义，保险责任，垫付与追偿，责任免除，保险期间，投保人，被保险人义务，赔偿处理，合同变更与终止，附则。

（一）总　则

总则主要对条款制定的法律依据、合同的组成与形式、费率的影响因素、交费情况等内容进行阐述。条款制定的法律依据是《道路交通安全法》《保险法》《机动车交通事故责任强制保险条例》。

交强险合同由条款、投保单、保险单、批单和特别约定5部分共同组成，均应采用书面形式，与商业险保险合同的组成一致。

交强险费率按照国务院保险监督管理机构规定执行，实行与被保险机动车道路交通安全违法行为、交通事故记录相联系的浮动机制。但2007年7月1日后，交强险费率在全国范围内统一实行与道路交通事故相联系，暂不在全国范围内统一实行与道路交通安全违法行为相联系。

签订合同时，投保人应一次性支付全部保险费。保险费按照国务院保险监督管理机构批准的费率计算。

（二）定　义

定义条款主要对合同中的被保险人、投保人、受害人、责任限额、抢救费用等术语进行解释。

（1）被保险人，是指投保人及其允许的合法驾驶人。

（2）投保人，是指与保险人订立合同，并按合同负有支付保险费义务的机动车所有人、管理人。

（3）受害人，是指因被保险机动车发生交通事故遭受人身伤亡或者财产损失的人，但不包括被保险机动车本车车上人员、被保险人。

（4）责任限额，是指被保险机动车发生交通事故，保险人对每次保险事故所有受害人的人身伤亡和财产损失所承担的最高赔偿金额。责任限额分为死亡伤残赔偿限额、医疗费用赔偿限额、财产损失赔偿限额以及被保险人在道路交通事故中无责任的赔偿限额。

（5）抢救费用，是指被保险机动车发生交通事故导致受害人受伤时，医疗机构对生命体征不平稳和虽然生命体征平稳但如果不采取处理措施会产生生命危险，或者导致残疾、器官功能障碍，或者导致病程明显延长的受害人，参照国务院卫生主管部门组织制定的交通事故人员创伤临床诊疗指南和国家基本医疗保险标准，采取必要的处理措施所发生的医疗费用。

（三）保险责任

保险责任条款规定了交强险的保险责任的具体内容和具体责任限额的数额。保险责任的成立应满足4个条件：一是被保险机动车在中华人民共和国境内使用；二是发生交通事故；

三是造成受害人的人身或者财产损失；四是依法应当由被保险人承担损害赔偿责任。

1. 责任限额

2020 年 9 月 19 日起执行的交强险责任限额为：

死亡伤残赔偿限额：有责 180 000 元，无责 18 000 元；

医疗费用赔偿限额：有责 18 000 元，无责 1 800 元；

财产损失赔偿限额：有责 2 000 元，无责 100 元；

总限额：有责 200 000 元，无责 19 900 元。

2. 赔偿费用项目规定

人身伤亡和医疗费用赔偿限额的赔偿费用项目规定如下：

（1）死亡伤残赔偿限额和无责任死亡伤残赔偿限额项下，负责赔偿丧葬费、死亡补偿费、受害人亲属办理丧葬事宜支出的交通费用、残疾赔偿金、残疾辅助器具费、护理费、康复费、交通费、被扶养人生活费、住宿费、误工费，被保险人依照法院判决或者调解承担的精神损害抚慰金。

（2）医疗费用赔偿限额和无责任医疗费用赔偿限额项下，负责赔偿医药费、诊疗费、住院费、住院伙食补助费，必要的、合理的后续治疗费、整容费、营养费。

（四）垫付与追偿

垫付与追偿条款规定了垫付情形和具体操作：

（1）垫付情形。交强险规定的垫付情形有 4 种：① 驾驶人未取得驾驶资格的；② 驾驶人醉酒的；③ 被保险机动车被盗抢期间肇事的；④ 被保险人故意制造交通事故的。

在以上任一情形下发生交通事故，造成受害人受伤需要抢救的，分别在有责、无责限额内负责垫付。对于其他损失和费用，保险人不负责垫付和赔偿。保险人垫付抢救费用后有权向致害人追偿。

（2）具体操作。垫付抢救费用的具体操作是在接到公安机关交通管理部门的书面通知和医疗机构出具的抢救费用清单后，按照国务院卫生主管部门组织制定的交通事故人员创伤临床诊疗指南和国家基本医疗保险标准进行核实，对于符合规定的抢救费用进行垫付。

（五）责任免除

责任免除条款主要列明保险公司不负责赔偿和垫付的损失和费用，具体如下：

（1）因受害人故意造成的交通事故的损失。

（2）被保险人所有的财产及被保险机动车上的财产遭受的损失。

（3）被保险机动车发生交通事故，致使受害人停业、停驶、停电、停水、停气、停产、通信或者网络中断、数据丢失、电压变化等造成的损失以及受害人财产因市场价格变动造成的贬值、修理后因价值降低造成的损失等其他各种间接损失。

（4）因交通事故产生的仲裁或者诉讼费用以及其他相关费用。

（六）保险期间

交强险的保险期间为一年，但有下列情形之一的，可以投保短期保险：临时入境的境外机动车；距报废期限不足一年的机动车；临时上道路行驶的机动车（如领取临时牌照的机动车，临时提车，到异地办理注册登记的新购机动车等）；国务院保险监督管理机构规定的其他情形。

投保短期保险的，按照短期月费率计算保费，不足一个月按一个月计算，短期基础保险费=年基础保险费×短期月费率系数。短期月费率系数如表 3-1 所示。

表 3-1　交强险短期月费率系数表

保险期间/月	1	2	3	4	5	6	7	8	9	10	11	12
短期月费率系数/%	10	20	30	40	50	60	70	80	85	90	95	100

（七）投保人、被保险人义务

投保人、被保险人在履行了相应义务后，才能获得保险的保障。应履行的义务包括：

（1）投保人投保时，应如实填写投保单，向保险人如实告知重要事项，并提供被保险机动车的行驶证复印件。投保人未如实告知重要事项，对保险费计算有影响的，保险人重新核定保险费。

重要事项包括机动车的种类、厂牌型号、识别代码、发动机号、牌照号码（临时移动证编码或临时号牌）、使用性质，机动车所有人或者管理人的姓名（名称）、性别、年龄、住所、身份证或者驾驶证号码（组织机构代码），续保前该机动车发生事故的情况（仅无车险信息平台地区的转保业务须提供）以及国务院保险监督管理机构规定的其他告知事项。

（2）签订交强险合同时，投保人应一次性支付全部保险费。不得在保险条款和保险费率之外，向保险公司提出附加其他条件的要求。

（3）投保人续保时，应提供被保险机动车上一年度交强险的保险单。

（4）在保险合同有效期内，被保险机动车因改装、加装、使用性质改变等导致危险程度增加的，被保险人应及时通知保险人，并办理批改手续。否则，保险人按照保单年度重新核定保险费计收。

（5）被保险机动车发生交通事故时，被保险人应及时采取合理、必要的施救和保护措施，并在事故发生后及时通知保险人。

（6）发生保险事故后，被保险人应积极协助保险人进行现场查勘和事故调查。同时，发生与保险赔偿有关的仲裁或者诉讼时，被保险人应及时书面通知保险人。

（八）赔偿处理

赔偿处理条款主要规定了被保险人索赔时应提供的材料、人身伤亡和财产损失赔偿方面的注意事项。

1. 索赔需要提交的材料

交强险索赔时，需要投保人向保险人提交的单据或材料要求规范完整。

索赔需要提交以下 7 个方面的材料：

（1）交强险保险单；

（2）被保险人出具的索赔申请书；

（3）被保险人和受害人身份证明、被保险机动车行驶证和驾驶人的驾驶证；

（4）交警出具的事故证明，或法院等机构出具的法律文书及其他证明；

（5）被保险人依法选择自行协商方式处理交通事故的，应提供合乎规定的协议书；

（6）受害人财产损失证明、人身伤残证明、医疗证明及损失清单和费用单据；

（7）其他与确认保险事故的性质、原因、损失程度等有关的证明和资料。

2. 人身伤亡和财产损失赔偿注意事项

人身伤亡和财产损失赔偿注意事项主要包括以下 4 个方面的内容：

（1）核定人身伤亡赔偿金额的标准：有关法律法规，主要有《最高人民法院关于审理人身损害赔偿案件适用法律若干问题的解释》《道路交通事故受伤人员临床诊疗指南》，以及国家基本医疗保险标准。

（2）因保险事故造成受害人人身伤亡的，未经保险人书面同意，被保险人自行承诺或支付的赔偿金额，保险人在交强险责任限额内有权重新核定。

（3）因保险事故损坏的受害人财产需修理的，被保险人应在修理前会同保险人检验，协商确定修理或者更换项目、方式和费用。否则，保险人在交强险责任限额内有权重新核定。

（4）发生涉及受害人受伤的交通事故，因抢救受害人需保险人支付抢救费用的，保险人在接到公安机关交通管理部门的书面通知和医疗机构出具的抢救费用清单后，按照《道路交通事故受伤人员临床诊疗指南》和国家基本医疗保险标准进行核实。对于符合规定的抢救费用，保险人在被保险人有责、无责医疗费用赔偿限额内分别支付。

（九）合同变更与终止

合同变更与终止条款主要规定了合同变更和解除的条件以及合同终止后保费的退还办法。在合同有效期内，被保险机动车所有权发生转移的，投保人应及时通知保险人，并办理合同变更手续。

因交强险是法定保险，所以投保人一般是不能解除的，保险人也不接受投保人解除合同的申请。但在下列 6 种情况下，投保人可要求解除交强险保险合同：

（1）被保险机动车被依法注销登记的。

（2）被保险机动车办理停驶的。

（3）被保险机动车经公安机关证实丢失的。

（4）投保人重复投保交强险的（解除后期投保的交强险）。

（5）被保险机动车被转卖、转让、赠送至车籍所在地以外的地方的。

（6）新车因质量问题被销售商收回或因相关技术参数不符合国家规定交管部门不予上户的。

交强险合同解除后，保险人按照日费率收取自保险责任开始之日起至合同解除之日止期间的保险费，退还剩余保险费，而投保人应及时将保险单、保险标志交还保险人。无法交回保险标志的，应当向保险人说明情况，征得保险人同意。

（十）附　则

附则主要规定了合同争议的处理方式、适用法律及条款未尽事宜的处理等。

合同争议解决有 3 种方式：由合同当事人协商解决；协商不成的，提交保险单载明的仲裁机构仲裁；保险单未载明仲裁机构或者争议发生后未达成仲裁协议的，可向人民法院起诉。

交强险合同争议处理适用中华人民共和国法律。

条款未尽事宜，按照《机动车交通事故责任强制保险条例》执行。

三、交强险赔偿规定

（一）互碰自赔

为进一步简化交强险理赔手续，提高客户满意度，准确归集交强险理赔成本，2009 年 2 月 1 日，中国保险行业协会下发《交强险损失“互碰自赔”处理办法》，规定了“互碰自赔”的条件，具体如下：

（1）多车互碰。两车或多车互碰。

（2）有交强险。事故各方都有交强险。

（3）只有车损。事故只导致各方车辆损失，没有发生人员伤亡和车外的财产损失。

（4）不超 2 000 元。各方车损都不超过 2 000 元。

（5）都有责任。交警裁定或事故各方自行协商确定为各方都有责任（同等或主次责任）。

（6）各方同意。事故各方都同意采用“互碰自赔”。

（二）无责代赔

交强险“无责代赔”，是一种交强险简化处理机制，即两方或多方机动车互碰，对于应由无责方交强险承担的对有责方车辆损失的赔偿责任，由有责方保险公司在本方交强险项下代为赔偿。

四、交强险费率

（一）交强险费率厘定原则

交强险价格与消费者切身利益息息相关，交强险费率厘定坚持不盈不亏原则。一是要求保险公司对交强险业务与其他保险业务分开管理，单独核算；二是加大检查力度，每年对保险公司交强险业务情况进行核查，并向社会公布，以便监督；三是根据保险公司交强险的总体盈亏情况，要求或允许保险公司调整费率。

第一年的交强险费率实行全国统一保险价格，之后通过实行“奖优罚劣”的费率浮动机制，并根据各地区经营情况，逐步在费率中加入地区差异化因素等，进而实行差异化费率。

（二）交强险基础费率

交强险基础费率将所有机动车共分为 8 大类 42 小类。8 大类分别为：家庭自用车、非营业客车、营业客车、非营业货车、营业货车、特种车、摩托车和拖拉机（见表 3-2）。

表 3-2 机动车交通事故责任强制保险基础费率表

车辆大类	序号	车辆明细分类	保费/元
一、家庭自用车	1	家庭自用汽车 6 座以下	950
	2	家庭自用汽车 6 座及以上	1 100
二、非营业客车	3	企业非营业汽车 6 座以下	1 000
	4	企业非营业汽车 6～10 座	1 130
	5	企业非营业汽车 10～20 座	1 220
	6	企业非营业汽车 20 座以上	1 270
	7	机关非营业汽车 6 座以下	950
	8	机关非营业汽车 6～10 座	1 070
	9	机关非营业汽车 10～20 座	1 140
	10	机关非营业汽车 20 座以上	1 320
三、营业客车	11	营业出租租赁 6 座以下	1 800
	12	营业出租租赁 6～10 座	2 360
	13	营业出租租赁 10～20 座	2 400
	14	营业出租租赁 20～36 座	2 560
	15	营业出租租赁 36 座以上	3 530
	16	营业城市公交 6～10 座	2 250
	17	营业城市公交 10～20 座	2 520
	18	营业城市公交 20～36 座	3 020
	19	营业城市公交 36 座以上	3 140
	20	营业公路客运 6～10 座	2 350
	21	营业公路客运 10～20 座	2 620
	22	营业公路客运 20～36 座	3 420
	23	营业公路客运 36 座以上	4 690

续表

车辆大类	序号	车辆明细分类	保费/元
四、非营业货车	24	非营业货车 2 t 以下	1 200
	25	非营业货车 2 ~ 5 t	1 470
	26	非营业货车 5 ~ 10 t	1 650
	27	非营业货车 10 t 以上	2 220
五、营业货车	28	营业货车 2 t 以下	1 850
	29	营业货车 2 ~ 5 t	3 070
	30	营业货车 5 ~ 10 t	3 450
	31	营业货车 10 t 以上	4 480
六、特种车	32	特种车一	3 710
	33	特种车二	2 430
	34	特种车三	1 080
	35	特种车四	3 980
七、摩托车	36	摩托车 50 mL 及以下	80
	37	摩托车 50 ~ 250 mL（含）	120
	38	摩托车 250 mL 以上及侧三轮	400
八、拖拉机	39	兼用型拖拉机 14.7 kW 及以下	按保监产险〔2007〕53 号实行地区差别费率
	40	兼用型拖拉机 14.7 kW 以上	
	41	运输型拖拉机 14.7 kW 及以下	
	42	运输型拖拉机 14.7 kW 以上	

注：① 座位和吨位的分类都按照“含起点不含终点”的原则来解释。

② 特种车一：油罐车、汽罐车、液罐车；

特种车二：专用净水车、特种车以外的罐式货车，以及用于清障、清扫、清洁、起重、装卸、升降、搅拌、挖掘、推土、冷藏、保温等的各种专用机动车；

特种车三：装有固定专用仪器设备从事专业工作的监测、消防、运钞、医疗、电视转播等的各种专用机动车；

特种车四：集装箱拖头。

③ 挂车根据实际的使用性质并按照对应吨位货车的 30%计算。

④ 低速载货汽车参照运输型拖拉机 14.7 kW 以上的费率执行。

费率表中每种类型的含义如下：

（1）家庭自用车：家庭或个人所有，且用途为非营业性的客车。

（2）非营业客车：党政机关、企事业单位、社会团体、使领馆等机构从事公务或在生产经营活动中不以直接或间接方式收取运费或租金的客车，包括党政机关、企事业单位、社会团体、使领馆等机构为从事公务或在生产经营活动中承租且租赁期限为 1 年或 1 年以上的客车。非营业客车分为：党政机关、事业团体客车，企业客车。用于驾驶教练、邮政公司用于邮递业务、快递公司用于快递业务的客车、警车、普通囚车、医院的普通救护车、殡葬车按照其行驶证上载明的核定载客数，适用对应的企业非营业客车的费率。

（3）营业客车：用于旅客运输或租赁，并以直接或间接方式收取运费或租金的客车。营业客车分为：城市公交客车，公路客运客车，出租、租赁客车。旅游客运车按照其行驶证上载明的核定载客数，适用对应的公路客运车费率。

（4）非营业货车：党政机关、企事业单位、社会团体自用或仅用于个人及家庭生活，不以直接或间接方式收取运费或租金的货车（包括客货两用车）。货车是指载货机动车、驾校厢式货车、半挂牵引车、自卸车、蓄电池运输车、装有起重机械但以载重为主的起重运输车。教练货车，邮政公司用于邮递业务、快递公司用于快递业务的货车按照其行驶证上载明的核定载质量，适用对应的非营业货车的费率。

（5）营业货车：用于货物运输或租赁，并以直接或间接方式收取运费或租金的货车（包括客货两用车）。货车是指载货机动车、厢式货车、半挂牵引车、自卸车、蓄电池运输车、装有起重机械但以载重为主的起重运输车。

（6）特种车：用于各类装载油料、气体、液体等专用罐车；或用于清障、清扫、清洁、起重、装卸（不含自卸车）、升降、搅拌、挖掘、推土、压路等的各种专用机动车，或适用于装有冷冻或加温设备的厢式机动车；或车内装有固定专用仪器设备，从事专业工作的监测、消防、运钞、医疗、电视转播、雷达、X 光检查等机动车；或专门用于牵引集装箱箱体（货柜）的集装箱拖头。特种车按其用途共分成 4 类，不同类型机动车采用不同收费标准：特种车型一：油罐车、汽罐车、液罐车；特种车型二：专用净水车、特种车一以外的罐式货车，以及用于清障、清扫、清洁、起重、装卸（不含自卸车）、升降、搅拌、挖掘、推土、冷藏、保温等的各种专用机动车；特种车型三：装有固定专用仪器设备从事专业工作的监测、消防、运钞、医疗、电视转播等的各种专用机动车；特种车型四：集装箱拖头。

（7）摩托车：以燃料或蓄电池为动力的各种两轮、三轮摩托车。摩托车分 3 类：50CC 及以下，50～250CC，250CC 以上及侧三轮。正三轮摩托车按照排气量分类执行相应的费率。

（8）拖拉机：按其使用性质分为兼用型拖拉机和运输型拖拉机。兼用型拖拉机是指以田间作业为主，通过铰接连接牵引挂车可进行运输作业的拖拉机。兼用型拖拉机分为 14.7 kW 及以下和 14.7 kW 以上两种。运输型拖拉机是指货箱与底盘一体，不通过牵引挂车可运输作业的拖拉机。运输型拖拉机分为 14.7 kW 及以下和 14.7 kW 以上两种。低速载货汽车参照运输型拖拉机 14.7 kW 以上的费率执行。

（三）费率浮动暂行办法

1. 费率浮动的目的

实行“奖优罚劣”费率浮动机制的目的是利用费率杠杆的经济调节手段来提高驾驶人的道路交通安全法律意识，督促安全行驶，以便有效预防和减少道路交通事故的发生。

2. 交强险费率浮动因素及比率

2020 年 9 月 19 日，中国银保监会发布《关于调整交强险责任限额和费率漂动系数的公告》，将《机动车交通事故责任强制保险费率浮动暂行办法》（简称《费率浮动暂行办法》）部分条款进行了修改，其中第三条修改中将在全国范围统一实行交强险费率与道路交通事故相联系浮动调整为 5 个方案。交强险费率浮动因素及比率如表 3-3 ~ 表 3-7 所示。

表 3-3　内蒙古、海南、青海、西藏 4 个地区实行以下费率调整方案 A

浮动因素			浮动比率
与道路交通事故相联系的浮动 A	A1	上一个年度未发生有责任道路交通事故	－30%
	A2	上两个年度未发生有责任道路交通事故	－40%
	A3	上三个及以上年度未发生有责任道路交通事故	－50%
	A4	上一个年度发生一次有责任不涉及死亡的道路交通事故	0%
	A5	上一个年度发生两次及两次以上有责任道路交通事故	10%
	A6	上一个年度发生有责任道路交通死亡事故	30%

表 3-4　陕西、云南、广西 3 个地区实行以下费率调整方案 B

浮动因素			浮动比率
与道路交通事故相联系的浮动 B	B1	上一个年度未发生有责任道路交通事故	－25%
	B2	上两个年度未发生有责任道路交通事故	－35%
	B3	上三个及以上年度未发生有责任道路交通事故	－45%
	B4	上一个年度发生一次有责任不涉及死亡的道路交通事故	0%
	B5	上一个年度发生两次及两次以上有责任道路交通事故	10%
	B6	上一个年度发生有责任道路交通死亡事故	30%

表 3-5　甘肃、吉林、山西、黑龙江、新疆 5 个地区实行以下费率调整方案 C

浮动因素			浮动比率
与道路交通事故相联系的浮动 C	C1	上一个年度未发生有责任道路交通事故	－20%
	C2	上两个年度未发生有责任道路交通事故	－30%
	C3	上三个及以上年度未发生有责任道路交通事故	－40%
	C4	上一个年度发生一次有责任不涉及死亡的道路交通事故	0%
	C5	上一个年度发生两次及两次以上有责任道路交通事故	10%
	C6	上一个年度发生有责任道路交通死亡事故	30%

表 3-6　北京、天津、河北、宁夏 4 个地区实行以下费率调整方案 D

浮动因素			浮动比率
与道路交通事故相联系的浮动 D	D1	上一个年度未发生有责任道路交通事故	－15%
	D2	上两个年度未发生有责任道路交通事故	－25%
	D3	上三个及以上年度未发生有责任道路交通事故	－35%
	D4	上一个年度发生一次有责任不涉及死亡的道路交通事故	0%
	D5	上一个年度发生两次及两次以上有责任道路交通事故	10%
	D6	上一个年度发生有责任道路交通死亡事故	30%

表 3-7　江苏、浙江、安徽、上海、湖南、湖北、江西、辽宁、河南、福建、重庆、山东、广东、深圳、厦门、四川、贵州、大连、青岛、宁波 20 个地区实行以下费率调整方案 E

浮动因素			浮动比率
与道路交通事故相联系的浮动 E	E1	上一个年度未发生有责任道路交通事故	－10%
	E2	上两个年度未发生有责任道路交通事故	－20%
	E3	上三个及以上年度未发生有责任道路交通事故	－30%
	E4	上一个年度发生一次有责任不涉及死亡的道路交通事故	0%
	E5	上一个年度发生两次及两次以上有责任道路交通事故	10%
	E6	上一个年度发生有责任道路交通死亡事故	30%

3. 费率浮动注意事项

费率浮动时，应注意以下事项：

（1）交强险最终保险费=交强险基础保险费×（1+与道路交通事故相联系的浮动比率 X）。

（2）摩托车和拖拉机暂不浮动。

（3）与道路交通事故相联系的浮动比率 X（X 取 A、B、C、D、E 方案其中之一对应的值）为 $X1$ 至 $X6$ 其中之一，不累加。同时满足多个浮动因素的，按照向上浮动或者向下浮动比率的高者计算。

（4）仅发生无责任道路交通事故的，交强险费率仍可享受向下浮动。

（5）浮动因素计算区间为上期保单出单日至本期保单出单日之间。

（6）与道路交通事故相联系浮动时，应根据上年度交强险已赔付的赔案浮动。上年度发生赔案但还未赔付的，本期交强险费率不浮动，直至赔付后的下一年度交强险费率向上浮动。

（7）交强险保单出单日距离保单起期最长不能超过 3 个月。

（8）除投保人明确表示不需要的，保险公司应在完成保险费计算后、出具保险单前，向投保人出具《机动车交通事故责任强制保险费率浮动告知书》（见表 3-8），经投保人签章确认后，再出具交强险保单、保险标志。投保人有异议的，应告知其有关道路交通事故查询方式。

表 3-8　机动车交通事故责任强制保险费率浮动告知书

尊敬的投保人：

您的机动车投保基本信息如下：

车牌号码：　　　　　　　　　　　　　　号牌种类：

发动机号：　　　　　　　　　　　　　　识别代码（车架号）：

浮动因素计算区间：　　　年　　　月　　　日零时至　　　年　　　月　　　日二十四时

根据中国保险监督管理委员会批准的机动车交通事故责任强制保险（以下简称交强险）费率，您的机动车交强险基础保险费是：人民币　　　　元。

您的机动车从上年度投保以来至今，发生的有责任道路交通事故记录如下：

序号	赔付时间	是否造成受害人死亡

或者：您的机动车在上　　个年度内未发生道路交通事故。

根据中国保险监督管理委员会公布的《机动车交通事故责任强制保险费率浮动暂行办法》，与道路交通事故相联系的费率浮动比率为：　　　　%。

交强险最终保险费=交强险基础保险费×（1+与道路交通事故相联系的浮动比率）

本次投保的应交保险费：人民币　　　　元（大写：　　　　　　　　　　）

以上告知，如无异议，请您签字（签章）确认。

投保人签字（盖章）：________

日期：____年____月____日

（四）最终保险费计算办法

先根据基础费率方案计算出基础保险费，再根据费率浮动办法计算出与道路交通事故相联系的浮动比率，两者相乘即为最终保险费。

最终保险费=基础保险费×（1+与道路交通事故相联系的浮动比率）

（五）解除保险合同保费计算办法

根据《机动车交通事故责任强制保险条例》规定解除保险合同时，保险人应按如下标准计算退还投保人保险费：

（1）投保人已交纳保险费，但保险责任尚未开始的，全额退还保险费；

（2）投保人已交纳保险费，但保险责任已开始的，退回未到期责任部分保险费：

退还保险费=保险费×（1－已了责任天数/保险期间天数）

任务二　机动车商业保险

一、机动车商业保险概述

（一）机动车商业保险条款的变化情况

伴随着交强险的出台与正式实施，为了尽快完成机动车商业车险与交强险的衔接，2002年3月4日，保监会发布《改革机动车辆保险条款费率管理办法有关问题的通知》，规定条款费率不再由保监会统一制定，而是由各公司自主制定、修改和调整，经保监会备案后，向社会公布使用，个性化条款自2003年1月1日起在全国范围实施。经过几年实践，为规范机动车辆保险行业，促进有序竞争和良性发展，2006年7月1日施行由中国保险行业协会统一制定的《机动车商业保险行业基本条款》（以下简称《基本条款》）A、B、C三套条款，各公司任选其一（天平汽车保险公司除外），A、B、C 三套条款只对车辆损失险和第三者责任险两个主要险种进行了统一，其他险种的条款由各保险公司自己制定，报保险监督管理部门备案。2007年4月1日起，正式启用由中国保险行业协会牵头开发的2007版A、B、C三套条款，国内经营车险的保险公司都必须从这三套条款中选择一款经营（天平汽车保险公司除外）。2007版A、B、C条款与2006版相比，2007版条款涵盖险种增多，包含车辆损失保险、第三者责任保险、车上人员责任险、全车盗抢险、不计免赔率特约险、玻璃单独破碎险、车身划痕损失险和可选免赔额特约险等8个险种。

为了维护保险消费者的合法权益，切实提升车险承保、理赔工作质量，突出解决理赔过程中服务不到位的问题，促进保险业的持续健康发展，中国保险行业协会于2012年3月14日，正式发布《机动车辆商业保险示范条款》（以下简称《示范条款》），为保险公司提供了商业车险条款行业范本。随着社会文明发展，机动车保有量大量增加，为更好地保护保险消费者的合法权益，解决司法实践中反映出的突出问题，根据《中国保监会关于深化商业车险条款费率管理制度改革的意见》的要求，在财产险监管部的指导下，中保协组织力量对2012年版商业车险示范条款进行修订完善，以相关法律、行政法规为依据，多方征求意见，形成《中国保险行业协会机动车辆商业保险示范条款（2020版）》（以下简称《示范条款（2020版）》）。

国内经营车险的保险公司在2020版《基本条款》A、B、C三款中选择一款作为基础，以《示范条款（2020 版）》作为示范文本，制定本公司的机动车辆保险条款，报保险监督管理机构审批备案后执行。目前国内经营车险的保险公司大多数选择2020版《基本条款》A款，下面以《示范条款（2020版）》为基础，结合A款为例，介绍机动车商业保险条款。

（二）机动车商业保险险种构成

1. 2020版A、B、C三套条款的险种

2020版A、B、C三套条款的险种构成如表3-9所示。

表 3-9　2020 版 A、B、C 三套条款的险种构成

A 款险种构成	B 款险种构成	C 款险种构成
机动车第三者责任保险 家庭自用汽车损失保险 非营业用汽车损失保险 营业用汽车损失保险 特种车保险 摩托车、拖拉机保险 机动车车上人员责任保险 机动车盗抢保险 玻璃单独破碎险 车身划痕损失险 可选免赔额特约条款 不计免赔率特约条款	商业第三者责任保险 车辆损失险 全车盗抢险 车上人员责任险 摩托车、拖拉机保险 玻璃单独破碎险条款 车身划痕损失险条款 基本险不计免赔率特约条款	机动车损失保险 机动车第三者责任保险 机动车车上人员责任险 机动车全车盗抢损失险 摩托车、拖拉机保险 玻璃单独破碎险 车身油漆单独损伤险 车损免赔额特约条款 基本险不计免赔特约条款

2. 我国三大保险公司的商业险种

中国人民财产保险股份有限公司（以下简称“人保”）、中国平安财产保险股份有限公司（以下简称“平保”）、中国太平洋财产保险股份有限公司（以下简称“太保”）三大公司施行的商业险种分别如表 3-10 所示。

表 3-10　我国人保、平保、太保三大保险公司施行的商业险种

公司名称	中国人民财产保险股份有限公司	中国平安财产保险股份有限公司	中国太平洋财产保险股份有限公司
三套条款	采用 A 款	采用 B 款	采用 C 款
主险	机动车第三者责任保险 家庭自用汽车损失保险 非营业用汽车损失保险 营业用汽车损失保险 特种车保险 摩托车、拖拉机保险 机动车车上人员责任险 机动车盗抢保险 机动车提车保险	商业第三者责任保险 车辆损失保险 全车盗抢保险 车上人员责任保险 摩托车、拖拉机保险 机动车单程提车保险	机动车损失保险 第三者责任保险 车上人员责任险 全车盗抢损失险 单程提车损失保险 单程提车三者险 摩托车、拖拉机保险
附加险、特约条款	玻璃单独破碎险 火灾、爆炸、自燃损失险 自燃损失险 车身划痕损失险 可选免赔额特约条款	玻璃单独破碎险 车身划痕损失险 自燃损失险 车辆停驶损失险 代步车费用险	自燃损失险 玻璃单独破碎险 新增设备损失险 车身油漆单独损伤险 涉水损失险

续表

公司名称	中国人民财产保险股份有限公司	中国平安财产保险股份有限公司	中国太平洋财产保险股份有限公司
三套条款	采用 A 款	采用 B 款	采用 C 款
附加险、特约条款	新增加设备损失保险	新增加设备损失险	零部件、附属设备被盗窃险
	发动机特别损失险	车上货物责任险	车上货物责任险
	机动车停驶损失险	车载货物掉落责任险	精神损害抚慰金责任险
	代步机动车服务特约条款	附加油污污染责任险	随车携带物品责任险
	更换轮胎服务特约条款	交通事故精神损害赔偿险	特种车车辆损失扩展险
	送油、充电服务特约条款	全车盗抢附加高尔夫球具盗窃险	特种车固定机具、设备损失险
	拖车服务特约条款	车轮单独损坏险	免税车辆关税责任险
	附加换件特约条款	涉水行驶损失险	道路污染责任险
	随车行李物品损失保险	随车行李物品损失险	车损免赔额特约条款
	新车特约条款 A	保险事故附随费用损失险	救援费用特约条款
	新车特约条款 B	车辆重置特约险条款 A	修理期间费用补偿特约条款
	车上货物责任险	车辆重置特约险条款 B	事故附随费用特约条款
	附加交通事故精神损害赔偿责任保险	换件特约险	更换新车特约条款
	教练车特约条款	系安全带补偿特约险	多次事故免赔率特约条款
	附加油污污染责任保险	指定专修厂特约条款	使用安全带特约条款
	附加机动车出境保险	特种车特约条款	基本险不计免赔特约条款
	异地出险住宿费特约条款	多次事故免赔特约条款	附加险不计免赔特约条款
	不计免赔率特约条款	基本险不计免赔率特约条款	法律服务特约条款
	起重、装卸、挖掘车辆损失扩展条款	附加险不计免赔率特约条款	节假日行驶区域扩展特约条款
	特种车辆固定设备、仪器损坏扩展条款		指定专修厂特约条款
	多次出险增加免赔率特约条款		换件特约条款
	约定区域通行费用特约条款		
	指定专修厂特约条款		
	租车人人车失踪险条款		
	法律费用特约条款		
	广东、深圳分公司免税机动车关税责任险		

3. 示范条款中的险种

《示范条款（2020 版）》规定机动车商业保险分为主险和附加险，具体险种如表 3-11 所示。

表 3-11 《示范条款（2020 版）》中的商业险种

种类	主险	附加险
险种	车辆损失保险 机动车第三者责任保险 机动车车上人员责任保险 机动车全车盗抢保险	玻璃单独破碎险 自燃损失险 新增加设备损失险 车身划痕损失险 发动机涉水损失险 修理期间费用补偿险 车上货物责任险 精神损害抚慰金责任险 不计免赔率险 机动车损失保险无法找到第三方特约险 指定修理厂险

二、机动车商业保险条款

（一）总则和通用条款

总则和通用条款主要阐述保险种类、投保原则、相关术语的解释、保费的交纳、保险期限、争议处理及其他规定。

1. 保险类别和险种

《示范条款（2020 版）》把保险条款分为主险和附加险两大类。主险有 4 种，投保人可以选择投保全部险种，也可以选择投保其中部分险种。附加险有 11 种，附加险不能独立投保。具体险种如表 3-11 所示。

附加险条款与主险条款相抵触之处，以附加险条款为准，附加险条款未尽之处，以主险条款为准。

2. 投保原则

保险人、投保人自愿订立本保险合同。本保险合同中的各方权利和义务，由保险人、投保人遵循公平原则协商确定。

3. 相关专业术语的解释

（1）被保险机动车。本保险合同中的被保险机动车是指在中华人民共和国境内（不含港、澳、台地区）行驶，以动力装置驱动或者牵引，上道路行驶的供人员乘用或者用于运送物品以及进行专项作业的轮式车辆（含挂车）、履带式车辆和其他运载工具，但不包括摩托车、拖拉机、特种车。

（2）第三者。本保险合同中的第三者是指因被保险机动车发生意外事故遭受人身伤亡或者财产损失的人，但不包括被保险机动车本车车上人员、被保险人。

（3）车上人员。本保险合同中的车上人员是指发生意外事故的瞬间，在被保险机动车车体内或车体上的人员，包括正在上下车的人员。

（4）玻璃单独破碎。玻璃单独破碎是指未发生被保险机动车其他部位的损坏，仅发生被保险机动车前后风挡玻璃和左右车窗玻璃的损坏。

（5）车身划痕损失。车身划痕损失是指仅发生被保险机动车车身表面油漆的损坏，且无明显碰撞痕迹。

（6）新车购置价。新车购置价是指本保险合同签订地购置与被保险机动车同类型新车的价格，无同类型新车市场销售价格的，由投保人与保险人协商确定。

（7）饮酒。饮酒是指驾驶人饮用含有酒精的饮料，驾驶机动车时血液中的酒精含量大于等于 20 mg/100 mL 的。

4. 保险费

对保险费的交纳和收取有以下规定：

（1）除本保险合同另有约定外，投保人应在保险合同成立时一次交清保险费。保险费未交清前，本保险合同不生效。

（2）保险费调整的比例和方式以保险监督管理机构批准的机动车保险费率方案的规定为准。主险及其附加险根据上一保险期间发生保险赔偿的次数，在续保时实行保险费浮动。

5. 保险期限

除另有约定外，保险期间为一年，以保险单载明的起讫时间为准。《基本条款》A 款中规定，短期保险一般按月费率计算保费，保险期间不足一个月的部分，按一个月计算。短期月费率如表 3-12 所示。

表 3-12　短期月费率

保险期间/月	1	2	3	4	5	6	7	8	9	10	11	12
短期月费率（年保险费的百分比）	10%	20%	30%	40%	50%	60%	70%	80%	85%	90%	95%	100%

6. 报案时效规定

发生保险事故时，被保险人或其允许的驾驶人应当及时采取合理的、必要的施救和保护措施，防止或者减少损失，并在保险事故发生后 48 小时内通知保险人。被保险人或其允许的驾驶人根据有关法律法规规定选择自行协商方式处理交通事故的，应当立即通知保险人。

7. 争议处理

因履行保险合同发生的争议，由当事人协商解决，协商不成的，由当事人向保险单载明的仲裁委员会申请仲裁或依法向人民法院起诉，并在本保险合同中载明。

8. 其他规定

其他规定主要有以下 5 条：

（1）保险人收到被保险人的赔偿请求后，应当及时作出核定；情形复杂的，应当在 30 日内作出核定。保险人应当将核定结果通知被保险人；对属于保险责任的，在与被保险人达成赔偿协议后10日内，履行赔偿义务。保险合同对赔偿期限另有约定的，保险人应当按照约定履行赔偿义务；保险人未及时赔款的，除支付赔款外，应当赔偿被保险人因此受到的损失。

（2）保险人对不属于保险责任的，应当自作出核定之日起3日内向被保险人发出拒绝赔偿通知书，并说明理由。

（3）保险人自收到赔偿请求和有关证明、资料之日起60日内，对其赔偿数额不能确定的，应当根据已有证明和资料可以确定的数额先予支付；保险人最终确定赔偿数额后，应当支付相应的差额。

（4）在保险期间内，被保险机动车转让他人的，受让人继承被保险人的权利和义务。被保险人或者受让人应当及时通知保险人，并及时办理保险合同变更手续。

因被保险机动车转让导致被保险机动车危险程度发生显著变化的，保险人自收到前款约定的通知之日起20日内，可以相应调整保险费或者解除本保险合同。

（5）保险责任开始前，投保人要求解除本保险合同的，应当向保险人支付应交保险费金额3%的退保手续费，保险人应当退还保险费。

保险责任开始后，投保人要求解除本保险合同的，自通知保险人之日起，本保险合同解除。保险人按日收取自保险责任开始之日起至合同解除之日止期间的保险费，并退还剩余部分保险费。

（二）机动车损失保险

机动车损失保险（简称“车损险”）的合同为不定值保险合同。不定值保险合同是指双方当事人在订立保险合同时不预先确定保险标的的保险价值，而是按照保险事故发生时保险标的的实际价值确定保险价值的保险合同。

1. 保险责任

以下两种情况下保险人应承担保险责任：

（1）保险期间内，被保险人或其允许的驾驶人在使用被保险机动车过程中，因下列原因造成被保险机动车的直接损失，且不属于免除保险人责任的范围，保险人依照保险合同的约定负责赔偿：

① 碰撞、倾覆、坠落；

② 火灾、爆炸；

③ 外界物体坠落、倒塌；

④ 雷击、暴风、暴雨、洪水、龙卷风、冰雹、台风、热带风暴；

⑤ 地陷、崖崩、滑坡、泥石流、雪崩、冰陷、暴雪、冰凌、沙尘暴；

⑥ 受到被保险机动车所载货物、车上人员意外撞击；

⑦ 载运被保险机动车的渡船遭受自然灾害（只限于驾驶人随船的情形）。

（2）发生保险事故时，被保险人为防止或者减少被保险机动车的损失所支付的必要的、合理的施救费用，由保险人承担，最高不超过保险金额的数额。

该费用必须是必要的、合理的。下列费用是必要的合理的：

① 保险车辆发生火灾时，被保险人或其允许的驾驶员使用他人非专业消防单位的消防设备，施救保险车辆所消耗的合理费用及设备损失；

② 保险车辆出险后，失去正常的行驶能力，被保险人雇用吊车及其他车辆进行抢救的费用，以及将出险车辆拖运到修理厂的运输费用；

③ 在抢救过程中，因抢救而损坏他人的财产，并应由被保险人赔偿的；

④ 被保险人自己或他人义务派来抢救的抢救车辆在拖运受损保险车辆途中发生意外事故造成保险车辆的损失扩大部分和费用支出增加部分。

2. 责任免除

以下 3 种情况，保险人不负责赔偿：

（1）下列情况下，不论任何原因造成被保险机动车的任何损失和费用，保险人均不负责赔偿：

① 事故发生后，被保险人或其允许的驾驶人故意破坏、伪造现场、毁灭证据。

② 驾驶人有下列情形之一者：A. 事故发生后，在未依法采取措施的情况下驾驶被保险机动车或者遗弃被保险机动车离开事故现场；B. 饮酒、吸食或注射毒品、服用国家管制的精神药品或者麻醉药品；C. 无驾驶证，驾驶证被依法扣留、暂扣、吊销、注销期间；D. 驾驶与驾驶证载明的准驾车型不相符合的机动车；E. 实习期内驾驶公共汽车、营运客车或者执行任务的警车、载有危险物品的机动车或牵引挂车的机动车；F. 驾驶出租机动车或营业性机动车无交通运输管理部门核发的许可证书或其他必备证书；G. 学习驾驶时无合法教练员随车指导；H. 非被保险人允许的驾驶人。

③ 被保险机动车有下列情形之一者：A. 发生保险事故时被保险机动车行驶证、号牌被注销的，或未按规定检验或检验不合格；B. 被扣押、收缴、没收、政府征用期间；C. 在竞赛、测试期间，在营业性场所维修、保养、改装期间；D. 被保险人或其允许的驾驶人故意或重大过失，导致被保险机动车被利用从事犯罪行为。

（2）下列原因导致的被保险机动车的损失和费用，保险人不负责赔偿：

① 地震及其次生灾害；

② 战争、军事冲突、恐怖活动、暴乱、污染（含放射性污染）、核反应、核辐射；

③ 人工直接供油、高温烘烤、自燃、不明原因火灾；

④ 违反安全装载规定；

⑤ 被保险机动车被转让、改装、加装或改变使用性质等，被保险人、受让人未及时通知保险人，且因转让、改装、加装或改变使用性质等导致被保险机动车危险程度显著增加；

⑥ 被保险人或其允许的驾驶人的故意行为。

（3）下列损失和费用，保险人不负责赔偿：

① 因市场价格变动造成的贬值、修理后因价值降低引起的减值损失；

② 自然磨损、朽蚀、腐蚀、故障、本身质量缺陷；

③ 遭受保险责任范围内的损失后，未经必要修理并检验合格继续使用，致使损失扩大的部分；

④ 投保人、被保险人或其允许的驾驶人知道保险事故发生后，故意或者因重大过失未及时通知，致使保险事故的性质、原因、损失程度等难以确定的，保险人对无法确定的部分，不承担赔偿责任，但保险人通过其他途径已经及时知道或者应当及时知道保险事故发生的除外；

⑤ 因被保险人违反本条款第十六条约定，导致无法确定的损失；

⑥ 被保险机动车全车被盗窃、被抢劫、被抢夺、下落不明，以及在此期间受到的损坏，

或被盗窃、被抢劫、被抢夺未遂受到的损坏，或车上零部件、附属设备丢失；

⑦ 车轮单独损坏，玻璃单独破碎，无明显碰撞痕迹的车身划痕，以及新增设备的损失；

⑧ 发动机进水后导致的发动机损坏。

3. 免赔率与免赔额

保险人在依据保险合同约定计算赔款的基础上,按照免赔率和免赔额两种情况进行免赔。

根据被保险机动车一方所负事故责任实行的免赔率：

负次要事故责任的，实行 5%的事故责任免赔率；

负同等事故责任的，实行 10%的事故责任免赔率；

负主要事故责任的，实行 15%的事故责任免赔率；

负全部事故责任或单方肇事事故的，实行 20%的事故责任免赔率；

被保险机动车的损失应当由第三方负责赔偿，无法找到第三方的，实行 30%的绝对免赔率；

违反安全装载规定，但不是事故发生的直接原因的，增加 10%的绝对免赔率。

免赔额相关规定：对于投保人与保险人在投保时协商确定绝对免赔额的，本保险在实行免赔率的基础上增加每次事故绝对免赔额。

4. 保险金额

保险金额按投保时被保险机动车的实际价值确定。投保时被保险机动车的实际价值由投保人与保险人根据投保时的新车购置价减去折旧金额后的价格协商确定或其他市场公允价值协商确定。折旧金额可根据保险合同列明的参考折旧系数表确定。参考折旧系数如表 3-13 所示。

※知识拓展※

市场公允价值指熟悉市场情况的买卖双方在公平交易的条件下和自愿的情况下所确定的价格，或无关联的双方在公平交易的条件下一项资产可以被买卖或者一项负债可以被清偿的成交价格。

折旧按月计算，不足一个月的部分，不计折旧。最高折旧金额不超过投保时被保险机动车新车购置价的 80%。

折旧金额=新车购置价 × 被保险机动车已使用月数 × 月折旧系数

表 3-13 参考折旧系数

车辆种类	月折旧系数			
	家庭自用	非营业	营业	
			出租	其他
9 座以下客车	0.60%	0.60%	1.10%	0.90%
10 座以上客车	0.90%	0.90%	1.10%	0.90%
微型载货汽车	—	0.90%	1.10%	1.10%
带拖挂的载货汽车	—	0.90%	1.10%	1.10%
低速货车和三轮汽车	—	1.10%	1.40%	1.40%
其他车辆		0.90%	1.10%	0.90%

5. 赔偿处理

赔偿处理包括赔偿方式、赔偿责任、赔偿理算、合同效力 4 个方面的事项。

（1）赔偿方式。因保险事故损坏的被保险机动车，应当尽量修复，修理前被保险人应当会同保险人检验，协商确定修理项目、方式和费用；对未协商确定的，保险人可以重新核定；因被保险人原因导致损失无法确定的部分，保险人有权拒绝赔偿。

（2）赔偿责任。保险人和被保险人有以下赔偿责任：

① 被保险人或其允许的驾驶人根据有关法律法规规定选择自行协商方式处理交通事故的，应当协助保险人勘验事故各方车辆、核实事故责任，并依照《道路交通事故处理程序规定》签订记录交通事故情况的协议书。

② 被保险人索赔时，应当向保险人提供如下材料：确认保险事故的性质、原因、损失程度等有关的证明和资料；保险单、损失清单、有关费用单据；被保险机动车行驶证和发生事故时驾驶人的驾驶证；属于道路交通事故的，应当提供公安机关交通管理部门或法院等机构出具的事故证明、有关的法律文书（判决书、调解书、裁定书、裁决书等）及其他证明；被保险人或其允许的驾驶人根据有关法律法规规定选择自行协商方式处理交通事故的，应当提供依照《道路交通事故处理程序规定》签订记录交通事故情况的协议书。

③ 因第三方对被保险机动车的损害而造成保险事故，被保险人向第三方索赔的，保险人应积极协助；被保险人也可以直接向本保险人索赔，保险人在保险金额内先行赔付被保险人，并在赔偿金额内代位行使被保险人对第三方请求赔偿的权利；被保险人已经从第三方取得损害赔偿的，保险人进行赔偿时，相应扣减被保险人从第三方已取得的赔偿金额；保险人未赔偿之前，被保险人放弃对第三方请求赔偿的权利的，保险人不承担赔偿责任；被保险人故意或者因重大过失致使保险人不能行使代位请求赔偿的权利的，保险人可以扣减或者要求返还相应的赔款；保险人向被保险人先行赔付的，保险人向第三方行使代位请求赔偿的权利时，被保险人应当向保险人提供必要的文件和所知道的有关情况。

（3）赔偿理算。被保险机动车损失及相关费用的赔款理算为：

① 全部损失的赔款计算。

赔款=（保险金额 – 被保险人已从第三方获得的赔偿金额）×（1 – 事故责任免赔率）×（1 – 绝对免赔率之和）– 绝对免赔额

注意：

（1）发生全部损失时，保险金额高于保险事故发生时被保险机动车实际价值的，以保险事故发生时被保险机动车的实际价值计算赔偿；

（2）发生全部损失时，保险金额等于或低于保险事故发生时被保险机动车实际价值的，按保险金额计算赔偿。

② 部分损失的赔款计算。

赔款=（实际修复费用 – 被保险人已从第三方获得的赔偿金额）×（1 – 事故责任免赔率）×（1 – 绝对免赔率之和）– 绝对免赔额

③ 施救费。施救费在被保险机动车损失赔偿金额以外另行计算，最高不超过保险金额的数额。被施救的财产中，含有本保险合同未保险的财产，应按本保险合同保险财产的实际价值占总施救财产的实际价值比例分摊施救费。

④ 残值处理。被保险机动车遭受损失后的残余部分由保险人、被保险人协商处理。一般做法是双方协商确定其价值后，在赔款中扣除。

（4）合同效力。下列情况下，保险人支付赔款后，保险合同终止，保险人不退还机动车辆损失保险及其附加险的保费：

① 被保险机动车发生全部损失。

② 按投保时被保险机动车的实际价值确定保险金额的，一次赔款金额与免赔金额之和（不含施救费）达到保险事故发生时被保险机动车的实际价值。

③ 保险金额低于投保时被保险机动车的实际价值的，一次赔款金额与免赔金额之和（不含施救费）达到保险金额。

（三）机动车第三者责任保险

1. 保险责任

保险期间内，被保险人或其允许的驾驶人在使用被保险机动车过程中发生意外事故，致使第三者遭受人身伤亡或财产直接损毁，依法应当对第三者承担的损害赔偿责任，且不属于免除保险人责任的范围，保险人依照本保险合同的约定，对于超过机动车交通事故责任强制保险各分项赔偿限额以上的部分负责赔偿。

保险人依据被保险机动车一方在事故中所负的事故责任比例，承担相应的赔偿责任；被保险人或被保险机动车一方根据有关法律法规规定选择自行协商或由公安机关交通管理部门处理事故未确定事故责任比例的，按照规定确定事故责任比例。

事故责任比例：被保险机动车一方负主要事故责任的，事故责任比例为 70%；被保险机动车一方负同等事故责任的，事故责任比例为 50%；被保险机动车一方负次要事故责任的，事故责任比例为 30%。涉及司法或仲裁程序的，以法院或仲裁机构最终生效的法律文书为准。

※知识拓展※

合法驾驶人，是指持有效驾照，且所驾车辆与驾照规定的准驾车类相符；驾驶出租车或营业性客车的驾驶员还必须具备交通运输管理部门核发的许可证书或其他必备证书。

使用保险车辆过程中，是指保险车辆被运用的整个过程，包括行驶和停放。

意外事故，是指不是行为人出于故意，而是行为人不可预见的以及不可抗拒的并造成人员伤亡或财产损失的突发事件。

人身伤亡，是指人的身体受伤害或人的生命终止。

财产直接损毁，是指保险车辆发生意外事故，直接造成事故现场他人财产实际损毁。

依法应由被保险人支付的赔偿金额，是指依照有关法律（主要是道路交通安全法及民法）、法规（主要指交通事故处理规定及最高人民法院关于损害赔偿的司法解释）应当由被保险人支付的赔偿金额。

（1）在保险责任范围内，下列情况下，不论任何原因造成的人身伤亡、财产损失和费用，保险人均不负责赔偿：

① 事故发生后，被保险人或其允许的驾驶人故意破坏、伪造现场、毁灭证据。

② 驾驶人有下列情形之一者：A. 事故发生后，在未依法采取措施的情况下驾驶被保险机动车或者遗弃被保险机动车离开事故现场；B. 饮酒、吸食或注射毒品、服用国家管制的精

神药品或者麻醉药品；C. 无驾驶证，驾驶证被依法扣留、暂扣、吊销、注销期间；D. 驾驶与驾驶证载明的准驾车型不相符合的机动车；E. 实习期内驾驶公共汽车、营运客车或者执行任务的警车、载有危险物品的机动车或牵引挂车的机动车；F. 驾驶出租机动车或营业性机动车无交通运输管理部门核发的许可证书或其他必备证书；G. 学习驾驶时无合法教练员随车指导；H. 非被保险人允许的驾驶人。

③ 被保险机动车有下列情形之一者：A. 发生保险事故时被保险机动车行驶证、号牌被注销的，或未按规定检验或检验不合格；B. 被扣押、收缴、没收、政府征用期间；C. 在竞赛、测试期间，在营业性场所维修、保养、改装期间；D. 全车被盗窃、被抢劫、被抢夺、下落不明期间。

（2）下列原因导致的人身伤亡、财产损失和费用，保险人不负责赔偿：

① 地震及其次生灾害、战争、军事冲突、恐怖活动、暴乱、污染（含放射性污染）、核反应、核辐射。

※知识拓展※

次生灾害，指地震造成工程结构、设施和自然环境破坏而引发的火灾、爆炸、瘟疫、有毒有害物质污染、海啸、水火、泥石流、滑坡等灾害。

② 第三者、被保险人或其允许的驾驶人的故意行为、犯罪行为，第三者与被保险人或其他致害人恶意串通的行为。

③ 被保险机动车被转让、改装、加装或改变使用性质等，被保险人、受让人未及时通知保险人，且因转让、改装、加装或改变使用性质等导致被保险机动车危险程度显著增加。

④ 被保险机动车发生意外事故，致使任何单位或个人停业、停驶、停电、停水、停气、停产、通信或网络中断、电压变化、数据丢失造成的损失以及其他各种间接损失。

⑤ 第三者财产因市场价格变动造成的贬值，修理后因价值降低引起的减值损失。

⑥ 被保险人及其家庭成员、被保险人允许的驾驶人及其家庭成员所有、承租、使用、管理、运输或代管的财产的损失，以及本车上财产的损失。

⑦ 被保险人、被保险人允许的驾驶人、本车车上人员的人身伤亡。

⑧ 停车费、保管费、扣车费、罚款、罚金或惩罚性赔款。

⑨ 超出《道路交通事故受伤人员临床诊疗指南》和国家基本医疗保险同类医疗费用标准的费用部分。

⑩ 律师费，未经保险人事先书面同意的诉讼费、仲裁费。

⑪ 投保人、被保险人或其允许的驾驶人知道保险事故发生后，故意或者因重大过失未及时通知，致使保险事故的性质、原因、损失程度等难以确定的，保险人对无法确定的部分，不承担赔偿责任，但保险人通过其他途径已经及时知道或者应当及时知道保险事故发生的除外。

⑫ 精神损害抚慰金。

⑬ 应当由机动车交通事故责任强制保险赔偿的损失和费用；保险事故发生时，被保险机动车未投保机动车交通事故责任强制保险或机动车交通事故责任强制保险合同已经失效的，对于机动车交通事故责任强制保险责任限额以内的损失和费用，保险人不负责赔偿。

2. 免赔率

保险人在依据保险合同约定计算赔款的基础上，在保险单载明的责任限额内，按照被保险机动车一方所负责任程度确定免赔率。

免赔率规定：负次要事故责任的，实行 5%的事故责任免赔率；负同等事故责任的，实行 10%的事故责任免赔率；负主要事故责任的，实行 15%的事故责任免赔率；负全部事故责任的，实行 20%的事故责任免赔率；违反安全装载规定的，实行 10%的绝对免赔率。

3. 责任限额

每次事故的责任限额，由投保人和保险人在签订本保险合同时协商确定。目前我国三者险采取责任限额方式，责任限额是保险人计收保险费的依据，也是承担每次三者险事故赔偿的最高额度。三者险的责任限额分为 5 万元、10 万元、15 万元、20 万元、30 万元、50 万元、100 万元、100 万元以上等档次。责任限额为 100 万元以上且最高不超过 1 000 万元。

主车和挂车连接使用时视为一体，发生保险事故时，由主车保险人和挂车保险人按照保险单上载明的机动车第三者责任保险责任限额的比例，在各自的责任限额内承担赔偿责任，但赔偿金额总和以主车的责任限额为限。

4. 赔偿处理

赔偿处理的相关规定如下：

（1）被保险人或其允许的驾驶人根据有关法律法规规定选择自行协商方式处理交通事故的，应当协助保险人勘验事故各方车辆、核实事故责任，并依照《道路交通事故处理程序规定》签订记录交通事故情况的协议书。

（2）被保险人索赔时，应当向保险人提供与确认保险事故的性质、原因、损失程度等有关的证明和资料。

被保险人应当提供保险单、损失清单、有关费用单据、被保险机动车行驶证和发生事故时驾驶人的驾驶证。

属于道路交通事故的，被保险人应当提供公安机关交通管理部门或法院等机构出具的事故证明、有关的法律文书（判决书、调解书、裁定书、裁决书等）及其他证明。被保险人或其允许的驾驶人根据有关法律法规规定选择自行协商方式处理交通事故的，被保险人应当提供依照《道路交通事故处理程序规定》签订记录交通事故情况的协议书。

（3）保险人对被保险人给第三者造成的损害，可以直接向该第三者赔偿。

被保险人给第三者造成损害，被保险人对第三者应负的赔偿责任确定的，根据被保险人的请求，保险人应当直接向该第三者赔偿。被保险人怠于请求的，第三者有权就其应获赔偿部分直接向保险人请求赔偿。

被保险人给第三者造成损害，被保险人未向该第三者赔偿的，保险人不得向被保险人赔偿。

（4）因保险事故损坏的第三者财产，应当尽量修复。修理前被保险人应当会同保险人检验，协商确定修理项目、方式和费用。对未协商确定的，保险人可以重新核定。

（5）赔款计算。

① 当赔偿金额等于或高于每次事故赔偿限额时：

赔款=每次事故赔偿限额 ×（1 – 事故责任免赔率）×（1 – 绝对免赔率之和）

② 当赔偿金额低于每次事故赔偿限额时：

赔款=（依合同约定核定的第三者损失金额 – 机动车交通事故责任强制保险的分项

赔偿限额）×事故责任比例×（1－事故责任免赔率）×（1－绝对免赔率之和）

（6）保险人按照《道路交通事故受伤人员临床诊疗指南》和国家基本医疗保险的同类医疗费用标准核定医疗费用的赔偿金额。

未经保险人书面同意，被保险人自行承诺或支付的赔偿金额，保险人有权重新核定。不属于保险人赔偿范围或超出保险人应赔偿金额的，保险人不承担赔偿责任。

（7）保险人受理报案、现场查勘、核定损失、参与诉讼、进行抗辩、要求被保险人提供证明和资料、向被保险人提供专业建议等行为，均不构成保险人对赔偿责任的承诺。

（8）在《基本条款》A 款中还有以下规定：

① 保险人依据被保险机动车驾驶人在事故中所负的事故责任比例，承担相应的赔偿责任。

机动车第三者责任保险赔偿比例：被保险机动车方负全部事故责任的，事故责任比例为100%；被保险机动车方负主要事故责任的，事故责任比例为 70%；被保险机动车方负同等事故责任的，事故责任比例为 50%；被保险机动车方负次要事故责任的，事故责任比例为 30%；被保险机动车方没有事故责任的，事故责任比例为 0。

② 重复保险的，保险人按照本合同的责任限额与各保险合同责任限额总和的比例承担赔偿责任。其他保险人应承担的赔偿金额，保险人不负责赔偿和垫付。

③ 保险人支付赔款后，对被保险人追加的索赔请求不承担赔偿责任。

④ 被保险人获得赔偿后，本保险合同继续有效，直至保险期间届满。

（四）机动车车上人员责任险

1. 保险责任

保险期间内，被保险人或其允许的驾驶人在使用被保险机动车过程中发生意外事故，致使车上人员遭受人身伤亡，且不属于免除保险人责任的范围，依法应当对车上人员承担的损害赔偿责任，保险人依照本保险合同的约定负责赔偿。

保险人依据被保险机动车一方在事故中所负的事故责任比例，承担相应的赔偿责任。被保险人或被保险机动车一方根据有关法律法规规定选择自行协商或由公安机关交通管理部门处理事故未确定事故责任比例的，按照下列规定确定事故责任比例：被保险机动车一方负主要事故责任的，事故责任比例为 70%；被保险机动车一方负同等事故责任的，事故责任比例为 50%；被保险机动车一方负次要事故责任的，事故责任比例为 30%。

2. 责任免除

以下 3 种情况，保险人均不负责赔偿：

（1）在保险责任范围内，下列情况下，不论任何原因造成的人身伤亡，保险人均不负责赔偿：

① 事故发生后，被保险人或其允许的驾驶人故意破坏、伪造现场、毁灭证据。

② 驾驶人有下列情形之一者：

A. 事故发生后，在未依法采取措施的情况下驾驶被保险机动车或者遗弃被保险机动车离开事故现场；

B. 饮酒、吸食或注射毒品、服用国家管制的精神药品或者麻醉药品；

C. 无驾驶证，驾驶证被依法扣留、暂扣、吊销、注销期间；

D. 驾驶与驾驶证载明的准驾车型不相符合的机动车；

E. 实习期内驾驶公共汽车、营运客车或者执行任务的警车、载有危险物品的机动车或牵引挂车的机动车；

F. 驾驶出租机动车或营业性机动车无交通运输管理部门核发的许可证书或其他必备证书；

G. 学习驾驶时无合法教练员随车指导；

H. 非被保险人允许的驾驶人。

③ 被保险机动车有下列情形之一者：

A. 发生保险事故时被保险机动车行驶证、号牌被注销的，或未按规定检验或检验不合格；

B. 被扣押、收缴、没收、政府征用期间；

C. 在竞赛、测试期间，在营业性场所维修、保养、改装期间；

D. 全车被盗窃、被抢劫、被抢夺、下落不明期间。

（2）下列原因导致的人身伤亡，保险人不负责赔偿：

① 地震及其次生灾害、战争、军事冲突、恐怖活动、暴乱、污染（含放射性污染）、核反应、核辐射；

② 被保险机动车被转让、改装、加装或改变使用性质等，被保险人、受让人未及时通知保险人，且因转让、改装、加装或改变使用性质等导致被保险机动车危险程度显著增加；

③ 被保险人或驾驶人的故意行为。

（3）下列人身伤亡、损失和费用，保险人不负责赔偿：

① 被保险人及驾驶人以外的其他车上人员的故意行为造成的自身伤亡；

② 车上人员因疾病、分娩、自残、斗殴、自杀、犯罪行为造成的自身伤亡；

③ 违法、违章搭乘人员的人身伤亡；

④ 罚款、罚金或惩罚性赔款；

⑤ 超出《道路交通事故受伤人员临床诊疗指南》和国家基本医疗保险同类医疗费用标准的费用部分；

⑥ 律师费，未经保险人事先书面同意的诉讼费、仲裁费；

⑦ 投保人、被保险人或其允许的驾驶人知道保险事故发生后，故意或者因重大过失未及时通知，致使保险事故的性质、原因、损失程度等难以确定的，保险人对无法确定的部分，不承担赔偿责任，但保险人通过其他途径已经及时知道或者应当及时知道保险事故发生的除外；

⑧ 精神损害抚慰金；

⑨ 应当由机动车交通事故责任强制保险赔付的损失和费用。

3. 免赔率

保险人在依据本保险合同约定计算赔款的基础上，在保险单载明的责任限额内，按照下列方式免赔：

被保险机动车一方负次要事故责任的，实行5%的事故责任免赔率；

负同等事故责任的，实行10%的事故责任免赔率；

负主要事故责任的，实行15%的事故责任免赔率；

负全部事故责任或单方肇事事故的，实行20%的事故责任免赔率。

4. 责任限额

驾驶人每次事故责任限额和乘客每次事故每人责任限额由投保人和保险人在投保时协商确定。投保乘客座位数按照被保险机动车的核定载客数（驾驶人座位除外）确定。

5. 赔偿处理

除要按规定及时报案外，还有以下要求：

（1）被保险人或其允许的驾驶人根据有关法律法规规定选择自行协商方式处理交通事故的，应当协助保险人勘验事故各方车辆、核实事故责任，并依照《道路交通事故处理程序规定》签订记录交通事故情况的协议书。

（2）被保险人索赔时，应当向保险人提供与确认保险事故的性质、原因、损失程度等有关的证明和资料。主要包括保险单、损失清单、有关费用单据、被保险机动车行驶证和发生事故时驾驶人的驾驶证。属于道路交通事故的，被保险人应当提供公安机关交通管理部门或法院等机构出具的事故证明、有关的法律文书（判决书、调解书、裁定书、裁决书等）和通过机动车交通事故责任强制保险获得赔偿金额的证明材料。被保险人或其允许的驾驶人根据有关法律法规规定选择自行协商方式处理交通事故的，被保险人应当提供依照《道路交通事故处理程序规定》签订记录交通事故情况的协议书和通过机动车交通事故责任强制保险获得赔偿金额的证明材料。

（3）赔款计算。

① 对每座的受害人，当赔偿金额高于或等于每次事故每座赔偿限额时：

赔款=每次事故每座赔偿限额×（1－事故责任免赔率）

② 对每座的受害人，当赔偿金额低于每次事故每座赔偿限额时：

赔款=（依合同约定核定的每座车上人员人身伤亡损失金额－应由机动车交通事故责任强制保险赔偿的金额）×事故责任比例×（1－事故责任免赔率）

（4）保险人按照《道路交通事故受伤人员临床诊疗指南》和国家基本医疗保险的同类医疗费用标准核定医疗费用的赔偿金额。

未经保险人书面同意，被保险人自行承诺或支付的赔偿金额，保险人有权重新核定。因被保险人原因导致损失金额无法确定的，保险人有权拒绝赔偿。

（5）保险人受理报案、现场查勘、核定损失、参与诉讼、进行抗辩、要求被保险人提供证明和资料、向被保险人提供专业建议等行为，均不构成保险人对赔偿责任的承诺。

（五）机动车全车盗抢保险

1. 保险责任

保险期间内，被保险机动车的下列损失和费用，且不属于免除保险人责任的范围，保险人依照本保险合同的约定负责赔偿：

（1）被保险机动车被盗窃、抢劫、抢夺，经出险当地县级以上公安刑侦部门立案证明，满 60 天未查明下落的全车损失；

（2）被保险机动车全车被盗窃、抢劫、抢夺后，受到损坏或车上零部件、附属设备丢失需要修复的合理费用；

（3）被保险机动车在被抢劫、抢夺过程中，受到损坏需要修复的合理费用。

2. 责任免除

以下两种情况，保险人不负责赔偿：

（1）在上述保险责任范围内，下列情况，不论任何原因造成被保险机动车的任何损失和费用，保险人均不负责赔偿：

① 被保险人索赔时未能提供出险当地县级以上公安刑侦部门出具的盗抢立案证明；

② 驾驶人、被保险人、投保人故意破坏现场、伪造现场、毁灭证据；

③ 被保险机动车被扣押、罚没、查封、政府征用期间；

④ 被保险机动车在竞赛、测试期间，在营业性场所维修、保养、改装期间，被运输期间。

（2）下列损失和费用，保险人不负责赔偿：

① 地震及其次生灾害导致的损失和费用；

② 战争、军事冲突、恐怖活动、暴乱导致的损失和费用；

③ 因诈骗引起的任何损失；因投保人、被保险人与他人的民事、经济纠纷导致的任何损失；

④ 被保险人或其允许的驾驶人的故意行为、犯罪行为导致的损失和费用；

⑤ 非全车遭盗窃，仅车上零部件或附属设备被盗窃或损坏；

⑥ 新增设备的损失；

⑦ 遭受保险责任范围内的损失后，未经必要修理并检验合格继续使用，致使损失扩大的部分；

⑧ 被保险机动车被转让、改装、加装或改变使用性质等，被保险人、受让人未及时通知保险人，且因转让、改装、加装或改变使用性质等导致被保险机动车危险程度显著增加而发生保险事故；

⑨ 投保人、被保险人或其允许的驾驶人知道保险事故发生后，故意或者因重大过失未及时通知，致使保险事故的性质、原因、损失程度等难以确定的，保险人对无法确定的部分，不承担赔偿责任，但保险人通过其他途径已经及时知道或者应当及时知道保险事故发生的除外；

⑩ 因被保险人违反《示范条款（2020 版）》第五十八条约定，导致无法确定的损失。

3. 免赔率

保险人在依据本保险合同约定计算赔款的基础上，按照下列方式免赔：

（1）发生全车损失的，绝对免赔率为 20%；

（2）发生全车损失，被保险人未能提供《机动车登记证书》、机动车来历凭证的，每缺少一项，增加 1%的绝对免赔率。

4. 保险金额

保险金额在投保时根据被保险机动车的实际价值协商确定。

投保时被保险机动车的实际价值由投保人与保险人根据投保时的新车购置价减去折旧金额后的价格协商确定或其他市场公允价值协商确定。折旧金额可根据本保险合同列明的参考折旧系数表确定。

5. 赔偿处理

除按规定及时报案外，还有以下规定：

（1）被保险人索赔时，须提供保险单、损失清单、有关费用单据、机动车行驶证、机动车登记证书、车辆购置税完税证明（车辆购置附加费缴费证明）或免税证明、机动车来历凭证、机动车停驶手续以及出险当地县级以上公安刑侦部门出具的盗抢立案证明。

（2）因保险事故损坏的被保险机动车，应当尽量修复。修理前被保险人应当会同保险人检验，协商确定修理项目、方式和费用。对未协商确定的，保险人可以重新核定。

（3）保险人按下列方式赔偿：

① 被保险机动车全车被盗抢的，按以下方法计算赔款：

赔款=保险金额×（1－绝对免赔率之和）

② 被保险机动车因盗抢受损所产生的维修费,保险人按实际修复费用在保险金额内计算赔偿。

（4）保险人确认索赔单证齐全、有效后，被保险人签具权益转让书，保险人赔付结案。

（5）被保险机动车发生本保险事故，导致全部损失，或一次赔款金额与免赔金额之和达到保险金额，保险人按本保险合同约定支付赔款后，本保险责任终止，保险人不返还机动车全车盗抢保险及其附加险的保险费。

（六）玻璃单独破碎险

投保了机动车损失保险的机动车，可投保本附加险。本附加险不适用主险中的各项免赔率、免赔额约定。

（1）保险责任。保险期间内，被保险机动车风挡玻璃或车窗玻璃的单独破碎，保险人按实际损失金额赔偿。

（2）保险方式。投保人与保险人可协商选择按进口或国产玻璃投保。保险人根据协商选择的投保方式承担相应的赔偿责任。

（3）责任免除。安装、维修机动车过程中造成的玻璃单独破碎。

（七）自燃损失险

投保了机动车损失保险的机动车，可投保本附加险。

1. 保险责任

保险期间内，在没有外界火源的情况下，由于本车电器、线路、供油系统、供气系统等被保险机动车自身原因或所载货物自身原因起火燃烧造成本车的损失，保险人按照合同约定赔偿损失。

发生保险事故时，被保险人为防止或者减少被保险机动车的损失所支付的必要的、合理的施救费用，由保险人承担；施救费用数额在被保险机动车损失赔偿金额以外另行计算，最高不超过本附加险保险金额的数额。

2. 责任免除

下列情况，保险人不负责赔偿：

（1）自燃仅造成电器、线路、油路、供油系统、供气系统的损失；

（2）由于擅自改装、加装电器及设备导致被保险机动车起火造成的损失；

（3）被保险人在使用被保险机动车过程中，因人工直接供油、高温烘烤等违反车辆安全操作规则造成的损失；

（4）本附加险每次赔偿实行20%的绝对免赔率，不适用主险中的各项免赔率、免赔额约定。

3. 保险金额

保险金额由投保人和保险人在投保时被保险机动车的实际价值内协商确定。

4. 赔偿处理

全部损失，在保险金额内计算赔偿；部分损失，在保险金额内按实际修理费用计算赔偿。

（八）新增加设备损失险

投保了机动车损失保险的机动车，可投保本附加险。

（1）保险责任。保险期间内，投保了本附加险的被保险机动车因发生机动车损失保险责任范围内的事故，造成车上新增加设备的直接损毁，保险人在保险单载明的本附加险的保险金额内，按照实际损失计算赔偿。

（2）责任免除。本附加险每次赔偿的免赔约定以机动车损失保险条款约定为准。

（3）保险金额。保险金额根据新增加设备投保时的实际价值确定。新增加设备的实际价值是指新增加设备的购置价减去折旧金额后的金额。

（九）车身划痕损失险

投保了机动车损失保险的机动车，可投保本附加险。

1. 保险责任

保险期间内，投保了本附加险的机动车在被保险人或其允许的驾驶人使用过程中，发生无明显碰撞痕迹的车身划痕损失，保险人按照保险合同约定负责赔偿。

2. 责任免除

下列情况，保险人不负责赔偿：

（1）被保险人及其家庭成员、驾驶人及其家庭成员的故意行为造成的损失；

（2）因投保人、被保险人与他人的民事、经济纠纷导致的任何损失；

（3）车身表面自然老化、损坏、腐蚀造成的任何损失；

（4）本附加险每次赔偿实行 15%的绝对免赔率，不适用主险中的各项免赔率、免赔额约定。

3. 保险金额

保险金额为 2 000 元、5 000 元、10 000 元或 20 000 元，由投保人和保险人在投保时协商确定。

4. 赔偿处理

在保险金额内按实际修理费用计算赔偿；在保险期间内，累计赔款金额达到保险金额，本附加险保险责任终止。

（十）发动机涉水损失险

本附加险仅适用于家庭自用汽车、党政机关、事业团体用车、企业非营业用车，且只有在投保了机动车损失保险后，方可投保本附加险。

（1）保险责任。保险期间内，投保了本附加险的被保险机动车在使用过程中，因发动机进水后导致的发动机的直接损毁，保险人负责赔偿。

发生保险事故时，被保险人为防止或者减少被保险机动车的损失所支付的必要的、合理的施救费用，由保险人承担；施救费用数额在被保险机动车损失赔偿金额以外另行计算，最高不超过保险金额的数额。

（2）责任免除。本附加险每次赔偿均实行 15%的绝对免赔率，不适用主险中的各项免赔率、免赔额约定。

（3）赔偿处理。发生保险事故时，保险人在保险金额内计算赔偿。

（十一）修理期间费用补偿险

只有在投保了机动车损失保险的基础上方可投保本附加险，机动车损失保险责任终止时，本保险责任同时终止。

1. 保险责任

保险期间内，投保了本条款的机动车在使用过程中，发生机动车损失保险责任范围内的事故，造成车身损毁，致使被保险机动车停驶，保险人按保险合同约定，在保险金额内向被保险人补偿修理期间费用，作为代步车费用或弥补停驶损失。

2. 责任免除

下列情况下，保险人不承担修理期间费用补偿：

（1）因机动车损失保险责任范围以外的事故而致被保险机动车的损毁或修理；

（2）在非保险人认可的修理厂修理时，因车辆修理质量不合要求造成返修；

（3）被保险人或驾驶人拖延车辆送修期间；

（4）本附加险每次事故的绝对免赔额为 1 天的赔偿金额，不适用主险中的各项免赔率、免赔额约定。

3. 保险金额

本附加险保险金额=补偿天数 × 日补偿金额。补偿天数及日补偿金额由投保人与保险人协商确定并在保险合同中载明，保险期间内约定的补偿天数最多不超过 90 天。

4. 赔偿处理

全车损失，按保险单载明的保险金额计算赔偿；部分损失，在保险金额内按约定的日赔偿金额乘以从送修之日起至修复之日止的实际天数计算赔偿，实际天数超过双方约定修理天数的，以双方约定的修理天数为准。

保险期间内，累计赔款金额达到保险单载明的保险金额，本附加险保险责任终止。

（十二）车上货物责任险

投保了机动车第三者责任保险的机动车，可投保本附加险。

1. 保险责任

保险期间内，发生意外事故致使被保险机动车所载货物遭受直接损毁，依法应由被保险人承担的损害赔偿责任，保险人负责赔偿。

2. 责任免除

下列情况，保险人不负责赔偿：

（1）偷盗、哄抢、自然损耗、本身缺陷、短少、死亡、腐烂、变质、串味、生锈，动物走失、飞失、货物自身起火燃烧或爆炸造成的货物损失；

（2）违法、违章载运造成的损失；

（3）因包装、紧固不善，装载、遮盖不当导致的任何损失；

（4）车上人员携带的私人物品的损失；

（5）保险事故导致的货物减值、运输延迟、营业损失及其他各种间接损失；

（6）法律、行政法规禁止运输的货物的损失；

（7）本附加险每次赔偿实行 20%的绝对免赔率，不适用主险中的各项免赔率、免赔额约定。

3. 责任限额

责任限额由投保人和保险人在投保时协商确定。

4. 赔偿处理

被保险人索赔时，应提供运单、起运地货物价格证明等相关单据。保险人在责任限额内按起运地价格计算赔偿。

（十三）精神损害抚慰金责任险

只有在投保了机动车第三者责任保险或机动车车上人员责任保险的基础上方可投保本附加险。

在投保人仅投保机动车第三者责任保险的基础上附加本附加险时，保险人只负责赔偿第三者的精神损害抚慰金；在投保人仅投保机动车车上人员责任保险的基础上附加本附加险时，保险人只负责赔偿车上人员的精神损害抚慰金。

1. 保险责任

保险期间内，被保险人或其允许的驾驶人在使用被保险机动车的过程中，发生投保的主险约定的保险责任内的事故，造成第三者或车上人员的人身伤亡，受害人据此提出精神损害赔偿请求，保险人依据法院判决及保险合同约定，对应由被保险人或被保险机动车驾驶人支付的精神损害抚慰金，在扣除机动车交通事故责任强制保险应当支付的赔款后，在本保险赔偿限额内负责赔偿。

2. 责任免除

下列情况，保险人不负责赔偿：

（1）根据被保险人与他人的合同协议，应由他人承担的精神损害抚慰金；

（2）未发生交通事故，仅因第三者或本车人员的惊恐而引起的损害；

（3）怀孕妇女的流产发生在交通事故发生之日起 30 天以外的；

（4）本附加险每次赔偿实行 20%的绝对免赔率，不适用主险中的各项免赔率、免赔额约定。

3. 赔偿限额

本保险每次事故赔偿限额由保险人和投保人在投保时协商确定。

4. 赔偿处理

本附加险赔偿金额依据人民法院的判决在保险单所载明的赔偿限额内计算赔偿。

（十四）不计免赔率险

投保了任一主险及其他设置了免赔率的附加险后，均可投保本附加险。

1. 保险责任

保险事故发生后，按照对应投保的险种约定的免赔率计算的、应当由被保险人自行承担的免赔金额部分，保险人负责赔偿。

2. 责任免除

下列情况下，应当由被保险人自行承担的免赔金额，保险人不负责赔偿：

（1）机动车损失保险中应当由第三方负责赔偿而无法找到第三方的；

（2）因违反安全装载规定而增加的；

（3）发生机动车全车盗抢保险约定的全车损失保险事故时，被保险人未能提供《机动车登记证书》、机动车来历凭证的，每缺少一项而增加的；

（4）机动车损失保险中约定的每次事故绝对免赔额；

（5）可附加本条款但未选择附加本条款的险种约定的；

（6）不可附加本条款的险种约定的。

（十五）机动车损失保险无法找到第三方特约险

投保了机动车损失保险后，可投保本附加险。

投保了本附加险后，对于机动车损失保险第十一条第（二）款列明的，被保险机动车损失应当由第三方负责赔偿，但因无法找到第三方而增加的由被保险人自行承担的免赔金额，保险人负责赔偿。

（十六）指定修理厂险

投保了机动车损失保险的机动车，可投保本附加险。

投保了本附加险后，机动车损失保险事故发生后，被保险人可指定修理厂进行修理。

三、保费计算

机动车保险费的计算是一项专业性很强的工作，应该由保险公司的相关人员完成。目前机动车保险销售有四种渠道，即保险公司业务员销售、第三方机构代销、电话车险销售、互联网车险销售。不同销售渠道，保险费率不同。保险费最方便、最准确的计算，就是专业销售人员进入相应的行销系统，只要输入机动车的基本信息和保险金额，系统会自动计算出保险费。保险费的计算是以保险费率表为依据的。各个保险公司根据机动车的类型、使用性质、使用人性别，机动车所在的行政区域，机动车行驶的范围，车龄，机动车上年度的出险次数及理赔金额等因素制定出固定保费和费率及免赔额和免赔率，报保险监督管理机构报案后执行。

保险费率是指按照保险金额计算保险费的比例。其公式为：保险费率=保险费/保险金额。保险费率是每一保险金额单位，在一定保险期间所交保险费的比例，通常以%或‰表示。

（一）费率模式

影响汽车保险风险的因素很多，厘定费率时应综合考虑各种因素。一般可将费率模式划分为两类：从车费率模式和从人费率模式。前者确定时主要考虑车辆的风险因素，包括车辆使用性质、车辆种类与大小、车龄、车辆的厂牌型号、车辆的行驶区域等；后者确定时主要考虑驾驶人员的因素，包括驾驶员年龄、性别、驾龄、事故记录、附加驾驶员数量等。

在进行机动车辆风险研究的过程中，研究人员通过对大量车辆事故的分析发现，在机动车辆事故的发生中，由驾驶人员因素引起的大于由车辆因素引起的，所以，从人费率模式相对于从车费率模式而言，更加科学、合理。我国各保险公司正在逐步将从车费率模式过渡到以从人费率为主的模式，同时综合考虑从车费率模式的风险因素。

（二）费率表使用

下面以 2020 年 10 月 1 日后中国人民财产保险股份有限公司某一行政区域机动车商业保险费率表为例进行介绍。

1. 机动车损失保险费率表（见表 3-14）

按照被保险人类别、车辆用途、座位数/吨位数/排量/功率、车辆使用年限所属档次查找基础保费和费率。

保费 = 基础保费 + 保险金额 × 费率

挂车根据实际的使用性质并按照对应吨位货车的 50%计算。

联合收割机保险费按兼用型拖拉机 14.7 kW 以上计收。

表 3-14　机动车损失保险费率表

家庭自用汽车与非营业用车		1 年以下		1～2 年		2～6 年		6 年以上	
		基础保费	费率	基础保费	费率	基础保费	费率	基础保费	费率
家庭自用汽车	6 座以下	630	1.50%	600	1.43%	594	1.41%	612	1.46%
	6～10 座	756	1.50%	720	1.43%	713	1.41%	735	1.46%
	10 座以上	756	1.50%	720	1.43%	713	1.41%	735	1.46%
企业非营业客车	6 座以下	385	1.28%	367	1.21%	363	1.20%	374	1.24%
	6～10 座	462	1.21%	440	1.15%	436	1.14%	449	1.18%
	10～20 座	462	1.30%	440	1.24%	436	1.23%	449	1.26%
	20 座以上	481	1.30%	459	1.24%	454	1.23%	468	1.26%
党政机关、事业团体非营业客车	6 座以下	298	0.99%	284	0.94%	281	0.93%	290	0.96%
	6～10 座	358	0.94%	341	0.90%	337	0.89%	348	0.91%
	10～20 座	358	0.99%	341	0.94%	337	0.93%	348	0.96%
	20 座以上	373	0.99%	355	0.94%	352	0.93%	362	0.96%
非营业货车	2 t 以下	264	1.02%	252	0.97%	249	0.96%	257	0.99%
	2～5 t	341	1.31%	325	1.25%	321	1.24%	331	1.27%
	5～10 t	373	1.43%	355	1.36%	351	1.35%	362	1.39%
	10 t 以上	246	1.74%	234	1.66%	232	1.64%	239	1.69%
	低速载货汽车	225	0.86%	214	0.82%	212	0.81%	218	0.84%
营业用车与特种车		2 年以下		2～3 年		3～4 年		4 年以上	
		基础保费	费率	基础保费	费率	基础保费	费率	基础保费	费率
出租、租赁营业客车	6 座以下	1 036	3.25%	1 026	3.22%	1 015	3.18%	1 036	3.25%
	6～10 座	1 156	2.39%	1 145	2.36%	1 133	2.34%	1 156	2.39%
	10～20 座	1 208	2.23%	1 196	2.21%	1 184	2.19%	1 208	2.23%
	20～36 座	1 091	2.19%	1 080	2.17%	1 069	2.15%	1 091	2.19%
	36 座以上	3 156	2.54%	3 124	2.52%	3 093	2.49%	3 156	2.54%
城市公交营业客车	6～10 座	984	1.98%	974	1.96%	964	1.94%	984	1.98%
	10～20 座	1 027	1.85%	1 017	1.83%	1 006	1.82%	1 027	1.85%
	20～36 座	929	1.82%	920	1.80%	911	1.79%	929	1.82%
	36 座以上	2 653	2.11%	2 627	2.09%	2 600	2.07%	2 653	2.11%

续表

营业用车与特种车		2 年以下		2～3 年		3～4 年		4 年以上	
		基础保费	费率	基础保费	费率	基础保费	费率	基础保费	费率
公路客运营业客车	6～10 座	1 116	2.29%	1 104	2.27%	1 093	2.25%	1 116	2.29%
	10～20 座	1 166	2.14%	1 154	2.12%	1 142	2.10%	1 166	2.14%
	20～36 座	1 053	2.11%	1 042	2.09%	1 032	2.06%	1 053	2.11%
	36 座以上	3 038	2.44%	3 007	2.42%	2 977	2.39%	3 038	2.44%
营业货车	2 t 以下	970	2.27%	961	2.25%	951	2.23%	970	2.27%
	2～5 t	1 151	2.27%	1 139	2.25%	1 128	2.23%	1 151	2.27%
	5～10 t	1 357	2.36%	1 343	2.33%	1 330	2.31%	1 357	2.36%
	10 t 以上	2 277	2.70%	2 254	2.67%	2 232	2.64%	2 277	2.70%
	低速载货汽车	825	1.93%	817	1.91%	808	1.89%	825	1.93%
特种车	特种车型一	1 151	2.27%	1 139	2.25%	1 128	2.23%	1 151	2.27%
	特种车型二	443	0.82%	439	0.82%	434	0.81%	443	0.82%
	特种车型三	383	0.72%	379	0.71%	375	0.70%	383	0.72%
	特种车型四	972	1.82%	962	1.80%	952	1.78%	972	1.82%
摩托车与拖拉机		基础保费				费率			
摩托车	50 mL 及以下	15				2.09%			
	50～250 mL（含）	21				2.75%			
	250 mL 以上及侧三轮	30				4.14%			
拖拉机	兼用型拖拉机 14.7 kW 及以下	25				0.56%			
	兼用型拖拉机 14.7 kW 以上	61				1.32%			
	运输型拖拉机 14.7 kW 及以下	44				0.96%			
	运输型拖拉机 14.7kW 以上	63				1.39%			
备注									

2. 第三者责任保险费率表（见表 3-15）

按照被保险人类别、车辆用途、座位数/吨位数/排量/功率、责任限额直接查找保费。

挂车根据实际的使用性质并按照对应吨位货车的 30%计算。

联合收割机保险费按兼用型拖拉机 14.7kW 以上计收。

表 3-15　第三者责任保险费率表

家庭自用汽车与非营业用车		责任限额						
		5 万元	10 万元	15 万元	20 万元	30 万元	50 万元	100 万元
家庭自用汽车	6 座以下	710	1 026	1 169	1 270	1 434	1 721	2 242
	6～10 座	659	928	1 048	1 131	1 266	1 507	1 963
	10 座以上	659	928	1 048	1 131	1 266	1 507	1 963
企业非营业客车	6 座以下	758	1 067	1 206	1 301	1 456	1 734	2 258
	6～10 座	730	1 039	1 179	1 275	1 433	1 711	2 228
	10～20 座	846	1 207	1 370	1 484	1 669	1 995	2 599
	20 座以上	953	1 404	1 611	1 762	2 001	2 415	3 146
党政机关、事业团体非营业客车	6 座以下	639	900	1 018	1 097	1 229	1 463	1 905
	6～10 座	612	862	975	1 050	1 177	1 401	1 825
	10～20 座	730	1 027	1 163	1 253	1 404	1 671	2 176
	20 座以上	1 005	1 415	1 600	1 725	1 931	2 299	2 994
非营业货车	2 t 以下	800	1 126	1 274	1 373	1 538	1 831	2 385
	2～5 t	1 052	1 521	1 734	1 885	2 129	2 554	3 327
	5～10 t	1 250	1 783	2 023	2 191	2 462	2 943	3 832
	10 t 以上	1 646	2 319	2 622	2 827	3 166	3 770	4 908
	低速载货汽车	679	957	1 083	1 167	1 306	1 557	2 027
营业用车与特种车		责任限额						
		5 万元	10 万元	15 万元	20 万元	30 万元	50 万元	100 万元
出租、租赁营业客车	6 座以下	1 725	2 603	3 025	3 311	3 841	4 867	6 401
	6～10 座	1 692	2 554	2 968	3 247	3 768	4 775	6 281
	10～20 座	1 789	2 744	3 206	3 527	4 113	5 240	6 892
	20～36 座	2 406	3 799	4 481	4 974	5 852	7 521	9 892
	36 座以上	3 718	5 743	6 726	7 415	8 667	11 062	14 552
城市公交营业客车	6～10 座	1 590	2 399	2 789	3 051	3 540	4 487	5 902
	10～20 座	1 771	2 673	3 106	3 399	3 944	4 998	6 574
	20～36 座	2 455	3 775	4 414	4 858	5 670	7 227	9 507
	36 座以上	3 263	5 154	6 080	6 748	7 940	10 203	13 420
公路客运营业客车	6～10 座	1 556	2 349	2 730	2 987	3 466	4 391	5 777
	10～20 座	1 734	2 616	3 041	3 327	3 860	4 891	6 435
	20～36 座	2 550	3 849	4 474	4 896	5 679	7 198	9 467
	36 座以上	3 682	5 557	6 460	7 068	8 200	10 392	13 669

续表

营业用车与特种车		责任限额						
		5 万元	10 万元	15 万元	20 万元	30 万元	50 万元	100 万元
营业货车	2 t 以下	1 288	2 008	2 363	2 603	3 064	3 841	5 017
	2～5 t	2 073	3 233	3 804	4 188	4 931	6 181	8 073
	5～10 t	2 380	3 711	4 367	4 808	5 660	7 097	9 269
	10 t 以上	3 260	5 085	5 983	6 587	7 756	9 723	12 700
	低速载货汽车	1 095	1 707	2 009	2 212	2 604	3 264	4 263
特种车	特种车型一	2 994	4 796	5 693	6 321	7 506	9 489	12 394
	特种车型二	1 393	1 793	2 025	2 240	2 715	3 557	5 242
	特种车型三	637	834	947	1 052	1 279	1 683	2 466
	特种车型四	2 845	4 557	5 408	6 321	7 881	9 963	13 014
摩托车与拖拉机		责任限额						
		5 万元	10 万元	15 万元	20 万元	30 万元	50 万元	100 万元
摩托车	50 mL 及以下	37	48	55	61	73	96	139
	50～250 mL（含）	51	69	78	88	106	140	205
	250 mL 以上及侧三轮	88	112	126	140	169	218	318
拖拉机	兼用型拖拉机 14.7 kW 及以下	143	179	200	215	236	275	358
	兼用型拖拉机 14.7 kW 以上	391	496	557	601	663	777	1 014
	运输型拖拉机 14.7 kW 及以下	344	430	480	516	566	660	858
	运输型拖拉机 14.7 kW 以上	564	716	805	868	957	1 122	1 465
备注		如果责任限额为 100 万元以上，则保险费=A+0.9×N×（A－B），式中 A 指同档次限额为 100 万元时的保险费 B 指同档次限额为 50 万元时的保险费；N=（限额－100 万）/50 万元，限额必须是 50 万元的整数倍						

3. 车上人员责任险费率表（见表 3-16）

按照被保险人类别、车辆用途、座位数查找费率。

驾驶人保费=每次事故责任限额×费率

乘客保费=每次事故每人责任限额×费率×投保乘客座位数

4. 机动车盗抢险费率表

按照被保险人类别、车辆用途、座位数查找基础保费和费率。

保费＝基础保费＋保险金额×费率

挂车根据实际的使用性质并按照对应吨位货车的 50%计算。

表 3-16 车上人员责任险、机动车盗抢险、玻璃单独破碎险费率表

家庭自用汽车与非营业用车		车上人员责任险		机动车盗抢险		玻璃单独破碎险	
		驾驶人	乘客	基础保费	费率	国产玻璃	进口玻璃
家庭自用汽车	6 座以下	0.42%	0.27%	120	0.49%	0.19%	0.31%
	6～10 座	0.40%	0.26%	140	0.44%	0.19%	0.30%
	10 座以上	0.40%	0.26%	140	0.44%	0.22%	0.36%
企业非营业客车	6 座以下	0.42%	0.26%	120	0.45%	0.13%	0.24%
	6～10 座	0.39%	0.23%	130	0.46%	0.13%	0.24%
	10～20 座	0.40%	0.24%	130	0.45%	0.15%	0.28%
	20 座以上	0.42%	0.26%	140	0.39%	0.16%	0.29%
党政机关、事业团体非营业客车	6 座以下	0.40%	0.25%	110	0.42%	0.13%	0.24%
	6～10 座	0.37%	0.22%	120	0.43%	0.13%	0.24%
	10～20 座	0.38%	0.23%	120	0.43%	0.15%	0.28%
	20 座以上	0.39%	0.24%	130	0.36%	0.16%	0.29%
非营业货车	2 t 以下	0.47%	0.29%	130	0.50%	0.11%	0.16%
	2～5 t	0.47%	0.29%	130	0.50%	0.11%	0.16%
	5～10 t	0.47%	0.29%	130	0.50%	0.11%	0.16%
	10 t 以上	0.47%	0.29%	130	0.50%	0.11%	0.16%
	低速载货汽车	0.47%	0.29%	130	0.50%	0.11%	0.16%
营业用车与特种车		车上人员责任险		机动车盗抢险		玻璃单独破碎险	
		驾驶人	乘客	基础保费	费率	国产玻璃	进口玻璃
出租、租赁营业客车	6 座以下	0.50%	0.31%	100	0.46%	0.19%	0.31%
	6～10 座	0.40%	0.24%	90	0.43%	0.19%	0.31%
	10～20 座	0.42%	0.26%	90	0.42%	0.21%	0.35%
	20～36 座	0.42%	0.26%	80	0.41%	0.25%	0.43%
	36 座以上	0.42%	0.26%	80	0.41%	0.28%	0.48%
城市公交营业客车	6～10 座	0.42%	0.25%	60	0.46%	0.19%	0.31%
	10～20 座	0.44%	0.27%	90	0.43%	0.21%	0.35%
	20～36 座	0.50%	0.31%	90	0.44%	0.26%	0.44%
	36 座以上	0.50%	0.31%	90	0.44%	0.29%	0.49%
公路客运营业客车	6～10 座	0.42%	0.25%	60	0.47%	0.19%	0.31%
	10～20 座	0.44%	0.27%	90	0.45%	0.21%	0.35%
	20～36 座	0.50%	0.31%	80	0.36%	0.26%	0.45%
	36 座以上	0.50%	0.31%	80	0.40%	0.29%	0.49%

续表

营业用车与特种车		车上人员责任险		机动车盗抢险		玻璃单独破碎险	
		驾驶人	乘客	基础保费	费率	国产玻璃	进口玻璃
营业货车	2 t 以下	0.77%	0.48%	130	0.50%	0.12%	0.18%
	2 ~ 5 t	0.77%	0.48%	130	0.50%	0.12%	0.18%
	5 ~ 10 t	0.77%	0.48%	130	0.50%	0.12%	0.18%
	10 t 以上	0.77%	0.48%	130	0.50%	0.12%	0.18%
	低速载货汽车	0.77%	0.48%	130	0.50%	0.12%	0.18%
特种车	特种车型一	0.55%	0.37%	120	0.52%	0.08%	0.15%
	特种车型二	0.55%	0.37%	130	0.51%	0.08%	0.16%
	特种车型三	0.55%	0.37%	130	0.51%	0.09%	0.17%
	特种车型四	0.55%	0.37%	140	0.51%	0.09%	0.18%
摩托车与拖拉机		车上人员责任险		机动车盗抢险		—	
		驾驶人	乘客	基础保费	费率		
摩托车	50 mL 及以下	0.50%		25	1.00%	—	
	50 ~ 250 mL（含）	0.50%		25	1.00%		
	250ml 以上及侧三轮	0.50%		25	1.00%		
拖拉机	兼用型拖拉机 14.7 kW 及以下	0.50%		25	1.00%		
	兼用型拖拉机 14.7 kW 以上	0.50%		25	1.30%		
	运输型拖拉机 14.7 kW 及以下	0.50%		25	1.00%		
	运输型拖拉机 14.7 kW 以上	0.50%		25	1.30%		
备注							

5. 玻璃单独破碎险费率表

按照被保险人类别、座位数、投保国产/进口玻璃查找费率。

保费 = 新车购置价 × 费率

注：对于特种车，防弹玻璃等特殊材质玻璃标准保费上浮 10%。

6. 机动车提车保险费率表（见表 3-17）

保险期间分为 30 天或 10 天。保险期间为 30 天时，按照费率表 3-17 所对应的险种直接查找费率；保险期间为 10 天时，费率为费率表对应险种费率的 50%。

其中，第三者责任险保险费按照机动车种类和三者险责任限额直接查找；机动车损失险保险费按照机动车种类和新车购置价直接查找；车上人员责任险按照机动车种类和责任限额查找每座保费，保费=每座保费 × 投保座位数。

表 3-17　机动车提车保险费率表

险别/车种		保险费（元）			
车损险新车购置价/元		5 万元以下	5 万～10 万元	10 万～15 万元	15 万～20 万元
客车		100	200	290	350
货车		130	250	360	430
车损险新车购置价/元		20 万～30 万元	30 万～50 万元	50 万～100 万元	100 万元以上
客车		500	720	1 250	1 850
货车		630	890	1 560	2 040
第三者责任险限额/元	5 万元	10 万元	20 万元	50 万元	100 万元
客车	50	60	70	80	100
货车	60	70	90	110	120
车上人员责任险限额/元		1 万元	2 万元	5 万元	10 万元
每座保费	客车	6	11	26	53
	货车	8	16	41	81

机动车提车暂保单的费率如表 3-18 所示，费率为同时投保机动车损失险和第三者责任险的费率。机动车提车暂保单的机动车损失险保额为机动车的新车购置价，第三者责任险责任限额为 5 万元。

表 3-18　机动车提车暂保单费率表

新车购置价/元	10 万以下	10 万～30 万	30 万以上
保费/元	200	280	400

7. 车身划痕损失险费率表（见表 3-19）

按车龄、新车购置价、保额所属档次直接查找保费。

表 3-19　车身划痕损失险费率表

车龄	保额/元	新车购置价/元		
		30 万元以下	30 万～50 万元	50 万元以上
2 年以下	2 000	400	585	850
	5 000	570	900	1 100
	10 000	760	1 170	1 500
	20 000	1 140	1 780	2 250
2 年及以上	2 000	610	900	1 100
	5 000	850	1 350	1 500
	10 000	1 300	1 800	2 000
	20 000	1 900	2 600	3 000

8. 自燃损失险费率表（见表 3-20）

按照车辆使用年限查找费率。

保费 = 保险金额 × 费率

表 3-20 自燃损失险费率表

地区	1 年以下	1～2 年	2～6 年	6 年以上
深圳	0.15%	0.18%	0.20%	0.30%
其他地区	0.15%	0.18%	0.20%	0.23%

9. 可选免赔额特约条款费率表（见表 3-21）

按照选择的免赔额、新车购置价查找费率折扣系数。

约定免赔额之后的机动车损失保险保费=机动车损失保险保费 × 费率折扣系数

表 3-21 可选免赔额特约条款费率表

地区	免赔额/元	新车购置价					
		5 万元以下	5 万～10 万元	10 万～20 万元	20 万～30 万元	30 万～50 万元	50 万元以上
北京、新疆、甘肃、湖北、大连、内蒙古	300	0.87	0.92	0.94	0.95	0.97	0.98
	500	0.76	0.84	0.89	0.93	0.95	0.96
	1 000	0.65	0.74	0.83	0.88	0.90	0.93
	2 000	0.52	0.58	0.69	0.78	0.85	0.89
上海、黑龙江、吉林、辽宁、江苏、山东、青岛、海南、广西、四川、重庆、云南、贵州、江西	300	0.89	0.92	0.94	0.96	0.97	0.98
	500	0.79	0.85	0.89	0.93	0.95	0.96
	1 000	0.68	0.74	0.84	0.88	0.90	0.93
	2 000	0.54	0.58	0.70	0.78	0.86	0.89
广东、天津、宁夏、陕西、河南、浙江、宁波、安徽、福建、厦门、青海、山西	300	0.90	0.93	0.95	0.96	0.97	0.98
	500	0.81	0.87	0.91	0.94	0.96	0.96
	1 000	0.71	0.78	0.84	0.88	0.91	0.93
	2 000	0.58	0.62	0.71	0.78	0.86	0.90
深圳、湖南、河北、西藏	300	0.92	0.94	0.95	0.96	0.97	0.98
	500	0.84	0.89	0.92	0.94	0.96	0.97
	1 000	0.75	0.82	0.87	0.89	0.91	0.94
	2 000	0.62	0.68	0.76	0.80	0.88	0.91

10. 车上货物责任险费率表（见表 3-22）

按照营业用、非营业用查找费率。

保费 = 责任限额 × 费率

注：最低责任限额为人民币 20 000 元。

表 3-22　车上货物责任险费率表

车辆类别	非营业用货车	营业用货车
费率	0.85%	2.73%

11. 不计免赔率特约条款费率表（见表 3-23）

按照适用的险种查找费率。

保费 = 适用本条款的险种标准保费 × 费率

不计免赔率特约条款费率表适用险种中未列明的险种，不可投保不计免赔率特约条款。

机动车提车保险、机动车提车暂保单可以投保不计免赔率特约条款，其保费依据不计免赔率特约条款费率表对应的适用险种的费率计算。

表 3-23　不计免赔率特约条款费率表

适用险种	费率
第三者责任保险	15%
机动车损失保险	15%
车上人员责任险	15%
车身划痕损失险	15%
新增加设备损失保险	15%
机动车盗抢险	20%
发动机特别损失险	20%
车上货物责任险	20%
附加油污污染责任险	20%

12. 机动车出境保险费率表（见表 3-24）

按照扩展的区域半径查找费率。

保费 =（车损险标准保费 + 三者险标准保费）× 费率

注：只有同时投保了机动车损失保险和第三者责任保险，方可投保本附加险。

表 3-24　机动车出境保险费率表

扩展区域半径	200 千米	500 千米	1 000 千米
费率	30%	50%	100%

13. 新车特约条款费率表（见表 3-25）

新车特约条款 A：按照车辆使用年限、协定比例查找费率。

保费 = 车损险标准保费 × 费率

新车特约条款 B：按照车辆使用年限、协定比例查找费率。

保费 = 车损险标准保费 × 费率

表 3-25　新车特约条款费率表

险别	车龄	协定比例		
		50%	60%	70%
新车特约条款 A	1 年以下	38%	22%	12%
	1～2 年	46%	26%	14%
	2～3 年	57%	33%	18%
新车特约条款 B	1 年以下	20%	14%	8%
	1～2 年	24%	17%	10%
	2～3 年	30%	21%	12%

14. 油污污染责任保险费率表（见表 3-26）

按照责任限额直接查找保费。

注：只有同时投保了机动车损失保险和第三者责任保险，方可投保本附加险。

表 3-26　附加油污污染责任保险费率表

责任限额/万元	5	10	20	30	50
保费/元	500	900	1 600	2 200	3 000

15. 约定区域通行费用特约条款费率表（见表 3-27）

按照事故类型、车辆种类查找每 5 000 元保险金额的保险费，并根据保险金额计算相应保险费。

保费 = 保险金额/5 000 × 每 5 000 元保险金额的保险费

表 3-27　约定区域通行费用特约条款费率表

事故类型	车辆种类	每 5 000 元保险金额的保险费
意外事故	特种车、货车、20 座及以上客车	440
	20 座以下客车	240
意外事故或自身故障	特种车、货车、20 座及以上客车	495
	20 座以下客车	270

16. 法律费用特约条款费率表（见表 3-28）

按照责任限额直接查找保费。

表 3-28　法律费用特约条款费率表

责任限额/万元	1	2	5
保费/元	50	80	150

17. 其他险种费率表（见表 3-29）

（1）火灾、爆炸、自燃损失险固定费率。

保费 = 保险金额 × 费率

表 3-29 其他险种费率表

险别	保费计算
火灾、爆炸、自燃损失险	保险金额 ×0.3%
机动车停驶损失险	约定的最高赔偿天数 × 约定的最高日责任限额 ×10%
代步机动车服务特约条款	年保费为 300 元人民币
更换轮胎服务特约条款	年保费为 20 元人民币
送油、充电服务特约条款	年保费为 40 元人民币
拖车服务特约条款	年保费为 100 元人民币
新增加设备损失保险	本附加险保险金额 × 车损险标准保费 / 车损险保险金额
换件特约条款	车损险标准保费 ×10%
发动机特别损失险	车损险标准保费 ×5%
随车行李物品损失保险	保险金额 ×2%
交通事故精神损害赔偿责任保险	每次事故责任限额 ×8‰
教练车特约条款	适用本条款的所有险种标准保费之和 ×10%
异地出险住宿费特约条款	保险金额 ×10%
多次出险增加免赔率特约条款	车损险保费下浮 2%
租车人人车失踪险	保险金额 ×0.25%
指定专修厂特约条款	车损险保费相应上浮，国产车：10%~30%；进口车：15%~60%

（2）机动车停驶损失险固定费率。

保费 = 约定的最高赔偿天数 × 约定的最高日赔偿限额 × 费率

（3）代步机动车服务特约条款固定保费，无需计算。

（4）更换轮胎服务特约条款固定保费，无需计算。

（5）送油、充电服务特约条款固定保费，无需计算。

（6）拖车服务特约条款固定保费，无需计算。

（7）新增加设备损失保险。

保费 = 本附加险保险金额 × 车损险标准保费 / 车损险保险金额

（8）换件特约条款。

保费 = 车损险标准保费 × 10%

（9）发动机特别损失险。

保费 = 车损险标准保费 × 5%

（10）随车行李物品损失保险固定费率。

保费 = 保险金额 × 费率

（11）交通事故精神损害赔偿责任保险固定费率。

保费 = 每次事故责任限额 × 费率

注：每人每次事故的最高责任限额为人民币 50 000 元。

（12）教练车特约条款。

保费 = 适用本条款的所有险种标准保费之和 × 10%

（13）异地出险住宿费特约条款固定费率。

保费 = 保险金额 × 费率

（14）多次出险增加免赔率特约条款。

选择该附加险，机动车损失保险保费下浮一定比例。

选择本附加险后的机动车损失保险保费=机动车损失保险保费 × 98%

（15）租车人人车失踪险固定费率。

保费 = 保险金额 × 费率

（16）指定专修厂特约条款。

选择该特约条款，按照国产/进口车，对机动车车损险保险费进行相应的调整。

（三）费率调整系数（见表 3-30）

（1）无赔款优待及上年赔款记录费率调整系数。根据历史赔款记录，按照规定的费率调整系数进行费率调整。

（2）约定行驶区域系数。“场内”指仅在工地、机场、厂区、码头等固定范围内使用。“省内”“固定路线”“场内”三项系数不能同时使用；家庭自用车不能使用“固定路线”及“场内”费率调整系数。

（3）承保数量系数。根据同一被保险人或同一投保人在一个投保年度内，在保险公司投保车辆数的情况选择使用。家庭自用车不能使用该费率调整系数。

（4）指定驾驶人。指定驾驶人、性别、驾龄、年龄系数，仅适用于家庭自用车指定驾驶人的情况，当指定多名驾驶人时，以乘积高者为准。

（5）经验及预期赔付率系数、管理水平系数。该系数适用于车队。经验及预期赔付率系数、管理水平系数不能同时使用。

（6）使用规则。关于费率调整系数的使用有以下规定：

① 费率调整系数采用系数连乘的方式：

费率调整系数 = 系数 1 × 系数 2 × 系数 3 × ……

② 使用费率调整系数后，各险别的费率优惠幅度超过监管部门规定的最大优惠幅度，按照监管部门规定的最大优惠幅度执行。

③ 机动车提车保险适用费率调整系数。

④ 费率调整系数表不适用于摩托车和拖拉机。

表 3-30　费率调整系数表

<table>
<tr><th>序号</th><th>项目</th><th>内容</th><th>系数</th><th>适用范围</th></tr>
<tr><td rowspan="7">1</td><td rowspan="7">无赔款优待及上年赔款记录</td><td>连续 3 年没有发生赔款</td><td>0.7</td><td rowspan="12">所有车辆</td></tr>
<tr><td>连续 2 年没有发生赔款</td><td>0.8</td></tr>
<tr><td>上年没有发生赔款</td><td>0.9</td></tr>
<tr><td>新保或上年赔款次数在 3 次以下</td><td>1.0</td></tr>
<tr><td>上年发生 3 次赔款</td><td>1.1</td></tr>
<tr><td>上年发生 4 次赔款</td><td>1.2</td></tr>
<tr><td>上年发生 5 次及以上赔款</td><td>1.3</td></tr>
<tr><td>2</td><td>多险种同时投保</td><td>同时投保车损险、三者险</td><td>0.95 ~ 1.00</td></tr>
<tr><td rowspan="2">3</td><td rowspan="2">客户忠诚度</td><td>首年投保</td><td>1.00</td></tr>
<tr><td>续保</td><td>0.90</td></tr>
<tr><td rowspan="2">4</td><td rowspan="2">平均年行驶里程</td><td>平均年行驶里程<30 000 千米</td><td>0.90</td></tr>
<tr><td>平均年行驶里程≥50 000 千米</td><td>1.1 ~ 1.3</td></tr>
<tr><td>5</td><td>安全驾驶</td><td>上一保险年度无交通违法记录</td><td>0.90</td></tr>
<tr><td rowspan="3">6</td><td rowspan="3">约定行驶区域</td><td>省内</td><td>0.95</td><td>所有车辆</td></tr>
<tr><td>固定路线</td><td>0.92</td><td rowspan="2">不适用于家庭自用车</td></tr>
<tr><td>场内</td><td>0.80</td></tr>
<tr><td rowspan="4">7</td><td rowspan="4">承保数量</td><td>承保数量<5 台</td><td>1.00</td><td rowspan="4">不适用于家庭自用车</td></tr>
<tr><td>5 台≤承保数量<20 台</td><td>0.95</td></tr>
<tr><td>20 台≤承保数量<50 台</td><td>0.90</td></tr>
<tr><td>承保数量≥50 台</td><td>0.80</td></tr>
<tr><td>8</td><td>指定驾驶人</td><td>指定驾驶人员</td><td>0.90</td><td rowspan="6">仅适用于家庭自用车</td></tr>
<tr><td rowspan="2">9</td><td rowspan="2">性别</td><td>男</td><td>1.00</td></tr>
<tr><td>女</td><td>0.95</td></tr>
<tr><td rowspan="3">10</td><td rowspan="3">驾龄</td><td>驾龄<1 年</td><td>1.05</td></tr>
<tr><td>1 年≤驾龄<3 年</td><td>1.02</td></tr>
<tr><td>驾龄≥3 年</td><td>1.00</td></tr>
</table>

续表

序号	项目	内容	系数	适用范围
11	年龄	年龄<25 岁	1.05	
		25 岁≤年龄<30 岁	1.00	
		30 岁≤年龄<40 岁	0.95	
		40 岁≤年龄<60 岁	1.00	
		年龄≥60 岁	1.05	
12	经验及预期赔付率	40%及以下	0.7 ~ 0.8	仅适用于车队
		40% ~ 60%	0.8 ~ 0.9	
		60% ~ 70%	1.00	
		70% ~ 90%	1.1 ~ 1.3	
		90%以上	1.3 以上	
13	管理水平	根据风险管理水平和业务类型	0.7 以上	
14	车辆损失险车型	特异车型、稀有车型、古老车型	1.3 ~ 2.0	所有车辆

注：费率调整系数表不适用于摩托车和拖拉机。

本章小结

1. 交强险是我国第一个法定强制保险，于 2006 年 7 月 1 日正式施行。最新修订版的交强险条款于 2020 年 9 月 19 日实施。

2. 交强险具有强制性、基本保障性、以无过失责任为基础和公益性 4 个特征。

3. 交强险条款分为：总则，定义，保险责任，垫付与追偿，责任免除，保险期间，投保人，被保险人义务，赔偿处理，合同变更与终止，附则等 10 部分。

4. 交强险的责任限额为 20 万元。其中，死亡伤残赔偿限额为 180 000 元，医疗费用赔偿限额为 18 000 元，财产损失赔偿限额为 2 000 元；无责任死亡伤残赔偿限额为 18 000 元，无责任医疗费用赔偿限额为 1 800 元，无责任财产损失赔偿限额为 100 元。

5. 交强险规定的垫付情形有 4 种：① 驾驶人未取得驾驶资格的；② 驾驶人醉酒的；③ 被保险机动车被盗抢期间肇事的；④ 被保险人故意制造交通事故的。

6. 交强险基础费率将所有机动车共分为 8 大类 42 小类。8 大类分别为：家庭自用车、非营业客车、营业客车、非营业货车、营业货车、特种车、摩托车和拖拉机。

7. 交强险最终保费=基础保险费 ×（1+与道路交通事故相联系的浮动比率）。

8.《示范条款（2020 版）》规定机动车商业保险分为主险和附加险，主险有 4 种：车辆损失保险、机动车第三者责任保险、机动车车上人员责任保险、机动车全车盗抢保险；附加险有 11 种：玻璃单独破碎险、自燃损失险、新增加设备损失险、车身划痕损失险、发动机涉水损失险、修理期间费用补偿险、车上货物责任险、精神损害抚慰金责任险、不计免赔率险、机动车损失保险无法找到第三方特约险、指定修理厂险。

9. 机动车第三者责任保险的保险责任为：保险期间内，被保险人或其允许的合法驾驶人在使用被保险机动车过程中发生意外事故，致使第三者遭受人身伤亡或财产直接损毁，依法应当由被保险人承担的损害赔偿责任，保险人依照本保险合同的约定，对于超过机动车交通事故责任强制保险各分项赔偿限额以上的部分负责赔偿。责任限额分为 5 万元、10 万元、15 万元、20 万元、30 万元、50 万元、100 万元、100 万元以上且 1 000 元以下。

10. 车辆损失保险的保险责任为：保险期间内，被保险人或其允许的合法驾驶人在使用被保险机动车过程中，因保险条款保险责任部分列明的意外事故和自然灾害等危险发生，造成被保险机动车的损失，保险人依照保险合同的约定负责赔偿。另外，保险人对事故发生后必要的、合理的施救与保护费用一般也负责赔偿。导致的车辆损失的意外事故包括碰撞、倾覆、坠落、火灾、爆炸、外界物体坠落、倒塌等。导致的车辆损失的自然灾害包括：暴风、龙卷风、雷击、雹灾、暴雨、洪水、海啸、地陷、冰陷、崖崩、雪崩、泥石流、滑坡、载运车辆的渡船遭受自然灾害危险。

11. 影响汽车保险风险的因素很多，厘定费率时应综合考虑各种因素。一般可将费率模式划分为两类：从车费率模式和从人费率模式。我国目前采用从车费率模式。

技能实训指导

◆ 实训指导 3-1

情景描述：2020 年 7 月 16 日，一辆大货车在倒车时不慎撞倒了一辆小车，导致小车的后灯、后风挡玻璃以及后车身损坏。保险公司的调查员现场勘查后，认为发生相撞的两辆汽车，一辆是李先生的财产，另一辆是其代管财产，并且这两辆车只购买了第三者责任险，被保险人均为李先生，符合保险条款的免责范围，故不同意赔偿。为此，李先生将保险公司告上法庭，要求法院判令被告支付汽车维修费、误工费共计 15 000 元。

法庭上，双方发生了激烈的交锋。被告保险公司辩称，第三者责任险条款中，明确将被保险人所有或代管的财产、家庭成员以及他们所有或代管的财产列为该险种的除外责任。原告王先生称，保险合同大多用词专业生涩，消费者理解起来非常困难，而购买时，保险公司业务员并没有向他说清楚，并且投保单是由保险公司业务员代签名的。

结论：法院根据《保险法》第十七条的规定，保险合同中规定关于保险人责任免责条款的，保险人在订立合同时应当向投保人明确说明，未明确说明的，该条款不产生效力。于是判决保险公司败诉。

分析：同一人拥有的两台车相撞，保险公司理应拒赔成功，不应“败诉”，但因未履行告知义务，法院作出了保险公司应赔偿的判决。从表面看，李先生胜诉，已获赔偿，但法院判决并没有认定保险公司的这一免责条款违法，所以从这一点看保险公司并没有败诉。不过，这一案件的审理却给保险公司敲响了警钟，那就是履行法定告知义务的程序必不可少。

◆ 实训指导 3-2

情景描述：王某于 2020 年 7 月 4 日为自家所用的小轿车购买了交强险，保险费 665 元；车辆损失险、第三者责任险、车上人员责任险及各项不计免赔率等商业险，商业险保险费共计 4 506 元。2021 年 1 月 20 日，王先生因车辆出售提出退保，王先生的车辆购买日期为 2010 年 7 月 16 日。

思考题：

1. 王先生的交强险保费能退回吗？为什么？

2. 王先生的商业险保险费能退回吗？

分析：

1. 王先生的交强险保险费不能退。因为按照《机动车交通事故责任强制保险条例》第十六条规定，只有 3 种情况下交强险可以退保：被保险机动车被依法注销登记的；被保险机动车办理停驶的；被保险机动车经公安机关证实丢失的。二手车买卖显然不属于上述 3 种情况，因此原则上不可以退保。交强险是“随车”不“随人”，最简单的办法是只办理车辆交强险变更，交强险在全国范围内都可以适用。

2. 商业保险可以退保，退保后新车主可以根据需要再投保。

车险退保保费的计算方法有两种：

第一种计算方法：根据《机动车商业保险行业基本条款（A 款）》第三十三条规定：保险责任开始后，投保人要求解除本保险合同的，自通知保险人之日起，本保险合同解除。保险人按短期月费率收取自保险责任开始之日起至合同解除之日止期间的保险费，并退还剩余部分保险费。计算公式为：应退保险费=实缴保险费-实缴保险费×短期月费率，保险期间不足一个月的部分，按一个月计算。王先生的车辆保险已生效 6 个月零 16 天，保险公司按 7 个月计算应交保费。

目前，大多数保险公司采用的是 A 条款，所以采用第一种退保计算方法。

◆ 实训指导 3-3

甲车在十字路口右转弯时，与左转弯的乙车相撞车辆受损，甲车修复费用 1 000 元，乙车修复费用 800 元，两车均购买了交强险。

思考题：

1. 谁负主要责任？为什么？

2. 损失怎么赔付？

◆ 实训指导 3-4

甲车投保交强险及商业三者险 20 万元，发生交通事故后撞了一骑自行车的人，造成自行车上乙、丙两人受伤，财物受损，其中乙医疗费 7 000 元，死亡伤残费 50 000 元，财物损失 2 500 元，丙医疗费 8 000 元，死亡伤残费 35 000 元，财物损失 2 000 元，经事故处理部门认定甲车负事故 70%的责任。

思考题：甲车从交强险中能获得多少赔款？

◆ 实训指导 3-5

2021 年 10 月 15 日，王先生为自己的新车购买了车损险、三责险、盗抢险等比较齐全的保险，只是车辆还没有上牌。当晚车辆停放在小区，第二天早晨，王先生发现车辆不见了，立即向保险公司报了案。同时，在保险公司的要求下，王先生也向公安报了案。

思考题：

1. 保险公司是否赔偿？为什么？

2. 小区物业是否赔偿？为什么？

复习思考题

一、填空题

1. 我国实行机动车第三者责任强制保险制度的法律依据是______________。

2. 交强险的特征表现在________、________、________、________4 个方面。

3. 交强险有责责任限额为______元，无责责任限额为______元。

4. 交强险的责任限额分为________赔偿限额、_________赔偿限额、______赔偿限额以及被保险人在道路交通事故中________________赔偿限额。

5. 交强险基础费率将所有机动车共分为______大类______小类。

6. 因保险事故损坏的受害人财产需修理的，被保险人应在修理前会同保险人______，协商确定________、_______和费用。

7. 36 座公交车交强险基础费率是______元；安全行驶一年的 55 座长途客车第二年的交强险费用是______元。

8. 上一个年度发生有责任道路交通死亡事故，交强险费率应上浮_____。

9. 浮动因素计算区间为上期保单_____日至本期保单_____日之间。

10. 车与所载货物撞击导致的车辆损坏，______车辆损失险保险责任。

11. 开车撞伤爱人的医疗费用，______机动车第三者责任保险赔偿范围。

12. 三者险事故中，被保险机动车一方负主要事故责任的，事故责任比例为_______；被保险机动车一方负同等事故责任的，事故责任比例为________；被保险机动车一方负次要事故责任的，事故责任比例为_________。

13. 免赔率规定：负次要事故责任的，实行_____的事故责任免赔率；负同等事故责任的，实行_____的事故责任免赔率；负主要事故责任的，实行______的事故责任免赔率；负全部事故责任的，实行_____的事故责任免赔率；违反安全装载规定的，实行_____的绝对免赔率。

14. 主车和挂车连接使用时视为一体，发生保险事故时，由主车保险人和挂车保险人按照保险单上载明的________________的比例，在各自的责任限额内承担赔偿责任，但赔偿金额总和以______为限。

15. 机动车盗抢险规定：车辆被盗窃、抢劫、抢夺，需经出险地______以上______部门立案证明。

16. 车身划痕损失险的保险责任是______，保险人负责赔偿。

17. 机动车保险条款规定，只有投保了______险以后，才能投保车上货物责任险。

18. 发动机涉水损失险也叫发动机特别损失险，本附加险仅适用于_____、党政机关、事业团体用车、______，且只有在投保了_____后，方可投保本附加险。

19. 自燃损失险赔偿处理时，全部损失，在_________计算赔偿；部分损失，在保险金额内按______计算赔偿。

20. 车身划痕损失险每次赔偿实行 ___________的绝对免赔率，保险金额为________、5 000 元、_______，由投保人和保险人在投保时协商确定。

二、判断题

1. 我国的交强险采用无过失责任原则。（　　）

2. 保险人在交强险限额内垫付的抢救费用可以向致害人追偿。（　　）

3. 签订交强险合同时，投保人分期支付保险费。（　　）

4. 因交强险是法定保险，所以投保人不能解除保险合同，保险人也不接受投保人解除合同的申请。（　　）

5. 因保险事故造成受害人人身伤亡的，未经保险人书面同意，被保险人自行承诺或支付的赔偿金额，保险人可以拒赔。（　　）

6. 交强险责任限额固定，直接购买即可，无须挑选。（　　）

7. 因保险事故损坏的受害人财产需修理的，被保险人应在修理前会同保险人检验，协商确定修理或者更换项目、方式和费用。否则，保险人在交强险责任限额内有权重新核定。（　　）

8. 被保险机动车所有权发生转移的，投保人应及办理合同变更手续或退保。（　　）

9. 交强险保险单、保险标志由各保险公司制作，其他任何单位或者个人不得伪造、变造或者使用伪造、变造的保险单、保险标志。（　　）

10. 被保险人应当在被保险机动车上放置保险标志。（　　）

11. 上年度发生赔案但还未赔付的，本期交强险费率不浮动，直至赔付后的下一年度交强险费率向上浮动。（　　）

12. 机动车上一期交强险保单满期后未及时续保的，浮动因素计算区间仍为上期保单出单日至本期保单出单日之间。（　　）

13. 发生无责任道路交通事故的，交强险费率不向上浮动。（　　）

14. 保险责任开始后，投保人要求解除本保险合同的，自通知保险人之日起，本保险合同解除。保险人按日收取自保险责任开始之日起至合同解除之日止期间的保险费，并退还剩余部分保险费。（　　）

15. 机动车损失保险（简称车损险）的合同为定值保险合同。（　　）

16. 不明原因火灾属于车损险的保险责任。（　　）

17. 违反安全装载规定，但不是事故发生的直接原因的，增加 10%的绝对免赔率。（　　）

18. 最高折旧金额不超过投保时被保险机动车新车购置价的 90%。（　　）

19. 因保险事故损坏的被保险机动车，应当尽量修复，修理前被保险人应当会同保险人检验，协商确定修理项目、方式和费用；对未协商确定的，保险人可以重新核定；因被保险人原因导致损失无法确定的部分，保险人有权拒绝赔偿。（　　）

20. 被保险人故意或者因重大过失致使保险人不能行使代位请求赔偿的权利的，保险人可以扣减或者要求返还相应的赔款。（　　）

21. 被保险机动车被转让、改装、加装或改变使用性质后，该机动车的车辆损失险、三责险、盗抢险均变为责任免除。（　　）

22. 每次事故的责任限额，由投保人和保险人在签订本保险合同时协商确定。（　　）

23. 主车和挂车连接使用时视为一体，发生保险事故时，由主车保险人在主车的责任限额内赔偿。（　　）

24. 被保险人给第三者造成损害，被保险人对第三者应负的赔偿责任确定的，根据被保险人的请求，保险人应当直接向该被保险人赔偿。（　　）

25. 被保险人给第三者造成损害，被保险人未向该第三者赔偿的，保险人不得向被保险人赔偿。（　　）

26. 机动车车上人员责任险事故责任免赔率与车辆损失险、三责险的事故责任免赔率同责同率。（　　）

三、选择题

1. 因保险事故造成受害人人身伤亡的，未经保险人书面同意，被保险人自行承诺或支付的赔偿金额，保险人可以（　　）。

A. 拒赔　　B. 全部赔偿

C. 在责任限额范围内重新核定　　D. 退保

2. 交强险保单出单日距离保单起期最长不能超过（　　）个月。

A. 1　　B. 2

C. 3　　D. 6

3. 上一个年度发生两次及两次以上有责任道路交通事故，交强险费率应下浮（　　）。

A. 5%　　B. 10%

C. 20%　　D. 30%

4. 保险人收到被保险人的赔偿请求后，应当及时作出核定；情形复杂的，应当在（　　）日内作出核定。

A. 10　　B. 20

C. 30　　D. 48

5. 保险责任开始前，投保人要求解除本保险合同的，应当向保险人支付应交保险费金额（　　）的退保手续费，保险人应当退还保险费。

A. 1%　　B. 3%

C. 5%　　D. 10%

6. 下列属于车损险责任的是（　　）。

A. 发生保险事故时被保险机动车行驶证、号牌被注销的，或未按规定检验或检验不合格

B. 受到被保险机动车所载货物、车上人员意外撞击

C. 在竞赛、测试期间，在营业性场所维修、保养、改装期间

D. 被保险人或其允许的驾驶人故意或重大过失，导致被保险机动车被利用从事犯罪行为

7. 下列属于车损险免除责任的是（　　）。

A. 事故发生后，在未依法采取措施的情况下驾驶被保险机动车或者遗弃被保险机动车离开事故现场

B. 无驾驶证，驾驶证被依法扣留、暂扣、吊销、注销期间

C. 驾驶与驾驶证载明的准驾车型不相符合的机动车

D. 以上都是

8. 负全部事故责任或单方肇事事故的，实行（　　）的事故责任免赔率。

A. 5%　　B. 10%

C. 20%　　D. 30%

9. 违反安全装载规定，但不是事故发生的直接原因的，增加（　　）的绝对免赔率。

A. 5%　　B. 10%

C. 20%　　D. 30%

10. 负同等事故责任的，实行（　　）的事故责任免赔率。

A. 50%　　B. 10%

C. 20%　　D. 30%

11. 被保险人给第三者造成损害，被保险人对第三者应负的赔偿责任确定的，根据被保险人的请求，保险人应当直接向该（　　）赔偿。

A. 被保险人　　B. 第三者

C. 受益人　　D. 代理人

12. 全车盗抢保险保险责任是被保险机动车被盗窃、抢劫、抢夺，经出险当地县级以上公安刑侦部门立案证明，满（　　）天未查明下落的全车损失。

A. 30　　B. 60

C. 48　　D. 90

13. 全车盗抢保险发生全车损失的，绝对免赔率为（　　）。

A. 5%　　B. 10%

C. 20%　　D. 30%

四、名词解释

1. 机动车交通事故强制责任保险　　2. 责任限额　　3. 抢救费用

4. 家庭自用汽车　　5. 营业客车　　6. 非营业货车　　7. 第三者

8. 新车购置价　　9. 碰撞　　10. 倾覆　　11. 坠落

12. 火灾　　13. 爆炸　　14. 暴风　　15. 暴雨

16. 洪水　　17. 地陷

五、简答题

1. 交强险保险责任的成立应满足哪 4 个条件？

2. 交强险规定的垫付情形有哪 4 种？

3. 死亡伤残赔偿限额和无责任死亡伤残赔偿限额项下可赔偿哪些费用？

4. 交强险医疗费用赔偿限额和无责任医疗费用赔偿限额项下负责赔偿的费用有哪些？

5. 交强险的责任限额分几类，数额分别为多少？

6. 必要的、合理的车辆施救费用包括哪些？

7. 三责险的责任限额是怎么规定的？

六、案例分析题：同名下两车相撞事故分析

情景描述：2022 年 7 月 17 日，王先生在倒车时不慎撞倒了另一辆小车，导致另一辆小车的后灯、后风挡玻璃以及后车身损坏。保险公司的调查员现场勘查后，认为发生相撞的两辆

汽车，均在王先生名下，王先生给两辆车均购买了车辆损失险及第三者责任险及不计免赔率。

思考题：两辆车的损失都能得到赔偿吗？保险公司对王先生的两辆车采用哪个险种的责任进行赔偿？

七、计算题

甲车投保交强险、足额车损险、商业第三者责任险 30 万元，乙车投保交强险、足额车损险、商业第三者责任险 25 万元。两车相撞，甲车承担 70%责任，车损 8 000 元，乙车承担 30%责任，车损 4 500 元，按条款规定主要责任免赔率为 15%、次要责任免赔率为 5%。则甲、乙两车能获得多少赔偿？

项目四　汽车保险承保与投保

学习目标

1. 知道汽车保险承保工作的主要内容。
2. 熟悉汽车承保和投保流程。
3. 掌握核保原则。
4. 了解核保的主要内容和具体方式。
5. 掌握投保原则。
6. 熟悉投保注意事项。
7. 学会签发和清分单证。
8. 会填写投保单。

学习导入

情景 1：小江是保险公司开发部新进员工，正在为客户张先生办理车险投保业务。可是被保车辆的车损险在投保系统中没有通过审核。小江重复申报了 3 次也不能通过。旁边的业务员小刘抱怨说："好不容易带客户来，客户还有事，你能不能快点！"

情景 2：小刘接到客户林女士打来的电话，林女士在电话中询问小刘，她前天购买了车辆保险，今天去单位报销，怎么没有找到发票。小刘一边劝说林女士别着急，一边查找保险办理记录，发现林女士投保车辆的发票未打印，小刘赶紧向刘女士表示歉意，并请她再来公司领取。

上述两种情景，均反映出业务员对汽车保险承保投保业务不熟悉，工作环节没有做到位，给客户和自己增添了不少麻烦。

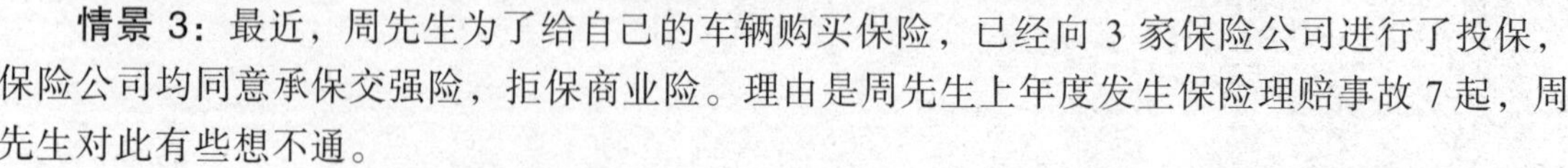

情景 3：最近，周先生为了给自己的车辆购买保险，已经向 3 家保险公司进行了投保，保险公司均同意承保交强险，拒保商业险。理由是周先生上年度发生保险理赔事故 7 起，周先生对此有些想不通。

对于车辆商业保险，保险公司是否承保与车主是否购买一样具有自主决定权。保险公司一般规定对上年度保险理赔事故达到 6 次及以上车辆拒保商业险，但不能拒保交强险。

任务一　汽车保险承保实务

一、汽车保险承保流程

汽车保险承保是保险人与投保人签订保险合同的过程。承保工作质量影响保险销售的成功率，保险承保工作人员要熟悉承保工作流程，从而提高承保效率。汽车保险承保流程如图 4-1 所示。

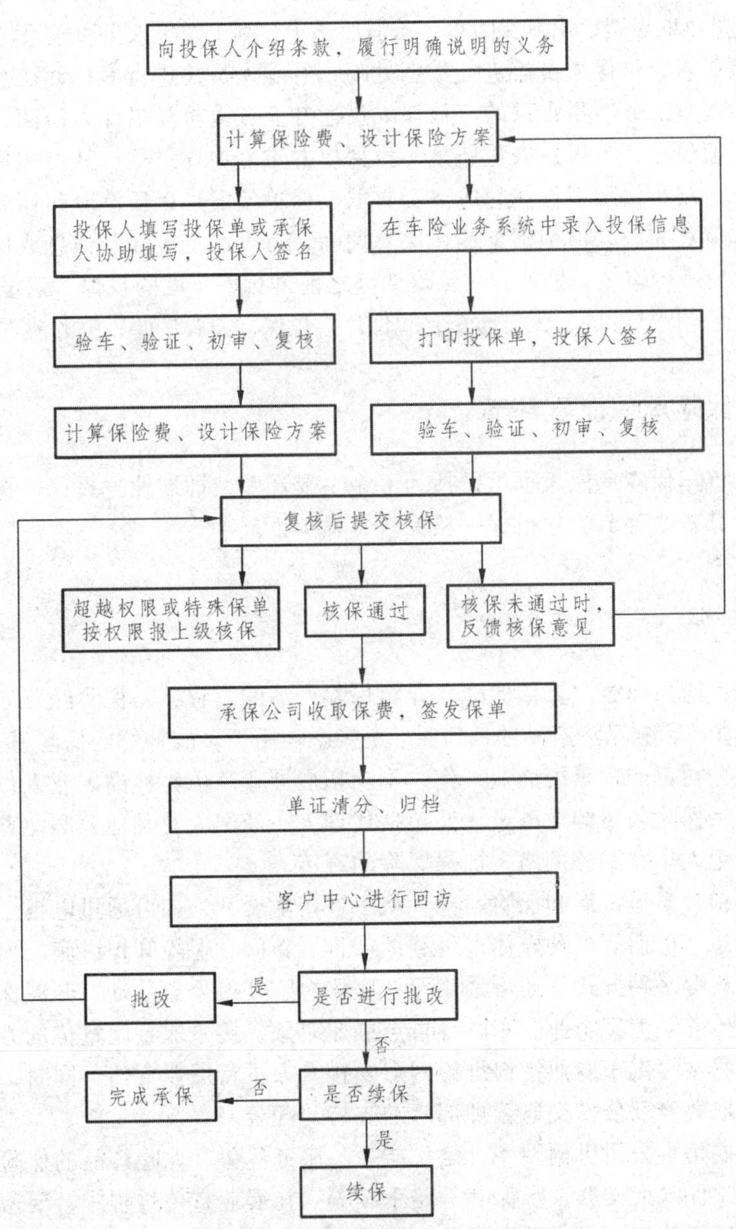

图 4-1　汽车保险承保工作流程图

汽车保险承保工作主要包括以下内容：

（1）承保人员向投保人介绍条款，履行明确说明的义务。

（2）承保人员协助投保人计算保险费、制订保险方案。

（3）承保人员提醒投保人履行如实告知的义务。

（4）投保人填写投保单，或者由投保人员协助投保人填写后，投保人亲自签名。

（5）承保人员验车、验证，确保保险标的真实和无损伤。

（6）承保人员将投保信息录入业务系统（系统即产生投保单号），复核后通过业务系统提交给核保人员核保。

（7）核保人员根据公司的核保规定，并通过业务系统将核保意见反馈给承保公司。核保通过后，业务人员收取保费，出具保险单，若需要送单，则由送单人员递送保险单及相关单证。

（8）承保完成后，承保人员需进行数据处理，客服人员需进行客户回访。

核保后需要调整部分项目承保的，核保人员通知业务人员与投保人协商，投保人同意按核保人提出的反馈建议，由投保人重新填写投保单并重复上述过程，从而实现承保。

一般情况下，汽车保险工作在完成保费收取、保单签发、单证清分归档、客户中心回访之后，承保工作就算完成。但个别车辆在保险期间，有可能变更保险信息或保险项目，则要进行批改，批改后进行审核。另外，在保险期满之前进行下年度的投保，就是续保。续保时，如果投保险种与上年度的相同，无需验车，脱保后再投保，需要按照完整的流程进行承保。

二、汽车保险承保流程环节

一个完整的汽车保险承保流程可概括为 6 个主要环节，即展业—投保—核保—签发单证—批改—续保。其核心环节为：投保—核保—签发单证。

（一）展　业

保险展业是保险人向客户宣传保险、介绍保险产品的过程，是保险经营的第一步。展业工作做得如何，直接影响保险产品的销售量，直接影响用于事故补偿的保险基金积累的多少。因此，各家保险公司都非常重视展业工作，不断拓展展业队伍，提高展业人员的业务素质。展业人员不但包括保险公司的业务员，还包括代理人、经纪人及其他兼职业务员。保险公司利用代理人、经纪人拓宽服务网络，加强保险的宣传。

展业宣传要结合当地特点和保险案例，从多种角度展开，如可通过电视、电影、广播、报纸、网络、杂志、电话等多种媒体，可利用广告、新闻、保险知识讲座、大型事件理赔处理、发放宣传资料等多种方式，还可采用召开座谈会、开展公益活动、开展保险咨询活动等多个场合展开宣传。对大型企业、车队等重点展业对象，要采取登门宣传的方式，也可以在汽车销售店、维修站等汽车专业销售维修网点安排专人进行展业宣传。同时，展业宣传要把握有利时机，争取政府及公安交通管理部门的支持与配合。

宣传内容主要是本公司机构网络、偿付能力、服务优势、保险产品的保险责任、责任免除、投保人义务、保险人义务及承保和理赔手续等。在展业宣传过程中，要遵守国家有关法律、法规和保险监督管理机构对财产保险特别是机动车辆保险的监管政策和规定，不得对保险条款进行扩展性解释或超越权限向投保人私自承诺，误导投保人投保。

（二）投　保

投保是投保人向保险人表达购买汽车保险意愿的行为。为了促成投保人的投保，保险公司或代理人应从加大产品内涵、提高保险公司服务水平的角度出发，为有意投保的组织或个人提供科学、完善的保险方案。不同的投保人所面临的风险特征、风险概率、风险程度不同，对保险的需求也各不相同，因而展业人员应根据客户的心理特点和经济支付能力及风险产生的概率，结合保险方案制订的基本原则，制订出完善的保险方案和客户容易接受的方案。

1. 制订保险方案的基本原则

选择保险方案应把握的原则有充分保障的原则、经济实用的原则、如实告知的原则。

（1）充分保障的原则。保险方案的制订应建立在对投保人的风险进行充分和专业评估的基础上，通过对风险的识别和评估，制订出满足投保人自身风险保障需要的保险方案。设计的投保方案一定要把容易发生的、相对可能性较大的风险包括进去，从而最大限度地分散投保人的风险。

（2）经济实用的原则。展业人员在制订保险方案的过程中应遵循经济实用的原则。经济性主要体现在保险方案价格的高低，当然不能仅考虑方案价格绝对值的高低，还应注意与价格对应的赔偿标准和免赔额的确定。实用性就是要确保保险方案所提供的风险保障是适用和必需的，防止提供不必要的保障。

（3）如实告知的原则。展业人员在制订保险方案的过程中应根据最大诚信原则，履行如实告知义务，将保险合同的有关规定，特别是可能对投保人或被保险人产生不利影响的规定详细告知。

对于交强险要重点告知以下内容：

① 交强险实行分项赔偿限额。同时，向客户介绍商业三责险的必要性。

② 涉及第三者人身伤亡的道路交通事故，保险人按照国务院卫生主管部门组织制定的《道路交通事故受伤人员临床诊疗指南》和国家基本医疗保险的标准对医疗费用进行审核。

③ 签订交强险合同时，投保人应当一次支付全部保险费。否则，不出具保险单及保险标志，保险人也不承担赔偿责任。

④ 交强险保险合同有效期满应及时续保。否则，公安机关交通管理部门将扣留机动车至投保人投保交强险后方予退还，并处投保人应缴保险费两倍的罚款。

2. 制订保险方案的基本步骤

在坚持保险方案制订基本原则的基础上，展业人员一般可以按以下步骤为投保人设计保险方案。

（1）充分了解投保人投保车辆的数量、种类、用途、行驶区域等有关情况，以及投保人的经济承受能力，全方位地掌握投保人的投保要求和保险需求。

（2）从专业的角度对投保人可能面临的风险进行识别和评估。

（3）根据投保人的实际情况及风险评估的结果向投保人介绍相关险种、条款及其所能提供的增值服务，耐心、细致地帮助投保人制订最佳保险方案。

（4）对保险人及其提供的服务进行介绍。

3. 保险方案的主要内容

保险方案是展业人员为投保人设计的保险建议书，包括以下主要内容：

（1）保险人情况介绍。

（2）投保标的的风险评估。

（3）保险方案的总体建议。

（4）适用保险条款及条款解释。

（5）保险金额和赔偿限额的确定。

（6）免赔额及适用情况。

（7）赔偿处理的程序及要求。

（8）服务体系及承诺。

（9）相关附件。

4. 制订保险方案

交强险是强制性保险，必须投保。商业险种的选择应根据车主的经济实力和实际需求确定。下面给出 5 个方案以供参考。

（1）最低保障方案。只有交强险的方案，如表 4-1 所示。

表 4-1 最低保障方案

险种组合	机动车交通事故责任强制保险
保险范围	只对第三者的损失负赔偿责任
适用对象	适用于那些怀有侥幸心理、认为上保险无用的车主或急于拿保险单去上牌照或验车的车主
优点	车辆投保该险后，才可以上牌照或验车
缺点	一旦撞车或撞人，对方的损失能得到保险公司的一些赔偿，但是自己的损失只能自己负担

（2）基本保障方案，如表 4-2 所示。

表 4-2 基本保障方案

险种组合	机动车交通事故责任强制保险+车辆损失险+第三者责任险
保险范围	只有两种基本险，没有任何附加险，属于基本保障
适用对象	有一定经济压力的个人或单位
优点	必要性最高，保险费少
缺点	保障范围小，由于无不计免赔险，如果发生保险事故，自己要承担一定比例的损失

（3）经济保障方案，如表 4-3 所示。

表 4-3　经济保障方案

险种组合	机动车交通事故责任强制保险+车辆损失险+第三者责任险+全车盗抢险+不计免赔险
保险范围	一般保障范围
适用对象	经济条件一般的个人或单位
优点	最有价值的险种，性价比最高的保险方案。人们最担心的丢失和100%赔付等大风险都有保障，保费不高但包含了比较实用的不计免赔险
缺点	保障范围不全面

（4）最佳保障方案，如表 4-4 所示。

表 4-4　最佳保障方案

险种组合	机动车交通事故责任强制保险+车辆损失险+第三者责任险+车上人员责任险+风窗玻璃险+全车盗抢险+不计免赔险
保险范围	比较全的保障
适用对象	经济条件较好的个人或一般单位
优点	在经济投保方案的基础上，此组合加入了车上人员责任险和风窗玻璃险，使乘客及车辆易损部分得到了安全保障。此组合投保了价值大的险种，不花冤枉钱，物有所值
缺点	保障范围仍有欠缺

（5）完全保障方案，如表 4-5 所示。

表 4-5　完全保障方案

险种组合	机动车交通事故责任强制保险+车辆损失险+第三者责任险+全车盗抢险+车上人员责任险+风窗玻璃险+新增加设备损失险+自燃损失险+发动机特别险+不计免赔险
保险范围	很全面的保障
适用对象	经济条件好的个人或单位或营业性车辆
优点	保障全面，有备无患，发生保险事故后，自己承担的损失很少
缺点	某些险种出险的概率非常小，保费支出较多

5. 制作报价单

为了提高投保率，展业人员根据客户的意愿制订出一种投保方案，将投保人信息、被保险人信息、投保车辆信息、约定驾驶员信息、投保险种信息等录入车险承保系统（如平安保险的平安易行销系统）计算保费，制作报价单（见图 4-2），报价单可以打印出来或以图片形式发送到业务员或客户手机上，以便客户查阅。当客户要对投保方案进行调整时，展业人员进入行销系统相应界面进行项目更改，得到新的报价单，直至客户满意为止。

6. 制作投保单

客户选定投保方案后，展业人员依据《机动车登记规定》（中华人民共和国公安部令第 102 号）、机动车行驶证（见图 4-3）、机动车所有人的身份证明或复印件，如果投保车辆为新车，根据客户提供的机动车整车出厂合格证明（见图 4-4）或者进口车进口证明（见图 4-5），协助客户填写投保单，并向客户说明投保单内容，客户无异议后，签字确认。

中国平安 PINGAN 机动车辆保险报价单（私人）

车牌号：	行驶证车主：	行驶证车主性别：男	行驶证车主年龄：36.0岁
使用性质：非营业	座位：5	吨位：0.0	初次登记年月：2012-02-28
所属性质：私人	行驶区域：中国境内	厂牌车型：马自达CAF7162M轿车	
未指定驾驶人	车损险绝对免赔额：0 元	新车购置价：91010元	
交强险保险期限：2016年2月6日 零时 至 2017年2月5日 24时			
商业险保险期限：2016年2月6日 零时 至 2017年2月5日 24时			
被保险人名称：		投保人名称：	
		商业险	
险别	保险金额（赔偿限额）	保险费小计	相关说明
车辆损失险	91010.00	1350.06	不计免赔特约险：202.51元
商业第三者责任保险	20.00万元	919.80	不计免赔特约险：137.97元
全车盗抢险	65345.18	276.12	不计免赔特约险：55.22元
车上人员责任险：驾驶员	元		不计免赔特约险：元
车上人员责任险：乘客	座× 元		
玻璃单独破碎险	按国产玻璃赔偿	121.04	
新增设备损失险			
车身划痕损失险			
自燃损失险			
指定专修厂特约险			
附加险不计免赔特约险			
商业险保费合计：3062.72元			
交强险保费合计：760.00元			
车船税税款合计：420.00 元			
您需要支付的保费及税款合计：4242.72元			

尊敬的客户：

以上试算保费是依据您提供的资料而做的估算，仅供参考。最终投保险种及保费以保险单为准。请您详细核对，并将您的要求通知我们，我们会尽快与您联系，谢谢！

经办业务员： 员工编号：2340700051 电话： 传真：

图 4-2 平安保险机动车辆保险报价单

（A） 行驶证正本正面

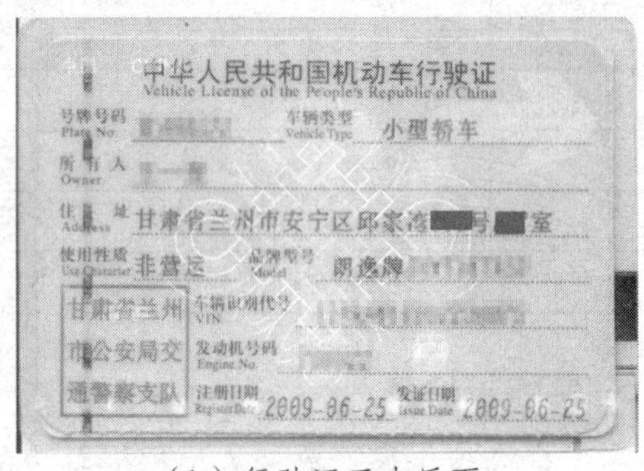

中华人民共和国机动车行驶证
Vehicle License of the People's Republic of China
号牌号码 Plate No. 车辆类型 Vehicle Type 小型轿车
所有人 Owner
住址 Address 甘肃省兰州市安宁区邱家湾 号 室
使用性质 Use Character 非营运 品牌型号 Model 朗逸牌
甘肃省兰州市公安局交通警察支队
车辆识别代号 VIN
发动机号码 Engine No.
注册日期 Register Date 2009-06-25 发证日期 Issue Date 2009-06-25

（b）行驶证正本反面

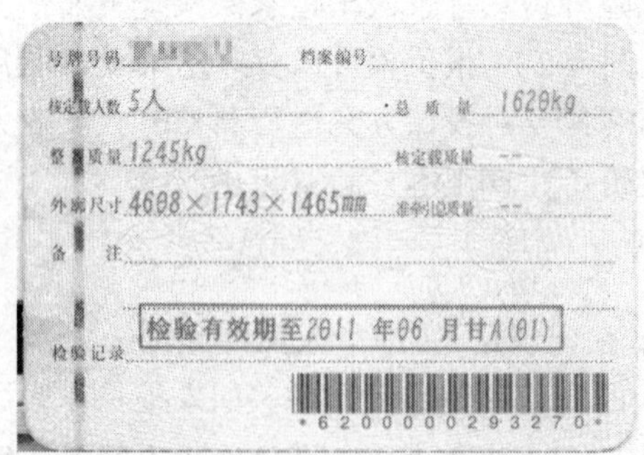

号牌号码 档案编号
核定载人数 5人 总质量 1620kg
整备质量 1245kg 核定载质量 --
外廓尺寸 4608×1743×1465mm 准牵引总质量 --
备注
检验有效期至2011 年06 月甘A(01)
检验记录
6200000293270

（c）行驶证副本正面

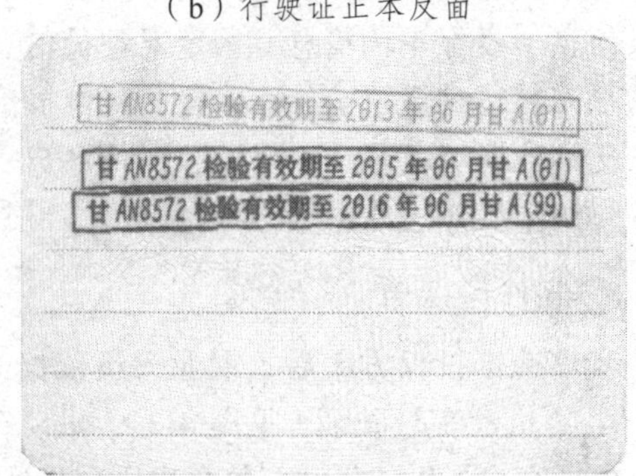

甘AN8572检验有效期至2013年06月甘A(01)
甘AN8572检验有效期至2015年06月甘A(01)
甘AN8572检验有效期至2016年06月甘A(99)

（d）行驶证副本反面

图 4-3 机动车行驶证

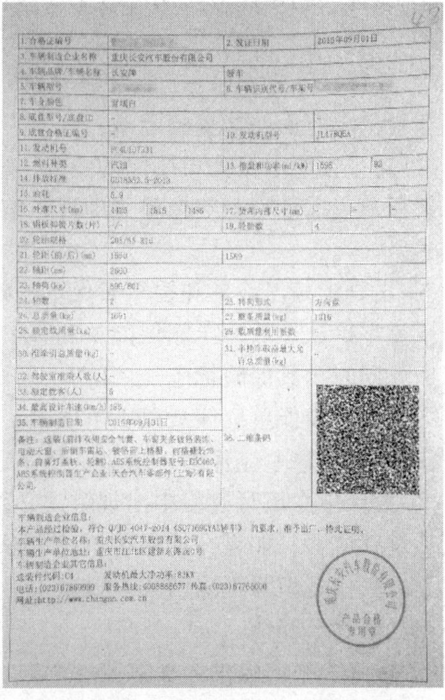

（a）机动车整理车出厂合格证封面　　（b）机动车整理车出厂合格证正页

图 4-4　机动车整理车出厂合格证

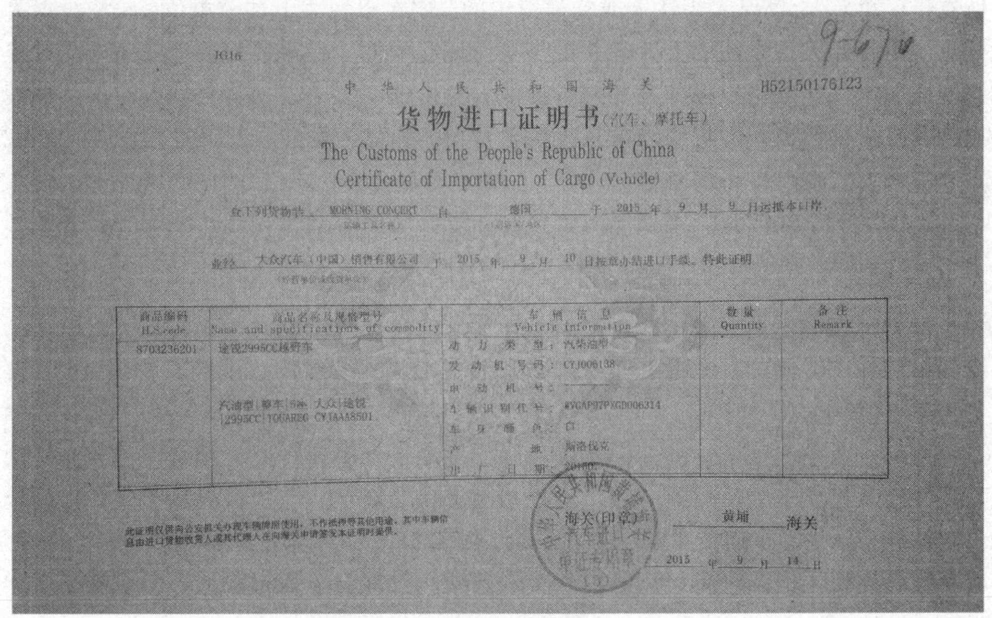

IG16

中华人民共和国海关　　H52150176123

货物进口证明书（汽车、摩托车）

The Customs of the People's Republic of China

Certificate of Importation of Cargo (Vehicle)

兹下列货物由 MORNING CONCERT 自 德国 于 2015 年 9 月 9 日运抵本口岸，

业经 大众汽车（中国）销售有限公司 于 2015 年 9 月 10 日按章办结进口手续，特此证明

商品编码 H.S.code	商品名称及规格型号 Name and specifications of commodity	车辆信息 Vehicle information	数量 Quantity	备注 Remark
8703236201	途锐2995CC越野车 汽油型|轿车|5座|大众|途锐|2995CC|TOUAREG CYJAAA8501	动力类型：汽油 发动机号码：CYJ006138 电动机号：—— 车辆识别代号：WVGAP97PXGD006314 车身颜色：白 产地：斯洛伐克 出厂日期：20160...		

此证明仅供向公安机关办理车辆牌照使用，不作抵押等其他用途，其中车辆信息由进口货物收货人或其代理人在向海关申请签发本证明时提供。

海关（印章）　黄埔 海关

2015 年 9 月 14 日

图 4-5　进口车进口证明

（1）投保单应按下列方式填写。

① 投保人口述，由公司业务人员或代理人员录入业务处理系统，打印后由投保人签字或签章，并将投保人提供的资料复印件附贴于投保单背面。

② 投保人利用保险公司的电子商务投保系统、触摸屏等工具自助录入，打印后由投保人签字。

③ 投保人手工填写后，签字并签章。业务人员或代理人员应将投保人提供的资料复印件附贴于投保单背面并加盖骑缝章。

④ 对于在原承保公司续保的业务，如果车辆信息以及投保人、被保险人信息均未发生变更，投保单仅需填写上年保单号即可；信息发生变化的，仅需填写上年保单号和变更后的相关信息。

⑤ 出具定额保险单和提车暂保单的投保人，无需填写“投保单”，但要求其必须在各联保单上签字确认。填写定额保险单和提车暂保单时，可以不出具保险证。填写交强险定额保单时，要同时出具保险标志。

（2）填写投保单要注意以下事项：

① 填写投保单应仔细、认真，尽量避免出现涂改现象，涂改超过 3 次的要重新填写。

② 投保单在填写过程中出现错误必须改动时，应首先将错误内容用双横线画掉，然后紧接其后继续填写；如果在投保单填写完毕后发现错误，应首先用双横线将错误内容画掉，然后在上方空白处填写正确内容。投保人为个人的，应在改写处签字确认，投保人为单位的，应在改写处签章确认。

③ 保险人在向投保人提供投保单时，必须同时提供与投保车辆相对应的保险条款。

④ 投保人为自然人，但不是由投保人办理投保手续时，或投保人为法人或其他组织时，应由投保人出具“办理投保委托书”，并载明“授权委托 ××× 以本投保人名义办理 ××××× 车辆的所有投保事宜”。投保人为法人或其他组织的，应在委托书上加盖单位公章。投保人为自然人的，应由投保人在委托书上签名并提供身份证明原件。办理投保的经办人应同时提供本人的身份证明原件。办理投保的委托书、投保人身份证明复印件（为自然人时）及办理投保的经办人的身份证明复印件均要附贴在投保单背面。投保人为法人或其他组织的，如能在投保单上加盖单位公章，可不用提供委托书。

（3）投保单的主要内容。不同保险公司投保单的格式不完全相同，但内容基本相同。

7. 验车验证

在投保人填写了机动车辆保险投保单或在认可的投保单上签名后，业务人员要检验投保人的投保车辆和有关证件（即验车验证），确定投保单内容和保险标的的真实可靠性，保证承保业务的质量。

（1）验车。业务人员应检验车辆号牌号码、发动机及车架号码、VIN 等是否与机动车行驶证上注明的及投保单上填写的一致，对于初次投保的新车，应检验机动车整车出厂合格证或进口车的进口证明；车辆技术状况是否符合 GB 7258—2014《机动车辆安全运行技术条件》的要求；是否配备了消防设备；车辆内外有无破损；投保全车盗抢险的还应检验是否加装了防盗设备。

※知识拓展※

以下车辆可以免验：

◆只投保交强险的机动车。

◆投保日期为发票开具日期的新车。

◆续保时，没有增加机动车损失保险及其附加险、盗抢险及其附加险的。

◆新保商业第三者责任险及其附加险的。

◆同一投保人投保多辆机动车的免验标准。不同保险公司规定不同，一般规定党政机关、企事业单位车队投保机动车的数量应大于10辆，营运车队投保机动车的数量应大于20辆。

（2）验证。业务人员应检验机动车行驶证、有效移动证（临时号牌）是否真实、有效，是否经公安机关车辆管理部门检验；核实投保车辆的合法性，各种证件是否与投保标的和投保单内容相符，投保人对投保车辆是否具有保险利益，并确定车辆使用性质和初次登记日期、已使用年限；指定驾驶人员的，应检验指定驾驶人员的机动车驾驶证，并对照投保单核实驾驶人员信息。

验车验证注意事项：

① 验车验证后，负责验车验证的人员要在投保单“验车验证情况”栏内签字确认。

② 对电话投保、网上投保等特殊业务，在未完成验车、验证的情况下，可根据投保人提交的信息，先行出具保险单，但必须在保险单送达投保人前，完成验车验证工作。

③ 验车验证结果与投保人提交信息不符时，应按照检验后的正确结果出具保险单或拒绝承保。

④ 验车时，要对车辆的4个45º方向进行拍照，清晰反映车辆的完好情况，还要有一张能够反映投保车辆投保日期的照片。一般方法是：把当日的报纸日期明显部分放置于车辆VIN码附近，然后拍照，如图4-6所示。把按要求拍好的照片通过网络传入核保系统，以备核保。如果投保日期为购车发票当日或是在上一个保险期间未到期的续保车辆，则无需拍照。

图4-6 能反映投保车辆投保日期的照片

（三）核　保

保险核保是保险人对每笔业务的风险进行辨认、评估、定价，并确认保单条件，以选择优质业务进行承保的一种行为。所以，核保对于控制经营风险，确保保险业务的健康发展有十分重要的作用，它是保险承保过程中的重要环节之一。核保完毕后，核保人在投保单上签署意见，将投保单、核保意见一并转业务内勤据此缮制保险单证。对超出本级核保权限的，应报上级公司核保。

1. 核保原则

核保应遵守以下5个原则：

（1）保证长期承保利润的原则。通过对保险标的进行严格的核保，以争取优质的业务进行承保，保证公司经营效益，避免只重视承保数量、忽略业务质量的片面做法，从而有利于公司的长远发展。

（2）提供优质保险服务的原则。核保是对承保风险的专业评估，可以为客户设计优化的保险方案，以充分满足客户需要，稳定客户数量，通过统一的标准，公正对待每一位客户，一视同仁地确定承保条件和费率，确保每个被保险人所支付的保费能真实反映风险等级的大小，让客户信服。

（3）争取市场领先地位的原则。保险公司应加强对核保人员的培训，完善对风险评估和保险方案确定的技术，形成技术的先进性，以保持其在市场上的竞争优势，通过不断提高承保技术，拓展新的业务领域，保持市场的领先优势。

（4）谨慎运用公司承保能力的原则。在条件不成熟的条件下，不要盲目承保高风险项目，做好巨灾风险的研究工作，积累核保经验，为以后的承保做好准备。

（5）核保工作规范化的原则。在核保过程中，核保人员要遵守国家法律、地方法规，遵守行业规章及公司的制度和市场准则，严格按照公司制度，在权限范围内开展核保工作。

2. 核保机构设置模式

核保模式有分级设置模式和核保中心模式两种。

（1）分级设置模式。根据内部机构设置情况、人员配备情况、开展业务需要、业务技术要求等设立数级核保组织。比如人保公司在各省分公司内设立三级核保组织，即省分公司、地市分公司（营业部）、县支公司（营业部）。这是我国普遍采用的一种模式。

（2）核保中心模式。即在一定的区域范围内设立一个核保中心，通过网络技术，对所辖的业务实行远程核保，如平安保险公司采用的就是这种模式。其优点在于：所有经营机构均可得到核保中心的技术支持，最大限度地实现技术和优势共享；核保中心可对各机构的经营行为进行有效控制和管理。按照核保管理集中的趋向，核保中心将成为今后保险公司核保的一个重要模式；同时网络技术的发展和广泛应用，为远程的集中核保提供了有利的条件和必要的技术保证。

3. 核保人员的等级和权限

目前核保人员一般分 3 个等级，根据核保人员的不同等级，授予不同的权限。

一级核保人主要负责审核特殊风险业务，包括高价值车辆的核保、特殊车型业务的核保、车队业务的核保，以及下级核保人员无力核保的业务。同时，还应及时解决其管辖范围内出现的有关核保技术方面的问题。

二级核保人主要负责审核非标准业务，即在核保手册中没有明确指示核保条件的业务，如保险金额、赔偿限额、免赔额等有特殊要求的业务。

三级核保人主要负责对常规业务的核保，即按照核保手册的有关规定对投保单的各要素进行形式上的审核，亦称投保单核保。

4. 核保手册

核保手册，即核保指南，是将公司对于机动车辆保险核保工作的原则、方针和政策，机动车辆保险业务中涉及的条款、费率以及相关的规定，核保工作中的程序和权限规定，可能遇到的各种问题及其处理的方法，用书面文件的方式予以明确。

核保手册是核保工作的主要依据。通过核保手册，核保人员能按统一标准和程序进行核保，可实现核保工作的标准化、规范化和程序化。

5. 核保的依据

核保手册已经将机动车辆保险业务核保过程中可能涉及的文件、条款、费率、规定、程序、权限等全部包含其中，所以，核保工作的主要依据是核保手册。

但是，由于环境的变化、标的的异同，核保过程中有可能出现一些新问题，而核保手册对此没有明确规定。此种情况下，二级和一级核保人应注意运用保险的基本原理、相关的法律法规和自己的经验，通过研究分析来解决，必要时应请示上级核保部门。

6. 核保的具体方式

核保的具体方式应当根据公司的组织结构、经营情况进行选择和确定，通常将核保的方式分为标准业务核保和非标准业务核保、事先核保和事后核保、集中核保和远程核保等。

（1）标准业务核保和非标准业务核保。标准业务是指常规风险的业务，这类风险的特点是其基本符合机动车辆保险险种设计所设定的风险情况，按照核保手册就能进行核保，通常由三级核保人完成标准业务的核保工作。非标准业务是指风险较大的业务，如保险价值浮动超过核保手册规定范围的业务、特殊车型业务、军车和外地车业务、高档车盗抢险业务等。而核保手册对于这类业务没有明确规定，无法完全依据核保手册进行核保。此时，应由二级或者一级核保人进行核保，必要时核保人应当向上级核保部门请示。

（2）事先核保与事后核保。事先核保是指投保人提出申请后，核保人员在接受承保之前对投保人、被保险人以及保险标的的风险进行评估和分析，决定是否承保，在决定承保的基础上，对承保标的的风险状况，运用保险技术手段，控制自身的责任和风险，以合适的条件予以承保。

事后核保是保险人承保后发觉保险标的风险超出核保标准规定而对保险合同做出淘汰的选择，或对标的金额较小、风险较低、承保业务技术比较简单、经营机构或者代理机构偏远、保险公司从人力和经济的角度难以做到事先核保的业务给予先行承保，然后再采用事后核保的方式。事后核保的结果表现为：继续承保；保险合同期满后不再续保；发现被保险人有错误申报的重要事实或欺诈行为后解除合同；行使合同的终止权终止合同效力等。

（3）集中核保和远程核保。集中核保可有效解决统一标准和规范业务的问题，实现技术和经验最大限度的共享。但集中核保的困难是经营网点分散，缺乏便捷和高效的沟通渠道。

远程核保就是建立区域性的核保中心，利用互联网等现代通信技术，对辖区内的所有业务进行集中核保。这种方式不仅可以利用核保中心人员技术的优势，还可利用中心庞大的数据库，实现资源共享。同时，还有利于对经营过程中的管理疏忽及道德风险实行有效防范。

（4）计算机智能核保和人工核保。计算机核保可大大缓解人工核保压力，提高效率和准确性，减少核保过程中的人为负面因素。但计算机不可能解决所有核保问题，对一些非程序化的、非常规业务的核保，仍离不开人员的参与。计算机智能核保与人工核保需要共存。

7. 核保流程

核保工作采取三级核保体制，但大多数情况下，二级核保即可完成。核保时，先由保险展业人员（包括业务员、代理人、经纪人）在展业的过程中进行初步审核，然后将初步接受的业务交由专业核保人员根据各级核保权限进行审核，超过本级核保权限的，报上级公司核保，进而决定是否承保。核保基本流程如图 4-7 所示。

8. 核保的主要内容

核保工作主要包括以下内容：

（1）审核投保单是否按规定内容与要求填写，有无错漏。

（2）审核业务人员或代理人是否验证和查验车辆，是否按要求向投保人履行了告知义务，对特别约定的事项是否在特约栏内注明。

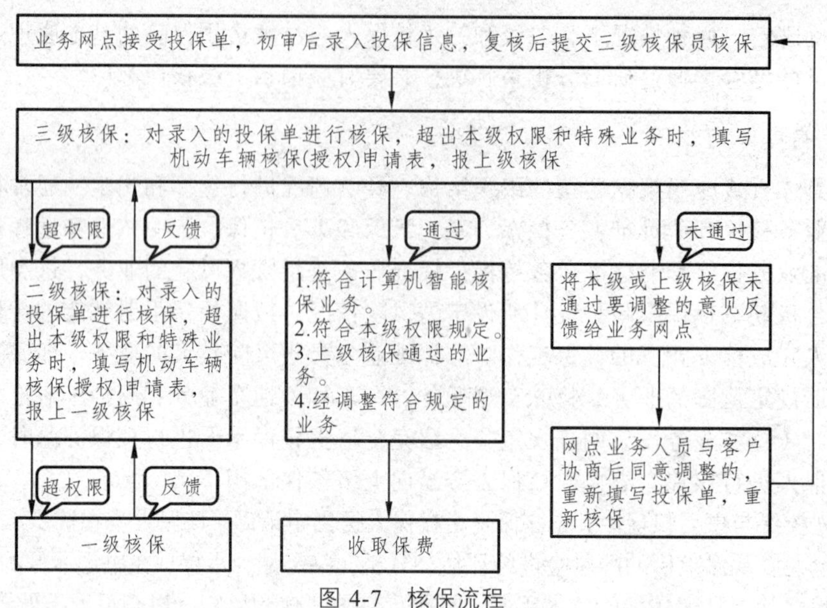

图 4-7　核保流程

（3）审核被保险人的性质确定、选择的条款种类、险种组合是否符合规定。

（4）审核各险种保险金额（责任限额）的确定是否符合规定，新车购置价确定是否准确，折旧率的确定是否符合规定。

（5）审核费率标准和计收保费是否正确。

（6）对于高保额和投保盗抢险的车辆，审核有关证件，查验实际情况是否与投保单的填写一致，是否按规定单号存档。

（7）对高发事故和风险集中的投保单位，提出限制性承保条件。

（8）对费率表中没有列明的车辆，视风险情况提出厘定费率的意见。

（9）审核对需要特别约定的事项是否在特约栏内注明。

（10）审核其他相关情况。

（四）签发单证

1. 打印单证

核保通过后，系统按预先设置的编制规则生成保险单号码。交强险和商业险必须分别出具保险单、保险标志、保险卡、发票。

商业险：打印保单、发票和保险卡。盖章后清分，保单业务联与发票业务联、投保单、投保资料一并装订归档，保单财务联与发票财务联交财务留存，保单正本与发票正本、保险卡一并交投保人。

交强险：使用保险监督管理机构监制的保险单、保险标志进行打印。盖章后清分，保单业务联与发票业务联、投保单、投保资料、机动车交通事故强制责任保险费率浮动告知单一并装订归档，保单财务联与发票财务联交财务留存，保单正本与发票正本、保险标志一并交投保人保存，保单公安交管留存联交由投保人在公安交管部门进行登记、检验等时交公安交管部门留存。

2. 交强险单证

交强险单证由保险监督管理机构监制，全国统一式样。交强险单证分为交强险保险单、定额保险单和批单 3 个类别。除摩托车和农用拖拉机可使用定额保险单外，其他投保车辆必须使用交强险保险单。交强险保险单、定额保险单均由正本和副本组成。正本由投保人或被保险人留存，副本包括业务留存联、财务留存联和公安交管部门留存联，正本背面印有《机动车交通事故责任强制保险条例》。图 4-8 为中国大地保险财产有限公司机动车交通事故责任强制保险单。

国家金融监督管理总局监制　　　　限在甘肃省销售

收费确认时间：2024-09-26 17:02:26

保单生成时间：2024-09-26 17:02:30

机动车交通事故责任强制保险单

（电子保单）

大地官方微信

单证查验

中国大地财产保险股份有限公司

China Continent Property & Casualty Insurance Company Ltd.

保险单号：PDFA246201004200000001307

被保险人	甘肃通韵快递产业有限公司					
被保险人身份证号码（组织机构代码）						
地　址	无			联系电话		
被保险机动车	号牌号码		机动车种类	货车	使用性质	非营业货运
	发动机号		识别代码（车架号）	LJNTGUCK4HN102424		
	厂牌型号	东风ZN1033UCN5 多用途货车	核定载客	5人	核定载质量	490千克
	排　量	2.438L	功　率	102KW	登记日期	2017年09月01日

责任限额	死亡伤残赔偿限额	180000 元	无责任死亡伤残赔偿限额	18000 元
	医疗费用赔偿限额	18000 元	无责任医疗费用赔偿限额	1800 元
	财产损失赔偿限额	2000 元	无责任财产损失赔偿限额	100 元

与道路交通安全违法行为和道路交通事故相联系的浮动比率：-40.0%

保险费合计(人民币大写)：柒佰贰拾元整　(￥:720.00 元)其中救助基金(0.00 %)　￥:0.00 元
（不含税保险费¥679.25元、增值税¥40.75元）

保险期间自 2024 年 09 月 27 日 00 时 00 分起至 2025 年 09 月 26 日 24 时 00 分止

保险合同争议解决方式	诉讼

代收车船税	整备质量	1695千克	纳税人识别号	91620123MA72B3UY96		
	当年应缴	￥162.72元	往年补缴	￥0.00元	滞纳金	￥0.00元
	合计（人民币大写）：壹佰陆拾贰元柒角贰分					（¥：162.72元）
	完税凭证号（减免税证明号）			开具税务机关		

特别约定	保单明示特别约定：尊敬的客户：您本次是通过直接销售渠道购买的车辆保险。 渠道名称：甘肃分公司兰州中心支公司直销/个代/互动渠道业务部。联系电话：95590 保单查询及通赔提示：投保次日起，您可以通过本公司网页（www.95590.cn），客户服务电话（95590），营业网点核实保单及理赔信息。被保险车辆出险后，被保险人可选择保险人在国内的任意一家车险全国通赔网点，就近接受查勘定损服务，并就近递交索赔资料、领取保险赔款，保险人不另外收取费用。
重要提示	1. 请详细阅读保险条款，特别是责任免除和投保人、被保险人义务。 2. 收到本保险单后，请立即核对，如有不符或疏漏，请及时通知保险人并办理变更或补充手续。 3. 保险费应一次性交清，请您及时核对保险单和发票（收据），如有不符，请及时与保险人联系。 4. 投保人应如实告知对保险费计算有影响的或被保险机动车因改装、加装、改变使用性质等导致危险程度增加的重要事项，并及时通知保险人办理批改手续。 5. 被保险人应当在交通事故发生后及时通知保险人。
保险人	公司名称：中国大地财产保险股份有限公司兰州中心支公司 公司地址：甘肃省兰州市城关区定西南路438号和平饭店综合楼17层 服务电话：95590　　邮政编码：730030　　签单日期：2024-09-26　　(保险人签章)

中国大地财产保险股份有限公司兰州中心支公司 电子保单专用章 (1)

核保：系统自核　　　　制单：　　　　经办：

图 4-8　中国大地保险财产有限公司机动车交通事故责任强制保险单

3. 商业险保险单

保险单是被保险人向保险人索赔保险事故损失的法律凭证，被保险人应妥善保存。商业险保险单由正本和副本组成。正本由投保人或被保险人留存；副本包括业务留存联和财务留存联。所以，商业险保单与交强险保险单相比，缺少公安交管部门留存联。图 4-9 为中国人民财产保险股份有限公司机动车保险单（正本）。

EEEBSC00181　　No. 6200240004592324

中国人民财产保险股份有限公司
“如意行”驾乘综合保险保险单（电子保单）

保险单号：PEBS202462010000053756

鉴于投保人已仔细阅读了本保险所适用的保险条款，并已知悉了保险条款中免除保险人责任的内容（包括但不限于责任免除条款、免赔额、免赔率、比例赔付或者给付等免除或者减轻保险人责任的条款），愿意以上述保险条款的约定为基础向保险人投保“如意行”驾乘综合保险，并按本保险合同约定交付保险费，保险人同意按照本保险合同的约定承担保险责任，特立本保险单为凭。

如本保险合同的被保险人包含未成年人，则：被保险人不满10周岁的，死亡保险金额不超过人民币20万元；被保险人已满10周岁但未满18周岁的，死亡保险金额不超过人民币50万元（但航空意外死亡保险金额及重大自然灾害意外死亡保险金额不计算在上述规定限额之中）。具体内容以中国保监会关于未成年人死亡保险金额的有关规定为准。

投保人信息

姓名/名称：　　**证件类型：** 身份证　　**证件号码：**

被保险人信息

被保险人为以下车辆的驾驶人员及乘客（注：由于投保时无法确定所有被保险人，并且保险期间开始后由于驾驶员和乘客不断发生变化导致被保险人变动频繁，实际承保的被保险人以以下车辆的实际驾驶人员及乘客为准），以及特别约定中的其他被保险人。

机动车号牌号码：　　**车架号：**

发动机号：　　**核定载人数：** 5人

机动车使用性质： 家庭自用汽车　　**被保险人数：** 5人

受益人信息

依法律规定处理。

保障内容

保障项目	每人保险金额（人民币：元）	总保险金额（人民币：元）	适用中国人民财产保险股份有限公司条款
驾驶或乘坐非营运汽车意外伤害身故、残疾给付(寿命或身体)	200000	1000000.00	交通出行人身意外伤害保险（A款）（2022版）条款
法定节假日 驾驶或乘坐非营运汽车意外伤害身故、残疾给付(寿命或身体)	200000	1000000.00	附加法定节假日意外伤害双倍给付保险（2022版）条款
意外医疗费用补偿(寿命或身体)(给付比例80.00%,每次事故免赔额100.00元)	100000	500000.00	附加意外伤害医疗保险条款（B款）
意外住院津贴(寿命或身体)(每次免赔日数3.00天,每份每日津贴给付标准50.00元,总给付日数180.00日)	9000	45000.00	附加意外伤害住院津贴保险（C款）条款

保险期间： 自2024年10月27日0时00分00秒起至2025年10月26日24时00分00秒止。

保险费合计： 人民币（大写）叁佰元整 ¥300.00元

争议处理方式： 诉讼

特别约定：

（1）出险时若车辆实际载人数小于或等于核定载人数，各保障项目的每人保险金额为：该保障项目的总保险金额 / 核定载人数。

（2）出险时若车辆实际载人数大于核定载人数，各保障项目的每人保险金额为：该保障项目的总保险金额 / 实际载人数。

（3）保险人对各保障项目项下累计给付的保险金之和不超过本保单该保障项目的总保险金额。

（4）被保险人未参加社会基本医疗保险或公费医疗的，“意外医疗费用补偿”责任的每次事故免赔额调整为750元，给付比例调整为60%。

图 4-9　中国人民财产保险股份有限公司机动车保险单（正本）

4. 保险卡

保险卡是投保人购买汽车保险的凭证，内容简单，便于随车携带，以方便车辆出险后被保险人能及时向保险公司报案。图 4-10 为中国平安财产保险股份有限公司保险卡。

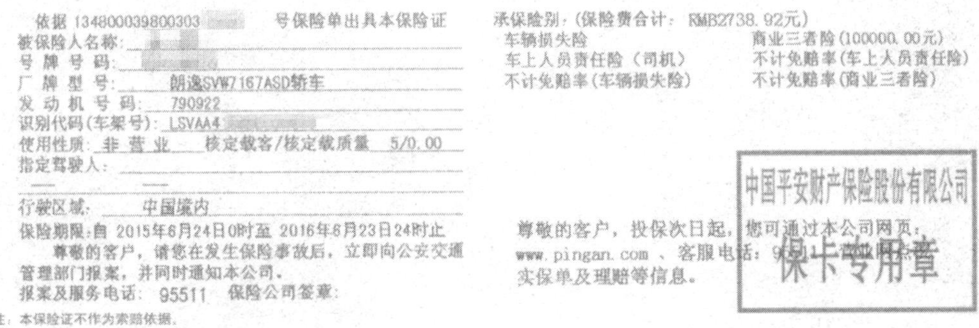
依据 134800039800303 号保险单出具本保险证

被保险人名称：

号牌号码：

厂牌型号：朗逸SVW7167ASD轿车

发动机号码：790922

识别代码(车架号)：LSVAA4

使用性质：非营业　核定载客/核定载质量　5/0.00

指定驾驶人：

行驶区域：中国境内

保险期限：自 2015年6月24日0时至 2016年6月23日24时止

尊敬的客户，请您在发生保险事故后，立即向公安交通管理部门报案，并同时通知本公司。

报案及服务电话：95511　保险公司签章：

注：本保险证不作为索赔依据。

承保险别：(保险费合计：RMB2738.92元)

车辆损失险　　商业三者险(100000.00元)

车上人员责任险（司机）　　不计免赔率(车上人员责任险)

不计免赔率(车辆损失险)　　不计免赔率(商业三者险)

尊敬的客户，投保次日起，您可通过本公司网页：www.pingan.com、客服电话：9…实保单及理赔等信息。

中国平安财产保险股份有限公司

保卡专用章

图 4-10　保险卡

5. 单证清分

对投保单、保险单、保险费收据、保险证，应由业务人员清理归类。投保单的附表要加贴在投保单的背面，加盖骑缝章。清分时，按下列要求进行：

（1）清分给投保人的单证：交强险保险单正本及条款、交强险标志、商业性保险单正本及条款、保险证、保费发票（保户留存联）等。

（2）计财部门留存的单证：保险费发票（财务留存联）、交强险保险单与商业性保险单的副本（财务留存联）。

（3）业务部门留存的单证：交强险保险单与商业性保险单的副本、投保单、保险费发票（业务留存联）。留存业务部门的单证，应由专人保管并及时整理、装订、归档。归档时，应注意以下顺序：承保单证应按保费收据、保险单副本、投保单及其附表的顺序进行归档；保险单应按号码顺序排列（含作废保险单），装订成册，封面及装订要按档案规定办理，并标明档案保存期限；对回收作废的单证要集中销毁，并登记；保险监制单证的使用应符合规定和要求，由专人保管，不得遗失。

（五）批　改

签发保险单证后，对保险合同内容进行修改、补充或增删所进行的一系列作业称为批改。经批改所签发的一种书面证明称为批单（见图 4-11），也称背书。

对保险合同的任何修改均应使用批改形式完成。被保险人应事先书面通知保险人申请办理批改手续。保险批单是保险合同的组成部分，其法律效力高于格式合同文本内容，且末次批改内容的效力高于前期批改内容的效力。

保单批改的内容主要包括：被保险人信息更改、车主信息更改、投保车辆信息更改、增加特别约定、变更约定驾驶人员、保险期限更改、险种增加或减少、车辆使用性质更改、车辆种类更改、保险金额（限额）增加或减少、行驶区域变更、免赔额变更、保险车辆危险程度增加或减少等。

中国保险监督管理委员会监制　　　　限在重庆市销售

PICC 中国人保财险

北京2008年奥运会保险合作伙伴

机动车交通事故责任强制保险批单（正本）

渝：

批单号：

被保险人：　　　　保险单号：

批文：

保险人签章：

年　月　日

备　注：

核保：　　　　制单：　　　　经办：

第三联　交投保人

图 4-11　人保机动车交强险批单（正本）

在保险合同主体及内容变更的情况下，一般需要对保险合同进行相应变更。汽车保险合同生效后，如果保险汽车的所有权发生了变化，汽车保险合同是否继续有效，取决于申请批改的情况。如果投保人或被保险人申请批改，保险人经过必要的核保，签发批单同意，则原汽车保险合同继续有效。如果投保人或被保险人没有申请批改，汽车保险不能随着保险汽车的转让而自动转让，汽车保险合同也不能继续生效。

保险车辆在保险有效期内发生转卖、转让、赠送他人，变更使用性质，调整保险金额或每次事故最高赔偿额，增加或减少投保车辆，终止保险责任等，都需申请办理批改单证，填制批改申请书送交保险公司。保险公司审核同意后，出具批改单给投保人存执。存执粘贴于保险单正本背面。保险凭证上的有关内容也将同时批改异动，并在异动处加盖保险人业务专用章。

为此，《机动车辆保险条款》也规定：在保险合同有效期内，保险车辆转卖、转让、赠送他人、变更用途或增加危险程度，被保险人应当事先书面通知保险人并申请办理批改。同时，一般汽车保险单上也注明“本保险单所载事项如有变更，被保险人应立即向本公司办理批改手续，否则，如有任何意外事故发生，本公司不负赔偿责任”的字样，以提醒被保险人注意。

（六）续　保

保险合同到期后，其效力会自然终止，被保险人将不再享受保险保障利益。为避免合同因到期而效力丧失，投保人一般会采取续保行为。

续保是指在原有保险合同即将期满时，投保人向保险人提出继续投保的申请，保险人根据投保人的实际情况，对原有合同条件稍加修改而继续签约承保的行为。

续保是一项保险合同双方“双赢”的活动。对投保人来说，通过及时续保，一方面，可以从保险人那里得到连续不断的、可靠的保险保障与服务，另一方面，作为公司的老客户，可以在保险费率方面享受续保优惠。对保险人来说，老客户的及时续保，可以稳定业务量，同时还能利用与投保人建立起来的关系，减少许多展业工作量与费用。

在汽车保险实务中，续保业务一般在原保险期到期前一个月开始办理。对于续保以后至原保险单到期这段时间发生的保险责任事故，保险理赔记录查询系统会记录在案，等下一次购买保险时，作为计算保费的优惠率。

任务二　汽车保险投保实务

一、投保原则

（一）交强险必须投保

我国于 2006 年 7 月 1 日开始施行交强险。如果机动车所有人、管理人未按照《道路交通安全法》《机动车交通事故责任强制保险条例》等法律法规投保交强险，则公安机关交通管理部门可以扣留在道路上行驶的机动车，并通知机动车所有人、管理人依照规定投保，同时处以依照规定投保最低责任限额应缴纳保费的 2 倍罚款。因此，交强险作为车辆上道路行驶的必备条件，是必须购买的险种。

（二）商业险应量力而行

交强险的保障总额为 20 万元。其中，死亡伤残赔偿限额 18 万元；医疗费用赔偿限额 1.8 万元；财产损失赔偿限额 0.2 万元。这就是说，交强险只体现了对第三者损害的基本保障，许多情况下不能完全补偿第三者的损失。而车辆所有者或使用者除了面临第三者赔偿的风险，还面临车辆自身因交通事故、火灾、水灾、盗窃、雹灾、泥石流等意外事故遭受损失的风险，以及车上人员、车上货物等多种风险。这些都需要车辆所有者或使用者进行风险转嫁，即购买第三者责任险、车辆损失险、车上人员责任险、车上货物责任险等商业保险。由于商业保险险种丰富并以营利为目的，且坚持自愿购买原则，所以，客户应根据自身风险状况和经济能力综合考虑购买相应的险种和额度。

二、投保注意事项

（一）投保前注意事项

（1）了解保险公司财务状况。投保人投保的目的是当保险合同约定的保险事故发生时保险公司能补偿自身的经济损失，而保险公司的财务状况是否良好决定着其偿付能力是否充足。所以，投保人在投保前应了解保险公司的财务状况。

（2）了解保险条款的准确含义。保险条款是保险合同的组成部分之一，由保险公司单方面制定，因此，投保人应详细了解条款的含义，确切知晓所购买的保险的保障内容。由于保险条款使用了大量专业术语，投保人可以就其不明白的地方询问展业人员，展业人员应如实告知。

（3）比较保险公司的服务。主要考虑网点分布、售后服务、附加服务等。网点分布决定了投保、理赔的方便程度；售后服务包括：业务人员是否热情周到、及时送达保险单、及时通报新产品、及时赔付、耐心听取并真心解决顾客的投诉、注意与顾客的沟通等；附加服务是提高公司形象的重要手段，也是其提供的延伸产品，如持保险单在日常生活中享受消费优惠、经常召开联谊会、对故障车辆免费施救、给客户免费洗车等。

（4）比较保险产品内容。主要考虑其保险责任、保险费用。目前，各保险公司非常重视车险产品的开发，所以其保险产品的品种和类型越来越丰富。面对不同的车险产品，投保人应根据自身情况，挑选最适合与满意的产品。挑选保险产品时，首先，要注意所选险种的保险责任与自己的风险是否对应。因为保险公司只负责赔偿保险责任范围内的损失。其次，车险产品的价格也是需要考虑的因素。因此，投保人可根据公司提供的费率规章和各种优惠政策进行简单的费用计算，然后比较其价格高低，争取以较少的投入获得适合自身风险的较大保障。

（5）比较并选择投保方式。常见的投保方式有上门投保、到保险公司营业部门投保、电话投保、网上投保、通过保险代理人投保、通过保险经纪人投保等。多种投保方式的费率优惠程度不同。一般来说，通过保险代理人、保险经纪人投保的，保费较贵，网上投保费率优惠较大。

（二）投保时注意事项

（1）投保时应如实告知。投保人无论投保交强险还是投保商业机动车保险都应当如实告知。否则，机动车辆发生保险事故时，保险公司将不负责赔偿。

（2）及时交纳保险费。为保障自身权益，应及时交纳保险费。根据规定，交纳保险费一般是保险合同生效的前提条件，而保险费交付前发生的保险事故，保险人不承担赔偿责任。

（3）不重复投保。构成重复保险的车辆出险时，各保险公司一般是按其保险金额与保险金额总和的比例承担赔偿责任的，不存在重复保险重复赔偿的问题，只能多付保费。

（4）不超额投保。超额保险中，其超出部分无效，其赔偿效果等同于足额保险。因此，投保人不要超额投保，避免无意义的保费支出。

（三）投保后注意事项

（1）了解保险责任开始时间。保险责任开始时间应由双方在保险合同中约定。如果没有约定的，保险实务中规定，于次日零时生效。投保人必须清楚合同生效时间，合同生效才对自己有保障，否则，保险公司不承担赔偿责任。

（2）注意对保险车辆的安全维护。对车辆的安全维护，是被保险人应尽的义务，也是享受保险合同保障的前提条件。

（3）保留随时退保的权利。对保险公司服务不满意的，投保人具有随时退保的权利。退保时，保险公司应收取自保险责任开始之日起至合同解除之日止的保险费，退还剩余部分保险费。

三、投保流程

汽车投保流程如图 4-12 所示。

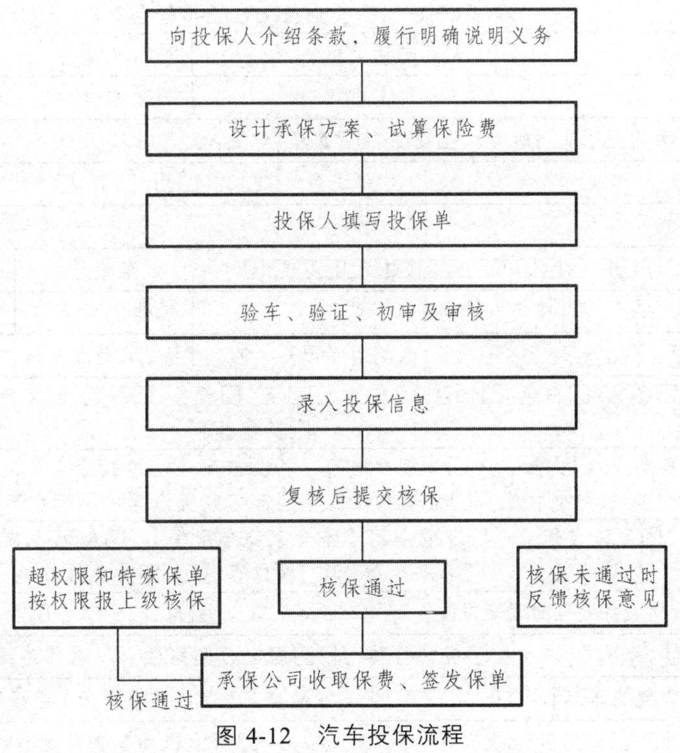

图 4-12　汽车投保流程

四、投保单的填写

（一）投保单

投保单是保险合同组成部分之一，投保人必须如实填写。表 4-6 为 × ×财产保险股份有限公司机动车保险/机动车交通事故责任强制保险投保单。

表 4-6　××财产保险股份有限公司机动车保险/机动车交通事故责任强制保险投保单

No：

欢迎您到××财产保险股份有限公司投保!在您填写本投保单前请先详细阅读《机动车交通事故责任强制保险条款》及我公司的机动车辆保险条款，阅读条款时请您特别注意各个条款中的保险责任、责任免除、投保人义务、被保险人义务等内容并听取保险人就条款（包括责任免除条款）所作的说明。您在充分理解条款后，再填写本投保单各项内容（请在需要选择的项目前的“□”内画“√”表示）。为了合理确定投保机动车的保险费，并保证您获得充足的保障，请您认真填写每个项目，确保内容的真实可靠。您所填写的内容我公司将为您保密。本投保单所填写内容如有变动，请及时到我公司办理变更手续。

<table>
<tr><td rowspan="3">投保人</td><td>投保人名称/姓名</td><td colspan="3"></td><td>投保机动车数</td><td>辆</td></tr>
<tr><td>联系人姓名</td><td></td><td>固定电话</td><td></td><td>移动电话</td><td></td></tr>
<tr><td>投保人住所</td><td colspan="3"></td><td>邮政编码</td><td>□□□□□□</td></tr>
<tr><td rowspan="5">被保险人</td><td colspan="2">□自然人姓名：</td><td>身份证号码</td><td colspan="3">□□□□□□□□□□□□□□□□□□</td></tr>
<tr><td colspan="3">□法人或其他组织名称：</td><td>组织机构代码</td><td colspan="2">□□□□□□□□□</td></tr>
<tr><td>被保险人单位性质</td><td colspan="5">□党政机关、团体　□事业单位　□军队（武警）　□使（领）馆
□个体、私营企业　□其他企业　□其他</td></tr>
<tr><td>联系人姓名</td><td></td><td>固定电话</td><td></td><td>移动电话</td><td></td></tr>
<tr><td>被保险人住所</td><td colspan="3"></td><td>邮政编码</td><td>□□□□□□</td></tr>
<tr><td rowspan="14">投保车辆情况</td><td>被保险人与车辆的关系</td><td colspan="2">□所有　□使用　□管理</td><td>车主</td><td colspan="2"></td></tr>
<tr><td>号牌号码</td><td></td><td>号牌底色</td><td colspan="3">□蓝　□黑　□黄　□白　□白蓝　□其他颜色</td></tr>
<tr><td>厂牌型号</td><td></td><td>发动机号</td><td colspan="3"></td></tr>
<tr><td>VIN 码</td><td colspan="2">□□□□□□□□□□□□□□□□□</td><td>车架号</td><td colspan="2"></td></tr>
<tr><td>核定载客</td><td>人</td><td>核定载质量</td><td>千克</td><td>排量/功率</td><td>L/kW</td></tr>
<tr><td>初次登记日期</td><td>年　月</td><td>已使用年限</td><td>年</td><td>年平均行驶里程</td><td>公里</td></tr>
<tr><td>车身颜色</td><td colspan="5">□黑色　□白色　□红色　□灰色　□蓝色　□黄色　□绿色　□紫色　□粉色　□棕色
□其他颜色</td></tr>
<tr><td>机动车种类</td><td colspan="5">□客车　□货车　□客货两用车　□挂车　□摩托车（不含侧三轮）　□侧三轮
□农用拖拉机　□运输拖拉机　□低速载货汽车　□特种车：请填写用途</td></tr>
<tr><td>机动车使用性质</td><td colspan="5">□家庭自用　□非营业用（不含家庭自用）　□出租/租赁　□城市公交
□公路客运　□旅游客运　□营业性货运</td></tr>
<tr><td colspan="2">上年是否在本公司投保商业机动车保险</td><td colspan="4">□是　□否</td></tr>
<tr><td>行驶区域</td><td colspan="5">□省内行驶　□固定行驶路线　具体路线：</td></tr>
<tr><td>是否为未还清贷款的车辆</td><td>□是　□否</td><td colspan="2">车损险与车身划痕险选择汽车专修厂</td><td colspan="2">□是　□否</td></tr>
<tr><td>上年赔款次数</td><td colspan="2">□交强险赔款次数　次</td><td colspan="3">□商业机动车保险赔款次数　次</td></tr>
<tr><td colspan="2">上一年度交通违法行为</td><td colspan="4">□有　□无</td></tr>
<tr><td colspan="2">投保主险条款名称</td><td colspan="5"></td></tr>
<tr><td>指定驾驶人</td><td>姓名</td><td colspan="3">驾驶证号码</td><td colspan="2">初次领证日期</td></tr>
<tr><td>驾驶人 1</td><td></td><td colspan="3">□□□□□□□□□□□□□□□□□□</td><td colspan="2">年　月　日</td></tr>
<tr><td>驾驶人 2</td><td></td><td colspan="3">□□□□□□□□□□□□□□□□□□</td><td colspan="2">年　月　日</td></tr>
<tr><td colspan="2">保险期间</td><td colspan="5">年　月　日零时起至　年　月　日二十四时止</td></tr>
</table>

第 1 页，共 2 页

投保险种		保险金额/责任限额（元）	保险费（元）	备注
□机动车交通事故责任强制保险				
□机动车损失险：新车购置价　　　元				
□商业第三者责任险				
□车上人员责任险	投保人数　　　人	/人		
	投保人数　　　人	/人		
□盗抢险				
□附加玻璃单独破碎险	□国产玻璃			
	□进口玻璃			
□附加停驶损失险：日赔偿金额　　元×　　天				
□附加自燃损失险				
□附加火灾、爆炸、自燃损失险				
□附加车身划痕损失险		元		
□附加新增加设备损失险				
□附加车上货物责任险				
□附加不计免赔率特约条款	□机动车损失险			
	□第三者责任险			
□附加可选免赔额特约条款		免赔金额：		
保险费合计（人民币大写）：		（¥：		元）
特别约定				
保险合同争议解决方式选择	□诉讼	□提交	仲裁委员会仲裁	

本保险合同由保险条款、投保单、保险单、批单和特别约定组成。

投保人声明：保险人已将投保险种对应的保险条款（包括责任免除部分）向本人作了明确说明，本人已充分理解；上述所填写的内容均属实，同意以此投保单作为订立保险合同的依据。

投保人签名/签章：

______年______月______日

验车验证情况	□已验车　□已验证　查验人员签名：　　年　　月　　日　　时　　分		
初审情况	业务来源：□直接业务　□个人代理 □专业代理　□兼业代理 □经纪人　□网上/电话业务 代理（经纪）人名称： 上年度是否在本公司承保：□是　□否 业务员签字：　　年　　月　　日	复核意见	复核人签字：　　年　　月　　日

注：阴影部分内容由保险公司人员填写。

第 2 页，共 2 页

（二）投保单填写

1. 投保人与被保险人的信息

（1）填写目的：确定投保人，判断其资格，是否对保险标的具有保险利益；确定交费义务人，投保人是交费义务人；确定被保险人，被保险人是享有保险金请求权的人；为客户提供后续增值服务。

（2）填写要求：投保人与被保险人为单位的，名称填写全称，应与公章名称一致；投保人与被保险人为个人的，填写姓名，与身份证一致；名称应与车辆行驶证相符，使用人或所有人称谓与行驶证不符或车辆是合伙购买与经营时，应在投保单规定位置注明，以便登录在保险单上；地址是指法律确认的自然人的生活住所或法人的主要办事机构所在地；根据被保险人单位性质，把汽车属性分为：党政机关（团体）车辆、事业单位车辆、军队（武警）车辆、使（领）馆车辆、个体或私营企业车辆、其他企业车辆、其他车辆等。

2. 投保车辆信息

（1）填写目的：确定投保车辆的唯一性；依据不同属性、使用性质、车辆类型、座位/吨位、车龄、行驶区域等确定费率。

（2）填写要求：被保险人与车辆的关系如果是所有关系，则被保险人与车主为同一人，如果是使用或管理关系，则被保险人与车主不是同一人，此栏主要看被保险人是否对标的车具有保险利益。

填写车辆管理机关核发的车牌号码并注明底色，如甘 A-A××××（蓝）。号牌号码应与车辆行驶证一致，号牌底色分蓝、黑、黄、白、白蓝、其他颜色等 6 类。

厂牌型号、发动机号、车架号、VIN 码等按照投保车辆行驶证或合格证的内容填写。对于新车尤其注意要把合格证上的发动机号码、车架号、VIN 码中的字母和数字写完整；对于有 VIN 码的车辆，应以 VIN 码代替车架号。

核定载客/核定载质量，根据车辆行驶证注明的核定载客人数或核定载质量填写。客车填核定载客人数，货车填核定载质量，客货两用车填写核定载客人数/核定载质量。

排量/功率，汽车、摩托车填排量，拖拉机填功率。排量单位为 L，功率单位为 kW。

初次登记日期，根据行驶证上的登记日期填写。它是理赔时确定车辆实际价值的依据。

已使用年限，指车辆自开始使用到保险期限起始时的使用年数，不足一年的不计算。

年平均行驶里程，指投保车辆自出厂到投保单填写日的实际已行驶的总里程与已使用年限的比值。一般根据里程表上显示的总里程数计算，如里程表有损坏或进行过调整、更换，应根据车辆实际已行驶的里程计算。

车身颜色，按照车身颜色的主色系在“黑、白、红、灰、蓝、黄、绿、紫、粉、棕”10 种颜色中归类选择一种颜色；多颜色车辆，应选择面积较大的一种颜色；有机动车辆登记证书（见图 4-13）的车辆，按照登记证书中的“车身颜色”栏目填写。如实在无法归入上述色系中，可作为“其他颜色”。

机动车种类，按照车辆行驶证上注明的车辆种类填写。车辆种类主要包括：货车、客车、客货两用车、挂车、摩托车（不含侧三轮）、侧三轮、农用拖拉机、运输拖拉机、低速载货汽车、特种车等种类。若为特种车，还需要写明车辆用途。

机动车登记证书编号：xxxxxxxxxxxx

注册登记摘要信息栏

<table>
<tr><td rowspan="2">Ⅰ</td><td colspan="2">1. 机动车所有人/身份证明名称/号码</td><td colspan="4"></td></tr>
<tr><td>2. 登记机关</td><td></td><td>3. 登记日期</td><td></td><td>4. 机动车登记编号</td><td></td></tr>
</table>

过户、转入登记摘要信息栏

<table>
<tr><td rowspan="2">Ⅱ</td><td colspan="2">机动车所有人/身份证明名称/号码</td><td colspan="3"></td><td></td></tr>
<tr><td>登记机关</td><td></td><td>登记日期</td><td></td><td>机动车登记编号</td><td></td></tr>
<tr><td rowspan="2">Ⅲ</td><td colspan="2">机动车所有人/身份证明名称/号码</td><td colspan="3"></td><td></td></tr>
<tr><td>登记机关</td><td></td><td>登记日期</td><td></td><td>机动车登记编号</td><td></td></tr>
<tr><td rowspan="2">Ⅳ</td><td colspan="2">机动车所有人/身份证明名称/号码</td><td colspan="3"></td><td></td></tr>
<tr><td>登记机关</td><td></td><td>登记日期</td><td></td><td>机动车登记编号</td><td></td></tr>
<tr><td rowspan="2">Ⅴ</td><td colspan="2">机动车所有人/身份证明名称/号码</td><td colspan="3"></td><td></td></tr>
<tr><td>登记机关</td><td></td><td>登记日期</td><td></td><td>机动车登记编号</td><td></td></tr>
<tr><td rowspan="2">Ⅵ</td><td colspan="2">机动车所有人/身份证明名称/号码</td><td colspan="3"></td><td></td></tr>
<tr><td>登记机关</td><td></td><td>登记日期</td><td></td><td>机动车登记编号</td><td></td></tr>
<tr><td rowspan="2">Ⅶ</td><td colspan="2">机动车所有人/身份证明名称/号码</td><td colspan="3"></td><td></td></tr>
<tr><td>登记机关</td><td></td><td>登记日期</td><td></td><td>机动车登记编号</td><td></td></tr>
</table>

第1页

注册登记机动车信息栏

<table>
<tr><td>5. 车辆类型</td><td colspan="2"></td><td colspan="2">6. 车辆品牌</td><td></td></tr>
<tr><td>7. 车辆型号</td><td colspan="2"></td><td colspan="2">8. 车身颜色</td><td></td></tr>
<tr><td>9. 车辆识别代号/车架号</td><td colspan="2"></td><td colspan="2">10. 国产/进口</td><td></td></tr>
<tr><td>11. 发动机号</td><td colspan="2"></td><td colspan="2">12. 发动机型号</td><td></td></tr>
<tr><td>13. 燃料种类</td><td colspan="2"></td><td colspan="2">14. 排量/功率</td><td>mL/ kW</td></tr>
<tr><td>15. 制造厂名称</td><td colspan="2"></td><td colspan="2">16. 转向形式</td><td></td></tr>
<tr><td>17. 轮距</td><td colspan="2">前 后 mm</td><td colspan="2">18. 轮胎数</td><td></td></tr>
<tr><td>19. 轮胎规格</td><td colspan="2"></td><td colspan="2">20. 钢板弹簧片数</td><td>后轴 片</td></tr>
<tr><td>21. 轴距</td><td colspan="2">mm</td><td colspan="2">22. 轴数</td><td></td></tr>
<tr><td>23. 外廓尺寸</td><td colspan="4">长 宽 高 mm</td><td rowspan="8">33. 发证机关章</td></tr>
<tr><td>24. 货厢内部尺寸</td><td colspan="4">长 宽 高 mm</td></tr>
<tr><td>25. 总质量</td><td>kg</td><td colspan="2">26. 核定载质量</td><td>kg</td></tr>
<tr><td>27. 核定载客</td><td>人</td><td colspan="2">28. 准牵引总质量</td><td>kg</td></tr>
<tr><td>29. 驾驶室载客</td><td>人</td><td colspan="2">30. 使用性质</td><td></td></tr>
<tr><td>31. 车辆获得方式</td><td></td><td colspan="2">32. 车辆出厂日期</td><td></td></tr>
</table>

34. 发证日期

第2页

图 4-13　机动车登记证书

机动车使用性质。车辆使用性质主要分营业与非营业两类，目前，多数保险公司又将其细分为家庭自用、非营业用（不含家庭自用）、出租/租赁、城市公交、公路客运、旅游客运、营业性货运等。

上年是否在本公司投保商业机动车保险，用以判定投保人能否享受无赔款优待以及优待比例，同时还判定投保人是否为本公司的续保客户或忠诚客户。

行驶区域。汽车可指定行驶区域，以获得费率优惠。指定行驶区域分省内行驶、固定行驶路线，对固定行驶路线的还需指明具体路线。

是否为未还清贷款的车辆，如果是，贷款方是谁？同时保险人一般会要求投保人选择保险范围较宽的险种，以保障财产的安全。

车损险与车身划痕险若选择汽车专修厂，则费率将上浮一定比例。

上年度赔款次数和交通违法行为，是费率浮动的依据。

3. 驾驶员信息

（1）填写目的。确定指定驾驶员后的费率优惠系数；为理赔做准备，如果不是指定驾驶员使用车辆出险，保险公司将增加一定的免赔率。

（2）填写要求。不指定驾驶员的不用填写；若指定驾驶员，可以指定 1 名，也可以指定不超过 3 名的多人；指定驾驶员的姓名、性别、年龄、初次领证日期、驾驶证号码等信息根据机动车驾驶证（见图 4-14）信息填写。

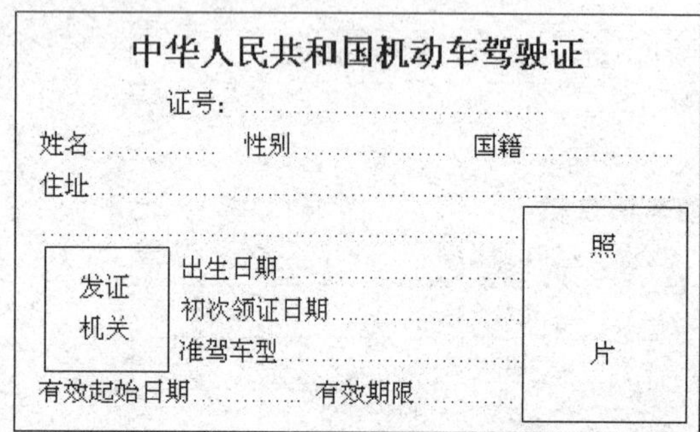

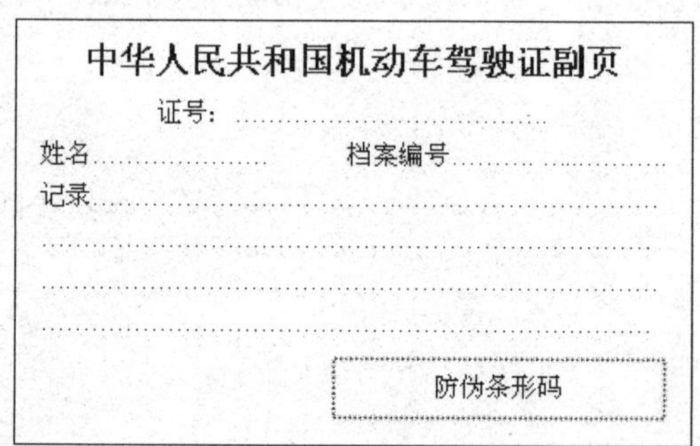

图 4-14　机动车驾驶证

4. 保险期间

（1）填写目的。明确合同期限。

（2）填写要求。保险期限通常为一年，费率表中的费率是保险期限为一年的费率；保险期限不足一年的按短期月费率计收保险费，不足一个月的按一个月计算；短期保险费=年保险费×短期月费率系数。

5. 投保险种信息

（1）填写目的：确定投保险种；确定保险金额或责任限额。

（2）填写要求。投保单填写有以下要求：

① 交强险固定赔偿限额，保费根据上一年事故次数进行浮动。

② 对车损险，既要告知客户合同为不定值保险合同，也要清楚新车购置价是指保险合同签订地购置与保险车辆同类型新车（含车辆购置税）的价格，还要按车辆信息从费率表中选取基础保费和相应费率。

③ 对三者险，需根据车辆信息、个人确定的责任限额从费率表中选取不同档次的固定保险费。

④ 其他险种的保险金额、责任限额及保费确定。

⑤ 保费计算时注意费率优惠系数的适用险种。

6. 特别约定

（1）填写目的。对保险合同的未尽事宜，投保人和保险人协商后，在此栏注明。

（2）填写要求。特别约定内容不得与法律相抵触，否则无效。投保单和保险单特别约定内容要一致，且在投保时向客户如实告知。

（3）常见约定内容。常见的约定有对保单收费的约定、对投保车损险的特别约定、对投保全车盗抢险的特别约定、对投保新增设备损失险的特别约定、对营业性大货车和长途客车的约定。

① 对保单收费的约定："在保险合同签订时交清保险费，否则本公司不承担保险责任""自起保之日起××日内交清保险费，否则本公司不承担保险责任""本保单保费分××期付款，第一期保费××元于起保前交清，剩余保费于××年××月××日前交清。逾期未交，发生保险事故，按出险时的保费到账比例赔付"。

② 对投保车损险的特别约定：如车损险保险金额未达到新车购置价，应约定"车损险不足额投保，出险后按比例赔付"；除新车、未保车辆损失险的车辆、车辆损失险保额低于实际价值的车辆外，应约定"如标的车损超过出险时的实际价值，按出险时的实际价值计算赔偿"；除前述约定外，对车况较差的车辆，也可以根据车况约定"本标的车实际价值为××元"。

③ 对投保全车盗抢险的特别约定：如没有办理正式牌照，应约定"盗抢险自办理正式牌照并到本公司办理批改之日起生效，保险止期不变"；承保主要在本地使用的外省、市籍牌照车辆，可约定"盗抢险限在××省、市内"。

④ 对投保玻璃单独破碎险的特别约定：进口玻璃按国产玻璃投保，应约定"本车按国产玻璃收费，出险时按国产玻璃赔付"。

⑤ 对投保新增设备损失险的特别约定：应准确列出新增设备明细及金额。

⑥ 对营业性大货车和长途客车的约定：装载必须符合国家法律法规中有关机动车辆装载的规定。

7. 争议解决方式选择

（1）填写目的。明确合同的履行发生争议时采取的司法手段。

（2）填写要求。争议处理方式分仲裁和诉讼两种，根据投保人的要求选择相应的项目即可。

8. 投保人声明

（1）投保人声明的含义。投保人声明投保单各项内容填写属实，核对无误；投保人声明对条款内容特别是责任免除和投保人、被保险人义务无异议；投保人同意投保，完成合同的要约步骤。

（2）填写要求。投保人声明必须由投保人本人（本单位）签章。

9. 标的初审

（1）审核目的。完成合同是否承诺步骤。

（2）填写要求。查验人员要写明验车或验证情况，并签名；业务来源要分类，业务员要签字；复核人签发意见并签名。

本章小结

1. 车险承保流程由展业、投保、核保、签发单证、批改、续保 6 个环节组成，其核心环节为：投保—核保—签发单证。

2. 展业是保险人向客户宣传保险、介绍保险产品的过程，是保险经营的第一步。宣传内容主要是本公司机构网络、偿付能力、服务优势、保险产品的保险责任、责任免除、投保人义务、保险人义务及承保和理赔手续等。

3. 制订保险方案应把握充分保障的原则、经济实用的原则、如实告知的原则。

4. 投保是投保人向保险人表达购买汽车保险意愿的行为，具体表现为对汽车保险条款的认真阅读和投保单的如实填写。

5. 核保是保险人对每笔业务的风险进行辨认、评估、定价，并确认保单条件，以选择优质业务进行承保的一种行为。核保原则有：提供优质保险服务的原则、保证长期承保利润的原则、争取市场领先地位的原则、谨慎运用公司承保能力的原则、核保工作规范化的原则。

6. 核保机构分类包括分级设置模式和核保中心模式两种。

7. 核保的具体方式应当根据公司的组织结构、经营情况进行选择和确定，通常将核保的方式分为标准业务核保和非标准业务核保、事先核保和事后核保、集中核保和远程核保等。

8. 签发单证时，保险公司对交强险和商业险必须分别出具保险单、保险标志、保险卡、发票。

9. 在保险单证签发后，对保险合同内容进行修改、补充或增删所进行的一系列作业称为批改。保单批改的内容主要包括：被保险人信息更改、车主信息更改、投保车辆信息更改、增加特别约定、变更约定驾驶人员、保险期限更改、险种增加或减少、车辆使用性质更改、车辆种类更改、保险金额（限额）增加或减少、行驶区域变更、免赔额变更、保险车辆危险程度增加或减少等。

10. 续保是指在原有的保险合同即将期满时，投保人向保险人提出继续投保的申请，保险人根据投保人的实际情况，对原有合同条件稍加修改而继续签约承保的行为。

11. 投保时应把握交强险必保、商业险量力而行的原则。

技能实训指导

◆ 实训指导 4-1

情景描述：张先生，32 岁，驾龄 5 年，新买了一辆轿车，作为家庭自用。新车购置价 38 万元，平时一般停放在露天停车位，经常驾车出游，有两次追尾事故记录。张先生的妻子也经常用车，驾龄 1 年，无不良驾驶记录。

思考题：作为保险公司的业务员，你应建议刘先生如何投保车险？并为刘先生设计投保方案。

◆ **实训指导 4-2**

情景描述：张老师和王老师是同事，张老师以 30 万元的价格购买了王老师的轿车 GLK260。

思考题：请你为张老师介绍车辆保险要不要处理？怎么处理？

【实训任务工单 4-1】

<table>
<tr><td>任务名称</td><td>投保方案设计</td><td>学时</td><td>2</td><td>班级</td><td></td></tr>
<tr><td>学生姓名</td><td></td><td>学生学号</td><td></td><td>任务成绩</td><td></td></tr>
<tr><td>实训场地</td><td colspan="3">汽车保险与理赔实训室</td><td>日期</td><td></td></tr>
<tr><td>实训设备</td><td colspan="5">电话、上网电脑、接待桌椅、笔、记录本、风险管理方法资料</td></tr>
<tr><td>任务描述</td><td colspan="5">出租车公司原有 50 辆出租车，本公司主要是雇佣司机开车，现又买了 10 辆车，需要为这 10 辆新车设计汽车保险投保方案，这 10 辆车主要由雇佣司机使用。要求学生为出租车公司车辆设计投保方案</td></tr>
<tr><td colspan="6">一、资讯
教师分析案例提出引导问题，学生通过小组讨论、查询和指导教师指导等形式获得准备工作的信息。
1. 说明投保流程？

2. 投保误区及注意事项有哪些？

3. 投保方案如何选择？

二、决策
1. 学生小组讨论分析投保车辆。

2. 学生通过小组讨论确定投保方案。</td></tr>
</table>

三、计划

1. 工作分配：以 6 人一组进行训练，_____人代表出租车公司投保；____人作为保险公司业务人员，为出租车公司设计险种方案。

2. 时间安排：出租车公司投保（___分钟）+保险销售人员为出租车公司设计投保方案（___分钟）。

3. 工作步骤：按小组讨论的决策方案实施。

4. 设备和工具：需要准备哪些设备和工具？

四、实施

设计投保方案：

五、检查

1. 自查

自查人：

2. 互查

互查人：

六、评估

1. 考核评价

项目	能力表现	分值	得分
记录投保信息	记录技巧、详细程度、规范程度、耐心程度、沟通要点、准确	10	
投保流程	流程准确、全面	30	
投保方案设计	投保方案设计准确、合理、全面	40	
团队合作情况	团队荣誉感、协作能力、领导能力	10	
学习工作态度	谦虚、诚恳、刻苦、努力、积极	10	
合计		100	

2. 教师点评

教师签名：

【实训任务工单 4-2】

任务名称	汽车保险承保实务	学时	2	班级	
学生姓名		学生学号		任务成绩	
实训场地	汽车保险与理赔实训室			日期	
实训设备	电话、上网电脑、接待桌椅、笔、记录本、计算器、投保单、风险管理方法资料				
任务描述	出租车公司原有50辆出租车，本公司主要是雇佣司机开车，现又买了10辆车，需要为这10辆新车设计汽车保险投保方案，这10辆车主要由雇佣司机使用。要求学生为出租车车辆办理承保业务				

一、资讯

教师分析案例提出引导问题，学生通过小组讨论、查询和指导教师指导等形式获得准备工作的信息。

1. 承保工作的内容及流程?

2. 填写投保单的注意事项?

3. 汽车保险核保流程?

二、决策

1. 学生小组讨论确定险种方案。

2. 学生通过小组讨论确定承保流程。

三、计划

1. 工作分配：以6人一组进行训练，____人代表出租车公司投保；____人作为保险公司业务人员，为出租车公司设计险种方案。

2. 时间安排：出租车公司投保（____分钟）+保险销售人员办理承保业务（____分钟）。

3. 工作步骤：按小组讨论的决策方案实施。

4. 设备和工具：需要准备哪些设备和工具?

四、实施

1. 保险人向投保人介绍条款，履行明确说明义务：

2. 协助投保人制订险种方案：

3. 计算保险费：

4. 协助投保人填写投填单（提醒投保人履行如实告知义务）：

5. 业务人员验车、验证，确保保险标的的真实性：

6. 将投保信息录入业务系统，复核后利用网络提交核保人员核保：

7. 核保通过后，业务人员收取保费、出具保险单，并向投保人说明相关注意事项：

8. 承保完成后，进行数据处理和客服人员进行客户回访：

五、检查

1. 自查

自查人：

2. 互查

互查人：

六、评估

1. 考核评价

项目	能力表现	分值	得分
录入投保信息	录入准确、迅速、合理	10	
保费计算	计算准确、迅速、细节处理	30	
填写投保单	详细程度、规范程度、准确合理	30	
验车核保	仔细程度、细节处理	20	
团队合作情况	团队荣誉感、协作能力、领导能力	5	
学习工作态度	谦虚、诚恳、刻苦、努力、积极	5	
合计		100	

2. 教师点评

教师签名：

复习思考题

一、填空题

1. 选择保险方案应把握的原则有_________、_________。

2. 核保机构设置模式分为______模式和______模式，其中______模式将成为今后保险公司核保的一个重要模式。

3. 交强险标志证明是投保人已经投保的标志，分______型和______型两种，具有前风挡玻璃的投保车辆应使用______型。

4. 一个完整的承保流程由 6 个环节组成，而其核心环节由 3 个环节组成，即________、________、________。

5. 在保险单证签发后，对保险合同内容进行修改、补充或增删所进行的一系列作业称为______，其所签发的一种书面证明称为______。

6. 交强险单证分为______、______和______3 个类别。

二、判断题

1. 交强险实行分项赔偿限额，投保商业三责险是必要的补充。（ ）

2. 投保单必须由投保人亲自填写。（ ）

3. 新保商业第三者责任险及其附加险的，可以不验车。（ ）

4. 如果续保保险未到期车辆，则无需拍照。（ ）

5. 投保单在填写过程中出现错误必须改动时，应首先将错误内容用横线画掉，然后紧接其后继续填写。（ ）

6. 电话车险不用验车。（ ）

7. 保险理赔时只要保险单，所以投保单不重要。（ ）

三、选择题

1. 填写投保单时，涂改超过（　　）次的要重新填写。

A. 1　　B. 2

C. 3　　D. 4

2. 核保工作的主要依据是（　　）。

A. 核保手册　　B. 保险的基本原理

C. 相关的法律法规　　D. 工作经验

3. 进口车进口证明书上无（　　）。

A. 车辆识别代码　　B. 发动机号码

C. 购车人的姓名或购车单位名称　　D. 车辆型号

4. 汽车保险投保单中一般规定的汽车情况包括（　　）。

A. 号牌号码、厂牌型号、发动机号、车架号、VIN 码

B. 车辆种类、座位/吨位、车辆颜色、初次登记年月

C. 汽车的使用性质与行驶区域

D. 以上答案都正确

5. 有关批改效力的规定正确的是（　　）。

A. 批改的效力优于原文

B. 如存在多次批改，最近一次批改的效力优于之前的批改

C. 手写批改的效力优于打印批改

D. 以上答案都正确

6. 批改作业所签发的书面证明称为（　　）。

A. 投保单　　B. 保险单

C. 保险凭证　　D. 批单

四、简答题

1. 承保流程包括哪 6 个环节？
2. 客户投保时应注意哪些事项？
3. 保险方案的主要内容包括哪些？
4. 投保单中有哪些信息？
5. 核保工作的主要内容有哪些？
6. 验车验证应注意哪些事项？
7. 查验车辆的主要内容有哪些？
8. 常见的保险单证有哪些？

五、分析与计算题

假如你为某保险公司的工作人员，现有投保人刘先生找你为他新买的私家轿车买汽车保险。相关信息如下，请完成以下任务。

1. 计算应交保费。
2. 请填写投保单（安邦财产保险股份有限公司机动车辆综合保险投保单）。

投保人基本信息： 投保人：刘× 联系人姓名：陈× 联系人移动电话 ：1390000××× 投保人住所：兰州市安宁区刘家堡×号 邮编：730070
被保人基本信息： 被保人姓名：陈× 身份证号：62010519901203×××× 联系人姓名：陈× 移动电话：1390000××× 被保险人住所：北兰州市安宁区刘家堡×号 邮编：730070 被保险人单位性质：事业单位
车辆基本信息： 号牌号码：甘A ××××× 厂牌型号：福特翼虎 3.0L M1 VIN ：LGQEF 4A517B78×××× 核定载客：5人 核定载质量：1500 kg 排量：3.0L 新车购置价：300 000 元 已用年限：0年 已行驶公里数 6 km 被保险人与车辆的关系：所有 车主：陈× 初次登记日期：2012年7月30日 号牌底色：蓝色 车身颜色：灰色 车辆种类：客车 车辆使用性质：家庭自用汽车 汽车安全性能：防盗系统，ABS，安全气囊 固定停放地点：固定车位 行驶区域：跨省行驶 车损险以及附加险理赔次数：0次 三者险以及其附加险赔款次数 0 次 是否在我公司投保：否 车损险选择汽车专修厂：4S店兰州金岛汽车销售服务有限公司
约定驾驶员信息： 姓名：陈× 驾驶证号：62010519901203×××× 初次领证日期：2010年09月01日 准驾车型：C1 驾驶员属性：主驾驶员
投保险种信息： 交通事故责任强制保险； 全额车辆损失险； 25万第三者责任险； 车上人员责任险（司机）1人； 车上人员责任险（乘客）4人； 玻璃单独破碎险 ； 全车盗抢险； 自燃损失险；
车辆验车情况：未验车 业务员姓名：江× 代理人名称：江× 上年度承保公司：平安保险 处理时间：2013年12月28日 业务来源：直接业务 投保车辆上年交通违法情况：无违法记录 投保主险名称：商业保险 保险期间：2015年12月28日0时—2016年12月27日24时 特别约定：无 争议解决方式：诉讼

安邦财产保险股份有限公司
ANBANG PROPERTY & CASUALTY INSURANCE CO.,LTD.

机动车辆综合保险投保单

No：

欢迎您到安邦财产保险股份有限公司投保机动车辆保险！在您填写本投保单前请先仔细阅读我公司的《机动车辆综合保险条款》，并在充分理解条款后再填写本投保单（请在需要选择的项目前的“□”内画√表示，阴影部分的内容由我公司的业务员填写）。为了合理确定保险费，并保证您能够获得充分的保障，请您认真填写每个项目，确保填写内容的真实可靠。您所填写的内容我公司将为您保密。

投保人	名称/姓名					投保车辆数	辆	
	地址/住所					邮政编号	□□□□□□	
	联系人姓名		固定电话			移动电话		
被保险人	□自然人姓名：		身份证号码	□□□□□□□□□□□□□□□□□□				
	□法人或其他组织名称：					组织机构代码	□□□□□□□□□	
	住所/地址					邮政编码	□□□□□□	
	单位性质	□党政机关、团体 □事业单位 □军队（武警） □使（领）馆 □个体、私营企业 □其他企业 □其他						
	联系人姓名		固定电话			移动电话		
投保车辆情况	被保险人与车辆的关系	□所有 □使用 □管理	车主					
	号牌号码		厂牌型号			发动机号		
	VIN码	□□□□□□□□□□□□□□□□□				车架号		
	车身颜色	□黑色 □白色 □红色 □灰色 □蓝色 □黄色 □绿色 □紫色 □粉色 □棕色				新车购置价		
	核定载客	人	核定载质量	千克		排量/功率	L/kW	
	初次登记日期	年 月	已使用年限	年		已行驶里程	公里	
	种类	□进口车 □国产车 □客车 □货车 □客货两用车 □挂车 □摩托车 □拖拉机□农用运输车 □特种车（用途： ）						
	使用性质	□家庭自用 □机关、事业单位自用 □企业自用 □出租客运 □公交客运 □公路客运 □旅游客运 □租赁 □营业性货运						
	安全配置	□ABS □安全气囊 □防撞钢梁 □报警器 □中控锁 □方向盘锁 □排挡锁 □GPS						
	固定停放地点	□露天停车场 □室内停车场 □无人看管场所						
	行驶区域	□跨省行驶 □省内行驶 □固定营业路线：						
投保车辆上年度的承保公司		□安邦 □人保 □太平洋 □平安 □天安 □华泰 □永安 □华安 □太平 □大众 □中华 □大地 □						
固定驾驶员情况	姓名		性别	□男 □女	年龄	岁	驾龄	年
	驾驶证号	□□□□□□□□□□□□□□□□□□						
险种		保险金额/赔偿限额（元）		保险费（元）		备注		
基本险	车辆损失险							
	第三者责任险 □人身伤亡 □财产损失 □人身伤亡和财产损失	/每次事故						

<table>
<tr><td rowspan="23">附加险/特约条款</td><td>名称</td><td>保险金额/赔偿限额(元)</td><td>保险费(元)</td><td>备　注</td></tr>
<tr><td>□自燃损失险</td><td>同车辆损失险</td><td></td><td></td></tr>
<tr><td>□新增加设备损失险</td><td></td><td></td><td></td></tr>
<tr><td>□玻璃单独破碎险
□进口　□国产</td><td></td><td></td><td></td></tr>
<tr><td>□灯具或车镜单独损坏险</td><td></td><td></td><td></td></tr>
<tr><td>□车辆停驶损失险</td><td></td><td></td><td>赔偿天数:　天
日赔偿金额:　元</td></tr>
<tr><td>□全车盗抢险</td><td></td><td></td><td></td></tr>
<tr><td>□租车人失踪险</td><td></td><td></td><td></td></tr>
<tr><td>□车身油漆划伤险</td><td>6 000 元</td><td></td><td></td></tr>
<tr><td>□车上人员责任险
□选择座位投保，座位数:
□按核定座位投保，座位数:</td><td>/每人</td><td></td><td></td></tr>
<tr><td>□车上货物责任险</td><td></td><td></td><td></td></tr>
<tr><td>□车载货物掉落责任险</td><td>/每次事故</td><td></td><td></td></tr>
<tr><td>□无过失责任险</td><td>同第三者责任险</td><td></td><td></td></tr>
<tr><td>□车辆意外事故污染责任险</td><td>2 万元</td><td></td><td></td></tr>
<tr><td>□交通事故精神损害赔偿责任险</td><td>/每次事故</td><td></td><td></td></tr>
<tr><td>□杂支费用险</td><td>5 000 元</td><td></td><td></td></tr>
<tr><td>□交通费用补贴险</td><td></td><td></td><td>赔偿天数:　天
日赔偿金额:　元</td></tr>
<tr><td>□不计免赔率险</td><td></td><td></td><td></td></tr>
<tr><td>□不计免赔额险</td><td></td><td></td><td></td></tr>
<tr><td>□固定驾驶人员特约条款</td><td></td><td></td><td></td></tr>
<tr><td>□自负额特约条款</td><td colspan="3">每次事故自负额: □500 元　□800 元　□1000 元　□1500 元
□2 000 元　□3 000 元　□5 000 元</td></tr>
<tr><td colspan="2">保险费调整系数</td><td colspan="3"></td></tr>
<tr><td colspan="2">保险费合计(人民币)</td><td colspan="3">(¥　元)</td></tr>
<tr><td colspan="2">保险期限</td><td colspan="3">年　月　日零时起至　年　月　日二十四小时止</td></tr>
<tr><td colspan="2">保险合同争议解决方式</td><td colspan="3">□诉讼　□提交　仲裁委员会仲裁</td></tr>
<tr><td>特别约定</td><td colspan="4"></td></tr>
</table>

投保人声明：保险人已将投保险种对应的保险条款（包括责任免除部分）向本人作了明确说明，本人已充分理解；上述所填写的内容均属实，同意以此投保单作为订立保险合同的依据。

投保人签名 / 盖章：

年　月　日

<table>
<tr><td colspan="4">保险公司填写栏</td></tr>
<tr><td colspan="2">验车验证情况</td><td colspan="2">□已验车　□已验证　查验人员签名：　年　月　日　时　分</td></tr>
<tr><td>初审情况</td><td>业务来源：□直接业务　□个人代理
□专业代理　□兼业代理
□经纪人　□网上/电话业务
代理（经纪）人名称：
上年度是否在本公司承保：□是　□否
业务员签字：　年　月　日</td><td>复核意见</td><td>复核人签字：　年　月　日</td></tr>
</table>

项目五　汽车保险理赔实务

学习目标

1. 了解汽车保险理赔的概念、特点、原则。
2. 熟悉汽车保险理赔的流程、理赔案卷的整理。
3. 学会根据理赔流程指导客户按程序处理事故。
4. 掌握赔款理算方法及核赔内容。
5. 熟悉定损流程，掌握事故损失的确定原则和注意事项。
6. 掌握现场查勘的原则。
7. 熟悉现场查勘的程序和工作顺序。
8. 熟悉现场查勘的要求。
9. 掌握现场查勘的方法和工作技巧。

学习导入

车主电话报案称，他所投保的轿车于10月8日22时左右因倒车不慎撞到了墙上，请求查勘定损。保险公司接到报案后，迅速安排查勘人员赶赴现场，发现墙上有碰撞痕迹，但地上碎片却很少。经查勘，前保险杠、前保险杠右支架、吸能杠、前照灯、雾灯、右前叶子板、空滤器总成、左前纵梁等有所损坏。当查勘人员向驾驶员询问事故经过时，驾驶员声称车的损失为这一次事故造成的，而且反复强调要自己联系4S店去维修。

分析：查勘人员根据现场情况，分析得出以下疑点：第一，碰撞后地上脱落的碎片很少，而且许多比较大的碎片不知去向。第二，虽然碰撞痕迹处有部分因损失形成的新茬，但大多是旧茬。第三，车主反复强调要自己联系4S店维修，令人起疑。查勘人员根据疑点，进一步认真取证，后又反复询问事故经过，并向客户说明事故作假的后果，最后客户主动放弃了索赔。本次为保险公司挽回损失3 200余元。

总结：正常发生的事故，现场与碰撞痕迹是相吻合的。假如查勘时发现痕迹不符，一般属于非现场事故。本案中，车主反复强调要自己联系去4S店维修，可以理解为其目的是得到更高的赔偿金额，从而获得额外利益。可见，对事故处理，保险公司不能走过场，而是要要对每个环节都认真调查，如果事故属实，则快速理赔；否则，则拒赔。汽车保险事故必须按原则、按程序进行理赔。

任务一　汽车保险理赔

一、汽车保险理赔的意义

汽车保险理赔是指被保险车辆在发生保险责任范围内的损失后，保险人依据保险合同条款的约定，审核保险责任、确定损失程度，对被保险人提出的索赔请求进行处理的行为。汽车保险理赔涉及保险合同双方的权利与义务的实现，是保险经营中的一项重要内容。保险人应谨慎处理保险理赔事宜。

理赔是保险人依照保险合同履行保险责任、被保险人享受保险权益的实现形式，保险理赔涉及投保人（被保险人）和保险人的各自利益，因此做好理赔工作对双方都有积极意义。

（一）保险理赔对投保人（被保险人）的意义

保险理赔对投保人（被保险人）来说，能及时恢复其生产或安定其生活。因为汽车保险的基本职能是损失补偿，当被保险车辆发生事故后，被保险人就会因产生经济损失向保险人索赔，保险人则根据合同对被保险人的损失予以补偿，从而实现对被保险人生产和生活的保障。

（二）保险理赔对保险人的意义

（1）检验承保业务质量。通过赔付额度或赔付率等指标，保险人可以发现保险费率、保险金额是否合理，防灾防损工作是否有效，从而进一步改进保险企业的经营管理水平，提高其经济效益。

（2）提高保险公司知名度。汽车保险的被保险人涉及各行各业，人数众多，是保险公司向社会各界宣传企业形象、推广公共关系的窗口。理赔工作作为保险产品的售后服务环节，其理赔人员的服务态度是否主动热情、真诚周到，服务质量是否令人满意，将直接影响保险公司在公众心目中的形象，进而影响他们是否愿意购买车险。

（3）识别保险欺诈。保险欺诈的最终目的是获取赔偿，该目的只有通过理赔才能实现。理赔人员通过加强查勘、定损、核赔等，可有效识别保险欺诈，为保险公司挽回经济损失。

二、汽车保险理赔的特点

理赔人员了解和掌握车险理赔特点是做好该项工作的前提。汽车保险与其他保险相比，其理赔工作具有以下 6 个特点：

（一）汽车流动性大

汽车经常处于移动状态，这就导致汽车发生事故的地点和时间具有不确定性，所以保险公司必须拥有一个全天候的报案受理机制和庞大而高效的查勘定损网络来支持其理赔服务，做到随时随地都能接受报案并予以及时处理。

（二）损失频率高且损失幅度较小

汽车出险频率较高，而且大多数保险事故损失金额比较小，所以保险公司在经营过程中需投入大量人员进行案件的受理、查勘、定损及核损和结案处理等，保险公司的运营费用较大。

（三）赔偿金总额大

汽车保险个案的赔偿金额虽然不大，但由于事故数量多，总赔款额大，所以对保险公司的经营产生较大影响。

（四）道德风险概率大

欺诈现象严重的主要原因是汽车保险具有标的流动性强、保险信息不对称、保险条款不完善、相关法律环境不健全等，这给了许多不法之徒以可乘之机。近年来，汽车保险理赔工作难度逐渐加大，主要原因是：汽车设计、制造技术日趋成熟完善，加之以电子技术为主的高新技术在汽车上的普及应用，使现代汽车的结构更加合理，性能更加可靠，因车辆机械原因导致的交通事故比例呈下降趋势，而由人为因素引起的交通事故比例则迅速增加，人为因素具有复杂难辨的特点。而有些理赔人员没有根据汽车保险理赔现状的改变而调整、充实、提高自己，再加之平时工作任务繁重，所以出现了应付任务、得过且过的做法，给图谋不轨的人员留下了可乘之机。

（五）受制于维修企业的程度较大

由于汽车保险中对车辆损失的赔偿方式多以维修为主，所以维修企业在汽车保险的理赔中也扮演着重要角色。这主要是由于多数被保险人认为保险公司和维修企业间有相关协议，既然是保险公司委托维修企业对车辆进行维修，那么其必须负责相关事项。一旦因修理价格、工期和质量等出现纠纷时，保险公司和维修企业会一并遭到指责，认为是保险公司的服务质量差。事实上，保险公司只负责承担保险合同约定风险而导致的损失补偿，对事故车辆维修过程中产生的问题没有责任。

（六）被保险人具有公众性

我国汽车保险的被保险人以前主要是企事业单位，随着私家车的增加，被保险人中私家车车主的比例逐年增加。由于这些被保险人文化、知识、修养差异较大，再加上他们对保险、交通事故处理、车辆修理等方面知识的匮乏，他们购买保险时处于被动地位。另外，由于利益驱动，查勘定损及理算人员在理赔过程中与其交流时存在较大障碍。所以要求保险人对每个案件都提供较高的服务质量，不仅是技术上的，甚至包括条款解释、行为举止、其他方面的咨询等。这样保险人才能做到既对每个案件准确定损、合理赔偿，又能向众多被保险人宣传公司、宣传产品、树立企业形象。

三、汽车保险理赔的原则

汽车保险理赔工作涉及面广，情况比较复杂。为了更好地贯彻保险经营方针，提高汽车保险理赔工作质量，汽车保险理赔必须遵循如下原则：

（一）满意性原则

在保险事故发生后，被保险人往往因惊恐而处于心理上的失衡状态。而被保险人对保险理赔工作的处理方式和处理意见是否满意，直接关系到保险人的信誉和经营效果。如果被保险人对保险的理赔过程和处理结果满意，则有助于通过被保险人的宣传而扩大保险经营的规模；如果被保险人对此不满意，往往导致当事双方诉诸法律。所以，保险人理赔时所采取的处理方式和处理态度非常重要，保险理赔工作应首先遵循满意性原则。

（二）迅速性原则

汽车保险理赔的速度直接关系到被保险人能否获得及时补偿。所以，保险人在汽车保险理赔时应遵循迅速性原则。保险人接到被保险人的事故报案后，应该迅速做出反应。这种“迅速”体现在以下3个方面：

（1）到达现场要迅速。查勘人员接到查勘通知后，如果能迅速到达事故现场，不但会使被保险人得到心理上的安慰，而且能够及时给予指导和参与救援，使被保险人得到援助，提高保险人在被保险人心中的信誉度。

（2）现场查勘要迅速。以确保保险人掌握第一手的事故资料，防止被保险人为利益而隐瞒事实，实施欺骗。

（3）案件处理要迅速。如果案件清楚明了，就应该迅速支付赔款结案；如果案情复杂但可确定属于保险责任且符合预付赔款要求的，现场查勘之后应预付部分赔款，以解被保险人的燃眉之急；如果事故确实属于责任免除范畴，应有理有据地出具拒赔通知书，并做好安抚工作。

（三）准确性原则

涉及责任免除的确定、被保险人义务的遵守、免赔的计算方法等许多有关保险合同的专业性问题，并不是每一个被保险人都清楚无误，所以保险人在计算保险赔付时应力求准确，不能因保险人具有专业知识而刻意压低赔款或欺骗被保险人。因此，在汽车保险理赔时，应对事故导致的直接损失费用计算准确，依据保险合同的约定，合理地确定各项损失费用，这是确保被保险人满意的基础。

（四）公平性原则

根据保险分摊性质，如果赔付过多，虽然个别被保险人受益，但易导致广大被保险人承担过多的保险费，同时也会影响保险人的偿付能力。如果赔付过低，虽然保险人暂时受益，但因被保险人不满意易导致保险人的保险信誉下降，从而影响保险的经营稳定性。所以，在保险理赔时，应遵循公平性原则，尽量做到理赔结果对保险当事双方都公平。对于不应赔付的案件，一定不赔付；对于应赔付的，不可多赔，亦不可少赔。

任务二　汽车保险理赔业务流程

汽车保险的理赔工作过程是指从接受被保险人的出险报案开始，通过现场查勘，确定保险责任和赔偿金额，直至给付赔款的整个过程。理赔工作是一项复杂而繁重的工作。

汽车保险理赔业务流程对于不同的保险公司有一些细小的差别，实际的业务类型也有些区别。但综合来看，整个保险理赔过程一般包括：受理案件、现场查勘、确定保险责任、立案、定损核损、赔款理算、缮制赔款计算书、核赔、结案处理、支付赔款等环节。具体流程如图 5-1 所示。

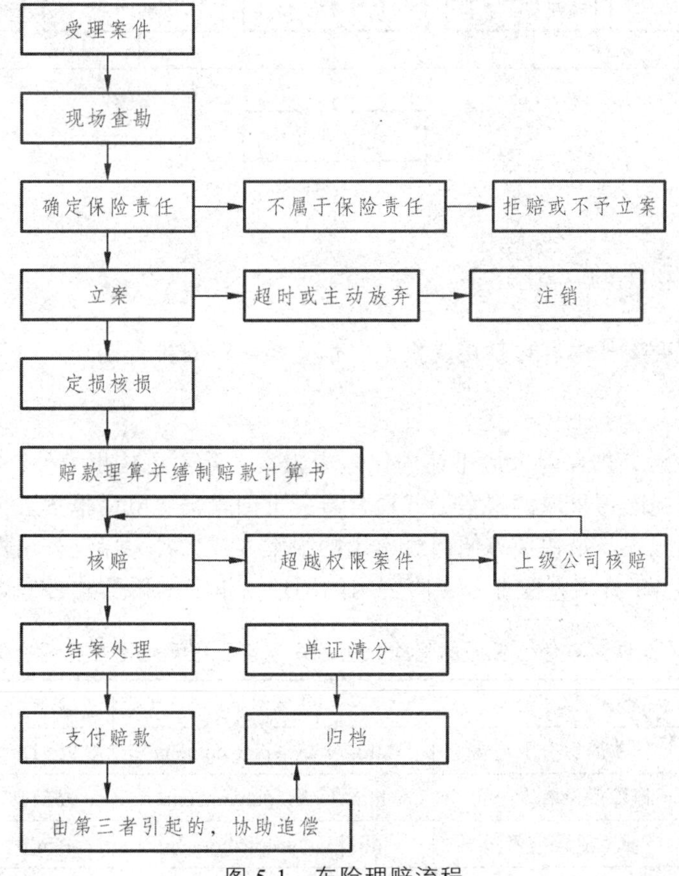

图 5-1　车险理赔流程

一、受理案件

受理案件是指保险人接受被保险人的报案，并对相关事项做出安排。

（一）受理报案的流程

保险人收到被保险人报案后，需要开展询问案情、查询与核对承保信息、调度安排查勘人员等工作。具体操作流程如图 5-2 所示。

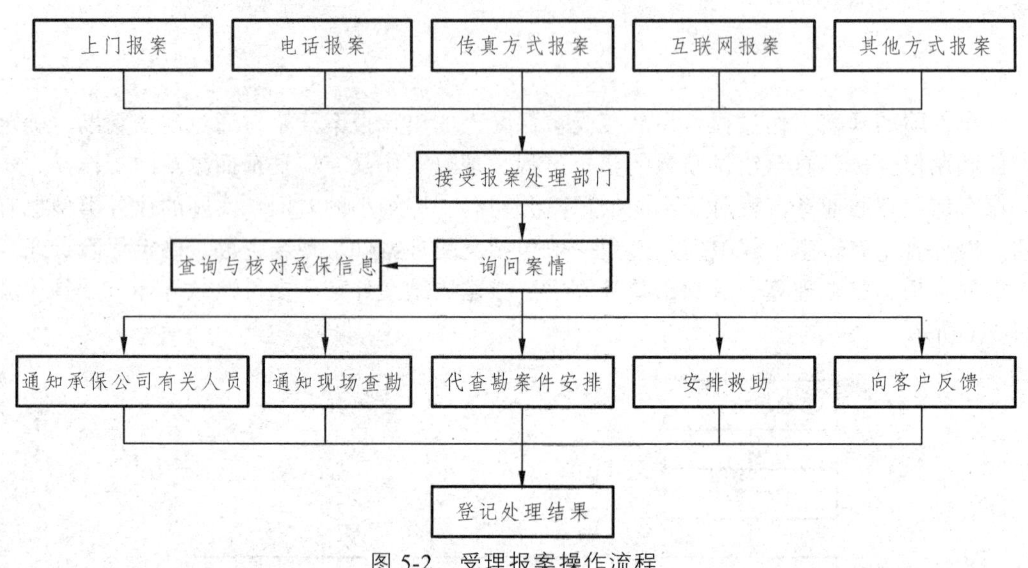

图 5-2 受理报案操作流程

（二）受理案件的工作内容

受理案件的主要工作内容包括接受报案、信息核对、安排查勘。

1. 接受报案

保险车辆出险后，被保险人应迅速向保险人报案，除不可抗拒力外，被保险人应在 48 小时内通知保险公司。可采取的报案形式通常有：上门报案、电话报案、传真报案、互联网报案等，其中电话报案是最快捷方便、最常用的报案方式，各大保险公司提供了全国统一报案电话。表 5-1 给出了开展车险业务保险公司的网址、报案电话及电话车险电话。

表 5-1 开展汽车保险业务的保险公司公司网址、报案电话及电话投保热线

序号	保险公司名称	公司网址	报案电话	电话投保热线
1	中国人民财产保险股份有限公司	http://www.epicc.com.cn/	95518	4001234567
2	中国平安财产保险股份有限公司	http://www.pingan.com/	95511	4008000000
3	中国太平洋财产保险股份有限公司	http://www.cpic.com.cn/	95500	10108888
4	中华联合保险控股股份有限公司	http://www.cic.cn/	95585	4001999999

续表

序号	保险公司名称	公司网址	报案电话	电话投保热线
5	中国大地财产保险股份有限公司	http://www.95590.cn/	95590	4009666666
6	中国人寿财产保险股份有限公司	http://www.chinalife-p.com.cn/	95519	4008695519
7	阳光财产保险股份有限公司	http://www.sinosig.com/	95510	95510
8	天安保险股份有限公司	http://www.95505.com.cn/	95505	10106688
9	安邦财产保险股份有限公司	http://www.ab-insurance.com/	95569	95569
10	永安财产保险股份有限公司	http://www.yaic.com.cn/	95502	4009888888
11	中国太平保险集团有限责任公司	http://www.cntaiping.com/	95589	4008688888
12	永诚财产保险股份有限公司	http://www.alltrust.com.cn	95552	95552
13	华安财产保险股份有限公司	http://www.sinosafe.com.cn/	95556	10100111
14	华泰财产保险股份有限公司	http://www.ehuatai.com	95509	4006012345
15	都邦财产保险股份有限公司	http://www.dbic.com.cn	95586	95586
16	英大泰和财产保险股份有限公司	http://www.eydpic.com/	4000188688	4000666111
17	安华农业财产保险股份有限公司	http://www.ahai.com.cn/	95540	95540
18	中银保险有限公司	http://www.boc.cn/	95566	95566
19	民安保险（中国）有限公司	http://www.minanins.com/	95506	4000123123
20	长安责任保险股份有限公司	http://www.capli.com.cn/	95592	4001012345
21	浙商财产保险股份有限公司	http://www.zsins.com/	4008666777	10109988
22	阳光农业相互保险公司	www.samic.com.cn	4007255555	4007355555
23	安诚财产保险股份有限公司	http://www.e-acic.com/	4000500000	4008500000
24	紫金财产保险股份有限公司	http://www.zking.com/	4008280018	10108080
25	渤海财产保险股份有限公司	http://www.bpic.com.cn/	4006116666	4006111100
26	国元农业保险股份有限公司	http://www.gynybx.com.cn/	96999	4009696999
27	鼎和财产保险股份有限公司	http://www.edhic.com/	4008888136	4009006666
28	信达财产保险股份有限公司	http://www.cindapcic.com/	4008667788	4008667788
29	上海安信农业保险股份有限公司	http://www.aaic.com.cn/	4008060606	4008060606
30	华农财产保险股份有限公司	http://www.chinahuanong.com.cn/	4000100000	4000100000
31	锦泰财产保险股份有限公司	http://www.ejintai.com.cn/	4008666555	4009991188
32	中煤财产保险股份有限公司	http://www.chinacoal-ins.com/	4006536888	4006536888
33	泰山财产保险股份有限公司	http://www.taishanpic.com/	4006077777	4006077777
34	众诚汽车保险股份有限公司	http://www.urtrust.com/	4008600600	4008600600

续表

序号	保险公司名称	公司网址	报案电话	电话投保热线
35	长江财产保险股份有限公司	http://www.cjbx.com.cn/	4008668666	4008668666
36	诚泰财产保险股份有限公司	http://www.champion-ic.com/ ·	4006222888	4006222888
37	富德财产保险股份有限公司	http://www.fundins.com/	95535	4000012345
38	鑫安汽车保险股份有限公司	http://www.sanguard.com.cn/	4000800900	4000800900

接受报案工作人员在接受报案后应做好报案记录和出险通知。

（1）报案记录。理赔人员在接到报案时，应详细询问报案人姓名及联系方式、被保险人姓名、驾驶员情况、厂牌车型、牌照号码、保险单号码，出险险别、出险日期、出险地点、出险原因、预估损失金额以及涉及第三方车辆事故的第三方车辆信息等情况，并进行报案记录，迅速通知业务人员。

（2）出险通知。理赔人员在接到报案做好报案记录的同时，指导报案人或被保险人尽快填报“出险通知书”。如果是电话报案，则要求其事后补填“出险通知书”。出险通知书一般应包括以下内容：

① 保单号码。

② 被保险人姓名、地址和电话号码。

③ 保险汽车的种类及厂牌型号、生产日期、第一次申请牌照日期、牌照号码、发动机号码等。

④ 驾驶员情况，包括姓名、住址、年龄、婚否、驾驶证号码、驾龄和与被保险人的关系等。

⑤ 出险时间、地点。

⑥ 出险原因及经过，包括事故形态，如正面碰撞、侧面碰撞、追尾碰撞、倾覆、火灾、失窃等；事故原因，如超速、逆向行车、倒车不当等；发生事故前车辆的动态，如行驶方向行驶、行驶速度、超车、转弯等；撞击部位，如车头、车中、车尾等。

⑦ 涉及的第三者情况。第三者的财产损失包括其姓名、住址、电话号码，以及第三者车辆损失情况（车牌号码、保险单号码、受损情形及承修场所），或其他财产损失情况涉及第三者伤害的包括伤亡者姓名、性别、受伤情形和所救治的医院名称、住址等。

⑧ 处理的交通管理部门名称、经办人姓名及电话号码等。

⑨ 被保险人签章与日期。

2. 信息核对

接到报案后，应尽快查验出险车辆的保险单和批单。查询是否重复报案，查验出险时间是否在保险期限以内，核对驾驶员是否为保险单中约定的驾驶员，初步审核报案人所述事故原因与经过是否属于保险责任等情况。对于不在保险有效期或明显不属于承保责任的理赔案件，应在立案登记簿上签注“因×××原因不予立案”的字样，并向报案人耐心解释。对于属于保险责任的案件，根据出险车辆的承保情况生成报案记录，报案记录必须与保单号一一对应。报案信息登记后，工作人员应向报案人说明索赔程序和注意事项，并提供“机动车辆保险索赔须知”（见表 5-2）和“机动车辆保险索赔申请书”（见图 5-3）。

表 5-2　某保险公司机动车辆保险索赔须知

<table>
<tr><td colspan="4">机动车辆保险索赔须知</td></tr>
<tr><td>(被保险人名称/姓名):</td><td colspan="3"></td></tr>
<tr><td colspan="4">由于您投保的机动车辆发生了事故，请您在向我公司提交“机动车辆保险索赔申请书”的同时，依照我公司的要求，提供以下有关单证。如果您遇到困难，请随时拨打××保险公司的服务专线电话“×××××”，我公司将竭诚为您提供优质，高效的保险服务。
谢谢您的合作!</td></tr>
<tr><td colspan="4">机动车辆索赔材料手续明细如下:</td></tr>
<tr><td colspan="4">1. □机动车辆保险索赔申请书</td></tr>
<tr><td colspan="4">2. □机动车辆保险单正本　□保险车辆互碰卡</td></tr>
<tr><td colspan="4">3. 事故处理部门出具的:□交通事故责任认定书　□调解书　□简易事故处理书　□其他事故证明( )</td></tr>
<tr><td colspan="4">4. 法院、仲裁机构出具的: □裁定书　□裁决书　□调解书　□判决书　□仲裁书</td></tr>
<tr><td colspan="4">5. 涉及车辆损失还需提供:□机动车辆保险车辆损失情况确认书、修理项目清单和零部件更换项目清单
□车辆修理的正式发票(即“汽车维修业专用发票”)　□修理材料清单　□结算清单</td></tr>
<tr><td colspan="4">6. 涉及财产损失还需提供: □机动车辆保险财产损失确认书　□设备总体造价及损失程度证明
□设备恢复的工程预算　□财产损失清单　□购置、修复受损财产的有关费用单据</td></tr>
<tr><td colspan="4">7. 涉及人身伤、残、亡损失还需提供:
□县级以上医院诊断证明　□出院通知书
□需要护理人员证明　□医疗费报销凭证(须附处方及治疗、用药明细单据)
□残者需提供法医伤残鉴定书　□亡者需提供死亡证明
□被抚养人证明材料　□户籍派出所出具的受害者家庭情况证明
□户口　□丧失劳动能力证明
□交通费报销凭证　□住宿费报销凭证
□参加事故处理人员工资证明
□伤、残、亡人员误工证明及收入情况证明(收入超过纳税金额的应提交纳税证明)
□护理人员误工证明及收入情况证明(收入超过纳税金额的应提交纳税证明)
□向第三方支付赔偿费用的付款凭证(须由事故处理部门签章确认)</td></tr>
<tr><td colspan="4">8. 涉及车辆盗抢案件还需提供:
□机动车行驶证(原件)□出险地县级以上公安刑侦部门出具的盗抢案件立案证明□已登报声明的证明
□车辆购置附加费凭证和收据(原件)或车辆购置税完税证明和代征车辆购置税缴税收据(原件)或免税证明(原件)　□机动车登记证明(原件)　□车辆停驶手续证明　□机动车来历证明　□全套车钥匙</td></tr>
<tr><td colspan="4">9. 被保险人索赔时，还须提供以下证件原件，经保险公司验证后留存复印件:
□保险车辆机动车行驶证　□肇事驾驶人员的机动车驾驶证</td></tr>
<tr><td colspan="4">10. 被保险人领取赔款时，须提供以下材料和证件，经保险公司验证后留存复印件:
□领取赔款授权书　□被保险人身份证明　□领取赔款人员身份证明</td></tr>
<tr><td colspan="4">11. 需要提供的其他索赔证明和单据:
(1)　(2)
(3)　(4)</td></tr>
<tr><td colspan="4">敬请注意: 为确保您能够获得更全面、合理的保险赔偿，我公司在理赔过程中，可能需要您进一步提供上述所列单证以外的其他证明材料。届时，我公司将及时通知您。感谢您对我们工作的理解与支持!</td></tr>
<tr><td>被保险人:</td><td></td><td>保险公司:</td><td></td></tr>
<tr><td>领到索赔须知日期:</td><td>年　月　日</td><td>交付索赔须知日期:</td><td>年　月　日</td></tr>
<tr><td>确认签字</td><td></td><td>经办人签字</td><td></td></tr>
<tr><td>提交索赔材料日期:</td><td>年　月　日</td><td>收到索赔材料日期:</td><td>年　月　日</td></tr>
<tr><td>确认签字</td><td></td><td>经办人签字</td><td></td></tr>
</table>

中国平安 PINGAN

中国平安财产保险股份有限公司

机动车辆保险索赔申请书

案件号：

交强险保单号		承保公司			
商业险保单号		承保公司			
被保险人		号牌号码		使用性质	
发动机号		车架号			
报案人	联系电话	驾驶员		联系电话	
出险时间	年 月 日 时 分	出险地点		报案时间	年 月 日 时 分
出险原因	□碰撞 □倾覆 □盗抢 □火灾 □爆炸 □台风 □自燃 □暴雨 □其他				

其他事故方交强险投保及损失信息

车牌号码	厂牌车型	被保险人	交强险保单号	承保公司	损失金额	定损公司

开户名		开户银行		帐号	

出险原因及经过：

以上信息为报案人电话报案时所描述，如需补充，请在备注栏中填写。

备注

兹声明本人报案时所陈述以及补充填写的资料均为真实情形，没有任何虚假和隐瞒，否则，愿放弃本保险单之一切权利并承担相应的法律责任。

本人同意提供给平安集团（指中国平安保险（集团）股份有限公司及其直接或间接控股的公司）的信息，及本人享受平安集团金融服务产生的信息（包括本单证签署之前提供和产生的），可用于平安集团及因服务必要而委托的第三方为本人提供服务及推荐产品，法律禁止的除外。平安集团及其委托的第三方对上述信息负有保密义务。本条款自本单证签署时生效，具有独立法律效力，不受合同成立与否及效力状态变化的影响。

被保险人签章： 联系电话： 年 月 日

报案人签章： 联系电话： 年 月 日

特别告知：

1、本索赔申请书是被保险人就所投保险种向保险人提出索赔的书面凭证。

2、保险人受理报案、现场查勘、参与诉讼、进行抗辩、向被保险人提供专业建议等行为，均不构成保险人对赔偿责任的承诺。

3、为充分保障您的权益，根据《机动车交通事故责任强制保险条例》的相关规定，我司已书面告知您需要向保险公司提供的与赔偿有关的证明和材料（详见本索赔申请书背面之《索赔告知书》）。

被保险人签章： 联系电话： 年 月 日

图 5-3　中国平安保险机动车辆保险索赔申请书

3. 安排查勘

根据出险报案信息，对属于保险责任范围内的事故和不能明确确定拒赔的案件，应立即调度查勘定损人员赶赴现场开展查勘工作，并为其打印“机动车辆保险报案记录（代抄单）”（见图 5-4）。事故涉及人员伤亡的，应及时通知医疗跟踪人员进行医疗跟踪。对于需要提供现场救援的案件，应立即安排救援工作。接到保险车辆在外地出险的信息，登记后可视情况立即安排人员赶赴现场进行查勘或委托保险人在当地的分支机构代为查勘、定损，转入“双代”案件处理程序。接到外地保险车辆在本地出险的信息，登记后按照“双代”案件的处理程序进行处理，并通知承保地公司。

机动车辆保险报案记录（代抄单）

保险单号： 报案编号：

被保险人：			号牌号码：		牌照底色：
厂牌型号：			报案方式：☐电话 ☐传真 ☐上门 ☐其他		
报案人：	报案时间：		联系人：		联系电话：
出险时间：	出险原因：		是否第一现场报案： ☐是 ☐否		
出险地点：			驾驶人员姓名：		准驾车型：
驾驶证初次领证日期：			驾驶证号码：☐☐☐☐☐☐☐☐☐☐☐☐☐☐☐☐☐☐☐☐		
处理部门：☐交警 ☐其他事故处理部门 ☐保险公司 ☐自行处理			承保公司：		客户类别：
VIN：		发动机号：		车架号：	
被保险人单位性质：		车辆初次登记日期：		已使用年限：	
新车购置价：		车辆使用性质：		核定载客 人 核定载质量 千克	
保险期限：		车辆行驶区域：		车辆种类：	
基本险条款类别：		争议解决方式：		保险费：	
约定驾驶人员	主驾驶人员姓名：	驾驶证号码：		初次领证日期：	
	从驾驶人员姓名：	驾驶证号码：		初次领证日期：	
序号	承保险种（代码）	保险金额/责任限额	序号	承保险种（代码）	保险金额/责任限额
1			7		
2			8		
3			9		
4			10		
5			11		
6			12		
特别约定：					
事故经过：					
保险单批改信息					
保险车辆出险信息					
涉及损失类别	☐本车损失	☐本车车上财产损失	☐本车车上人员伤亡	☐第三者其他财产损失	
	☐第三者车辆损失	☐第三者人员伤亡	☐第三者车上财产损失	☐其他	
本单批改次数：	车辆出险次数：	赔款次数：		赔款总计：	
被保险人住址：				邮政编码：	
联系人：	固定电话：			移动电话：	

签单人： 经办人： 核保人：

抄单人： 抄单日期： 年 月 日

图 5-4 某保险公司机动车辆保险报案记录（代抄单）

二、现场查勘

现场查勘是指用科学的方法和现代技术手段，对交通事故现场进行实地验证和查询，将所得的结果完整而准确地记录下来的过程。现场查勘是查明交通事故真相的根本措施，是分析事故原因和认定事故责任的基本依据，也为事故损害赔偿提供证据。所以，现场查勘应公正、客观、严密地进行。

（一）现场查勘的工作流程

查勘人员接到查勘通知后，应迅速做好查勘准备，尽快赶到现场，会同被保险人及有关部门开展查勘工作，具体操作流程如图 5-5 所示。现场查勘应由两位以上人员参加，并应尽量查勘第一现场。如果第一现场已改变或清理，要及时调查了解有关情况。

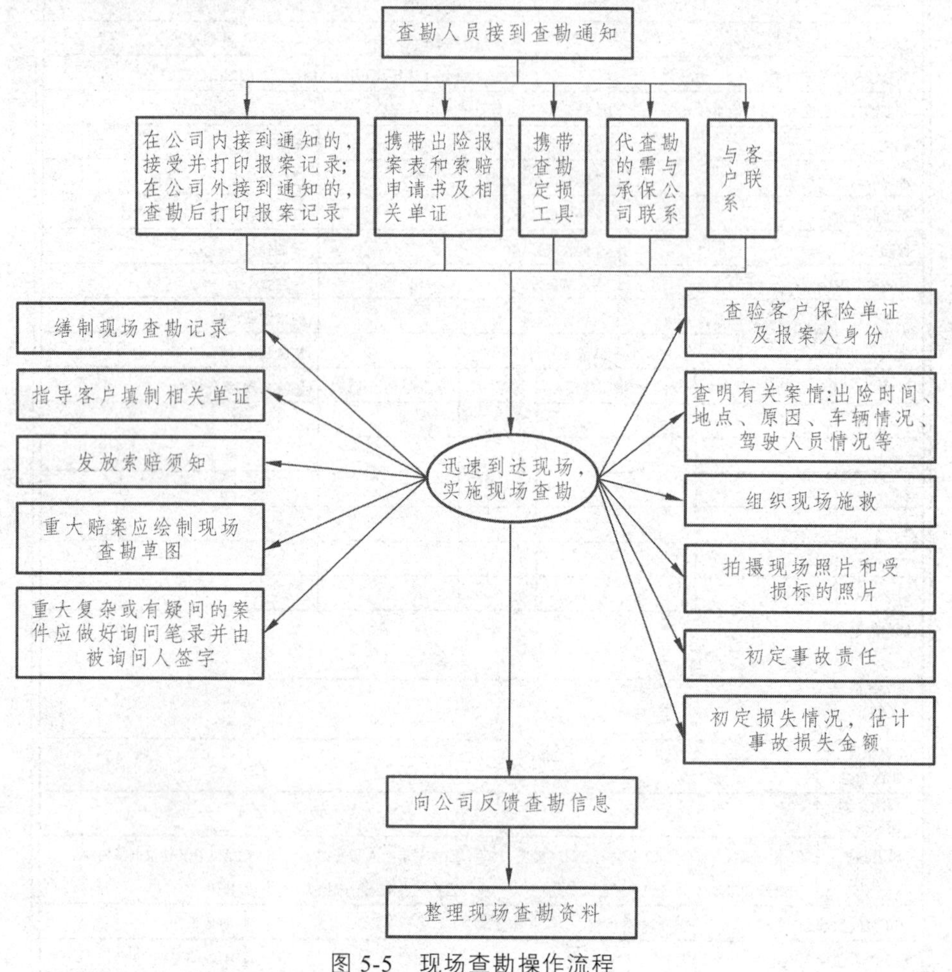

图 5-5　现场查勘操作流程

（二）现场查勘的内容

现场查勘的主要内容有查明出险时间、查明出险地点、查明报案人身份、查明出险车辆情况、查清驾驶员情况、查明事故原因、抢救受损财产、核实损失情况、拍摄事故现场、绘制事故现场查勘草图。

（1）查明出险时间。查明出险时间是否在保险期限范围内，对接近保险起止时间的案件应特别注意查实。为核实出险时间，应详细了解车辆启程或返回的时间、行驶路线、伤者住院治疗的时间。如果涉及车辆装载货物出险的，还要了解委托运输单位的装卸货物时间等。

（2）查明出险地点。要准确地查明出险地点，对擅自移动出险地点或谎报出险地点的，要查明事故原因。

（3）查明报案人身份。确认报案人的身份是否为被保险人或目击证人，为案件的后续进一步调查做好准备。

（4）查明出险车辆情况。查明出险车辆的类型、牌照号码、发动机号码、车身识别码或车架号码、行驶证，并与保险单或批单核对是否相符，查实车辆的使用性质是否与保险单记载的一致。如果是与第三方车辆发生事故，应查明第三方车辆的基本情况。

（5）查清驾驶员情况。查清驾驶员姓名、驾驶证号码、准驾车型、初次领证时间等。注意检查驾驶证的有效性，以及是否为被保险人或其允许的驾驶员等。

（6）查明事故原因。这是现场查勘的重点，要深入调查，根据现场查勘技术进行现场查勘，索取证明，收集证据，全面分析。凡是与事故有关的重要情节，都要尽量收集以反映事故全貌。当发现有酒后驾车、驾驶证与所驾车型不符等嫌疑时，应立即协同公安交通管理部门获取相应证人证言和检验证明等。

对于重大复杂或有疑问的理赔案件，要走访有关现场见证人或知情人，了解事故真相，做出询问记录，载明询问日期和被询问人地址并由被询问人确认签字。

对于造成重大损失的保险事故，如果事故原因存在疑点难以断定的，应要求被保险人、造成事故的驾驶员、受损方对现场查勘记录内容确认并签字。

（7）抢救受损财产。现场查勘人员到达事故现场后，如果险情尚未控制，应立即会同保险人及其有关部门共同研究，确定施救方案，采取合理的措施施救，以防损失进一步扩大。保险车辆受损后，如果当地的维修价格合理，应安排就地修理，不得带故障行驶。如果当地修理费用过高需要拖回本地修理的，应采取防护措施，拖拽牢固，以防再次发生事故。如果无法维修，应妥善处理汽车的残值部分。

（8）核实损失情况。查清受损车辆、承运货物和其他财产的损失情况及人员伤亡情况，查清事故各方所承担的事故责任比例，确定损失程度。同时应核查保险车辆有无重复保险情况，以便理赔计算时分摊赔款。

（9）拍摄事故现场。拍摄事故现场和受损标的照片并存档，以便进一步核实或以后复查。

（10）绘制事故现场查勘草图。现场查勘结束后，查勘人员应按照上述内容及要求认真填写现场查勘记录。如果可能应力争让被保险人或驾驶员确认签字，勘查人员应立即将勘查情况反馈给接案中心。

查勘人员接到保险公司的查勘通知后，应在规定的时限内到达现场，到达现场后，及时向接案中心报告并在48小时内进行现场查勘或明确受理意见。受损车辆在外地的查勘，可委托当地保险公司在3个工作日内完成。

※知识拓展※

代理查勘限于本保险公司各分支机构所承保的汽车在异地出险的情形。出险当地的保险分支机构均有代查勘并提供各种协助的义务，具体程序如下：

（1）出险地保险公司业务人员接到外地保险车辆本地出险的通知以后，应查验保险证或保险单。确认为本公司承保的车辆后，询问并记录报案日期、报案人、保险单号、保险类型、被保险人、承保公司、出险时间、地点、原因、牌照号码等。同时向报案人出示出险通知书并交代填写事项，督促其按期交回。

（2）应立即安排现场查勘，并尽快通知承保公司。

（3）查勘人员到达事故现场以后，应视同本公司的赔案处理，认真开展现场查勘工作，按照要求填写查勘记录并由代查勘的领导签章。

（4）业务人员应将该案登入代查勘登记簿，并按照规定开具代查勘收据一式两联。一联连同出险通知书、查勘记录及现场照片、草图、询问记录及有关证明材料等发送承保公司；另一联连同出险通知书、查勘记录等材料在代查勘公司留存备查。

此外，如果承包公司同意并委托进行代定损，应按照规定的定损程序处理。处理完毕后，应将全部案件材料移交承保公司，并在代查勘登记簿上注明移交时间。

三、审定保险责任

审定保险责任是理赔过程中一项十分重要的工作，关系到被保险人的切身利益和保险人的信誉。在审定保险责任时，业务人员应根据现场查勘记录、事故证明、事故调解书等有关材料，结合机动车辆保险条款及其解释等有关文件，全面分析事故的主客观原因，并做到以下注意事项：

（1）业务部门对于现场查勘记录及其相关材料应进行初审，按照规定的核赔权限，召集相关人员会议，听取查勘人员的详细汇报及其分析意见，研究审定保险责任。

（2）审定保险责任一定要以机动车辆保险条款及其解释为依据，领会条款精神，尊重客观事实，掌握案情的关键。尤其对不属于保险责任的案件，要认真讨论，反复推敲。对于属于责任范围的，应进一步确定被保险人对事故承担的责任和有无代位追偿的问题。如果属于责任免除范畴应拒赔的案件，要有充分的、有说服力的依据和理由。拒赔前，应向被保险人耐心解释，倾听意见。

（3）当赔偿责任确定后，对被保险人所提交的损失清单及其费用单证，应根据现场查勘的实际损失记录，逐项进行审核，确定赔偿项目和赔付范围。

（4）应妥善处理疑难案件。对于责任界限不明，难以掌握的疑难案件和拒赔后可能引起诉讼的，或经反复研究仍无法定论的理赔案件，应将“拒赔案件报告书”连同有关材料报上级公司审定。经上级公司批准后，应填写“机动车辆保险拒赔通知书”，送交被保险人并进行耐心解释。

对于确定无异议属于保险责任的理赔案件，应立即开展定损和计算赔款工作。

四、立　案

立案是指对符合保险赔偿的案件，业务人员在车险业务处理系统中进行正式确立，并对其统一编号和管理。它是保险人对案件进行有效管理的必要手段。

对在保险有效期内，且属于保险责任的赔案，理赔人员应在现场查勘结束后的规定时间内，依据出险报案表和查勘记录中的有关内容以及初步确定的事故损失金额和保险损失金额，通过车险业务处理系统进行认真、准确、翔实的立案登记，最后由计算机自动生成立案编号。立案之后，管理部门可定期对赔案的处理过程、时限进行监控。

立案处理时限一般为：简单案件应于查勘结束后 24 小时内立案，并注明责任人；复杂案件最晚于接报案后 7 日内，进行立案或注销处理；对报案登记后超过规定时间未立案的案件，管理部门必须给予处理；查勘所涉及的单证可在立案同时或之后收集。

对不在保险有效期或明显不属于保险责任的报案，应在“机动车辆保险出险报案表”“机动车辆保险报案”“立案登记簿”上签注拒赔原因，并向报案人或被保险人做出解释，同时向被保险人送达“机动车辆保险拒赔通知书”。

对于经过现场查勘，认定不属于保险责任的案件，按不予立案或拒赔案件处理；同时，应该对事故现场和事故车辆以及涉及的第三方车辆、财产、人员伤亡情况进行认真记录、取证，能够拍照的需拍照存档，与拒赔案件所需材料一并归档，并及时向被保险人递交“机动车辆保险拒赔通知书”。对属保险责任范围的事故，应进一步确定被保险人在事故中所承担的责任，明确有无向第三方追偿的问题。

承保车辆在外地出险，接到出险地公司通知后，应将代查勘、代定损的公司名称在“机动车辆保险投案、立案登记簿”中登记，并注意跟踪理赔案件的处理结果。

五、定损核损

定损即确定事故损失，包括车辆损失、人身伤亡费用、其他财产损失、施救费用、残值处理等。核损是指由核损人员对保险事故中涉及的车辆损失和其他财产损失的定损情况进行复核，目的是提高定损质量，保证定损的准确性、标准性和统一性。定损核损的操作流程如图 5-6 所示。

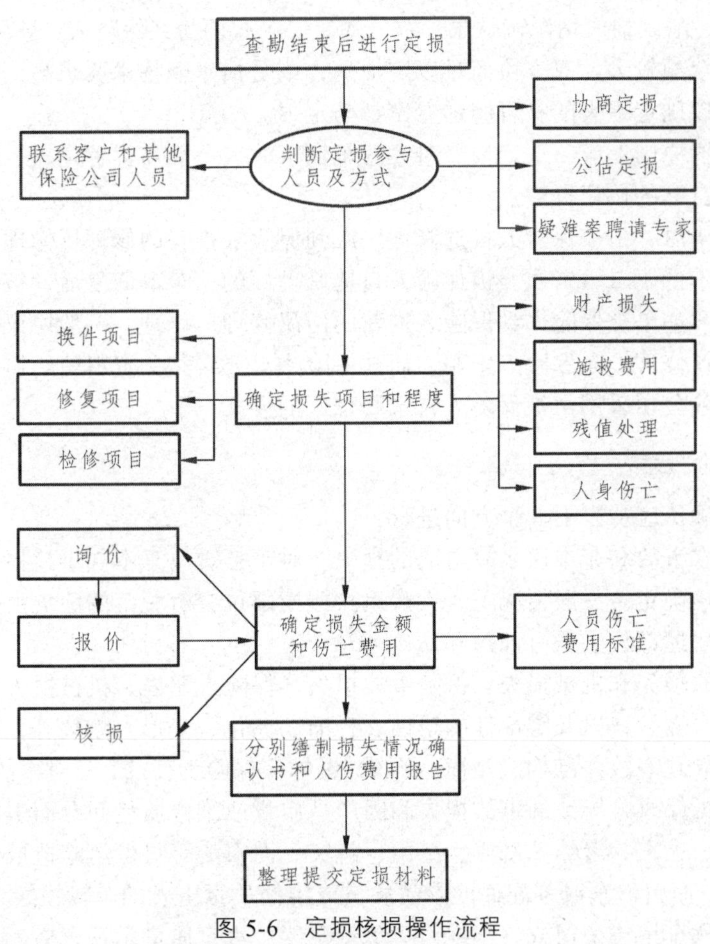

图 5-6　定损核损操作流程

（一）事故车辆损失的确定

1. 损失确定的程序

事故损失的确定，需按照条款规定，会同被保险人协商修复方式、修复价格，并取得双方共同认可。对认可后的结果，需缮制定损报告。定损报告由事故各方当事人共同签字确认；如果条件允许，参与事故处理的各保险公司理赔人员也应签字确认。其具体程序如下：

（1）保险公司一般应指派两名定损员一起参与车辆定损，或直接委派公估机构定损。

（2）根据现场查勘记录，认真检查受损车辆，搞清本次事故造成的损伤部位，并由此判断和确定可能间接引起其他部位的损伤。然后确定出损失部位、损失项目、损失程度，并对损坏的零部件由表及里进行逐项登记，同时进行修复与更换的分类。修理项目需列明各项目的工时费，换件项目需明确零件价格。零件价格需通过询价、报价程序确定。

（3）对更换的零部件属于本级公司询价、报价范围的，要将换件项目清单交报价员审核，报价员根据标准价或参考价核定所更换的配件价格；对属于上级公司规定的报价车型和询价范围的，应及时上报，向上级公司询价。上级公司对询价金额低于或等于自己报价的进行核准；对询价金额高于自己报价的，应重新报价。

（4）根据对车辆损伤的鉴定和核价结果，确定事故车辆损失金额，然后送核损人员审核。

（5）核损后，缮制损失情况确认书，双方签字，一式两份，保险人、被保险人各执一份。

（6）对损失金额较大，双方协商难以定损的，或受损车辆技术要求高，定损人员不太熟悉该车型导致难以确定损失的，可聘请专家参与定损。

（7）受损车辆原则上应一次定损。对大的车辆事故，一般需拆解定损。为此，各保险公司均规定了一些自己的协议拆解点。

（8）定损完毕后，由被保险人自选修理厂或到保险人推荐的修理厂修理。保险人推荐的协议修理厂一般不低于二级资质。被保险人自选修理厂的，车辆修复后，被保险人凭修理发票向保险人索赔。如果被保险人到保险人推荐的协议修理厂修理，一般协议修理厂都实行代垫付制度，由协议修理厂向保险人索赔，而被保险人只要将相关资料留给协议修理厂即可。目前，大多数保险公司采用由被保险人自选修理厂的方式。

2. 损失范围

损失范围的确认应从以下 8 个方面进行：

（1）区分本次事故和非本次事故造成的损失。对于是否属于本次事故损失进行判断时，依据事故部位痕迹确定。一般情况下，本次事故碰撞部位会有脱落的漆皮痕迹和新的金属刮痕；非本次事故碰撞部位一般有油污和锈迹。

（2）区分事故损失和机械损失。保险事故损失，保险人赔偿，机械损失如刹车失灵、机械故障、轮胎自身爆裂，以及零部件的锈蚀、朽旧、老化、变形、断裂等，保险人不赔偿。但若因机械损失导致事故并已构成碰撞、倾覆、爆炸等保险责任的，只对事故损失部分负责。

（3）区分因可保风险导致的事故损失和因产品质量或维修质量问题而引发事故损失。碰撞、倾覆、坠落、火灾、爆炸、暴风、暴雨、雹灾、泥石流等可保风险造成的车辆损失，由保险人负责赔偿，而由汽车或零配件的产品质量或维修质量引发的车辆损毁，应由生产厂家、配件供应厂家、汽车销售公司或汽车维修厂负责赔偿。汽车质量是否合格，保险人可委托机动车辆的司法鉴定部门进行鉴定。

（4）区分过失行为引发的事故损失和故意行为引发的事故损失。过失行为属于心理风险，是保险责任范围；故意行为属于道德风险，是不可保风险范围。损失鉴定时，可根据当事人、见证人的描述、事故车辆的实际损失、事故痕迹、事故处理部门意见等信息综合判断。

（5）对没有投保新增设备损失险的车辆，应区分保险车辆标准配置和新增设备。

（6）保险赔偿只对车辆确定为事故损失的部位进行尽量修复。如被保险人或第三者提出扩大修理范围或应修理而要求更换的，超出部分的费用应由其自行承担，并在合同中明确注明。

（7）受损车辆未经保险人同意而自行送修，造成事故损失范围模糊的，保险人有权重新核定修理费用或拒绝赔偿。重新核定时，应对照现场查勘记录，逐项核对修理费用，剔除扩大修理的费用或其他不合理项目和费用。

（8）对于更换零件的损失范围，应为换件价格扣除损坏件的残值。损坏件的残值应合理作价。如果被保险人不愿接受，保险人应将残件收回。

3. 损失确定原则

损失确定原则包括修复为主原则、拆解定损原则、配件及工时定价原则、重新核定损失原则、增补定损原则。

（1）修复为主原则。坚持尽量修复原则，不随意更换新的零部件；能局部修复的不能扩大到整体修理。

（2）拆解定损原则。对损失较大或不经拆解不能确定损失的，拆解后再出具全部损失核定报告；需拆解定损的，全程跟踪车辆拆检，并记录换件项目、待检项目和修理项目。

（3）配件及工时定价原则。原则上按照车辆承修地购置其适用配件的最低价格为标准；涉及车辆安全、行驶、转向系统的配件，其价格可适当放宽；未约定“指定修理厂特约条款”的，原则上不适用4S店价格；2年内新车，若客户强烈要求到4S店修理，可参照4S店协商价定损。

（4）重新核定损失原则。未经核赔，被保险人擅自修复的，保险人有权对损失进行重新核定，因被保险人原因导致损失无法确定的部分，不承担赔偿责任。

（5）增补定损原则。原则上采取一次定损。如在修复中发现需增加修理的，在修复或更换前，通知保险人进行二次定损；增补定损项目时，应注意区分零部件损坏是在拆检过程中、保管过程中、施救过程中发生，还是保险事故发生时造成的；修理时造成的损失扩大部分，不予做增项处理。

4. 事故车辆修复费用组成

事故车辆的维修费用主要由3部分构成：修理工时费、材料费和其他费用。

（1）工时费。

工时费=定额工时×工时单价

其中，定额工时是指实际维修作业项目核定的结算工时数。工时单价是指在生产过程中，单位小时的收费标准。目前，我国汽车维修行业工时费一般是由各省交通厅和物价局根据当地市场和物价指数联合制定的，即《机动车辆维修行业工时定额和收费标准》，可以此作为工时费确定的依据。

工时费种类包括：事故相关部件拆装工时费；事故部分钣金修复工时费；事故部分配件

修复工时费；事故相关的机修工时费；事故相关的电工工时费；事故部分喷烤漆工时费等。

（2）材料费。

材料费=外购配件费（配件、漆料、油料等）+自制配件费+辅助材料费

其中，外购配件费按实际购进的价格结算。漆料、油料费按实际消耗量计算，其价格按实际进价结算。自制配件费按实际制造成本结算。辅助材料费是指在维修过程中使用的辅助材料的费用，但工时费计价标准中已经包含的辅助材料不得再次收取。

（3）其他费用。

其他费用=外加工费+材料管理费

其中，外加工费是指在事故车辆维修过程中本厂以外协作方式由专业加工企业进行加工、维修而发生的费用，根据实际发生数额确定。材料管理费是指保险公司针对保险车辆发生保险责任事故时，保险人对维修企业因维修需更换的配件在采购过程中发生的采购、装卸、运输、保管、损耗等费用以及维修企业应得的利润和出具发票应缴的税金而给出的综合性补偿费用，其收取标准按单件配件购进价格或根据购置地点的距离远近，然后综合考虑维修厂技术类别、专修车型等确定。

5. 更换零配件的询报价

对需要更换的零配件应通过询报价后确定价格，且应符合市场情况，能让修理厂保质保量完成维修任务，即更换零配件的价格确定应做到“有价有市”。

汽车配件价格信息的准确度对降低赔款有着举足轻重的作用。零配件生产厂家众多，市场上不但有原厂或正规厂家生产的零配件，而且还有许多小厂家生产的零配件，因此市场价格差异较大。另外，由于生产厂家的生产调整、市场供求变化、地域差别等多种原因也会造成零配件价格不稳定，处于波动状态，特别是进口汽车零部件缺乏统一的价格标准，其价格差异更大。为此，多数保险公司已建立了完整、准确、动态的询报价体系，如中国人民财产保险公司建立的《事故车辆定损系统》。独立的报价系统的建立，使定损人员在定损过程中能够争取主动，保证定出的零配件价格符合市场行情。同时询价与报价效率高、准确性强，也极大地加快了整个理赔的速度，缩短了赔案周期。除了利用独立的报价系统外，有些保险公司还采用与专业机构合作的方式或安排专人定期收集整理配件信息，掌握和了解配件市场行情变化情况，与各汽配商店及经济信息部门联系，以期取得各方面的配件信息，为零配件的询价与报价提供丰富的准确信息。

零配件询报价中常见的问题及其处理方式有以下 6 种情形：

（1）询价单中车型信息不准确或不齐全，甚至前后互相矛盾，造成无法核定车型，更无法确定配件，导致报价部门不能顺利报价。针对这种情况，一般要求准确填写标的车辆的详细信息，以帮助报价部门准确辨认车型。

（2）配件名称不准确或配件特征描述不清楚。此时，一般要求选择准确的配件名称或规范术语，并在备注栏加以说明，对于重要或特殊配件，可查找实物编码或零件编码或上传照片。

（3）将总成与零部件混淆或有单个配件而报套件。此时，一般要求定损人员必须熟悉车辆结构和零配件市场供给情况，实在把握不准时，可向配件商咨询或上传照片。

（4）对老旧或稀有车型的配件报价，应准确核对车型，积极寻找通用的替换件。

（5）报价时效一般为 3 ~ 7 天，受市场规律影响，零配件的市场价格也不断波动，当货源紧张时价格上涨，货源充足时价格下降，所以报价要有时效性；同时要求供货时间要快，避免涨价或缺货。

（6）无现货而必须订货的，原则上按海运价报价，不能按空运价报价。

6. 修复车辆的复检

对损失较大的事故车辆，在其修复完工后，可选择安排车辆复检，即对维修方案的落实情况、更换配件的品质和修理质量进行检验，以确保修理方案的实施，零配件修理、更换的真实性，防范道德风险的发生，保证被保险人的利益。

复检的结果应在定损单上注明。如发现未更换定损换件或未按定损价格更换正厂件，应在定损单上扣除相应的差价。

7. 核损工作内容

核损工作主要包括以下内容：

（1）根据抄单信息、查勘录入信息、行驶证信息、受损车辆照片信息，了解受损车辆型号、规格、年款及车身构造的类型，比对上述 4 处提供的车牌号码、发动机号和车架号（VIN 码）是否一致。

（2）通过抄单信息、报案信息、查勘情况说明了解事故发生的时间、地点、原因及碰撞过程情况，确定保险责任范围。

（3）翻看现场照片记录、损失照片痕迹记录，核对出险原因、经过及大概损失情况是否相符，有无扩大损失部分。如上传资料不能完整反映事故损失的各项内容，或照片不能完整反映事故损失部位和事故全貌，应通知定损员补充相关资料。

（4）查看所有受损车辆照片，目测碰撞位置、碰撞方向，判断碰撞力大小、走向，初步确定事故损失范围，并估计可能的损伤。

（5）沿着碰撞力传递路线系统检查车辆配件的损伤，直到没有任何损伤痕迹的位置，以防遗漏间接损失。间接损失是由碰撞力的冲力沿着车身传输和惯性力的作用在车身其他部位引起的损坏。间接损失较难全面地确定和分析，但是，无论碰撞力来自哪个方向，都会使车架或车身变形。所以，核损人员在核损时必须设法找出各个部位变形的痕迹，并检查所有螺栓、垫片或其他紧固件有没有发生移动或离位，有没有露出未涂漆的金属面，内涂层有无开裂或出现裂纹等。同时，又要注意间接损失和非事故损失的区分（例如，车顶褶皱、弯曲与顶平面凹陷，发动机支脚、悬架、转向、底盘等部位机件机械磨损、老化与外力撞击损伤）。

（6）注意观察里程表数和车内各种开关、设施及轮胎的磨损。

（7）确定损伤是否限制在车身范围内，是否还包含功能部件、元件或隐藏件（如车轮、悬架、发动机、仪表台内藏件等），根据碰撞力传导范围、损伤变形情况和配件拆出来后的损失照片区分事故损伤与拆装损伤。

（8）严格按拆装、钣金、机修、电工、喷漆分类确定修理项目，按碰撞线路和碰撞力传导线路确定换件项目，并及时记录照片中反映出的零配件型号、规格及零配件上有的配件编码。

（9）根据型号、规格、年款及配件编码向市场询价，按“有价有市”的原则确定配件价格，根据维修当地工时费标准核定维修工时价。

（二）施救费用的确定

施救费用是指当保险标的遭遇保险责任范围内的灾害事故时，被保险人或其代理人、雇佣人员等为防止损失的扩大，采取措施抢救保险标的而支出的必要、合理的费用。必要、合理的费用是指施救行为支出的费用是直接的、必要的，并符合国家有关政策规定。

1. 施救费用的确定原则

施救费用确定要严格依照条款规定，并按以下原则处理：

（1）施救费用必须是抢救保险标的而支出的必要、合理的费用；否则，保险人不负责赔偿。

（2）施救、保护费用与修理费用应分别理算。当施救、保护费用与修理费用相加，估计已达到或超过保险车辆的实际价值时，可按推定全损予以赔偿。

（3）车损险施救费是单独的保险金额，但第三者责任险的施救费用不是一个单独的责任限额。第三者责任险的施救费用与第三者损失金额相加不得超过第三者责任险的责任限额。

（4）施救费应根据事故责任、相对应险种的有关规定扣减相应的免赔率。

（5）重大或特殊案件的施救费用应委托专业施救单位出具相关施救方案及费用计算清单。

（6）只对保险车辆的救护费用负责。保险车辆发生保险事故后，涉及两车以上应按责分摊施救费用。受损保险车辆与其所装货物（或其拖带其他保险公司承保的挂车）同时被施救，其救货（或救护其他保险公司承保的挂车）的费用应予剔除。如果它们之间的施救费用分不清楚，则应按保险车辆与货物（其他保险公司承保的挂车）的实际价值进行比例分摊赔偿。

2. 施救费用项目

常见的施救费用主要包括以下项目：

（1）被保险人使用他人（非专业消防单位）的消防设备，施救保险车辆所消耗的费用及设备损失可以赔偿。

（2）保险车辆出险后，雇用吊车和其他车辆进行抢救的费用，以及将出险车辆拖运到修理厂的运输费用，在当地物价部门颁布的收费标准内负责赔偿。

（3）在抢救过程中，因抢救而损坏他人的财产，如果应由被保险人承担赔偿责任的，可酌情予以赔偿。但在抢救时，抢救人员个人物品的丢失，不予赔偿。

（4）抢救车辆在拖运受损保险车辆途中发生意外事故造成的损失和费用支出，如果车辆是被保险人自己或他人义务来抢救的，应予赔偿；如果该抢救车辆是有偿服务，则不予赔偿。

（5）保险车辆出险后，被保险人赶赴肇事现场处理所支出的费用，不予负责。

（6）保险车辆为进口车或特种车，发生保险责任范围的事故后，当地确实不能修理，经保险公司同意去外地修理的移送费，可予负责，并在定损单上注明送修地点和金额。但护送车辆者的工资和差旅费，不予负责。

3. 常见的不合理施救费用

对于不合理的施救费用，保险人不予负责。常见的不合理施救有以下 4 种情况：

（1）对倾覆车辆吊装时未对车身合理保护，致车身漆层大面积损伤。

（2）对倾覆车辆在吊装过程中未合理固定，造成二次倾覆的。

（3）在分解施救过程中拆卸不当，造成车辆零部件损坏或丢失。

（4）对拖移车辆未进行检查，造成拖移过程中车辆损坏扩大，如轮胎缺气或转向失灵硬拖硬磨造成轮胎的损坏。

（三）其他财产的损失确定

其他财产损失是指第三者责任险的财产（简称“三责财产”）和附加车上货物责任险承运货物的损失。第三者财产损失包括第三者车辆所载货物、道路、道路安全设施、房屋建筑、电力和水利设施、道旁树木花卉、道旁农田庄稼等。车辆事故中造成的非车辆财产损失涉及范围较大，所以对其定损的标准、技术以及掌握尺度相对机动车辆来讲要难得多。因此，要把握好定损原则和受害人利益的赔偿尺度。

1. 定损原则

第三者财产和车上货物的评估应坚持损失修复原则，即以修复为主。

根据损失项目、数量、维修项目和维修工时及工程造价，确定维修方案。对于损失较大或定损技术要求较高的事故，可委托专业人员确定维修方案。

无法修复和无修复价值的财产可采取更换法处理。更换时应注意品名、数量、制造日期、主要功能等。一般来说，能更换零配件的，不更换部件；能更换部件的，不更换总成件。

2. 物损数量的确定

三责财产数量的确定可参照当地物价部门或交通运输部门相关标准或规定所列明的常见品名和配套数量，并注意其计算方法的科学性、合理性。确定受损财物数量时，应会同被保险人和有关人员逐项清理，确定损失数量、损失程度和损失金额。同时，要求被保险人提供有关货物、财产的原始发票。定损人员审核后，制作“机动车辆保险财产损失确认书”，由被保险人签字认可。

对于车上货物责任险中的货物损失，在确定损失金额，进行赔偿处理时，需要被保险人提供运单、起运地货物价格证明以及第三方向被保险人索赔的函件等单证材料。

3. 损失金额的确定

（1）简单财产损失应会同被保险人一起根据财产价值和损失程度确定损失金额，必要时请生产厂家进行鉴定。

（2）对受损财产技术性强、定损价格较高、难度较大的物品，如较难掌握赔偿标准时，可聘请技术监督部门或专业维修部门鉴定，严禁盲目定价。

（3）对于出险时市场已不销售的财产，可以客户原始购置发票数额为依据，客户不能提供发票的，可根据原产品的主要功能和特性，按照当前市场上同类型产品推算确定。

（4）根据车险条款规定，损失残值应协商折价折归被保险人，并由被保险人进行处理。

（5）定损金额以出险时保险财产的实际价值为限。

4. 定损方法

不同的财产采用不同的定损方法。

（1）常见三责财产的定损方法。常见三责财产主要有市政和道路交通设施、房屋建筑、道旁农田庄稼、牲畜等。其定损方法如下：

① 市政和道路交通设施的定损方法。市政和道路交通设施如广告牌、电灯杆、防护栏、隔离桩、绿化树等，在定损中按损坏物产的制作费用及当地市政、路政、交管部门的赔偿标准核定。但应注意，在该类财产的损失中，市政部门和道路维护部门对肇事者索要的赔偿往往有处罚性质及间接损失的赔偿。因此，在定损核损过程中，理赔人员应区分第三者索赔中哪些为直接损失，哪些为间接费用，哪些为罚款性质，只有直接损失属于赔偿范围。

② 房屋建筑的定损方法。了解房屋结构、材料、损失状况，然后确定维修方案，最后请当地数家建筑施工单位对损坏部分及维修方案进行预算招标，确定最低修复费用。

③ 道旁农田庄稼的定损方法。在青苗期按青苗费用加上一定的补贴即可，成熟期的庄稼可按当地同类农作物平均产量测算定损。

④ 牲畜的定损方法。牲畜受伤以治疗为主，受伤后失去使用价值或死亡的，凭畜牧部门证明或协商折价赔偿。

（2）车上货物损失的定损方法。车上货物的损失应根据不同的物品分别定损，对一些精密仪器、家电、高档物品等应核实具体的数量、规格、生产厂家，可向市场或生产厂家了解物品价格；对易变质、易腐烂的（如食品、水果类）等物品在征得保险公司有关领导同意后，应尽快现场变价处理；另外，对于车上货物还应取得运单、装箱单、发票，核对装载货物情况，防止虚报损失。同时应注意，根据机动车辆保险条款，定损人员只需对损坏的货物进行数量清点，并分类确定其受损程度，而对诈骗、盗窃、丢失、走失、哄抢等造成的货物损失不负责赔偿。

（四）损余物资的残值处理

损余物资是指机动车保险项下的保险标的或第三者车辆或非车辆财产的全部或部分遭受损失且已经保险，公司按合同规定予以赔偿，赔偿后的损失物仍有一定价值的物资。

残值处理是指保险公司根据保险合同履行了赔偿并取得对受损标的所有权后，对尚存一部分经济价值的受损标的进行的处理。

车险的损余物资包括：更换后仍具一定价值的车辆部件、成套销售的零配件中未使用部分、推定全损车辆的未损坏部分、承保的本车车上货物及第三者的财产等。

按照保险合同规定，损余物资的处理需经双方协商，合理确定其剩余价值（残值）。残值确定后，一般采取折归被保险人并冲减损失金额的方式。当残值折归被保险人并扣减损失金额的处理方式与被保险人协商不成时，需将残值物品全部收回。

（五）人员伤亡费用的确定

人员伤亡费用核定的依据和赔偿范围简要介绍如下。

1. 人员伤亡费用核定的依据

人员伤亡费用是指由于保险事故致使自然人的生命、健康、身体遭受侵害，造成致伤、致残、致死的后果以及其他损害，从而引发的各种支出的费用，以下简称“人伤费用”。

保险人并不是无条件地承担保险事故造成的与人员伤亡有关的所有费用。2004 年 5 月 1 日起开始实施的《最高人民法院关于审理人身损害赔偿案件若干问题的解释》(以下简称《解释》)对保险事故中涉及的人员伤亡费用的赔偿范围、项目和标准进行了明确。保险公司以《解释》中规定的赔偿范围、项目和标准以及保险合同中的约定作为核定赔偿的依据。

人伤费用确定的依据主要有《最高人民法院关于审理人身损害赔偿案件适用法律若干问题的解释》《道路交通事故受伤人员创伤临床诊疗指南》《全国医疗服务价格项目规范》《医疗机构病历管理规定》《人身损害受伤人员误工损失日评定准则》《中华人民共和国发票管理办法及实施细则》等。

2. 人员伤亡费用的赔偿范围

《解释》规定人伤赔偿范围为：因生命、健康、身体遭受侵害，赔偿权利人起诉请求赔偿义务人赔偿财产损失和精神损害。具体项目主要包括：医疗费、误工费、护理费、住院伙食补助费、营养费、残疾赔偿金、残疾辅助器具费、丧葬费、死亡补偿费、被扶养人生活费、交通费、住宿费、精神损害抚慰金等。

(1) 医疗费：受伤人员在治疗期间发生的由本次事故造成的损伤的治疗费用，包括医药费、诊疗费、住院费、整容费，必要的、合理的后续治疗费。

(2) 误工费：事故伤者、残者，或死者生前抢救治疗期间以及家属参加事故处理、办理丧葬事宜期间由于误工减少的收入。

(3) 护理费：伤者、残者，或死者生前抢救治疗期间，因伤势严重，生活无法自理，经医院证明，所需专门护理人员的人工费用。

(4) 住院伙食补助费：伤者在住院期间的伙食补助费用。

(5) 营养费：伤者在治疗期间必要的营养费用。

(6) 残疾赔偿金：对在事故中造成残疾的人员的赔偿费用。

(7) 残疾辅助器具费：因残疾需要配制补偿功能器具的费用。

(8) 丧葬费：事故中死亡人员的有关丧葬费用。

(9) 死亡补偿费：对于在事故中死亡人员的一次性补偿。

(10) 被扶养人生活费：死者生前或残者丧失劳动能力前实际扶养的、没有其他生活来源的人的生活费用。

(11) 交通费：事故中的受害人及其家属在治疗、处理事故、办理丧葬事宜期间发生的合理的交通费用。

(12) 住宿费：交通事故中的受害人及其家属在治疗、处理事故、办理丧葬事宜期间发生的合理的住宿费用。

(13) 精神损害抚慰金：交通事故中的受害人或者死者家属由于交通事故发生，要求精神损害赔偿的费用。

需要注意的是，交强险对被保险人依照法院判决或者调解承担的精神损害抚慰金在死亡伤残责任限额内最后赔付，其他险种根据条款规定确定是否赔偿。

六、赔款理算

在赔偿顺序上，交强险是第一顺序，商业险是第二顺序。因此，交强险的赔款理算，将影响商业险的赔款理算。

（一）交强险赔款理算

1. 交强险承担责任划分

交强险将被保险人在事故中承担的责任分为有责和无责两级。如果有责任，不管责任大小，其赔款在死亡伤残、医疗费用、财产损失 3 个赔偿限额内进行计算赔偿；如果无责任，其赔款则在无责任死亡伤残、无责任医疗费用、无责任财产损失 3 个赔偿限额内进行计算赔偿。而商业险将被保险人在事故中承担的责任划分为全部责任、主要责任、同等责任、次要责任、无责任 5 个级别，所以交强险与商业险的担责划分不同。

2. 交强险赔款计算

（1）基本计算公式：

总赔款 = 各分项损失赔款之和

= 死亡伤残费用赔款+医疗费用赔款+财产损失赔款

各分项损失赔款 = 各分项核定损失承担金额，即

死亡伤残费用赔款 = 死亡伤残费用核定承担金额

医疗费用赔款 = 医疗费用核定承担金额

财产损失赔款 = 财产损失核定承担金额

各分项核定损失承担金额超过交强险各分项赔偿限额的，各分项损失赔款等于交强险各分项赔偿限额。

（2）当保险事故涉及多个受害人时，基本计算公式中的相应项目表示为：

各分项损失赔款 = 各受害人相应分项核定损失承担金额之和，即

死亡伤残费用赔款 = 各受害人死亡伤残费用核定承担金额之和

医疗费用赔款 = 各受害人医疗费用核定承担金额之和

财产损失赔款 = 各受害人财产损失核定承担金额之和

各受害人各分项核定损失承担金额之和超过被保险机动车交强险相应分项赔偿限额的，各分项损失赔款等于交强险各分项赔偿限额。

各受害人各分项核定损失承担金额之和超过被保险机动车交强险相应分项赔偿限额的，各受害人在被保险机动车交强险分项赔偿限额内应得到的赔偿为：

被保险机动车交强险对某一受害人分项损失的赔偿金额

= 交强险分项赔偿限额 × [事故中某一受害人的分项核定损失承担金额/（各受害人分项核定损失承担金额之和）]

（3）当保险事故涉及多辆肇事机动车时。各被保险机动车的保险人分别在各自的交强险

各分项赔偿限额内，对受害人的分项损失计算赔偿。

各方机动车按其适用的交强险分项赔偿限额占总分项赔偿限额的比例，对受害人的各分项损失进行分摊。

某分项核定损失承担金额

= 该分项损失金额 × [适用的交强险该分项赔偿限额/（各致害方交强险该分项赔偿限额之和）]

初次计算后，如果有致害方交强险限额未赔足，同时有受害方损失没有得到充分补偿，则对受害方的损失在交强险剩余限额内再次进行分配，在交强险限额内补足。对于待分配的各项损失合计没有超过剩余赔偿限额的，按分配结果赔付各方；超过剩余赔偿限额的，则按每项分配金额占各项分配金额总和的比例乘以剩余赔偿限额分摊；直至受损各方均得到足额赔偿或应赔付方交强险无剩余限额。

（4）受害人财产损失需施救的，财产损失赔款与施救费累计不超过财产损失赔偿限额。

（5）主车和挂车在连接使用时发生交通事故，主车与挂车的交强险保险人分别在各自的责任限额内承担赔偿责任。若交通管理部门未确定主车、挂车应承担的赔偿责任，主车、挂车的保险人对各受害人的各分项损失平均分摊，并在对应的分项赔偿限额内计算赔偿。主车与挂车由不同被保险人投保的，在连接使用时发生交通事故，按互为三者的原则处理。

（6）对被保险人依照法院判决或者调解承担的精神损害抚慰金，原则上在其他赔偿项目足额赔偿后，在死亡伤残赔偿限额内赔偿。

【例 5-1】A、B 两机动车发生交通事故，两车均有责任。A、B 两车车损分别为 3 000 元、6 000 元，B 车上人员医疗费用 8 000 元，死亡伤残费用 7 万元，另造成路产损失 2 000 元。设两车适用的交强险财产损失赔偿限额为 2 000 元，医疗费用赔偿限额为 1 万元，死亡伤残赔偿限额为 11 万元。试计算 A、B 两车可获得的交强险赔款？

解：A 车交强险赔偿计算：

A 车交强险赔偿金额 = 受害人死亡伤残费用赔款+受害人医疗费用赔款+受害人财产损失赔款 = B 车上人员死亡伤残费用核定承担金额+B 车车上人员医疗费用核定承担金额+财产损失核定承担金额。其中，B 车上人员死亡伤残费用核定承担金额 = 70 000 元 < 死亡伤残赔偿限额 = 180 000 元；B 车上人员医疗费用核定承担金额 = 8 000 元 < 医疗费用赔偿限额 = 18 000 元。

财产损失核定承担金额 = 路产损失核定承担金额 + B 车损核定承担金额 = 2 000 ÷ 2+6 000 = 7 000（元）> 财产损失赔偿限额 = 2 000 元。其中，A 车交强险对 B 车损的赔款 = 财产损失赔偿限额 × B 车损核定承担金额 ÷（路产损失核定承担金额 + B 车损核定承担金额）= 2 000 × [6 000 ÷（2 000 ÷ 2+6 000）] = 1 714.29（元）；A 车交强险对路产损失的赔款 = 财产损失赔偿限额 × 路产损失核定承担金额 ÷（路产损失核定承担金额 + B 车损核定承担金额）= 2 000 × [（2 000 ÷ 2）÷（2 000 ÷ 2+6 000）] = 285.71（元）。

所以，A 车交强险赔偿金额 = 70 000+8 000+2 000 = 80 000（元）

B 车交强险赔偿计算：

B 车交强险赔偿金额 = 财产损失核定承担金额 = 路产损失核定承担金额 + A 车损核定承担金额 = 2 000 ÷ 2+3 000 = 4 000（元）> 财产损失赔偿限额 = 2 000 元。

所以，B 车交强险赔偿金额 = 2 000 元。

【例 5-2】A、B 两机动车发生交通事故，A 车全责，B 车无责，A、B 两车车损分别为 4 000 元、10 000 元，另造成路产损失 2 000 元。设 A 车适用的交强险财产损失赔偿限额为 2 000 元，B 车适用的交强险无责任财产损失限额为 100 元。试计算 A、B 两车可获得的交强险赔款？

解：A 车交强险赔偿计算：

A 车交强险赔偿金额 = B 车损失核定承担金额+路产损失核定承担金额 = 10 000+2 000
= 12 000（元）> 财产损失赔偿限额 = 2 000 元。

所以，A 车交强险赔偿金额 = 2 000 元。

B 车交强险赔偿计算：

B 车交强险赔偿金额 = A 车损核定承担金额 = 4 000 元>无责任财产损失赔偿限额 = 100 元。

所以，B 车交强险赔偿金额 = 100 元。但该 100 元赔款由 A 车保险人在交强险无责财产损失赔偿限额项下代赔。

（二）商业险赔款理算

商业保险赔款计算时，按照条款要求应先扣除事故当事方保险公司赔付的交强险赔款，然后在商业险项下进行赔偿。

1. 商业第三者责任险的赔款计算：

（1）基本计算公式：

商业第三者责任险中被保险人按事故责任比例应承担的赔偿金额

=（第三者人伤总损失 + 第三者财产总损失 + 第三者车总损失 – 本车交强险赔偿金额 – 其他交强险赔偿金额 – 残值）× 事故责任比例

当应承担的赔偿金额高于责任限额时：

赔款=责任限额 ×（1 – 免赔率之和）

当应承担的赔偿金额低于或等于责任限额时：

赔款=应承担的赔偿金额 ×（1 – 免赔率之和）

（2）挂车的赔款计算：同第三者责任险的计算公式。

主车与挂车连接时发生保险事故，在主车的责任限额内承担赔偿责任。主车与挂车由不同保险公司承保的，按主车、挂车责任限额占总责任限额的比例分摊赔款，具体计算如下：

主车应承担的赔款 = 总赔款 ×[主车责任限额 ÷（主车实责任限额 + 挂车责任限额）]

挂车应承担的赔款 = 总赔款 ×[挂车责任限额 ÷（主车实责任限额 + 挂车责任限额）]

挂车只投保了交强险的，不参与分摊在商业三者险项下应承担的赔偿金额。

挂车未与主车连接时发生保险事故，保险人在挂车的责任限额内承担赔偿责任。

【例 5-3】一投保交强险和商业第三者责任险的车辆发生交通事故，在事故中负主要责任，承担 70%的损失，依据条款规定承担 15%的免赔率。第三者责任险的责任限额为 10 万元。此次事故第三方损失为 252 000 元，其中财产损失 80 000 元，医疗费用 20 000 元，死亡伤残费用 152 000 元。试计算商业第三者责任险的赔款。

解：第三者责任险中被保险人按事故责任比例应承担的赔偿金额 =（事故第三方损失 252 000 元 – 交强险赔款 122 000 元）× 事故责任比例 70% = 91 000 元<责任限额 = 100 000 元。

所以，第三者责任险赔款 = 91 000 ×（1 – 15%）= 77 350（元）。

2. 车辆损失险的赔款计算

（1）全部损失：

赔款 = [（出险时保险车辆的实际价值或保险金额）– 交强险赔偿金额 – 残值]× 事故责任比例 ×（1 – 免赔率之和）

（2）部分损失：

赔款 =（实际修复费用 – 交强险赔偿金额 – 残值）×（保险金额/投保时新车购置价）× 事故责任比例 ×（1 – 免赔率之和）

（3）施救费：施救费用在保险车辆损失赔偿金额以外另行计算，最高不超过保险金额。

赔款 =（实际施救费用 – 交强险赔偿金额）×（保险车辆出险时实际价值/施救财产总价值）×（保险金额/新车购置价）× 事故责任比例 ×（1 – 免赔率之和）

【例 5-4】一投保营业用汽车损失保险的车辆甲，在保险期限内与另一机动车乙发生碰撞事故。车辆甲新车购置价（含车辆购置税）100 000 元，保额 80 000 元，出险时实际价值 50 000 元，驾驶人承担主要责任，责任比例为 70%，依据条款规定承担 15%的免赔率。同时由于是第三次出险，增加 10%的免赔率。车辆甲修理费用 40 000 元，残值 100 元，对方机动车乙交强险应对车辆甲损失赔偿 2 000 元。试计算甲的车辆损失险的赔款。

解：车辆损失险赔款 =（实际修复费用 40 000 – 交强险赔偿金额 2 000 – 残值 100）×（保险金额 80 000/投保时新车购置价 100 000）× 事故责任比例 70% × [1 – 免赔率之和（15%+10%）] = 15 918（元）。

3. 车上人员责任险的赔款计算

车上人员的伤亡赔款首先应减去其他车辆交强险对该车上人员应赔偿部分，然后再计算被保险人按事故责任比例对每座车上人员伤亡应承担的赔偿金额，最后比较应承担的赔偿金额与保险合同载明的每人责任限额的大小。

（1）如果应承担的赔偿金额小于或等于责任限额时：

每人赔款=应承担的赔偿金额 ×（1 – 免赔率之和）

（2）如果应承担的赔偿金额大于责任限额时：

每人赔款=责任限额 ×（1 – 免赔率之和）

（3）车上人员责任险总的赔款=每人赔款之和，赔款人数以投保座位数为限。

4. 盗抢险的赔款计算

（1）全部损失：

出险时被保险车辆实际价值小于保险金额的：

赔款=出险时实际价值 ×（1 – 免赔率之和）

出险时被保险车辆实际价值大于或等于保险金额的：

赔款=保险金额×（1－免赔率之和）

出险时实际价值=出险时的新车购置价×（1－月折旧率×已使用月份）

（2）部分损失：

赔款=实际修理费用－残值

实际修理费用不超过保险车辆出险时的实际价值；赔偿金额不超过被保险车辆出险时的保险金额。

5. 玻璃单独破碎险的赔款计算

赔款=实际发生的修理费用

6. 自燃损失险的赔款计算

（1）全部损失。出险时被保险车辆实际价值小于保险金额的：

赔款=（出险时实际价值－残值）×（1－免赔率）

出险时，"实际价值－残值"大于或等于保险金额的，

赔款=保险金额×（1－免赔率）

出险时实际价值=出险时的新车购置价×（1－月折旧率×已使用月份）

（2）部分损失：

赔款=（实际修理费用-残值）×（1－免赔率）

（3）施救费用：

赔款=实际施救费用×（保险财产价值/实际施救财产总价值）×（1－免赔率）

赔款以不超过保险金额为限。

7. 车身划痕损失险的赔款计算

赔款=实际发生的修理费用×（1－免赔率）

在保险期限内，赔款金额累计计算，当达到保险金额时，保险责任终止。

8. 可选免赔额特约条款的赔款计算

赔款＝按车辆损失险计算的赔款－选定的免赔额

9. 新增设备损失险的赔款计算

赔款＝（核定修理费用－交强险赔偿金额－残值）×事故责任比例×（1－免赔率）

（1）"核定修理费用"大于等于出险时被保险机动车所保新增设备实际价值的：

赔款=（出险时实际价值－交强险赔偿金额－残值）×事故责任比例×（1－免赔率）

（2）"（核定修理费用－交强险赔偿金额－残值）×事故责任比例"大于等于被保险机动车所保新增设备保险金额的：

赔款=保险金额×（1－免赔率）

（3）新增加设备出险时实际价值是指新增加设备的购置价减去折旧后的金额，新增设备的折旧率以本条款所对应的主险条款规定为准。

10. 发动机特别损失险的赔款计算

赔款 =（核定发动机修理费用 – 残值）×（保险金额 ÷ 投保时保险车辆的新车购置价）×（1 – 免赔率）

（1）“核定发动机修理费用 + 车辆其他部分核定修理费用”应小于等于被保险机动车出险时的实际价值。

（2）对发动机和车辆其他部分损失的赔款金额与免赔额之和不应超过被保险机动车的保险金额。

（3）施救费用=核定施救费用 ×（被保险车辆价值 ÷ 实际被施救财产总价值）×（1 – 免赔率），以不超过保险金额为限。

11. 车上货物责任险的赔款计算

赔款=（实际财产损失+施救费 – 残值 – 交强险对车上货物赔款）× 事故责任比例 ×（1 – 免赔率）

当（实际财产损失+施救费 – 残值 – 交强险赔款）× 事故责任比例大于等于保险金额的，赔款 = 保险金额 ×（1 – 免赔率）。

12. 交通事故精神损害赔偿责任险的赔款计算

赔款 =（赔偿限额或被保险人应负赔偿金额）×（1 – 免赔率）

被保险人应负赔偿金额 = 法院判决或经保险人同意应由被保险人承担的精神损害赔偿金 – 交强险赔偿金额

13. 不计免赔率特约条款的赔款计算

赔款等于一次赔款中已承保且出险的各险种中按约定的免赔率计算的往往且应当由被保险人自行承担的免赔额之和。

七、缮制赔款计算书

业务人员对有关单证进行清理，并列出清单，录入计算机自动生成赔款计算书。赔款计算书各项目要齐全，数字要正确，损失计算要分险种、分项目计算并列明计算公式，并应注意免赔率的正确使用。

业务负责人审核无误后，在赔款计算书上签注意见和日期，送核赔人审核。

八、核　赔

核赔是对整个赔案处理过程所进行的控制，是保险公司控制业务风险的最后关口。其流程如图 5-7 所示。核赔工作的主要内容包括：审核单证、核定保险责任、核定车辆损失及赔款、核定人身伤亡损失与赔款、核定其他财产损失、核定施救费用、审核赔付计算。

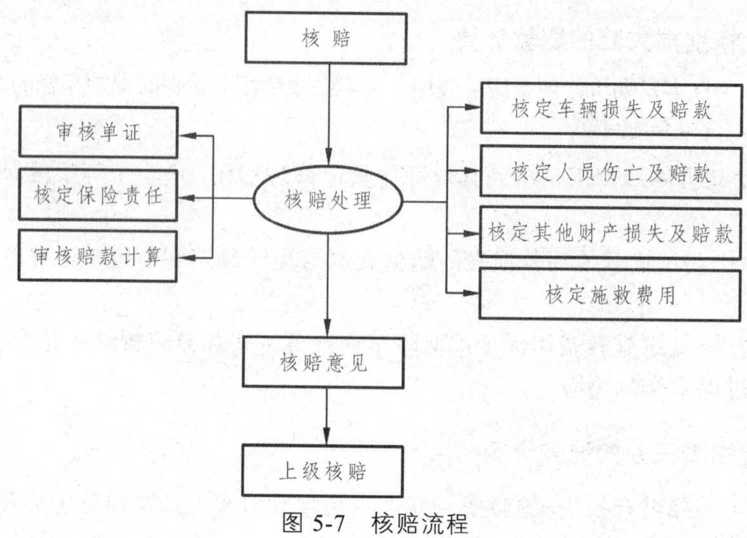

图 5-7　核赔流程

（一）审核单证

（1）确认被保险人提供的单证、证明及相关材料是否齐全有效，有无涂改、伪造。
（2）经办人员是否规范填写有关单证并签字，必备的单证是否齐全等。
（3）相关签章是否齐全。
（4）所有索赔单证是否严格按照单证填写规范认真、准确、全面地填写。

（二）核定保险责任

（1）被保险人是否具有保险利益。
（2）出险车辆厂牌型号、牌照号码、发动机号、车架号、VIN 码与保险单证是否相符。
（3）驾驶员是否为保险合同约定的驾驶员。
（4）出险原因是否为保险责任。赔偿责任是否与保险险别相符。
（5）出险日期是否在保险期限内。
（6）事故责任划分是否准确合理。

（三）核定车辆损失及赔款

（1）车辆损失项目、损失程度是否准确合理。
（2）更换的零部件是否按照规定进行了询报价，定损项目与报价项目是否一致。
（3）换件部分拟赔款金额是否与报价金额相符。
（4）残值确定是否合理。

（四）核定人身伤亡损失与赔款

（1）根据现场查勘记录、调查证明和被保险人提供的“事故认定书”“事故调解书”和伤残证明等材料，按照相关规定审核。

（2）核定伤亡人员数、伤残程度是否与调查情况和证明相符。

（3）核定人员伤亡费用是否合理。

（4）被抚养人口、年龄是否属实，生活费计算是否合理、准确。

（五）核定其他财产损失及赔款

根据照片和被保险人提供的有关货物、财产的原始发票等有关单证，核定其他财产损失和损失物资处理等有关项目是否合理。

（六）核定施救费用

根据案情和对施救费用的有关规定，对涉及施救费用的有关单证和赔付金额进行审核。

（七）审核赔付计算

（1）残值是否扣除。

（2）免赔率使用是否正确。

（3）赔付计算是否准确。

九、结案处理

赔案按分级权限审批后，业务人员根据核赔的审批金额，填发领取赔款通知书，然后通知被保险人领取赔款、财会部门支付赔款。业务人员按赔案编号，输录“保险车辆赔案结案登记”，同时在“机动车辆保险报案、立案登记簿”备注栏中注明赔案编号、赔案日期，作为续保时是否给付无赔款优待的依据。

被保险人领取赔款后，保险人要进行理赔案卷的整理。理赔案卷按分级审批、集中留存的原则管理，并按档案管理规定进行保管。做到单证齐全，编排有序，目录清楚，装订整齐。理赔案卷须一单一卷整理、装订、登记、保管，并按赔案号顺序归档。

赔案卷内理赔材料装订顺序为：

（1）赔偿收据；

（2）赔案赔偿审批表或垫付费用审核表；

（3）机动车辆保险出险信息表；

（4）机动车辆保险索赔申请书；

（5）重大赔案呈报表；

（6）查勘报告或公估报告；

（7）事故调查询问笔录；

（8）重大赔案调查报告；

（9）人伤案件调查报告；

（10）定损单或经核定的预算/造价单；
（11）超权限核价/核损审批表；
（12）事故照片；
（13）道路交通事故赔偿凭证或修理/修复发票；
（14）人伤案件费用拟算表；
（15）药费单据、住院票据、医疗费或抢救费清单；
（16）护理人员收入证明；
（17）伤亡人员收入证明；
（18）交通费、住宿费票据；
（19）事故证明（包括：事故责任认定书、车辆失窃证明、火灾证明、气象证明等）；
（20）交警、法院或其他机构的调解书、判决书；
（21）死亡证明；
（22）户口注销证明或火化证明；
（23）死者或伤残者的家庭情况证明或被抚养人户口本复印件等；
（24）公安交通管理部门支付垫付通知书；
（25）机动车行驶证、驾驶员驾驶证、驾驶员资格证书；
（26）权益转让书；
（27）丢失车辆登报声明；
（28）丢失车辆封档证明；
（29）丢失车辆养路费停缴证明；
（30）丢失车辆购车发票；
（31）丢失车辆附加税缴费原件；
（32）丢失车辆行驶证及驾驶证原件、原车钥匙（装入信封）；
（33）其他所需单据。

未决赔案的处理办法：未决赔案是指截至规定的统计时间，已经完成估损、立案，尚未结案的赔款案件，或被保险人尚未领取赔款的案件。处理原则是：定期进行案件跟踪，对可以结案的案件，需督促被保险人尽快交齐索赔材料，赔偿结案；对尚不能结案的案件，应认真核对、调整估损金额；对超过时限，被保险人不提供手续或找不到被保险人的未决赔案按照“注销案件”处理。

任务三　车险事故现场查勘

一、现场查勘概述

保险公司承保的车辆出险以后，需要查勘人员及时进行现场查勘，并依据查勘结果进行定损。查勘定损人员所采用的现场查勘技术是否科学、合理，是现场查勘工作成功与否的关键，直接关系到事故原因的分析与事故责任的认定。

查勘人员接到查勘任务后，应迅速做好相关准备，尽快赶赴事故现场，会同被保险人及有关部门进行事故现场的查勘工作。

现场查勘一般应由两人参加，并应尽量查勘第一现场。如果第一现场已被改变或清理，要及时调查、了解有关情况。

（一）现场查勘的目的

现场查勘主要是为了了解事故发生的真实性并初步确定事故造成的损失。现场查勘工作在整个车险理赔环节中具有极其重要的作用。

1. 现场查勘在理赔中的地位

（1）理赔服务的基础环节。

（2）确定责任的关键依据。

（3）开展核查的起始步骤。

（4）风险控制的前沿阵地。

通过查勘，需要回答 7 个问题：何时？何地？何情？何故？何人？何物？何事？

通过查勘，需要初步确定 5 个方面的内容，即现场查勘的“5 个确定”。

现场查勘的“5 个确定”：确定事故的真实性和发生事故的原因；确定被保险人在事故中的责任；确定被保险人与保险人之间的合同责任；确定事故造成的损害程度、损失的具体项目；确定事故造成的经济损失。

2. 现场查勘原则

（1）树立为保户服务的思想，坚持实事求是的原则。

保险理赔要体现出保险的经济补偿职能。

承保的车发生事故后，保险公司要急车主之所急，千方百计避免扩大损失，尽量减轻因灾害事故造成的影响，及时安排修复，并保证基本恢复其原有性能，使其尽快投入使用。所以，要及时处理赔案，支付赔款。

现场查勘、事故车辆修复定损及赔案处理，要坚持实事求是的原则，在尊重客观事实的基础上，具体问题具体分析，既要严格按条款办事，又要结合实际情况进行适当灵活的处理，使各方都能满意。

（2）坚持重合同、守信用、依法办事的原则。

保险人是否履行合同，就看其是否严格履行经济补偿义务。

处理赔案时，须加强法治观念，严格按条款办事，该赔则赔且赔足；不该赔的不赔，同时还要向被保险人讲明道理，拒赔部分要讲事实、重证据、摆条款。

（3）坚决贯彻“主动、迅速、准确、合理”的八字理赔原则。

① 主动。理赔人员对出险的案件，积极、主动调查并了解和勘查现场，掌握出险时的情况，进行事故分析，确定保险责任。

② 迅速。理赔人员查勘定损要迅速，不拖沓，抓紧赔案处理，对赔案要核得准，赔款计算案卷缮制快，复核、审批快。

③ 准确。要求查勘、定损、赔款计算，都要做到准确无误，不错赔、不滥赔、不惜赔。

在这方面，所存在的主要问题有：同样的案件，不同公司的理赔尺度不一样；同一公司，不同理赔员的理赔标准不一样；同一理赔员，不同保户的理赔标准不一样。

④ 合理。在理赔过程中，保险公司要本着实事求是的原则，严格按条款办事。在定损过程中，要合理确定事故车辆的维修方案。

当然，“主动、迅速、准确、合理”的八字方针，要辩证统一地运用。如果片面追求速度，不深入调查了解，不对具体情况做具体分析，就盲目下结论，或者计算不准确，草率处理，可能发生错案，甚至引起诉讼纠纷；如果只追求准确、合理，忽视速度，不讲效率，赔案久拖不决，则会造成极坏的社会影响，损害保险公司的形象。

（二）查勘前的准备

查勘人员接到出险通知后，要及时出发。出发前需要做好准备工作。

1. 携带查勘资料及工具

资料主要包括：出险报案表、保单抄件、索赔申请书、报案记录表、现场查勘记录表、索赔须知、询问笔录、事故车辆损失确认书。

工具主要包括：笔记本电脑、照明设备、通信工具、照相机、手电筒、卷尺、砂纸、笔、记录本、防雨装备、反光背心、反光锥、反光牌等。

2. 查阅车险报案记录

查阅车险报案记录主要是核对保险期限、承保的险种、保险金额、责任限额、交费情况。车险报案记录又称代抄单，样式参见图 5-4。

（1）保险期限。查验保单，确认出险时间是否在保险期限之内。对于出险时间接近保险起止时间的案件，要做出标记，重点核实。

（2）承保的险种。核实车主是否只承保了交强险；对于报案称有人员伤亡的，查验其是否承保了车上人员责任险，以及车上人员责任险是否为指定座位；对于火灾引发的车损案件，查验其是否承保了自燃损失险；对于与非机动车碰撞的案件，查验其是否承保了无过失责任险。

（3）保险金额、责任限额。注意新车购置价以及各险种的保险金额、责任限额，以便现场查勘时心中有数。

（4）交费情况。注意保费是否属于分期付款，是否依照约定交足了保费。

3. 阅读报案记录

阅读报案记录的主要内容如下：

（1）被保险人名称，保险车辆车牌号。

（2）出险时间、地点、原因、处理机关、损失概要。

（3）被保险人、驾驶人及当事人联系电话。

二、出险现场分类

出险现场是指发生交通事故地点上遗留的车辆、树木、人、畜等与事故有关的物体以及其痕迹与物证等所占有的空间。所有交通事故都会有出险现场存在，它是推断事故过程的依据和分析事故原因的基础。根据出险现场的实际情况，一般可以分为原始现场、变动现场和恢复现场 3 类。

（一）原始现场

原始现场也称第一现场，是指现场的车辆和遗留下来的一切物体、痕迹，仍保持事故发生后的原始状态而没有任何改变和破坏的出险现场。由于原始现场完整地保留了事故发生后的变化状态，可以较好地为事故原因的分析与责任鉴定提供依据，所以是现场查勘最理想的出险现场。

（二）变动现场

变动现场也称移动现场，是指由于自然或人为的原因，出险现场的原始状态发生改变的事故现场。它包括正常变动现场、伪造现场、逃逸现场等。

1. 正常变动现场

导致出险现场变动的主要原因如下：

（1）为将伤者送医院抢救而移动车辆，致使现场的车辆、物体、人员位置发生了变化，伤者倒卧的位置发生了变化。

（2）事故现场的痕迹因保护不善，导致被过往的车辆、行人碾踏、触动而变得模糊或消失。

（3）由于风吹、雨淋、日晒、下雪等自然因素，出险现场的痕迹消失或被破坏。

（4）执行任务的消防、救护、警备、工程救险车，以及首长、外宾、使节等乘坐的汽车，在发生事故后因任务需要而驶离现场等特殊情况，致使出险现场发生变化。

（5）在一些主要交通干道或城市繁华地段发生交通事故，造成交通堵塞，需要立即排除时，因移动车辆或其他物体而导致出险现场变化。

（6）其他正常原因导致的出险现场变化的，如车辆发生交通事故后，当事人没有发觉而驶离现场。

对于上述正常变动现场，必须注意识别和查明变动的原因，以利于辨别事故发生的过程，从而正确分析事故原因和责任。

2. 伪造现场

伪造现场指当事人为了逃避责任、毁灭证据或达到嫁祸于人的目的，有意或唆使他人改变现场遗留物原始状态，或故意布置的现场。伪造现场的特征是现场的状态不符合事故发生的客观规律，物体的位置与痕迹方向与客观事实有明显的矛盾。

3. 逃逸现场

逃逸现场指交通事故的当事人为了逃避责任而驾车逃逸，导致事故现场变动的出险现场。其性质类似于伪造现场，一般都会留下与事故有关的痕迹和物证。

（三）恢复现场

恢复现场是指事故现场因某种原因撤离后，基于事故分析或复查案件的需要，为再现出险现场的面貌，根据现场调查记录资料重新布置恢复的现场。

在特殊情况下，需要根据目击人和当事人的指定，重新将出险现场恢复到原始状态。为了与前述的原始现场相区别，这种现场一般被称为原始恢复现场。

三、现场查勘程序和工作顺序

（一）现场查勘的工作流程

查勘定损人员接案后，应迅速做好查勘准备，尽快赶到事故现场，会同被保险人及有关部门进行现场查勘工作。现场查勘工作必须由两位以上查勘定损人员参加，尽量查勘原始现场。如果原始现场已经清理，必须查勘移动现场，调查了解有关情况。如果保险车辆仍处于危险中，应立即协助客户采取有效的施救措施、保护措施，避免损失的扩大。现场查勘操作流程如图 5-8 所示。

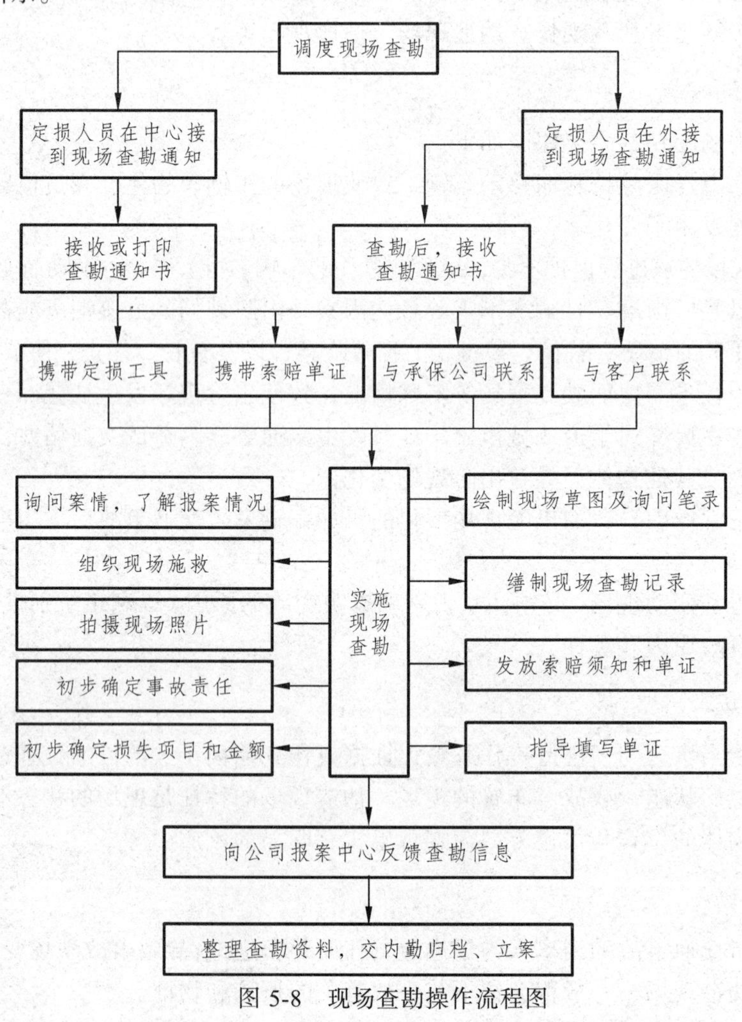

图 5-8　现场查勘操作流程图

（二）现场查勘的工作顺序

1. 第一现场查勘的工作顺序

第一现场查勘的工作顺序有以下 8 个步骤：

（1）接受查勘任务调度。

（2）查验保险凭证、行驶证、驾驶证。

（3）询问事故经过，确认被保险人和驾驶人的关系。

（4）勘验现场并拍摄现场照片和标的损失照片。

（5）分析判断事故原因，初步确认保险责任。

（6）根据案情需要制作询问笔录。

（7）估算损失金额。

（8）向被保险人告知索赔事宜。

2. 非第一现场查勘的工作顺序

非第一现场查勘的工作顺序有以下 9 个步骤：

（1）接受查勘任务调度。

（2）查验保险凭证、行驶证、驾驶证。

（3）询问事故经过，确认被保险人和驾驶人的关系。

（4）拍摄车损照片和痕迹细节。

（5）分析判断事故原因，初步确认保险责任。

（6）根据案情需要制作询问笔录。

（7）估算损失金额。

（8）向被保险人告知索赔事宜。

（9）必要时复勘第一现场。

四、现场查勘的要求和方法

（一）现场查勘的要求

在查勘工作程序中，查勘人员应该关注的重点内容是车、人、证、事、痕 5 个方面。

（1）查勘人员接受了查勘调度之后，应该在 5 分钟内联系被保险人，做到“当日调度，当日处理”。

（2）先查勘第一现场，后查勘非第一现场。

（3）经联系有变化的查勘任务，应及时在系统中退回或电话通知调度。

（4）保留了第一现场的事故必须查勘第一现场。

（5）无第三方人身伤亡的单方事故，凡损失在 1 000 元以上的，原则上均须查勘第一场或复勘第一现场。

（6）两车之间发生无人身伤亡的事故，依据相关法规已经撤离第一现场的，对属于强险“互碰自赔”范围的，按“互碰自赔”的相关规定处理；对“互碰自赔”有疑问的或其他事故，应核对事故车辆相关各方的碰撞痕迹，对痕迹有疑问的应当对第一现场进行复勘。

（7）对单车损失在 2 000 元以上的应当复勘第一现场。

（8）对事故真相有疑问的案件，无论损失金额大小，未查勘第一现场的必须复勘第一现场。

（9）对在高速公路上发生的事故，应依据事故发生地高速公路的管理规定，在确保安全的情形下进行查勘，必要时可调取高速公路通行记录的影像来确认事故真伪。

（10）造成了物损的事故，原则上应该查勘或复勘第一现场。

（11）车漆单独损伤险、车轮单独损坏险、盗抢险、涉水损失险、火灾、自燃、非大面积自然灾害事故、大面积自然灾害中有疑点的事故等，须查勘或复勘第一现场，走访目击证人。

（二）现场查勘方法

现场查勘主要采用沿车辆行驶路线查勘法、由内向外查勘法、由外向内查勘法和分片分段查勘法 4 种。

（1）沿车辆行驶路线查勘法。当事故发生地点痕迹清楚时，可以采用此种查勘方法。查勘时，沿着车辆的行驶路线进行取证、摄影与丈量，并绘制现场图，进行事故原因分析与责任认定。

（2）由内向外查勘法。当出险现场范围不大、痕迹与事故遗留物集中、事故中心点明确时，可以采用此种查勘方法。查勘时，由事故中心点（接触点）开始，由内向外进行取证、摄影与丈量，并绘制现场图，进而分析事故原因和认定事故责任。

（3）由外向内查勘法。当出险现场范围较大、痕迹较为分散时，宜采用此种查勘方法。查勘时，沿着事故现场外围向事故接触点的方向进行取证、摄影与丈量，并绘制现场图，分析事故原因和认定事故责任。

（4）分片分段查勘法。当现场范围大或者伪造现场时，应采用此种查勘方法。查勘时，将事故现场按照现场痕迹、散落物等特征分成若干片或段，分别进行取证、摄影与丈量，绘制现场图，并分析事故原因和认定事故责任。

五、现场查勘的工作技巧

现场查勘应掌握询问、嗅闻、查看、丈量、摄影、收集、绘图、填写 8 个方面的技巧。

（一）询　问

现场查勘人员的询问内容较多，一般包括：出险时间、出险地点、出险原因、出险经过、财产损失、人员伤亡、施救情况等。

询问的目的在于搜集证据，但需要注意证据搜集的合法性、制作的规范性、过程的技巧性、落款的重要性。

1. 出险时间

查明出险时间的主要目的是判断事故是否发生在保险期限内。对接近保险期限起止时间的案件应特别注意，更应认真查实，排除道德风险。

为确认真实的出险时间，应仔细核对公安部门的证明与当事人的陈述时间是否一致，同时详细了解车辆的启程时间、返回时间、行驶路线、伤者住院时间等。如涉及装载货物出险的，还要了解委托运输单位的装货时间等，以便对出险时间和报案时间进行比对，看是否在48小时之内。

2. 出险地点

出险地点分为：高速公路、普通公路、城市道路、乡村便道和机耕路段、场院及其他。查勘时要详细写明，并记录出险地的地址。

查明出险地点，主要判断事故是否在此处发生，如果不是，要查明变动原因。对擅自移动出险地点或谎报出险地点的，尤其要注意是否存在道德风险。同时，确定出地点还可确定车辆是否超出保单所约定的行驶区域，是否属于在责任免除地发生的损失，如车辆在营业性修理场所出险、在收费停车场出险、驾驶教练车在高速公路行驶时出险等，在这些路段或场所发生的损失，或可拒赔，或可增加免赔率。

3. 出险原因

查明出险原因是现场查勘的重点，要深入调查，利用现场查勘技术进行现场查勘，并采取多听、多问、多看、多想、多分析的办法，索取证明，搜集证据，全面分析。凡是与事故有关的重要情节，都要尽量收集以反映事故全貌。

注意应用好近因原则；火灾导致的车辆损坏，须有消防部门的证明；工程车辆、施工机械的损坏，须经当地安监部门证明。

若驾驶人员有饮酒、吸食或注射毒品、被药物麻醉后使用保险车辆或无照驾驶、驾车辆与准驾车型不符、超载等嫌疑时，应立即协同交通管理部门获取相应证人证言和检验证明。

对于所查明的事故原因，应说明是客观因素还是人为因素，是车辆自身因素还是车辆以外因素，是违章行驶还是故意违法行为。

对于复杂或有疑问的理赔案件，要走访现场见证人或知情人，了解事故真相，做出询问记录，载明询问日期和被询问人地址，并由被询问人确认签字。

对于造成重大损失的保险事故，如果事故原因存在疑点难以断定，应要求被保险人、造成事故的驾驶人、受损方对现场查勘记录进行确认并签字。

4. 出险经过

出险经过应要求当事驾驶人自己填写，并与公安部门的事故证明进行比对，两者应基本一致或关键内容一致。

一般来说，事故发生后，总会有受理处理的机关，这需要注明，特别是那些非道路事故，更应该强调注明处理机关的名称。

5. 财产损失

施救受损财产是查勘人员的义务，所以查勘人员到达事故现场后，如果险情尚未控制，应立即会同被保险人及有关部门共同研究、确定施救方案，采合理施救措施，以防损失进一步扩大。

车辆受损包括标的车和三者车。如果当地修理价格合理，应安排就地修理，不得使车辆带“伤”行驶。如果当地修理费用过高需拖回本地修理的，拖车时应采取防护措施，拖拽牢固，以防再次发生事故，扩大损失。如果无法修复的，应妥善处理残值部分。

查清标的车上的货物损失、三者车上的货物损失和其他财产的损失情况，查清事故各方所承担的事故责任比例，确定损失程度。标的车上的货物损失需记录物品品名、规格型号、数量、发运地、目的地、发票（或运单）、生产厂家等内容；三者车上的货物损失和外界固定物的损坏，也须记录规格、型号、数量等信息。

6. 人员伤亡

具体了解车上人员、车下人员伤亡情况，在第一时间准确区分出谁是车上人员，谁是第三者。记录伤亡人员的姓名、性别、年龄及基本伤情、医疗单位名称。

7. 施救情况

对于因受损而无法继续行驶的车辆，需要进行施救。对于根据条款约定可以进行施救的事故以及按照相关规定发生的费用，保险公司可以给予报销。在施救过程中应注意以下 3 个方面的事项：

（1）事故车辆及其他财产需要施救的，应记录被施救财产的名称、数量、重量、价值、施救方式、施救路程。

（2）被施救财产已经施救的，应在查勘记录中记录已发生的施救费用。

（3）保险标的与其他财产一同施救的，应与被保险人说明施救费的分摊原则并在查勘记录中注明。

8. 投保情况

通过对投保情况的询问，可以有效区分是否属于保险责任。

（1）保险期限。查验出险时间是否在保险合同约定的有效期限之内，要充分注意在保险期限截止日 10 天之内的报案，尽可能排除道德风险。

（2）交费情况。对于投保车辆比较多的集体保户，要查验其是否已经全额交费，如是全额交费，后核实当初是否约定了比例赔付，如果约定了比例赔付，就要根据当初的约定扣减赔付款。

（3）承保险种。明确投保的险种，对于界定相关赔偿至关重要。

① 只承保了交强险，保险公司一概不考虑本车损失，第三者的损失也按分项限额赔付。

② 只承保了第三者责任险，对于本车损失，保险公司无需赔付。

③ 车上人员有伤亡时，假如没有承保车上人员责任险，则无需赔付。

④ 假如没有投保机动车自燃损失险的机动车发生了火灾事故，需要仔细区别火灾是否属于自燃。

⑤ 被保险车辆发生被盗、进水、起火损失后，假如没有投保新增设备险，而新增设备也发生了损坏，则无需考虑对这些新增设备的赔付。

⑥ 被保险车辆与非机动车碰撞，如果保险公司承保了无过失责任险，则应该赔付。

⑦ 被保险车辆的车身有划痕时，假如车主投保了车身划痕险，则应该在限额之内赔付。

⑧ 发动机因进水而损坏，假如车主投保了发动机进水损失险，则应该赔付；否则，无需赔付。

⑨ 查验被保险车辆有无重复保险情况，以便理赔计算时分摊赔付。

9. 汽车被盗原因分析

承保的机动车被盗窃、抢夺、抢劫之后，查勘定损人员要通过询问及时了解以下信息：

（1）被盗抢对象是保险车辆整车还是车上零部件或附属设备。

（2）保险车辆是否属于被诈骗、罚没、扣押造成的损失。

（3）被保险人有无因民事、经济纠纷而导致保险车辆被抢劫、抢夺。

（4）被保险人有无将非营业标的从事出租或租赁行为。

（5）有无租赁车辆与承租人同时失踪的现象。

（6）有无被保险人及其家庭成员、被保险人允许的驾驶人故意行为或违法行为造成的损失。

假如存在上述任何一种现象，都属于责任免除的范围，保险公司无需担责。

现场查勘结束后，查勘人员应按查勘内容及要求认真填写现场查勘记录，如果可能，力争让被保险人或驾驶人签字确认。

（二）嗅　闻

查勘时，通过嗅闻，可以判断驾驶人是否饮酒，以确定是否应该拒赔。尤其是节假日期间每天的 13 点至 16 点、20 点至 23 点，青壮年男性驾驶人、经营人员，出险后应考虑是否存在酒后驾车问题，并尽可能与公安人员一起取证。

（三）查　看

查看的主要内容有：观察事故现场相关人员的表情；查看出险地的地貌、建筑构造物；查看出险现场痕迹情况及散落物情况；查看车辆损失情况；查看人员受伤情况；查看物件损坏情况。

1. 出险车辆

查明出险车辆是否属于标的物。

（1）查验汽车牌照与保单记载的是否一致；查验临时牌照的真实性、有效期、使用地；临时牌照规定的行驶路径与出险地点是否相符。

（2）查验行驶证登记的车辆类型，是否为保险公司允许承保的车辆类型，并核实行驶证所登记的车辆类型与保单是否一致，被保险人是否履行了如实告知的义务，保险费率的选择是否正确；查验行驶证上的彩照与实物是否相符；对行驶证的纸质、印刷质量、字体、字号是否存在疑问；查验行驶证上的防伪标记，看是否有伪造嫌疑。

（3）核对行驶证副页上的检验合格章，看车辆是否在法定检验有效期内（注意：最常见的伪造，就是行驶证副页上的检验合格章不是由相关部门按时检验后加盖的）。

（4）查验 VIN 码是否与保单记载的一致。详细记录事故车辆已行驶里程、车身颜色，并与保险单或批单核对是否相符。

（5）查明车辆出险时的使用性质是否与保险单记载的一致，以及是否运载着危险品。

（6）查看车辆结构有无改装或加装。根据《机动车登记规定》（公安部令第 72 号）第十七条，在不影响安全和识别号牌的情况下，机动车所有人可以自行变更以下内容：

① 小型、微型载客汽车加装前后防撞装置。

② 货运机动车加装防风罩、散热器、工具箱、备胎架等。

③ 机动车增加车内装饰等。

除此之外，其他项目均不允许改动，尤其是汽车的外形、结构、颜色这 3 项。

汽车自行改装，有可能破坏原有的性能，影响行车的安全，还影响合法性。常见的非法改装形式有：增加货车栏板高度；加大货车轮胎；增加钢板弹簧片数、厚度或副簧；增加车厢长度；开设天窗；乘用车安装行李架等。

《保险法》中提到的加大风险程度的情况有：改变车厢尺寸、加高货箱栏板、增加车厢长度、增加车厢宽度、加大轮胎和增加弹簧钢板片数等。

（7）新车质量。目前，几乎所有的新车都有生产厂家标明的免费维修规定。就轿车而言，大多执行两年或 50 000（或 40 000、60 000）千米的免费维修规定（任何一项达到的均中止）。在这个限度内，汽车所发生的质量事故，由生产厂家负责解决。

（8）合法使用情况验证。合格机动车不合规定使用的情况主要体现在两个方面：一是使用性质不相符；二是违章装载。

查验与保险单载明的使用性质是否一致。从机动车辆保险的角度划分，机动车的常使用性质一般可分为：党政机关用车、企业自备用车、个人非营运车、租赁用车、出租用车、营业性用车等。

两种常见的使用性质与保单不符的情况为：

① 营运货车按非营运货车投保。这种投保方式可以明显节省保费。这种情况可以根据车辆的状况、车辆的行驶里程来辨别其是否在从事营运。一旦发生了事故，可采用索取营运证复印件和机动车登记证相关信息、调查货物来龙去脉等方式取证。

② 家庭自用车或非营运车从事营业性客运。这种投保方式也可以明显节省保费。主要通过调查取证驾驶人与被保险人、乘客与驾驶人、乘客与被保险人的关系，以及标的的行驶线路（常为车站、码头、位于郊区的大学校园门口等处）来获取从事营业性客运的有效证据。

违章装载：核定载荷与实际载荷是否相符。根据《道路交通安全法实施条例》第五十四条、第五十五条、第五十六条的规定：

机动车载物不得超过机动车行驶证上核定的装载质量，装载长度、宽度不得超出车厢。只要装载货物的长度、宽度超过车厢，一旦发生了保险责任事故，即可拒赔或增加免赔。

客车不得超载，但按照规定免票的儿童除外，在载客人数已满的情况下，按照规定免票的儿童不得超过核定载客人数的 10%。载货汽车车厢不得载客。在城市道路上，货运机动车在留有安全位置的情况下，车厢内可以附载临时作业人员 1 ~ 5 人。假如载客不符合规定，一旦发生保险责任事故，就可拒赔或增加免赔。

载货汽车、半挂牵引车、拖拉机只允许牵引一辆挂车。挂车不得载人，所牵引车的质量不得超过本车载质量。假如牵挂不符合规定，一旦发生保险责任事故，就可拒赔或增加免赔。

（9）如果与第三方车辆发生事故，还应查明第三方车辆的基本情况。

※特别提示※

查看出险车辆时，必须注意以下两点：

1. 行驶证必须在查勘现场查验、拍照取证，除非是被交警暂扣的。

2. 对特殊车型还须记录车辆配置、技术信息，以备询价、报价之用。

2. 驾驶人情况

根据保险条款的规定，只有车主允许的合格驾驶人驾驶被保险车辆时，非故意原因导致的损失，才有可能得到赔付（未必一定得到赔付）。因此，验明驾驶人身份十分必要。

根据《机动车驾驶证管理办法》规定：在道路上驾驶民用机动车辆者，须申请领取机动车驾驶证；实行驾驶证准予驾驶相关车辆制度；驾驶证有效期为 6 年；持未记载审验合格的驾驶证不具备驾驶资格；驾驶证持有人从事道路驾驶教练的，应持有相应准驾车型驾驶证 5 年以上；驾驶特种车辆、营运性客车，需要持有国家有关部门核发的有效资格证书且在有效期之内。驾驶人准驾车型及代号如表 5-3 所示。

表 5-3　机动车驾驶证准驾车型和代号

准驾车型	代号	准驾的车辆	准予驾驶的其他准驾车型
大型客车	A1	大型载客汽车	A3、B1、B2、C1、C2、C3、C4、M
牵引车	A2	重型、中型全挂、半挂汽车列车	B1、B2、C1、C2、C3、C4、M
城市公交车	A3	核载 10 人以上的城市公共汽车	C1、C2、C3、C4
中型客车	B1	中型载客汽车（含核载 10 人以上、19 人以下的城市公共汽车）	C1、C2、C3、C4、M
大型货车	B2	重型、中型载货汽车；大、重、中型专项作业车	C1、C2、C3、C4、M
小型汽车	C1	小型、微型载客汽车以及轻型、微型载货汽车；轻、小、微型专项作业车	C2、C3、C4
小型自动挡汽车	C2	小型，微型自动挡载客汽车以及轻型、微型自动挡规载货汽车	
低速载货汽车	C3	低速载货汽车（原四轮农用运输车）	C4
三轮汽车	C4	三轮汽车（原三轮农用运输车）	
残疾人专用小型自动挡载客汽车	C5	残疾人专用小型、微型自动挡载客汽车（只允许右下肢或者双下肢残疾人驾驶）	
普通三轮摩托车	D	发动机排量大于 50 mL 或者最大设计车速大于 50 km/h 的三轮摩托车	E、F
普通二轮摩托车	E	发动机排量大于 50 mL 或者最大设计车速大于 50 km/h 的二轮摩托车	F
轻便二轮摩托车	F	发动机排量等于 50 mL 或者最大设计车速小于等于 50 km/h 的摩托车	
轮式自动机械车	M	轮式自行机械车	
无轨电车	N	无轨电车	
有轨电车	P	有轨电车	

验明驾驶人身份主要包括以下方面：

（1）通过查验驾驶证真伪，确定驾驶被保险车辆者是否为合格的驾驶人。

（2）通过查验驾驶证准驾类型，确定驾驶被保险车辆者是否具有驾驶该车的资格。如：C照驾驶大货车、B照或C照驾驶大客车、军照驾驶民车、民照驾驶军车、普通照驾驶危险品运输车等，都属于不具备驾驶相关车辆的资格。

（3）查验保单，并比照驾驶证以及公安部门的证明，确定是否为保单约定驾驶人。

（4）通过询问，确定是否为被保险人允许的驾驶人驾驶被保险车辆出的险。

（5）通过询问和其他方式，确认驾驶人是否为酒后、吸毒或者服用了相关免责范围的药物后驾驶被保险车辆出的险。

3. 出险现场的车损情况

通过查看现场状况，对比事故车的损坏情况，分析出险过程和产生损伤的合理性。

分析事故损坏时，应重点把握第一碰撞点，假如是正面碰撞，第一接触点一般应该是前保险杠。如果碰的是树，前保险杠上会有树皮；如果碰的是电线杆，前保险杠上会有灰屑；如果碰的是墙，前保险杠上会有土屑、砖屑；如果碰的是护栏，前保险杠上一般会有油漆。

另外，要学会用运动学方法分析事故发生后所造成的痕迹，图 5-9 为一辆轿车碰撞了树的照片。从照片来看，前保险杠、散热器罩的变形都容易理解，但发动机罩的变形似乎不应该。因为从照片来看，发动机罩明显靠后，怎么会造成这样的损坏呢?其实，当我们明白了“汽车制动时，会因为惯性力作用压缩弹性的悬架系统而使车头下沉”的道理后，自然就会明白发动机罩产生褶皱是正常碰撞所致了。

图 5-9　汽车撞树图

4. 出险现场的车载货损情况

充分注意车辆的总载货量、载客量是否超出规定，注意在现场的货物损坏情况，帮助客户归拢有可能走失、散失的货（活）物。

5. 出险现场的人员伤亡

通过分析伤亡人员所处的位置，车上物体及地面所遗留的血迹等，准确判断伤亡人员究竟谁是车上人员、谁是第三者。

（四）丈　量

现场丈量前，要认定与事故相关的物体和痕迹，然后逐项丈量并做好相应记录。

（1）确定事故现场方位。事故现场的方位以道路中心线与指北方向的夹角来表示。如果事故路段为弯道，以进入弯道的直线与指北方向夹角和转弯半径表示。

（2）事故现场定位。事故现场的定位方法有三点定位法、垂直定位法、极坐标法等。3种定位方法首先都需要选定一个固定现场的基准点。基准点必须具有永久的固定性，如可选有标号的里程碑或电线杆。

三点定位法是用基准点、事故车辆某一点以及基准点向道路中心线作垂线的交点 3 个点所形成的三角形来固定现场位置，所以此时只需要量取三角形各边的距离即可。

垂直定位法是用经过基准点且平行于道路边线的直线与经过事故车辆某一个点且垂直于道路边线的直线相交所形成的两个线段来固定事故现场，所以该方法只需要量取基准点与交点、交点与事故车辆某一点两条线段的距离即可。

极坐标法是用基准点与事故车辆某一点连接形成线段的距离以及线段与道路边线垂直方向的夹角来固定事故现场，所以该方法只需量取线段长度和夹角度数即可。

（3）道路丈量。道路的路面宽度、路肩宽度以及边沟深度等参数一般都需要丈量。

（4）车辆位置丈量。事故车辆位置用车辆的 4 个轮胎外缘与地面接触中心点到道路边缘的垂直距离来确定，所以只需量取 4 个轮胎的距离即可。车辆行驶方向可根据现场遗留的痕迹判断，如从车上滴落的油点、水点，一般其尖端的方向为车辆的行驶方向。

（5）制动印痕丈量。直线形的制动印痕的拖印距离直接测量即可；量取弧形制动印痕的拖印距离时，一般是先四等分弧形印痕，分别丈量等分点至道路一边的垂直距离，再量出制动印痕的长度即可。

（6）事故接触部位丈量。事故接触部位的丈量，最关键的是先准确判定事故接触部位。事故接触部位是形成事故的作用点，是事故车辆的变形损坏点，因此，可根据物体的运动、受力、损坏形状以及散落距离等因素科学判断事故的接触部位。对其丈量时，一般应测量车与车、车与人，或者车与其他物体接触部位距地面的高度、接触部位的形状大小等。

（7）其他丈量。如果事故现场还有毛发、血皮、纤维、车身漆皮、玻璃碎片、脱落的车辆零部件、泥土、物资等遗留物，并且对事故认定有着重要作用，则一并需要丈量它们散落的距离或黏附的高度等。

（五）摄　影

现场摄影是真实记录现场和受损标的客观情况的重要手段之一，它比现场图和文字记录更能直观地反映现场及事故车辆的情况，是处理事故的重要证据。查勘照片质量的好坏直接影响案件证据保留的有效性、核查的准确性及研究的客观性。因此，现场摄影已成为现场查勘中的一项重要工作。

1. 现场摄影的原则

对事故现场进行摄影时一般应遵循以下原则：应有反映事故现场全貌的全景照片，应有反映受损车辆号牌及受损财产部位和程度的近景照片，应有某些重要局部（如保险标的车辆VIN代码、发动机号码等）的特写照片。应坚持节省的原则，以最少的照片数量反映事故现场的效果。

2. 现场摄影的要求

现场摄影主要有以下要求：

（1）有第一现场的，必须拍摄现场全景照片。

（2）拍摄带有车牌号与损伤部位的全景照片。

（3）拍摄车架号的清晰照片。小客车的车架号即车辆识别码（VIN码）在前风窗玻璃左下角、发动机舱内左侧或右侧铭牌处。拍摄方法如图5-10所示。

（a）VIN码在前风窗玻璃左下角处

（b）VIN码铭牌处

图5-10　VIN码的拍摄方法示意图

（4）在拍摄前应校准数码相机日期，不得擅自更改，不得使用日期校调不准的数码相机拍摄。

（5）拍摄能够反映局部损失的特写照片。

（6）拍摄必须保证成像清晰度。夜间拍摄时应考虑闪光灯的使用距离，必要时可借查勘车、手电筒灯光，找固定物支撑相机以慢速曝光（不用闪光灯）拍摄。

（7）查勘拍摄是固定和客观记录交通事故相关证据的重要手段，必须真实、全面反映被拍摄对象，不得有艺术加工成分。

（8）拍摄较大事故的车损照片时，应拍好两个45°照片。即使有一侧未受损，也应拍摄。以防施救时扩大损失或在修理厂拆检后多列换件、维修项目；同时，拍摄车辆后部的45°照片还能将出险车辆的后围板上或行李箱盖上的厂牌型号信息清楚地反映出来，方便核损、核赔人员对标的车的车型进行准确确认。

（9）照片较多时应在录入影像系统时分别建立现场照片、未拆检整车照片、拆检照片、回勘照片等多个子文件夹，便于核损、核赔时审查。

3. 现场摄影的原则

现场摄影一般应遵循以下原则：先拍原始的，后拍变动的；先拍重点的，后拍一般的；先拍容易的，后拍困难的；先拍易消失与易被破坏的，后拍不易消失与不易被破坏的。

4. 现场摄影的方式

现场摄影时，应根据事故的实际情况和具体拍摄目的，选择不同的拍摄方式。现场摄影方式主要有方位摄影、中心摄影、细目摄影、概览摄影、宣传摄影 5 种。

（1）方位摄影。方位摄影是指根据事故车辆为中心的周围环境，采用不同的方位拍摄现场的位置、全貌，以反映事故现场轮廓的摄影，主要用于对事故发生地所处环境的拍摄。当拍摄事故现场的全面貌时，采用此种摄影。采用方位摄影应反映出事故现场的地形、地貌、路况，以及事故车辆与人畜、建筑物、道路、山、树木、周边的其他物体之间的相互关系，也应反映出事故的时间、气候，尽可能地将出险地一些明显标志物拍进来，如路牌、里程碑、方向指示牌等。一般采用以由高向低的俯角拍摄整个事故现场范围，如果一张照片无法包括的，可采用连续拍摄或回转连续拍摄的方式拍照（俗称接片）。方位摄影重在突出事故现场的全貌，反映出事故车辆与其他物体之间的相互关系。图 5-11 是一起交通事故现场的方位摄影图。

（2）中心摄影。中心摄影即以事故接触点为中心，近距离拍摄反映事故接触的各部位及其相关部位的局部照片，如接触点、车辆及物体的主要损伤痕迹位置。拍摄现场的中心地段时，采用中心摄影。拍摄时应标注高度、长度。此拍摄方式重在突出拍摄现场的中心地段，目的是反映出事故损坏部位及其相关部位的特点、状态。中心摄影重点应在被事故破坏的地方和遗留痕迹及物证的地方。图 5-12 就是一张中心摄影图。

图 5-11　方位摄影图

图 5-12　中心摄影图

（3）细目摄影。细目摄影是采用近距或微距拍摄路面、车身、人体、固定物上的痕迹特征照片的拍摄方式。图 5-13 是一张细目摄影图，如车身上附着其他车辆油漆、轮胎痕迹及沾有血迹的位置等。用此方式拍摄时一般以镜头的主光轴垂直于被摄痕迹面，慎用闪光灯，特别是拍摄白色等浅色物体时不要用闪光灯。对细小的痕迹应摆放比例尺拍摄，目的在于突出各个具体物证，反映出重要物证的大小、形状、特征。细目摄影的部位包括：

① 事故车辆和其他物体接触部分的表面痕迹，用以反映事故原因。

② 物体痕迹，如事故车辆的制动拖印痕迹、伤亡人员的血迹、机械故障的损坏痕迹等。

图 5-13　细目摄影图

③ 事故车辆的牌号、厂牌型号等。

④ 其他的损失、伤亡，以及物资的损坏等。

（4）概览摄影。概览摄影是以中远距离拍摄事故现场的车辆、路面散落物、被撞物体（人、车、固定物）的位置及相互关系的摄影方式。可以从出险车辆的顺向、逆向行驶方向或路中、路边等多方位拍摄来交代出险标的车与相关物体的位置、关系。图 5-14 是一张概览摄影图。

（5）宣传摄影。宣传摄影即运用技巧突出反映事故某一侧面的拍摄。此拍摄方式重在突出事故某一侧面的状态、特点，如车辆损伤、伤亡者以及事故责任者等，目的是进行宣传和收集资料。图 5-15 是一张宣传摄影图。

图 5-14　概览摄影图

图 5-15　宣传摄影图

5. 现场摄影的方法

常见的现场摄影方法有相向拍摄法、十字交叉拍摄法、连续拍摄法和比例拍摄法 4 种。

（1）相向拍摄法。即从两个相对的方向对现场中心部分进行拍摄。该方法可较清楚地反映现场中心两个相对方向的情况，如图 5-16 所示。

（2）十字交叉拍摄法。采用这种方法进行拍摄时，应从 4 个不同的地点对现场中心部分进行交叉拍摄，可以从前、后、左、右 4 个角度准确反应现场中心的情况，如图 5-17 所示。

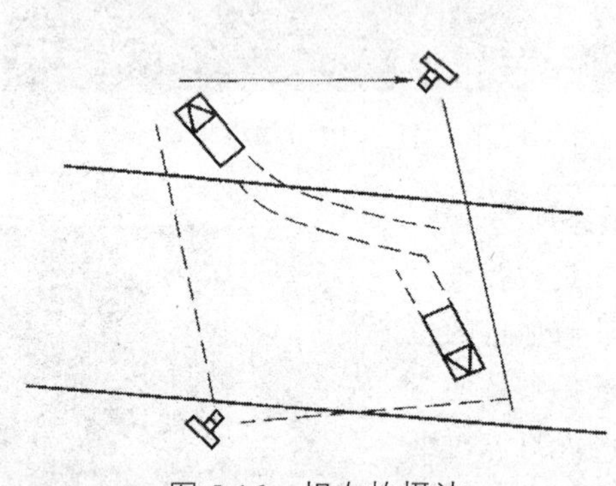

图 5-16　相向拍摄法

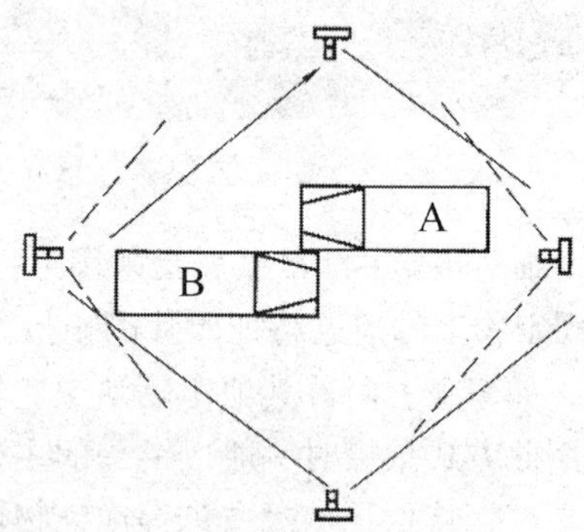

图 5-17　十字交叉拍摄法

（3）连续拍摄法。连续拍摄法是将现场分段进行拍摄，然后将分段照片拼接为完整的照片的方法。该方法适用于事故现场面积较大，一张照片难以包括全部情况。连续拍摄法又分为回转连续拍摄法和平行连续拍摄法。

回转连续拍摄法是将相机固定在一处，通过转动相机的角度进行分段拍摄。此方法用于距离较远的拍摄对象，如图 5-18 所示。

平行连续拍摄法是将同一物距的平行直线分成几段，移动镜头逐渐拍摄，每个摄影地点要求与被摄对象的距离相等，如图 5-19 所示。

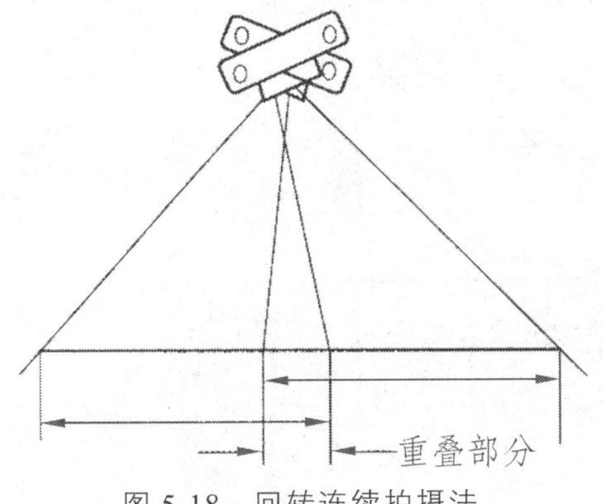

图 5-18　回转连续拍摄法

图 5-19　平行连续拍摄法

在分段拍摄时，各照片取景应略有重合，并要求同样的拍摄距离和光圈等。

（4）比例拍摄法。此法是将尺子或其他参照放在被损物体旁边进行摄影，如图 5-20 所示。常常在痕迹、物证以及碎片、微小物摄影的情况下采用此法，以便根据照片确定被摄物体的实际大小和尺寸。

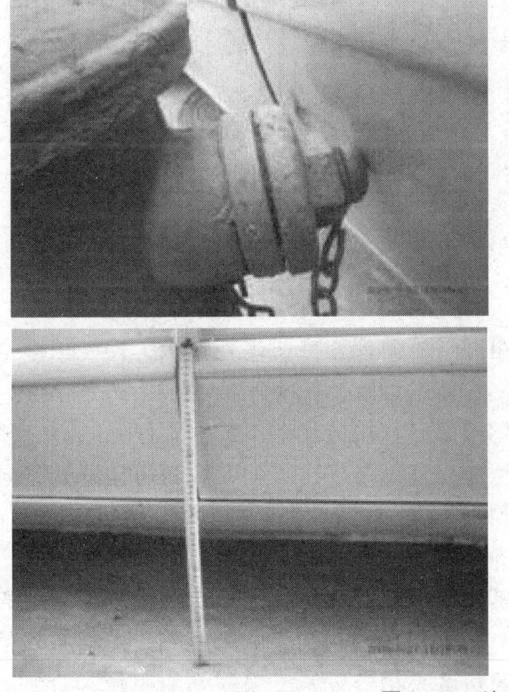

图 5-20　比例拍摄法图示

6. 现场摄影的一般技巧

现场查勘人员要掌握一定的摄影技巧，才能准确地把想要表现的损失部位或标的物的相对位置在照片中反映出来。主要摄影技巧有取景、接片技术在现场拍摄中的运用，滤色镜的使用，事故现场常见痕迹的拍摄等。

（1）取景。取景时，应根据拍摄的目的和要求，合理确定拍摄角度、距离和光照，力求使所要表达的主体物突出、明显和准确。图 5-21 为右前 45°取景示意图，图 5-22 为右前 45°取景实拍照片。

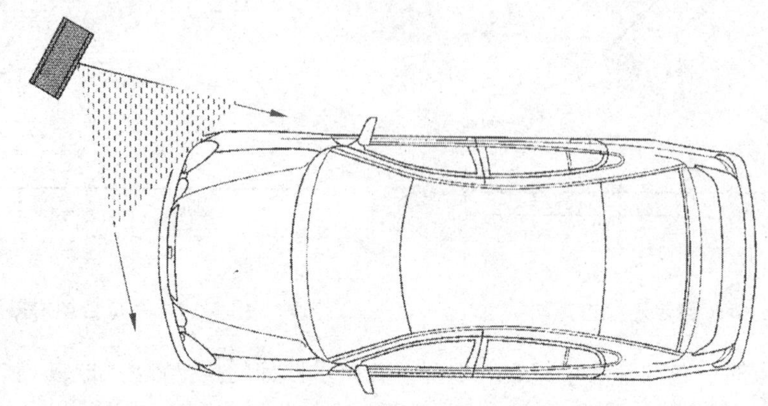

图 5-21 右前 45°取景示意图

（a）非事故车

（b）事故车

图 5-22 右前 45°取景实拍照片

根据拍摄者立足点和被拍物体方位，拍摄角度可分俯视拍摄、平视拍摄、仰视拍摄、正面拍摄和侧面拍摄等。根据拍摄者立足点和被拍物体的远近，拍摄距离可分为远景拍摄、中景拍摄、近景拍摄和特写拍摄等。根据光线和拍摄方向，拍摄光照可分为正面光拍摄、侧面光拍摄和逆光拍摄等。针对车前的损坏，可以从中心轴线与平行方向及直角方向开始，向其损伤部位的 45°角拍摄，从水平位置 5 个方向分别拍摄，如图 5-23 所示。

（2）为了记录事故的发生地，应尽量选择静止的固定参照物进入拍摄画面。如果事故车辆已经被拖到了停车场，而在现场或停放处与其他车辆间的间隔狭窄，给拍摄带来一定的困难，则应尽量将其他车辆移开（在现场挪动须事先得到交警许可或当事双方的承诺），并尽可能使相机高度与损伤面高度相当，保证以适当的角度来拍摄较好反映损伤的照片。

（3）内部与底部有损伤时的拍摄。当内部发生损伤时，应打开发动机罩或行李箱盖，清楚地拍摄内部损伤情况。

当制动系统、行驶系统及侧梁发生损伤时，尽量进行底部拍摄。拍摄时需要将车辆举起并锁死，以确保拍摄者的安全。

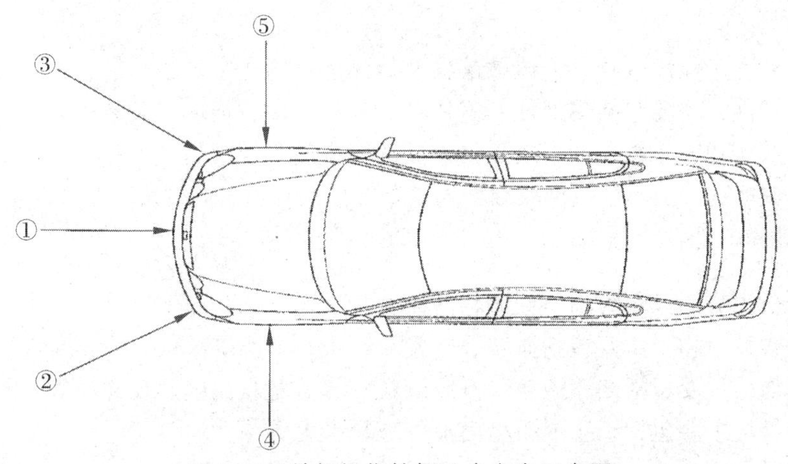

图 5-23　前部损伤拍摄 5 个方向示意图

（4）总成或高价值的零部件一定要拍摄照片，小的损失、低值零件视情况拍摄。

（5）翻砂件（如发动机气缸体、变速器外壳、主减速器外壳等）发生裂纹时，直接拍摄无法反映出裂纹。可以先在裂纹处涂抹柴油，再用滑石粉或粉笔末撒在油上，用小锤敲击裂纹附近，形成一条线后再拍摄。电脑损坏后所拍摄的照片应反映其变形。

（6）对碰撞痕迹的拍摄，要通过合理选择拍摄角度和光线，以准确反映其凹陷、隆起、变形、断裂、穿孔或破碎等特征。对于较小、较浅的凹陷一般要采用侧面光、反光板、闪光灯等进行拍摄。

（7）对刮擦痕迹，如果为有颜色物质，可选择滤色镜拍摄，突出被粘挂物。

（8）拍摄血迹时，应选用滤色镜拍摄。如血迹滴落在泥土黏污的油路上，可用黄色滤色镜拍摄。

（9）拍摄制动拖印时，为反映制动拖印的起止点及其特征，可对拖印起点用白灰或树枝等进行标记，应注意反映起点与道路中心线或路边的关系。

（10）现场拍摄时，可采用数码相机和光学相机两种工具。数码相机拍摄的照片便于计算机管理，便于网上传输，成像快，但缺点是易被修改、伪造；而光学相机正好相反。

7. 照片的编辑

拍摄的照片，需要进行恰当的编辑，以符合保险公司的相关要求。

（1）按照照片的属性进行分类编排。可分为现场照片、未拆检照片、拆检照片、回勘照片 4 类。

（2）按照时间顺序进行编排。时间顺序有查勘日期、录入日期 2 类。

（3）按照事故的发生过程进行编排。

（六）收　集

物证是分析事故原因最为客观的依据，收取物证是现场查勘的核心工作。事故现场物证的类型有散落物、附着物和痕迹。

1. 散落物

散落物可分为车体散落物、人体散落物及他体散落物 3 类。

（1）车体散落，主要包括零部件、钢片、木片、漆片、玻璃、胶条等。

（2）人体散落物，主要包括事故受伤人员的穿戴品、携带品、器官或组织的分离品。

（3）他体散落物，主要包括事故现场人、车之外的物证，如树皮、断枝、水泥、石块等。

2. 附着物

附着物可分为喷洒或黏附物、创痕物与搁置物 3 类。

（1）喷洒或黏附物，主要包括血液、毛发、纤维、油脂等。

（2）创痕物，主要包括油漆微粒、橡胶颗粒、热熔塑料涂膜、反光膜等。

（3）搁置物，主要包括织物或粗糙面上的玻璃颗粒等。

3. 痕　迹

不同的痕迹，有各自的形状、颜色和尺寸，往往是事故过程某些侧面的反映，因此也是事故现场物证收集的重点。痕迹可分为车辆行驶痕迹、车辆碰撞痕迹、涂污与喷溅痕迹 3 类。

车辆行驶痕迹主要包括轮胎拖印、压印和擦印等。

车辆碰撞痕迹主要包括车与车之间的碰撞痕迹、车与地面之间的撞砸与擦刮痕迹、车与其他物体之间的碰撞与擦刮痕迹。车与车之间的碰撞痕迹包括车辆正面与正面、正面与侧面、追尾等的碰撞痕迹；车与地面之间的碰撞与擦刮痕迹常见于车辆倾覆或坠落的事故；车与其他物体之间的碰撞与擦刮痕迹主要有车与路旁建筑物、道路设施、电线杆、树木等的接触而产生的痕迹。

涂污与喷溅痕迹主要包括油污、泥浆、血液、汗液、组织液等的涂污与喷溅。

（七）绘　图

对重大赔偿案的查勘应绘制事故现场草图。事故现场草图应在出险现场当场绘制。由于是在查勘现场绘制，且绘制时间较短，所以对事故现场草图不要求十分工整，只要求内容完整，尺寸数字准确，物体位置、形状、尺寸、距离的大小基本成比例即可。

1. 事故现场草图的基本内容

事故现场草图要能反映出事故车的方位、道路情况及外界影响因素，要表明车辆以及与事故有关的遗留痕迹和散落物的相互位置。

简单的平面图加上适当文字说明，即可反映出事故现场概况，图 5-26 为事故现场草图样图。如果道路线形复杂，为准确表达事故现场的空间位置和道路纵横断面几何线形的变化，事故现场草图也经常采用立体图或剖面图等。

2. 事故现场草图的绘制过程

（1）选比例。根据出险情况，选用适当比例进行草图的总体构思。

（2）画轮廓。按照近似比例画出道路边缘线和中心线。确定道路走向，在图的右上方绘制指北标志。标注道路中心线与指北线的夹角。

（3）画车辆。以同一近似比例绘制出险车辆，再以出险车辆为中心绘制各有关物体图例。

（4）标尺寸。根据现场具体条件，选择基准点和定位法，为现场出险的车辆和主要物品、痕迹定位，并标注尺寸。

（5）小处理。根据需要绘制立体图、剖面图和局部放大图，必要的地方加注文字说明。

（6）先校核。两名查勘人员，一名负责绘制现场草图，另一名负责校核。

（7）后签名。草图绘制完成后，由绘图人、校核人、当事人、见证人分别签名。

现场查勘结束后，应根据现场查勘草图所标明的尺寸和位置，按照正投影的绘图原理，选用一定比例和线型，工整准确地绘制出正式的事故现场图。它是理赔和申请诉讼的依据。图 5-24 所对应的事故现场图如图 5-25 所示。

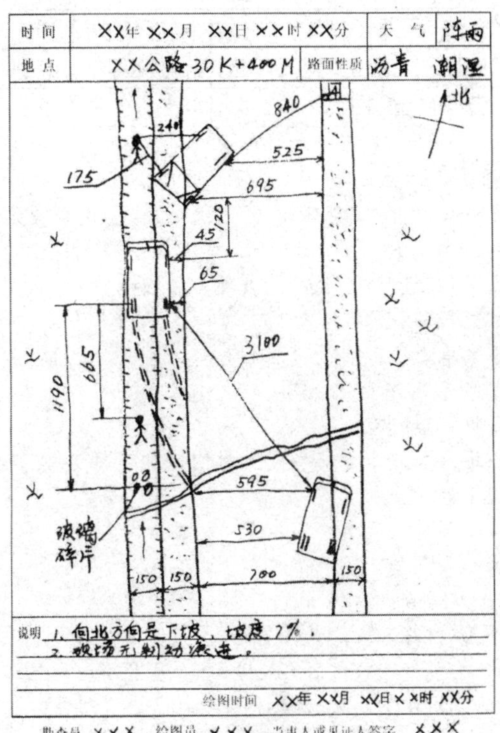

图 5-24　事故现场草图

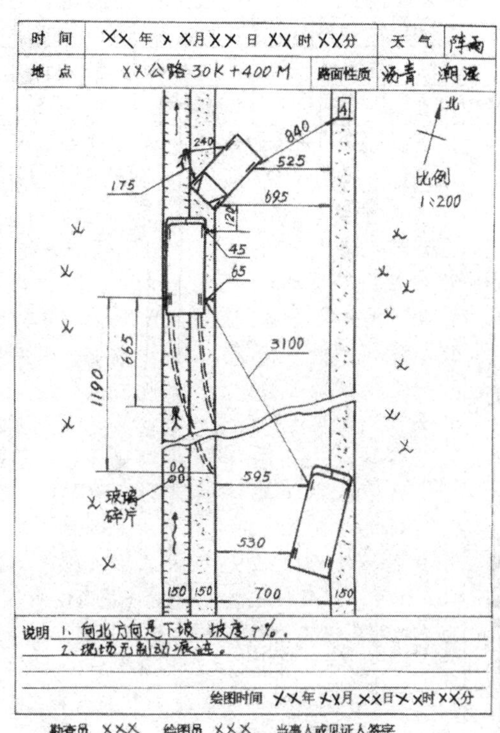

图 5-25　事故现场图

（八）填　写

现场查勘结束后，还有一项重要的工作就是填写查勘报告。

（1）查勘记录有统一的样式。现场查勘工作非常重要，而现场查勘的内容又非常多，为防止查勘员疏忽某些细节，同时为规范查勘工作，各保险公司一般都制定有机动车辆保险现场查勘记录。查勘人员根据现场查勘情况，如实填写现场查勘记录表即可。表 5-4 为机动车辆保险事故现场查勘记录样表。

（2）现场查勘报告的制作及录入要求。不论赔案大小，均应撰写现场查勘报告，而且要实事求是，无论是第一现场查勘、复勘，还是没有查勘第一现场均应如实填写。手工填写的查勘人员应当签名并于事后录入系统中。

表 5-4　××财产保险公司机动车辆保险事故现场查勘记录

保险单号码：　　　　　　　　　　报案编号：　　　　　　　　　　立案编号：

<table>
<tr><td rowspan="2">保险车辆</td><td>厂牌型号：</td><td>发动机号：</td><td colspan="2">车辆已行驶里程：</td><td>已使用年限：</td></tr>
<tr><td>号牌号码：</td><td colspan="3">车架号（VIN）：</td><td>初次登记日期：</td></tr>
<tr><td colspan="2">驾驶人员姓名：</td><td colspan="3">驾驶证号码：□□□□□□□□□□□□□□□□□□</td><td>职业：</td></tr>
<tr><td colspan="2">初次领证日期：　年　月　日</td><td>性别：□男　□女</td><td>年龄：</td><td colspan="2">准驾车型：□A　□B　□C　□其他</td></tr>
<tr><td colspan="2">查勘时间：　年　月　日　时</td><td colspan="2">查勘地点：</td><td colspan="2">是否第一现场报案：□是　□否</td></tr>
<tr><td colspan="6">赔案类别：□一般　□特殊（□简易　□互碰　□救助　□其他）双代（□委托外地查勘　□外地委托查勘）</td></tr>
<tr><td colspan="2">出险地点：　年　月　日　时</td><td colspan="4">出险地点：　省　市　县</td></tr>
<tr><td rowspan="3">第三方车辆</td><td>厂牌型号：</td><td>号牌号码：</td><td colspan="2">是否保险：□是　□否</td><td>车辆已行驶里程：</td></tr>
<tr><td>驾驶人员姓名：</td><td colspan="3">驾驶证号码：□□□□□□□□□□□□□□□□□□</td><td>车辆初次登记日期：</td></tr>
<tr><td>初次领证日期：</td><td>准驾车型：□A　□B　□C　□其他</td><td colspan="2">职业：</td><td>车辆已使用年限：</td></tr>
<tr><td>现场查勘时请按右侧所列内容仔细查验并认真完整填写</td><td colspan="5">1. 出险原因：□碰撞　□倾覆　□火灾　□爆炸　□自燃　□外界物体倒塌　□外界物体坠落　□雷击　□暴风　□暴雨　□洪水　□雹灾　□玻璃单独破碎　□其他（　）
2. 事故原因：□制动失灵　□转向失灵　□其他机械故障　□疲劳驾驶　□超速行驶　□违章并线　□逆向行驶　□安全间距不够　□违章装载　□其他违章行驶　□疏忽大意、措施不当　□其他
3. 事故所涉及险种：□交强险　□车损险　□三责险　□盗抢险　□玻璃单独破碎险　□自燃损失险　□车上人员责任险　□车上货物责任险　□其他（　）
4. 保险车辆的号牌号码、发动机号、车架号与保险单上所载明的是否相符　□是　□否
5. 出险时间是否在保险有效期内　□是　□否
6. 出险时间接近保险起讫期的，有无相应时间证明　□有　□无
7. 出现地点：（1）分类：□高速公路　□普通公路　□城市道路　□乡村便道和机耕道　□场院及其他；（2）与报案人所报是否一致　□是　□否
8. 实际使用性质与保险单上所载明的是否一致　□是　□否
9. 保险车辆驾驶人员情况与报案人所述是否一致　□是　□否
10. 保险车辆驾驶人员的驾驶证是否有效　□是　□否
11. 保险车辆驾驶人员准驾车型与实际驾驶车辆是否相符　□是　□否
12. 使用各种专用机械车、特种车的人员是否有国家有关部门核发的有效操作证　□是　□否
13. 驾驶营业性客车的驾驶人员是否有国家有关部门核发的有效资格证书　□是　□否
14. 保险车辆驾驶人员是否为被保险人允许的驾驶人员　□是　□否
15. 保险车辆驾驶人员是否为保险合同约定的驾驶人员　□是　□否
16. 保险车辆驾驶人员是否为酒后驾车　□是　□否
17. 事故车辆损失痕迹与事故现场痕迹是否吻合　□是　□否
18. 保险车辆安全配置情况：□安全气囊　□ABS　□倒车雷达　□卫星定位　□其他防盗装置
19. 第三者车辆是否已向其承保公司报案、索赔　□是　□否
20. 事故是否涉及第三方人员伤亡　□是（伤　人，亡　人）　□否
21. 事故是否涉及第三方财产损失　□是　□否
22. 事故是否涉及本车上人员伤亡　□是（伤　人，亡　人）　□否
23. 确定或预计责任划分：□全部　□主要　□同等　□次要　□无责任　□单方肇事
24. 保险车辆损失程度：□全部损失　□部分损失
25. 其他需要说明的内容：</td></tr>
<tr><td></td><td colspan="5">是否属于保险责任：□是　□不是　□待确定（原因是：　　　　　　　）</td></tr>
</table>

续表

<table>
<tr><td rowspan="8">事故估损金额</td><td colspan="7">事故损失金额估计合计：</td></tr>
<tr><td colspan="7">其中：强制险损失</td></tr>
<tr><td rowspan="2">强制保险</td><td colspan="3">死亡伤残：</td><td colspan="3">财产损失：</td></tr>
<tr><td colspan="3">医疗费用：</td><td colspan="3">其他费用：</td></tr>
<tr><td colspan="7">车辆损失险损失：　　第三者损失：　　其他损失：</td></tr>
<tr><td rowspan="3">商业保险</td><td rowspan="3">车辆损失险</td><td>标的损失：</td><td rowspan="3">第三者责任险</td><td>车辆：</td><td rowspan="3">其他险别</td><td rowspan="3"></td></tr>
<tr><td>施救费：</td><td>人员：</td></tr>
<tr><td></td><td>财产：</td></tr>
<tr><td colspan="7" rowspan="3">查勘人意见（包括事故经过简单描述和初步责任认定）：
查勘人签字：</td><td>询问笔录　张</td></tr>
<tr><td>现场草图　张</td></tr>
<tr><td>事故照片　张</td></tr>
</table>

说明：1. 估计损失金额单位为人民币元。

2. 第三方车辆不止一辆，可增加机动车辆现场查勘记录用纸。

（3）现场查勘报告的内容。现场查勘报告的主要内容应该包括出险情况、车辆情况、道路情况、报案情况等。重点是客观表述现场所见情况，对碰撞痕迹、事故发生原因、驾驶人员状态进行分析。分析内容主要围绕保险条款要素，但不对是否构成保险责任进行结论性分析。

本章小结

1. 汽车保险理赔是指被保险车辆在发生保险责任范围内的损失后，保险人依据保险合同条款的约定，审核保险责任、确定损失程度，对被保险人提出的索赔请求进行处理的行为。

2. 汽车保险理赔必须遵循满意性原则、迅速性原则、准确性原则、公平性原则。必须做到：到达现场要迅速、现场查勘要迅速、案件处理应迅速。

3. 保险理赔过程一般包括：受理案件、现场查勘、确定保险责任、立案、定损核损、赔款理算、缮制赔款计算书、核赔、结案处理、支付赔款等环节。受理案件的主要工作内容包括接受报案、信息核对、安排查勘。现场查勘的主要内容有查明出险时间、查明出险地点、查明出险车辆情况、查清驾驶员情况、抢救受损财产、核实损失情况。

4. 事故车辆损失确定原则包括修复为主原则、拆解定损原则、配件及工时定价原则、重新核定损失原则、增补定损原则。

5. 赔款理算包括交强险的理算和商业险的理算。

6. 核赔工作的主要内容包括：审核单证、核定保险责任、核定车辆损失及赔款、核定人身伤亡损失与赔款、核定其他财产损失、核定施救费用、审核赔付计算。

7. 理赔案卷按分级审批、集中留存的原则管理，并按档案管理规定进行保管。做到单证齐全，编排有序，目录清楚，装订整齐。理赔案卷须一单一卷整理、装订、登记、保管，并按赔案号顺序归档。

8. 典型的专项案件主要指简易赔案、疑难案件、拒赔案件、预付案件、代位追偿案件。

9. 现场查勘的“5 个确定”，即确定事故的真实性和发生事故的原因、确定被保险人在事故中的责任、确定被保险人与保险人之间的合同责任、确定事故造成的损害程度和损失的具体项目、确定事故造成的经济损失。

10. 现场查勘的原则：① 树立为保户服务的思想，坚持实事求是原则；② 坚持重合同、守信用、依法办事的原则；③ 坚决贯彻“主动、迅速、准确、合理”的八字理赔原则。

11. 根据出险现场的实际情况，一般可以分为原始现场、变动现场和恢复现场 3 类。

12. 在查勘工作程序中，查勘人员应该关注的重点内容是车、人、证、事、痕 5 个方面。应掌握询问、嗅闻、查看、丈量、摄影、收集、绘图、填写 8 个方面的技巧。

13. 现场摄影方式主要有方位摄影、中心摄影、细目摄影、概览摄影、宣传摄影 5 种。现场摄影方法有相向拍摄、十字交叉拍摄、连续拍摄和比例拍摄 4 种。

技能实训指导

◆ 实训指导 5–1

李先生于 2015 年 4 月 25 日购买了一辆 2015 款 1.8TSI 自动尊荣版轿车，购买价 20.28 万元，并购买了车辆保险。2015 年 5 月 15 日，李先生向公安机关报了案，同时也向保险公司报了案。保险公司查勘员小王对该车辆丢失情况进行了查勘，确认李先生为该车购买了 20 万元的盗抢险。小王做了相关记录，并向李先生介绍了启动保险理赔的程序和规定。截至 2015 年 12 月 1 日，该车辆仍未找到，李先生从公安局开具了车辆丢失证明，向保险公司提出赔偿申请，保险公司启动车险理赔程序。核损员小张发现该车在另一保险公司也投保一份车损险，保额也为 20 万元。

思考题：

1. 该标的车辆的投保是否构成重复保险？

2. 该事故损失是否属于保险责任？

3. 小王所在的保险公司对李先生如何赔付？

◆ 实训指导 5–2

被保险人王某给自己的汽车购买了车辆损失保险，1 月 9 日上午 8:30 保险公司接到王某的报案，王某报案称：1 月 8 日驾驶轿车夜间 11:30 在市区环城路行驶时前部与一大型厢式货车追尾，货车已趁夜色逃逸，目前被保车辆已在郊区某修理厂。1 月 9 日上午 10 时，受保险公司委派，查勘定损人员随即赶到修理厂，发现该轿车前部受损，需更换保险杠、左右前照灯、左右转向灯、左右雾灯、散热器、冷凝器等部件，预计费用 1 万元；经修理厂对该车做进一步拆检后发现，发动机因过热已严重损坏，需更换活塞、缸体、曲轴、连杆等部件，这部分修理费用为 4.2 万元。

思考题：

1. 本案有哪些疑点？

2. 保险公司的查勘定损人员应如何处理该事故？

【实训任务工单 5-1】

任务名称	保险理赔过程的介绍	学时	2	班级	
学生姓名		学生学号		任务成绩	
任务描述	周女士开车与前车追尾后，向一保险理赔人员打电话咨询保险理赔过程。作为一名汽车保险理赔人员，你应如何根据保险公司规定，指导客户完成整个理赔过程				

工作步骤	注意事项	分值	得分
1. 根据事故情况，理赔人员应指导客户首先做什么		5	
2. 客户应如何报案		5	
3. 现场查勘查哪些方面		15	
4. 如何确定是否为保险责任		15	
5. 如何进行立案		5	
6. 如何确定车辆损失？施救费用如何处理		15	
7. 如何计算赔款数额		10	
8. 对整个案件处理过程，保险公司需要核赔吗		10	
9. 理赔材料如何处理		10	
10. 保险公司如何支付赔款		5	
11. 若事故是由第三者造成的，保险公司还应当要求客户做什么		5	
教师点评： 教师签名：			

【实训任务工单 5-2】

任务名称	保险事故现场查勘	学时	2	班级	
学生姓名		学生学号		任务成绩	
实训场地	汽车保险与理赔实训室			日期	
实训设备	事故车辆或有部位损伤的教学整车、数码相机、定损笔记本电脑、卷尺、手电筒、笔、记录本、出险报案表、保单抄件、索赔申请书、报案记录、现场查勘记录、索赔须知、询问笔录、事故车辆损失确认书等				
任务描述	2020 年 7 月，王先生开着自己的出租车行至滨河路时，与一辆货车相撞。王先生发现车子受损较重，于是报警并向保险公司报案。保险公司接险后，定损人员到达第一现场。因此定损人员对事故的原因、过程、责任都比较明确：是出租车强行并道造成的。请同学们以保险公司现场查勘员的身份进行现场查勘				
一、资讯 教师分析案例提出引导问题，学生通过小组讨论、查询和指导教师指导等形式获得准备工作的信息。 1. 查勘人员到达事故现场后如何仔细查勘，才能分清事故的责任和性质？					

2. 查勘人员应该怎样进行拍照？

3. 查勘人员到达事故现场后为什么要做现场测量、草图绘制？

4. 查勘人员到达事故现场后做好收集物证、缮制查勘记录工作的必要性。

二、决策

1. 学生小组讨论确定查勘人员查勘时拍照的步骤。

2. 学生通过小组讨论确定现场测量、草图绘制方案。

（1）现场测量：

（2）草图绘制：

3. 学生小组讨论确定收集物证、缮制查勘记录方案：

（1）收集物证：

（2）缮制查勘记录：

三、计划

1. 工作分配：6人一组进行训练，______人负责现场拍照；______人现场测量；______人负责草图绘制；

____人负责采集物证；____人模拟当事人（报案人）；____人模拟目击者；____人缮制查勘记录。

2. 时间安排：现场拍照（____分钟）+现场测量（____分钟）+绘制草图（____分钟）+采集物证（____分钟）+缮制查勘记录（____分钟）。

3. 工作步骤：按小组讨论的决策方案实施。

4. 设备和工具：需要准备哪些设备和工具？

四、实施

1. 立案登记：

2. 填写出险通知书：

3. 现场询问，并填写询问记录：

4. 现场拍照，并将打印照片贴在粘贴纸上：

5. 现场测量，并绘制草图：

6. 收集物证，缮制查勘记录：

五、检查

1. 自查

自查人：

2. 互查

互查人：

六、评估

1. 考核评价

项目	能力表现	分值	得分
查阅抄单情况	详细程度、仔细程度、理赔明确	10	
拍摄内容情况	要素齐全、拍摄效果好、拍摄真实	20	
拍摄步骤	掌握情况流程规范、拍摄合理、要素齐全	20	
现场测量情况	详细程度、仔细程度、判辨真伪	20	
草图绘制情况	规格准确、比例合适、说明清楚、全面、反映实际、细节把握	20	
团队合作情况	团队荣誉感、协作能力、领导能力	5	
学习工作态度	谦虚、诚恳、刻苦、努力、积极	5	
合计		100	

2. 教师点评

教师签名：

复习思考题

一、填空题

1. 汽车保险理赔是指被保险车辆在发生保险责任范围内的损失后，保险人依据保险合同条款的约定，审核______、确定_______，对被保险人提出的________进行处理的行为。

2. 汽车保险迅速性原则体现在：_______要迅速、_______要迅速、_______要迅速。

3. 投案形式通常有_______、_______、_______、_______，其中_____最快捷方便。

4. 接到报案后，应尽快查验出险车辆的_____和_____。查询是否_____，查验出险时间是否在______以内、核对驾驶员是否为保险单中_____驾驶员、初步审核报案人所述事故原因与经过是否属于______等情况。

5. 核损是指由核损人员对保险事故中涉及的_____和其他____定损情况进行复核，目的是提高______，保证定损的_____性、_____性和____性。

6. 区分本次事故和非本次事故造成的损失时：本次事故碰撞部位，一般有_________；非本次事故碰撞部位一般有_________。

7. 事故车辆的维修费用主要由 3 部分构成：______、______和______。

8. 定损即确定事故损失，包括______、______、______、______、______等。

9. 定损完毕后，由被保险人自选修理厂或到保险人推荐修理厂修理。保险人推荐的协议修理厂一般不低于______资质。

10. 一般只对保险车辆的救护费用负责。若受损保险车辆与其所装货物同时被施救，其救货的费用应予_____。如果它们之间的施救费用分不清楚，则应按_____进行比例分摊赔偿。

11. 零配件询报价时，无现货而必须订货的，原则上按______报价，不能按空运价报价。

12. 保险赔偿只对车辆确定为事故损失的部位进行尽量修复。如被保险人或第三者提出扩大修理范围或应修理而要求更换的，超出部分的费用应_________。

13. 按照保险合同规定，损余物资的处理需经双方协商，合理确定其残值。残值确定后，一般采取折归_____并冲减损失金额的方式。

14. 典型的专项案件主要指_______、________、________、________、_________。

15. 在查勘工作程序中，查勘人员关注的重点内容是________、________、________、________、________5 个方面。

16. 现场查勘主要采用_________查勘法、_________查勘法、_________查勘法和_______查勘法 4 种。

17. 现场查勘人员的询问内容很多，一般包括：_____、_______、_______、_______财产损失及_________、_________等。

18. 合格机动车不合规定使用的情况主要体现在两个方面：一是_________________；二是____________________。

19. 现场摄影方式主要有_______、_______、_______、_______、_______5 种。

20. 常见的现场摄影方法有________拍摄、_______拍摄、_______拍摄和_______拍摄 4 种。

二、判断题

1. 根据投保金额、投保类型、投保申请的地理位置或递交投保申请的代理人分派个案，核保师可以专门从事某一类型的个案的核保模式是分级设置模式。（ ）

2. 电话报案的，被保险人可以不填写出险通知书。（ ）

3. 立案处理时限规定对报案登记后超过规定时间未立案的案件，管理部门必须给予处理。（ ）

4. 对不在保险有效期或明显不属于保险责任的报案，应在“机动车辆保险出险报案表”“机动车辆保险报案”“立案登记簿”上签注拒赔原因，并向报案人或被保险人做出解释，同时向被保险人电话通知立案结果。（ ）

5. 事故损失的确定，需按照条款规定，会同被保险人协商修复方式、修复价格，并取得双方共同认可。对认可后的结果，需缮制定损报告。定损报告由事故各方当事人共同签字确认；如果条件允许，参与事故处理的各保险公司理赔人员也应签字确认。（ ）

6. 在赔偿顺序上，交强险是第一顺序，商业机动车保险是第二顺序。（ ）

7. 车险理赔可以发现和检验展业承保工作的质量。（ ）

8. 在财产保险业务中汽车保险是道德风险的“重灾区”。（ ）

9. 车辆定损以后，在解体车辆时如发现尚有事故损失部位未定损的，经核实后可追加修理费。（ ）

10. 现场查勘工作应由一位或二位查勘定损人员查勘，尽量查勘第一现场。（ ）

11. 主车和挂车在连接使用时发生交通事故，主车与挂车的交强险保险人分别在各自的责任限额内承担赔偿责任。（ ）

12. 对投保情况的询问，可以有效区分是否属于保险责任。（ ）

13. 现场查勘时，要查明车辆出险时的使用性质是否与保险单记载的一致，以及是否运载着危险品。（ ）

14. 汽车的外形、结构、颜色这三项是不允许改变的，但可以安装行李架。（ ）

15. C1 驾驶证准予驾驶 10 座及以下的小客车。（ ）

16. 当需要拍摄事故现场的各种痕迹、物证，以反映其大小、形状、特征时，需要采用中心摄影。（ ）

17. 保险人在拥有物上代位后，保险标的所有利益归保险人所有，若保险利益超过赔偿，则超过部分退还被保险人。（ ）

18. 对接近保险起止时间的案件应特别注意查实，排除道德风险因素。（ ）

19. 拍摄照片中必须有反映车牌号码与损失部分的全景照片。（ ）

20. 在保险人赔偿后，被保险人可以放弃对第三者请求赔偿的权利。（ ）

21. 常见使用性质与保单不符的情况是：第一，营运货车按非营运货车投保。第二，非营运乘用车从事营业性客运。（ ）

22. 通过保险车辆行驶证造假的方式通常是伪造副页上检验合格章，以使过期行驶证仍然在有效期内。（ ）

23. 经保险人同意后，对事故车辆损失原因进行鉴定的费用应由被保险人承担。（ ）

24. 受损车辆初步定损后，如解体发现尚有因本次事故损失的部位没有定损的，也不能追加修理项目和费用。（ ）

25. 事故车辆的施救、维修费用赔付后，所换下的旧件的处理权归被保险人所有。（ ）

三、选择题

1. 我国汽车保险的被保险人以前主要是企事业单位，随着私家车的增加，被保险人中私家车车主的比例逐年增加。由于这些被保险人文化、知识、修养差异较大，再加上他们对保险、交通事故处理、车辆修理等方面知识的匮乏，他们购买保险具有较大的被动性。这体现了汽车保险理赔的（ ）特点。

A. 汽车流动性大

B. 损失频率高且损失幅度较小

C. 道德风险概率大

D. 被保险人具有公众性

2. 平安保险的报案电话为（ ）。

A. 95518

B. 95511

C. 95500

D. 95585

3. 保险经营的重要环节是（ ）。

A. 核保

B. 计算保费

C. 保险理赔

D. 赔款计算

4. 保险车辆出险后，被保险人应迅速向保险人报案，除不可抗拒力外，被保险人应在（ ）小时内通知保险公司。

A. 2

B. 12

C. 24

D. 48

5. 查勘员在公司内接到现场查勘通知后，首先要（ ）。

A. 与报案人联系

B. 查看保险单

C. 向领导汇报

D. 打印“机动车辆保险报案记录（代抄单）”

6. 立案处理时限一般为简单案件应于查勘结束后（ ）小时内立案，并注明责任人；复杂案件最晚于接报案后（ ）日内，进行立案或注销处理。

A. 24　7

B. 12　2

C. 48　15

D. 2　1

7. 第三者责任险的施救费用与第三者损失金额相加（ ）第三者责任险的责任限额。

A. 不得超

B. 不得低于

C. 只能相等

D. 按实际发生的确认

8. 关于在施救过程中，造成大面积车辆漆面损伤的事故的说法，正确的是（ ）。

A. 属于保险责任

B. 属于车辆损失险责任

C. 属于合理施救费

D. 不施救费

9. 2014 年，我国共发生交通事故次数 1 257 675 起，平均每起直接经济损失为 4 987 元。这体现了汽车保险理赔的（ ）特点。

A. 被保险人的公众性

B. 损失率高且损失幅度较小

C. 标的流动性大

D. 受制于修理厂的程度较大

10. 赵某投保了保险金额为 22 万元的机动车辆损失险，在保险期间内一次碰撞事故时负 30%的责任，造成保险车辆全部损失，保险车辆出险时的实际价值为 16 万元，按照事故责任免赔率规定，如果残值是 2 万元，则保险人应该赔偿（　　）。

A. 3.99 万元　　B. 4.2 万元

C. 3.78 万元　　D. 5.7 万元

11. 汽车被盗抢，下列情况可以免责的是（　　）。

A. 保险车辆是否属于被诈骗、罚没、扣押造成的损失

B. 被保险人有无因民事、经济纠纷而导致保险车辆被抢劫、抢夺

C. 被保险人有无将非营业标的从事出租或租赁行为

D. 以上都正确

12. 客车不得超载，但按照规定免票的儿童除外，在载客人数已满的情况下，按照规定免票的儿童不得超过核定载客人数的（　　）。

A. 10%　　B. 20%

C. 30%　　D. 5%

13. 载货汽车车厢不得载客。在城市道路上，货运机动车在留有安全位置的情况下，车厢内可以附载临时作业人员（　　）人。

A. 2　　B. 1 ~ 5

C. 1 ~ 3　　D. 3

14. （　　）是用基准点、事故车辆某一点以及基准点向道路中心线作垂线的交点 3 个点所形成的三角形来固定现场位置的，所以此时只需要量取三角形各边的距离即可。

A. 丈量法　　B. 三点定位法

C. 极坐标法　　D. 垂直定位法

15. 采用近距或微距拍摄路面、车身、人体、固定物上的痕迹特征照片的拍摄方式就是（　　）。

A. 方位摄影　　B. 中心摄影

C. 细目摄影　　D. 概览摄影

四、简答题

1. 汽车保险理赔的特点有哪些？

2. 汽车保险理赔流程包括哪些环节？

3. 现场查勘的工作主要包括哪些内容？

4. 损失范围的确认应做好哪些方面？

5. 车辆定损的原则有哪些？

6. 核损工作的内容有哪些？

7. 第三者财产损失范围主要包括哪些方面？

8. 核赔工作的主要内容有哪些？

9. 现场查勘要做到的“5 个确定”是指哪些方面？

10. 现场查勘应掌握哪 8 个方面的技巧？

11. 车辆非法改装的形式主要有哪些？

五、分析与计算题

1. 客户报案称：6 月 18 日 20 点左右，驾驶员驾驶一辆轿车行驶在乡间公路，在转弯时由于车速过快，方向没有把握好，车掉入路边沟中，并被大树挡住。假如你是查勘人员，请问如何完成本次事故的现场处理。

2. 甲、乙两车分别投保交强险、足额车损险、商业第三者责任险 20 万元。某日，甲、乙两车互撞，甲车承担 70%的责任，车损 1 万元，驾驶员受伤且医疗费用 8 000 元，车上一乘员死亡且死亡费用 10 万元；乙车承担 30%的责任，车损 5 000 元。按商业险条款规定主要责任免赔率为 15%、次要责任免赔率为 5%。则甲、乙两车能获得多少保险赔款?

3. 甲车与乙车发生相撞事故，造成甲车、乙车受损，乙车驾驶员死亡。经认定，甲车被保险人承担事故主要责任，交警部门未明确划定事故赔偿比例。

甲车投保情况：(1) 强制保险情况：投保了机动车辆交通事故强制责任保险，其中，财产损失责任限额 2 000 元，医疗费用责任限额 10 000 元，死亡伤残责任限额 110 000 元。(2) 商业保险情况：投保了机动车损失险、第三者责任险，机动车损失险保额为 100 000 元，第三者责任险责任限额为 50 000 元。负事故主要责任时，免赔率为 15%。

乙车投保情况：乙车只投保了交强险，其中，财产损失责任限额 2 000 元，医疗费用责任限额 10 000 元，死亡伤残责任限额 110 000 元。

事故损失情况及调解赔偿：(1) 乙车驾驶员医药费：12 000 元；(2) 死亡赔偿金：9 000 元/年 × 20 年 = 180 000 (元)；(3) 丧葬费：7000 元；(4) 死者随身手机：3 000 元；(5) 被抚养人生活费：110 000 元；(6) 事故处理人员误工费：300 元；(7) 处理丧葬事宜的交通费：1 000 元；(8) 精神抚慰金：30 000 元；(9) 甲车损失 12 000 元；(10) 乙车损失 25 000 元。

思考：甲、乙两车分别能获得多少保险赔款?

项目六　事故车辆定损

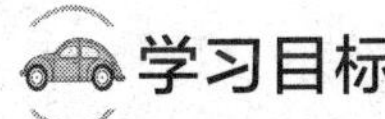

学习目标

1. 了解事故车辆损失鉴定与正常维修的区别。
2. 熟悉机动车辆理赔定损的原则与方法。
3. 掌握汽车碰撞、火灾、水灾、盗抢等损失形式的基本定损方法。
4. 能熟练运用所学原理方法对汽车损失进行划分。
5. 能熟练地对汽车碰撞、火灾、水灾、盗抢损失进行定损。

学习导入

情景1：2020年4月7日，张某驾驶的越野车在行驶过程中速度较快，为了避让从路边右侧窜入道路中间的一只小猫，在躲闪时，左前轮与遗落道路左侧的不规则木块相碰撞，造成轮胎损坏，张某随即向保险公司报了案。

情景2：2021年12月29日，一轿车在兰州市北滨河路发生事故，右前轮胎受损，需要更换。

情景1的受损轮胎，保险公司未赔偿，而情景2中车辆受损轮胎由保险公司赔偿。这说明在道路交通事故中产生的车辆损失，按照定损原则进行定损，会有不同的结果。

请思考：以上两个案例的结果为什么不同？

任务一　事故车辆定损概述

要想及时、公正地理赔，查勘定损人员就要及时赶赴现场、热情服务，做好救援工作；要对事故车辆所造成的损失，做出公正、合理的鉴定；要对更换配件的价格及工时费用做出正确的报价；要求汽车修理厂及时、保质地修好事故致损车辆。

近年来，各家保险公司内部基本都建立了便捷的报价系统，有效地控制了配件价格。为了更加有效地降低理赔成本，就要求查勘定损人员对事故车辆所造成的损失做出准确鉴定。事故车辆的损失是随机的，每一辆事故车所造成的损失都有差异，因此，提高定损人员的思想品德素质、业务素质至关重要。

一、事故车辆损失鉴定与正常维修的区别

（一）维修起因不同

正常维修主要依据使用年限或行驶里程，遵照“预防为主，视情修理”的原则，根据性能的临时表现来决定是否需要进行维修。而事故车辆修理的主要依据是，突发事故对车辆所造成的损坏是否达到了需要修理的程度。

（二）目的不同

汽车正常维修时，需发现和确定存在的技术问题。依据“技术上可行、经济上合理”的原则，提出解决方案；排除已经发现的故障以及潜在的故障隐患，恢复汽车的正常使用性能。

事故车辆维修时，要确定本次事故造成的损失，确定哪些配件或总成该换，哪些配件或总成该修及如何修理；确定换配件或总成的价格和修理所需工时费用；计算出本次事故所造成的经济损失；事故车辆的修理能让车辆恢复到事故发生前的技术状态。事故车辆在损失鉴定和修复时，凡与本次事故无关的故障或技术隐患，均不在保险责任范围内维修。例如，一辆汽车因为制动系统不灵发生了追尾碰撞，导致本车保险杠及水箱被撞坏。那么，在制订本车维修方案时，保险杠和水箱的损坏所涉及的更换配件费用和工时费用，可确定为事故造成的损失，保险公司可以承担赔偿责任。但是，制动系统的故障，不是本次事故造成的损失，虽然维修时需要一并修复，但所需费用应由车主本人承担。

（三）依据标准不同

正常维修，依据的是各省交通厅颁发的汽车维修相关规定。各总成的拆装、修理及部件的修理，是根据长期实践且经测算而取得的平均工时定额。而事故车碰撞后各部位的变形千差万别，对金属结构件的修复工作量差异也很大，需要做到对事故车辆的损失估价合理而准确。因此，定损人员需要熟知汽车构造、原理，熟悉修理工艺，了解技术标准，掌握零件检验和修复的方法。

二、事故车辆定损的原则

定损核价人员接到任务及有关资料后，利用必要的设备和技术手段做好事故车辆的查勘工作，对事故车辆及受损部位进行拍照。定损人员确定事故车辆的损伤部位，并确定受损总成及零部件的更换或修理。在此基础上，对零配件价格及修理工时费用做出正确的核定。

定损核价应遵循以下原则：

（一）严格执行理赔制度

保险公司的理赔工作应严格执行《机动车辆保险与理赔实务》的有关规定，工作人员在

查勘、定损、估价过程中要做到双人查勘、双人定损、交叉复核。对损失较大或疑难案件做到重复多次审核，专门会议分析研究，确保核定无误。对任何一个理赔案件都要做到严格细致、客观真实，不受人情的影响，做到既不损害保险人的利益，又要保证被保险人的权益不受侵害。

（二）准确定损核价

定损核价人员在事故车辆的定损、估价过程中，在保证被保险人的权益不受侵害、不影响车辆性能的前提下，应遵循"公平公正""能修不换"的保险补偿原则，参照当地交通运输管理部门规定的修理工时及单价和零配件价格，对事故车辆的损伤部位逐项进行审定，做到合理准确地定损核价。

定损核价是一项政策性、技术性十分强的工作，要求定损核价人员能准确认定车辆、总成和零部件的损伤程度，准确实施"能修不换"的原则。定损人员应根据事故车辆的损伤情况，准确认定保险赔付范围及赔付方式。对事故车辆的修理范围，一般仅局限于本次事故所造成的损失。对于能修理的零部件，尽量修复，不随意更换；对于能通过局部修复恢复性能的，不扩大到整体修理（如车身喷漆）；对于能更换个别零部件恢复性能的，不更换总成。对于车辆的外覆盖件来说，应以损伤程度和损伤面积为依据，确定修复方法。对于功能来说，判断零件的更换或修理存在一定的难度，要做到准确判定事故原因及损伤形成的因果关系，这就要求定损人员必须掌握足够的汽车结构和性能方面的专业知识。汽车零部件功能的下降和受损有两方面原因：一是随车辆行驶里程的增加，各零部件、总成的功能都会有不同程度的下降；二是在道路交通事故中，由于碰撞产生的撞击力使部分零部件或总成丧失部分或全部功能。

（三）正确划分赔付范围

定损人员应正确区分：哪些是车辆本身故障所造成的损失；哪些是车辆正常使用过程中零件自然磨损、老化造成的损失；哪些是使用、维护不当造成的损失；哪些是损伤产生后没有及时进行维护修理致使损伤扩大造成的损失；哪些是撞击直接造成的损失。依照机动车辆保险条款所列明的责任范围，明确事故车辆损伤部位和赔付范围。

（四）根据保险公司内部报价系统结合市场价格确定维修费用

确定维修费用时，涉及材料费和工时费两项。可以依据所损坏零部件的原始来源，根据保险公司内部报价系统或市场价格，确定零配件的价格；根据修复的难易程度，参照当地工时费水平，确定工时费用。

三、事故车辆定损的注意事项

在实际运作过程中，经常存在着这样的问题，被保险人与保险人在定损范围与价格上存在严重分歧，被保险人总希望能得到高的赔付价格，而保险人则正好相反。另外，在保险业，特别是汽车保险中，经常有骗保案件发生。因此，为避免上述情况发生，定损人员应掌握正确的定损方法。

（一）确定保险赔付范围要准确

确定保险责任事故的车辆维修方案时，既要区分车辆的事故损失与机械损失，也要区分车辆的新、旧碰撞损失。

（1）区分事故损失与机械损失。对于车辆损失险，保险公司只承担条款载明的保险责任所导致事故损失的经济赔偿。凡因故意行为、机械故障、轮胎爆裂以及零部件的锈蚀、朽旧、老化、变形、断裂等所造成的损失，不负赔偿责任。若因这些原因而造成碰撞、倾覆、爆炸等保险责任的，对直接的事故损失部分可予负责，但对非事故损失部分不予负责。

（2）区分新、旧碰撞损失。属于本次事故碰撞的部位，一般会有脱落的漆皮和新的金属刮痕；非本次事故的碰撞处往往会有油污和锈迹。之所以要界定新、旧碰撞损失，是因为有个别车主，将以往发生的小事故，或者已经与事故责任方私了的事故车，到保险公司定损、估价、获得赔偿后，并不去修复，与本次事故一并报案求偿，从而造成重复定损。

（二）反映损失程度的照片要精准

定损人员对车辆进行损失确认时，要按事故查勘照相的要求，对车辆损伤部位或零件进行拍照，照片要能够清晰、客观、真实地表现出事故的结果和车辆的损伤部位。

（三）确定损失程度要准确

对事故车辆损伤部位认真进行查勘，准确判断损伤程度。在对车辆损伤部位进行查勘时，应对损伤零部件逐个进行检查，即使很小的零部件也不要漏掉，以确定损伤情况。如对车身及覆盖件查验时，应注意测量、检查损伤面积、塑性变形量、凹陷深度、撕裂伤痕的大小，必要时应测量、检查车身及车架的变形，以此确定零部件是否更换或进行修理所需工时费用。对于功能件应检验其功能损失情况，确定其是否需要更换，并确定相应修理方法及费用。

对不能直接检查到的内部损伤，应进行拆检。如车辆发生强度较大的正面碰撞时，在撞击力的作用下，除车身及外覆盖件被撞时损坏外，同时会造成一些内部被包围件的损坏，如转向机构、暖风及空气调节装置等的损伤情况，就需要解体检查。所以，发生碰撞事故后，应根据实际情况确定是否需要解体检查，以确认被包围件的损伤情况。

（四）对损伤形成的原因判断要准确

零部件及总成损伤形成的原因，可能是事故引起的，也可能是其他原因引起的，不能一概而论。因此，在定损过程中，尤其是对功能件的定损中，一定要根据其损伤的特征，正确区分造成损伤的原因，准确认定赔付范围。

（五）典型情况的处理

1. 处理好与相关方的关系

在汽车保险定损方面，保险公司的相关方有汽车维修厂和保户，在事故车辆定损时，一定要处理好保险公司与相关方的关系。

（1）处理好与汽车维修厂的关系。汽车维修厂考虑到自身的经济效益，自然希望事故车辆的维修定价越高越好；个别保户也会希望从估价中得到一些间接损失方面的弥补。因此，他们希望高定价是一种正常的心态。定损人员应该这样去应对：

① 初步拟定事故车辆修理方案，对工时费部分，实行招标包干。一般来说，大事故往往需要分解检查后，才可能拿出准确的定损价格。此时，不宜先分解、后定价，而应先与修理厂谈妥修理工时的总费用，再对事故车辆进行分解。若盲目分解，一旦在工时费用方面与修理厂无法达成一致，则后期要变更修理厂时会很被动。

② 在与修理厂谈判工时费时，可以采用总体包干法、分项包干法（即对机修、钣金与烤漆、拆装、辅助等 4 项作业内容分别进行工时费包干）、逐件核定法、维修作业量测算法、重置成本比例法、本地同类维修企业比较法等方法，做到逐项解释，有理有力，以理服人。

（2）处理好与保户的关系。在确定更换零配件时，要处理好与保户的关系。大多数保户在车辆出险后，对于损坏了的零部件（特别是钣金件、塑料件等），不论损坏程度轻重，能否达到更换程度，都希望给予更换。但这既不符合事故车辆的维修原则，也容易助长以后定损时的无理要求。一定要处理好与保户的关系，要做到以理服人，做好解释工作。

① 性能无碍。说明损坏的零部件在车辆结构上所起的作用以及修复后对汽车原有性能及外观没有影响。

② 避重就轻。对配件价值较大，可换可不换的，说服不换；对配件价值较小，考虑照顾保户情绪，同意更换。

③ 车上原件价低。根据车辆出险前的实际情况，如果所损坏的件原本属于副厂件，不能更换正厂件，原本属于国产件，不能更换进口件。

④ 坚持原则。必须坚持原则，特别是对私家车及出租车不能因为保户强烈要求就放弃原则，达不到更换标准的一概不换。

【例 6-1】某保险公司承保的一辆 × × 改装版轿车，因发生单方事故导致保险杠右侧裂了一道大约 8 cm 长的裂纹。拆开之后，进一步查勘发现：除保险杠裂纹外，其内侧的安装爪断开，断裂物遗失；右侧前照灯的三个爪断开了两个，而且其中一个遗失（见图 6-1）。

（a）发生单方事故致损

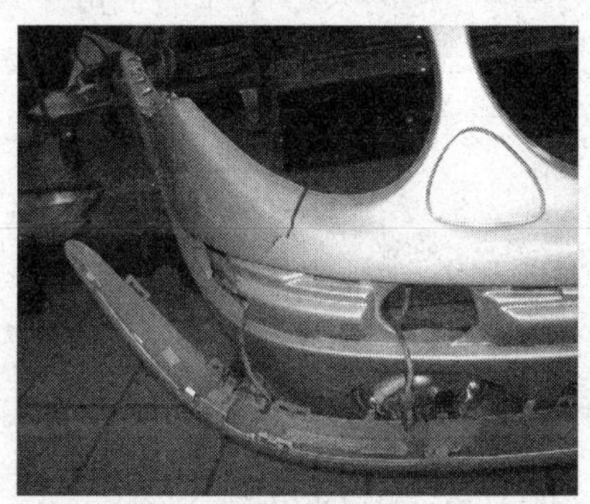

（b）损坏的保险杠

（c）右前照灯断掉的安装支架

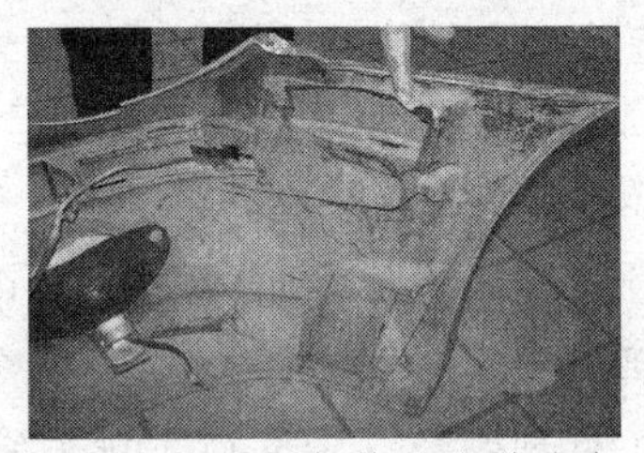

（d）右前照灯断掉的安装支架

图 6-1　单方事故致损的车辆

定损人员征询汽车维修厂的维修方案时，得到的答复是无法维修，只能更换。前照灯（疝气前照灯）报价 1.2 万元；保险杠（加宽型的，没有现货，只能从德国定购）报价 3.2 万元；装饰条报价 0.3 万元；加之拆装工时、烤漆等费用，维修总费用大约 5.5 万元。

为降低维修费用，定损人员与车主、维修厂进行了车辆谈判。最后，充分利用了“春节临近，车主需用车，维修厂没有现成配件，只能节后修竣”的客观现实，以及车主没有购买不计免赔损失险，个人需承担 20%维修费的事实，开出了“假如同意维修，春节前一定修竣，同时免除个人负担，修竣后确保无碍”的条件，让车主愉快接受了维修前照灯、保险杠（而非更换）的建议，最终只花费了不到 5 000 元就修复了事故车辆。

2. 去外地查勘定损的技巧

赴外地查勘定损时，困难要比在本地大得多，特别是在第三者车辆（事故发生地当地车辆）无责的情况下，协商修理定价时往往会更为艰难。因此，为应对修理厂对外地客户哄抬维修价格的现象，估价时应留有一定余地，作为让步的条件，切忌拖泥带水，能实行费用包干的，尽可能包干，一般情况下不留待查项目，对确实无法判断的，可现场分解。若无法与修理厂达成共识，可请当地保险公司协助。

3. 对重大事故及特殊车型的定损

对于重大事故，为避免道德风险，在保证修理质量的前提下，应尽可能推荐车主到 4S 店去维修，以避免在分解过程中弄虚作假以及有意扩大损坏部位、加大损坏程度现象的发生。如果车主坚持自选修理厂，则可在工时费包干的前提下，由定损人员现场监督分解，并尽快确定更换项目。

对于特殊车型、配件紧缺的车辆，可在确定更换配件项目的前提下，先安排其他项目的维修，避免因配件价格无法确定而延迟修理时间。在车辆修复的同时，积极联系采购配件。对部分无法买到的紧缺零件，可在当地加工制作。

任务二　汽车碰撞的定损

一、车身定损分析

在汽车保险责任事故中，因碰撞、刮擦和倾翻等所造成的事故是最多的。在这类事故中，最易受损和受损最严重的部分就是车身及其覆盖件。因此，定损人员必须熟悉机动车辆保险的相关险种，了解汽车的基本结构，掌握碰撞造成的损失，熟悉常见的修复方法，掌握汽车零部件的修理与更换标准，掌握各部位修复所需要的工时标准等。

（一）碰撞对不同车身结构的影响

汽车车身既要经受行驶中的振动，还要在碰撞时保护乘员安全。因而，现代汽车的车身被设计成发生碰撞时能最大限度地吸收能量，以减少对乘员的伤害。乘用车碰撞时，前部、后部形成吸收能量的结构，使中部形成一个相对安全的区域。假如汽车以 48km/h 的速度碰撞坚固障碍物时，发动机室的长度会被压缩 30%～40%，但乘员室的长度仅被压缩 1%～2%（见图 6-2）。

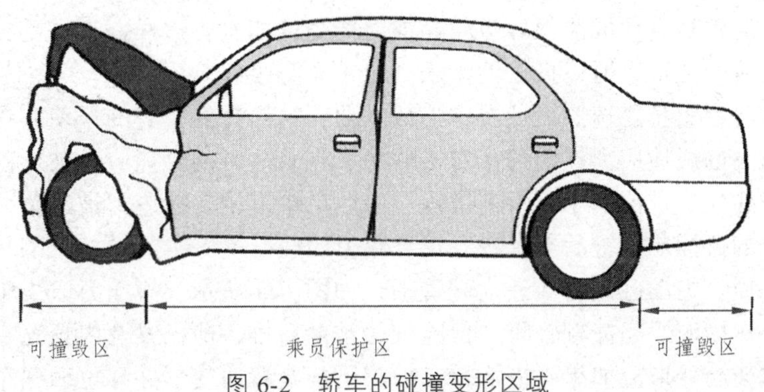

图 6-2　轿车的碰撞变形区域

非承载式车身被碰撞后，可能是车架损伤，也可能是车身损伤，或车架车身都损伤。车架车身都损伤时可通过更换车架来实现车轮定位及主要总成定位，然而承载式车身被碰撞后通常会造成车身结构件的损伤。通常，非承载式车身的修理只需满足形状要求，而承载式车身的修理既要满足形状要求，更要满足车轮定位及主要总成定位的要求。所以碰撞对不同车身结构的汽车影响不同，从而使修理工艺和方法不同，最终造成修理费用的差距。

1. 碰撞造成的非承载式车身变形种类

非承载式车身变形主要有左右弯曲、上下弯曲、皱折与断裂、平行四边形变形、扭曲变形 5 种情况。

（1）左右弯曲。侧面碰撞常会引起车架左右弯曲或一侧弯曲。左右弯曲通常发生在汽车前部或后部，一般可通过观察钢梁内侧及对应钢梁外侧是否有皱曲来确定。观察发动机罩、行李舱盖及车门缝隙、错位等也能辨别出左右弯曲变形。

（2）上下弯曲。汽车碰撞产生弯曲变形后，车身外壳会比正常位置高或低，结构上也有前、后倾现象。上下弯曲一般由来自前方或后方的直接碰撞引起，可能发生在汽车一侧，也可能是两侧。判别上下弯曲变形时，可查看冀子板与门之间的上下缝隙，是否顶部变窄下部变宽，也可查看车门在撞击后是否下垂。

（3）皱折与断裂。损伤汽车碰撞后，车架或车上某些零部件的尺寸会与厂家提供的技术资料不相符，断裂损伤通常表现为发动机罩盖前移和侧移、行李箱盖后移和侧移。有时看上去车门与周围吻合很好，但车架却已产生了皱折或断裂损伤，这是非承载式结构不同于承载式结构的特点之一。皱折或断裂通常发生在应力集中的部位，而且车架通常还会在对应的翼子板处造成向上变形。

（4）平行四边形变形。汽车一角受到来自前方或后方的撞击力时，其一侧车架向后或向前移动，引起车架错位，使其成为一个接近平行四边形的形状。平行四边形变形会对整个车架产生影响，目测可见发动机室盖及行李箱盖错位。通常，平行四边形变形还会带来许多断裂及弯曲变形的组合损伤。

（5）扭曲变形。当汽车高速撞击到与车架高度相近的障碍时，会发生扭曲变形。另外，尾部受侧向撞击时也会发生这种变形。受此损伤后，汽车一角会比正常时高，而相反一角会比正常时低。应力集中处时常伴有皱折或断裂损伤。

2. 不同碰撞部位对承载式车身的影响

承载式车身通常被设计成能很好吸收碰撞时产生的能量。这样一来，受到撞击时，车身由于吸收撞击能量而变形，所以撞击能量大部分被车身吸收。

在受到碰撞时，车身能按照设计要求形成折曲，这样传到车身的振动波在传送时就被大大减小。来自前方的碰撞应力被前部车身吸收了，来自后方的碰撞应力被后部车身吸收了，来自前侧方的碰撞应力被前翼子板及前部纵梁吸收，中部的碰撞应力被边梁、立柱和车门吸收，来自后侧方的碰撞应力被后翼子板及后部纵梁吸收。

（1）前端碰撞。主动碰撞会导致前端受损，如图 6-3 所示。碰撞力取决于汽车重量、速度、碰撞范围及碰撞源。碰撞较轻时，保险杠会被向后推，前纵梁及内轮壳、前翼子板、前横梁及散热器框架会变形。如果碰撞严重，前翼子板会弯曲变形并移位触到车门，发动机盖铰链会向上弯曲并移位触到前围盖板，前纵梁变形加剧造成副梁变形；如果碰撞程度更剧烈，前立柱将会产生变形，车门开关困难，甚至造成车门变形；如果前面的碰撞从侧向而来，由于前横梁的作用，前纵梁就会产生变形。前端碰撞常伴随着前部灯具及护栅破碎、冷凝器、散热器及发动机附件损伤、车轮移位等。

图 6-3　汽车前端碰撞受损

（2）后端碰撞。汽车后端正面碰撞主要是被追尾或倒车不慎造成的，往往是被动碰撞所致。碰撞冲击力主要取决于撞击物的重量、速度，被碰撞的部位、角度及范围。如果碰撞较轻，通常后保险杠、行李箱后围板、行李箱底板可能压缩弯曲变形；如果碰撞较重，C 柱下部前移，C 柱上端与车顶接合处会产生折曲，后门开关困难，后风窗玻璃与 C 柱分离，甚至破碎。碰撞更严重时会造成B柱下端前移，在车顶B柱处产生凹陷变形。后端碰撞常伴随着后部灯具等的破碎。

（3）侧面碰撞。图6-4是一辆汽车侧面碰撞受损情况图。在确定汽车侧面碰撞时，分析其结构尤为重要。一般来说，对于严重的碰撞，车门 A、B、C 柱以及车身地板都会变形。当汽车遭受的侧向力较大时，惯性作用会使另一侧车身变形。当前后翼子板中部遭受严重碰撞时，还会造成前后悬架的损伤，前翼子板中后部遭受严重碰撞时，还会造成转向系统中横拉杆、方向机齿轮齿条的损伤。

图6-4　汽车侧面碰撞受损

（4）底部碰撞。底部碰撞通常是路面凹凸不平、路面上有异物等造成车身底部与路面或异物发生碰撞，致使汽车底部零部件、车身底板损伤。常见损伤有前横梁、发动机下护板、发动机油底壳、变速器油底壳、悬架下托臂、副梁及后桥、车身底板等被损伤。

（5）顶部碰撞。汽车单独的顶部受损多为空中坠落物所致，以顶部面板及骨架变形为主，如图6-5所示。汽车倾覆是造成顶部受损的常见现象，受损时常伴随着车身立柱、翼子板和车门变形，车窗破碎。

图6-5　汽车顶面碰撞受损

（二）车身碰撞损伤的目测

大多数情况下，碰撞部位能显示结构变形或断裂迹象。肉眼检查时，可后退几步，对汽车进行总体观察。从碰撞位置估计受撞范围大小及方向，并判断碰撞是如何扩散的。先从总体上查看汽车上是否有扭转、弯曲变形，再查看整个汽车，设法确定损伤位置及所有损伤是否都由同一事故引起。

碰撞力沿车身扩散，并使许多部位变形。碰撞力具有穿过车身坚固部位最终抵达并损坏薄弱部件，扩散并深入车身部件内的特性。为了查找汽车损伤，必须沿碰撞力扩散的路径查找车身薄弱部位，沿碰撞力扩散方向逐处检查，确认是否有损伤和损伤程度，具体可从以下几方面加以识别：

（1）钣金件截面变形。碰撞所造成的钣金件截面变形与钣金件本身设计的结构变形不一样，钣金件本身设计的结构变形处表面油漆完好无损，而碰撞所造成的钣金件截面变形处油漆起皮、开裂。车身设计时，要使碰撞产生的能量能按既定路径传递、到指定地方吸收。

（2）零部件支架断裂、脱落及遗失。发动机支架、变速器支架、发动机各附件支架是碰撞应力的吸收处，各支架在设计时均有保护重要零部件免受损伤的功能。在碰撞事故中常有各支架断裂、脱落及遗失的现象出现。

（3）检查车身各部位的间隙和配合。车门是以铰链形式装在车身立柱上的，立柱变形会造成车门与车门、车门与立柱间隙不均匀（见图 6-6）。可通过简单地开关车门，查看车门锁与锁扣的配合，从锁与锁扣的配合可判断车门是否下沉，从而判断立柱是否变形，从查看铰链的灵活程度判断立柱及车门铰链处是否有变形。

在汽车前端碰撞事故中，检查后车门与后翼子板、门槛、车顶侧板的间隙，并做左右对比是判断碰撞应力扩散范围的主要手段。

图 6-6　车门间隙变化

（4）检查汽车本身的惯性损伤。汽车碰撞时，一些质量较大的部件（如装配在橡胶支座上的发动机及离合器总成等）在惯性力作用下会造成固定件（橡胶垫、支架等）及周围部件及钢板的移位、断裂等，应进行检查。对于承载式车身，还需查看车身与发动机及底盘的结合部是否有变形。

（5）检查来自乘员及行李的损伤。由于惯性力的作用，乘客和行李在碰撞中会引起车身二次损伤，损伤程度因乘员位置及碰撞力度而异，较常见的是方向盘、仪表工作台、方向柱护板及座椅等被损坏。行李碰撞是造成行李舱中部分设备（如 CD 机、音频功率放大器等）损伤的主要原因。

（三）车身零部件定损分析

在保证汽车修理质量的前提下，“用最小的维修成本完成汽车受损部位的修复工作”是定损事故汽车的基本原则。但是，中国地域广阔，各地经济发展又极不平衡，体现在汽车维修领域，就是各地的工时费标准不同。在工时费较低的甲地可以修复的某个具体零部件，拿到了工时费较高的乙地可能就没有必要修复了。因此，在损失评估中，确定受损零件修与换的标准是一个难题。下面以轿车普遍采用的承载式车身为例，说明常见碰撞损伤后的定损。

1. 结构钣金件的定损

面对碰撞受损的承载式车身，经常会遇到弯曲、折曲等情况。弯曲变形，就是指损伤部位与非损伤部位的过渡平滑、连续，通过拉拔矫正可使其恢复到事故前的形状，而不会留下永久的塑性变形。折曲变形，就是指弯曲变形剧烈，曲率半径小于 3 mm，通常在很短长度上弯曲可达 90°以上。矫正后，零件上仍有明显的裂纹或开裂，或者出现永久变形带，不经加热处理不能恢复到事故前的形状。

一般来说，承载式车身结构钣金件发生的只是弯曲变形时，只需维修；假如发生了折曲变形，则需视情况进行维修或更换。

当决定更换结构板件时，应完全遵照制造厂的建议，这一点非常重要。当需要切割或分割板件时，厂方的工艺要求必须遵守，一些制造厂不允许反复分割结构板件；另一些制造厂规定只有在遵循厂定工艺时，才同意分割。所有制造厂都强调，不要割断可能降低乘客安全性的区域、降低汽车性能的区域或者影响关键尺寸的地方。然而，在我国，一些汽车修理企业没有做到完全按照制造厂工艺要求更换车身结构件。所以，应该采用“弯曲变形就修，折曲变形就换”的基本原则，而不是“必须更换”，以避免产生更大的车身损伤。

高强度钢在任何条件下，都不能用加热法来矫正。

凡属于不通过破坏性切割作业就无法将相关结构件从车体上取下来的，都属于结构钣金件。如前机舱的前焊接件、左右纵梁、前挡板、副车架，车身下底板的前、中、后 3 块钣金件，汽车后备厢的底板、悬架支撑，左右侧边梁的 A 柱、B 柱、C 柱、上下边梁等。

2. 非结构钣金件的定损

非结构钣金件又称覆盖钣金件。承载式车身的覆盖钣金件通常包括可拆卸的前翼子板、车门、发动机罩、行李舱盖，不可拆卸的后翼子板、车顶等。

（1）发动机罩及附件。轿车的发动机罩绝大多数采用冷轧钢板冲压而成，少数高档轿车采用铝板冲压而成。冷轧钢板在遭受撞击后常见的损伤有变形、破损，铁质发动机罩是否需更换主要依据变形的冷作硬化程度和基本几何形状；冷作硬化程度较小、几何形状程度较好的发动机罩常采用钣金修理法修复，反之则更换。铝质发动机罩通常产生较大的塑性变形就需更换。

发动机罩锁遭受碰撞变形、破损，以更换为主。发动机罩铰链碰撞后会变形，以更换为主。发动机罩撑杆有铁质撑杆和液压撑杆两种，铁质撑杆基本上可校正修复，液压撑杆撞击变形后以更换为主。发动机罩拉线在轻度碰撞后一般不会损坏，碰撞严重会造成折断，应更换。

（2）行李舱盖。行李舱盖大多用两个冲压成形的冷轧钢板经翻边制成。判断其是否碰撞损伤变形，应看是否要将两层分开修理。如不需分开，则不应考虑更换；若需分开整形修理，应首先考虑工时费与辅料费之和与其价值的关系。如果工时费加辅料费接近或超过其价值，则不应考虑修理。反之，应考虑修复。行李舱工具盒在碰撞中时常破损，评估时不要遗漏。后轮罩内饰、左侧内饰板、右侧内饰板等在碰撞中一般不会损坏。

（3）前翼子板。前翼子板的损伤程度没有达到必须将其从车上拆下来才能修复的状态，如整体形状还在，只是中间局部凹陷，一般不考虑更换。损伤程度达到必须将其从车上拆下来才能修复，并且前翼子板的材料价格低廉、供应流畅，材料价格达到或接近整形修复的工时费时，应考虑更换。

如果前翼子板每米长度超过 3 个折曲、破裂变形，或已无基准形状，应考虑更换（一般来说，当每米折曲、破裂变形超过 3 个时，整形和热处理后很难恢复其尺寸）；如果每米长度不足 3 个折曲、破裂变形，且基准形状还在，应考虑整形修复；如果修复工时费明显小于更换费用，应考虑以修理为主。

前翼子板附件有饰条、砾石板等。饰条损伤后以更换为主，即使未被撞击，也常因钣金整形翼子板需拆卸饰条，拆下后就必须更换；砾石板因价格较低，撞击破损后一般更换即可。

（4）车门。如果门框产生塑性变形，一般无法修复，应考虑更换。许多车的车门面板是作为单独零件供应的，损坏后可单独更换，不必更换总成。其他同前翼子板。

车门防擦饰条碰撞变形后应更换，车门变形后，需将防擦饰条拆下整形。多数防擦饰条为自干胶式，拆下后重新粘贴上不牢固，用其他胶粘贴又影响美观，应更换。门框产生塑性变形后，一般不好整修，应考虑更换。门锁及锁芯在严重撞击后会产生损坏，一般以更换为主。玻璃升降机是碰撞中经常损坏的部件，玻璃导轨、玻璃托架也是经常损坏的部件，碰撞变形后一般都要更换。

（5）后搁板及饰件。碰撞后基本上都能整形修复，严重时应更换。后搁板面板用毛毡制成，一般不用更换。后墙盖板也很少破损，如果损坏以更换为主。高位刹车灯的损坏按前照灯方法处理。

（6）后围及铭牌。后围的处理按处理发动机罩的方式进行。铭牌损伤后以更换为主。

（7）不可拆卸件。三厢车后翼子板属于不可拆卸件，更换它需从车身上将其切割下来，而国内绝大多数汽车维修厂在切割和焊接方面满足不了制造厂提出的工艺要求，以致造成车身新的损伤。所以，后翼子板只要有修理的可能都应修复，而不应像前翼子板一样存在值不值得修理的问题。

（8）后视镜。后视镜镜体破损以更换为主。对于镜片破损，有些高档轿车的镜片可单独供应，可以通过更换镜片修复。

3. 塑料件的定损

目前，基于降低车身自重的考虑，在塑料工业日益发展的条件下，车身各种零部件越来越多地使用了各种塑料。许多损坏的塑料件可以修复而用不着更换，特别是不必从车上拆下零件，如划痕、擦伤、撕裂、刺穿等。此外，由于某些零件不一定有现货供应，修理往往可迅速进行，从而缩短修理工期。

对塑料件定损时，应注意以下事项：① 对于燃油箱及要求严格的安全结构件，必须考虑更换。② 整体破碎是塑料件，以更换为主。③ 价值较低、更换方便的塑料零件以更换为主。④ 应力集中部位破碎的塑料件，以更换为主。⑤ 尺寸较大的基础零件，当划痕、撕裂、擦伤或穿孔时，以修理为主。⑥ 因表面无漆面而不能用黏结法修理，且表面光洁度要求较高的塑料件，由于修理处会留下明显痕迹，一般应考虑更换。

汽车上使用的塑料件主要有保险杠、格栅、挡泥板、防碎石板、仪表工作台、仪表板等。

（1）前、后保险杠及附件。保险杠主要起装饰及初步吸收碰撞能量的作用，大多用塑料制成。对于用热塑性塑料制成、价格昂贵、表面烤漆的保险杠，如破损不多，可焊接，如破损较重，只能更换。保险杠饰条破损后基本以换为主。保险杠使用内衬的多为中高档轿车，常为泡沫制成，一般可重复使用。对于铁质保险杠骨架，轻度碰撞常采用钣金修复，价值较低的中度以上的碰撞常采用更换的方法修复。铝合金的保险杠骨架修复难度较大，中度以上的碰撞多以更换为主。保险杠支架多为铁质，一般价格较低，轻度碰撞常用钣金修复，中度以上碰撞多为更换。保险杠灯多为转向信号灯和雾灯，表面破损后多更换，对于价格较高的雾灯，且只损坏少数支撑部位的，常用焊接和黏结修理的方法修复。

（2）前护栅及附件。前护栅及附件由饰条、铭牌等组成。破损后多以更换为主。

4. 玻璃制品的定损

目前，汽车上的玻璃制品越来越多，如前后风挡、车窗、天窗、后视镜、灯具等。

（1）前、后风挡玻璃及附件。风挡玻璃因撞击而损坏时基本以更换为主。前风挡玻璃胶条有密封式和粘贴式，密封式无需胶条；粘贴式必须同时更换。粘贴在前风挡玻璃上的内视镜，破损后一般以更换为主。

需注意的是：后风挡玻璃为带加热除霜的钢化玻璃，价格可能较高。有些汽车的前风挡玻璃带有自动灯光和自动雨刷功能，价格也会偏高。

（2）天窗玻璃。天窗玻璃破碎时，一般需要更换。

（3）前照灯及角灯。现代汽车灯具的表面多由聚碳酸酯或玻璃制成。常见损坏有：调节螺丝损坏，需更换，并重新校光；表面用玻璃制成的，破损后如有玻璃灯片供应的，可考虑更换玻璃灯片；若是整体式的结构，破碎后只能更换；若只是有划痕，可以考虑通过抛光去除划痕；对于疝气前照灯，更换前照灯时需要注意，疝气发生器是无需更换的；价格昂贵的前照灯，只是支撑部位局部破损的，可采取塑料焊接法修复。

5. 尾灯的定损

尾灯的损坏按照处理前照灯的方法处理。

（四）车身内外装饰的损伤认定

（1）仪表台及中央操纵饰件。仪表台正面或侧面撞击，常造成整体变形、皱折和固定爪破损。整体变形在弹性限度内，待骨架校正后重新装回即可。皱折影响美观，对美观要求较高的新车或高级车最好更换。因仪表台价格较贵，老旧车型更换意义不大。少数固定爪破损常以焊修为主，多数固定爪破损以更换为主。

左右出风口常在侧面撞击时破碎，右出风口也常因二次碰撞被副驾驶人员右手支撑时压坏。

左右饰框常在侧面碰撞时破损，严重的正面碰撞也会造成支爪断裂，均以更换为主。

杂物箱常因二次碰撞被副驾驶膝盖撞破，一般以更换为主。

严重的碰撞会造成车身底板变形，车身底板变形后会造成过道罩破裂，以更换为主。

（2）前座椅及附件、安全带。座椅及附件因撞击造成的损伤常为骨架、导轨变形和棘轮、齿轮根切等。骨架、导轨变形常可以校正，棘轮、齿轮根切通常必须更换棘轮、齿轮机构。许多车型因购买不到棘轮、齿轮机构常需更换座椅总成。

大多数安全带在中度以下碰撞后还能使用，但必须严格检验。前部严重碰撞的安全带，收紧器处会变形，从安全角度考虑，建议更换。中高档轿车上安装有安全带自动收紧装置，收紧器上拉力传感器感应到严重的正面撞击后，电控自动收紧装置会点火，引爆收紧装置，从而达到快速收紧安全带的作用，因而安全带自动收紧装置必须更换。

（3）A 柱及饰件、前围、暖风系统、集雨栅等。A 柱因碰撞产生的损伤多以整形修复为主。由于 A 柱为结构钢，当产生折弯变形时，以更换外片、整形整体为主要修复方式。A 柱有上下内饰板，破损后一般以更换为主。前围多为结构件，整修与更换按结构件整修与更换原则执行，A 柱内饰板因撞击破损以更换为主。较严重的碰撞常会造成暖风机壳体、进气罩的破碎，以更换为主，暖风水箱、鼓风机一般在碰撞中不会损坏。集雨栅为塑料件，通常价格较低，因撞击常造成破损，以更换为主。

（4）侧车身、B 柱及饰件、门槛及饰件等。B 柱的整修与更换同 A 柱。车身侧面内饰的破损以更换为主。一般碰撞造成的边梁变形以整形修复为主。边梁保护膜是评估中经常遗漏的项目，只要边梁需要整形，边梁保护膜就要更换。门槛饰条破损后一般以更换为主。

（5）车身地板。车身地板因撞击常造成变形，常以整修方式修复，对于整修无法修复的车身地板，基于现有修理能力，建议考虑更换车身总成。

（6）车顶及内外饰件。严重的碰撞和倾覆会造成车顶损伤。

车顶损坏时，只要能修复，原则上不予更换。内饰的修复同于车门内饰。落水槽饰条为铝合金外表烤漆，损伤后一般应予更换。

（五）承载式轿车车身事故损坏件分类

承载式轿车车身，在遭遇碰撞事故导致损坏时，损坏件的分类是不同的，具体如表 6-1 所示。

表 6-1　承载式轿车车身的碰撞致损件分类

分类	主要损坏件
车身外覆盖件	前后保险杠骨架、散热器护罩、发动机罩、前后翼子板、后备厢盖、车顶盖、车门、车轮护罩、托底情况下的车底板
一级支承件	水箱框架、后围内衬板、前后翼子板内衬板、车身立柱、车顶边梁、底板边梁
二级支承件	左右前纵梁、侧身底板及横梁、后备厢底板及纵梁、前减震簧座及围板
三级支承件	驾驶室前围板（前立柱中间尾板）、车身底梁底板、后轮减震簧座及围板

二、发动机定损分析

汽车的发动机，尤其是小型轿车的发动机，一般布置于车辆前部发动机室。车辆发生迎面正碰撞事故，不可避免地会造成发动机及其辅助装置的损伤。对于后置发动机的大型客车，当发生追尾事故时，可能造成发动机及其辅助装置的损伤。

（一）损伤分析

一般发生轻度碰撞时，发动机基本上不会受到损伤。当碰撞强度较大，车身前部变形较严重时，发动机的一些辅助装置及覆盖件会受到波及和诱发的影响而损伤，如空气滤清器总成、蓄电池、进排气歧管、发动机外围各种管路、发动机支撑座及胶垫、冷却风扇、发动机正时罩等，尤其对于轿车，发动机室的布置相当紧凑，还可能造成发电机、空调压缩机、转向助力泵等总成及管路和支架的损坏。更严重的碰撞事故会波及发动机内部的轴类零件，致使发动机缸体的薄弱部位破裂，甚至致使发动机报废。

在对发动机进行损伤检查时，应注意详细检查支架与缸体连接附近部位有无损伤，因为这些部位的损伤不易被发现。发动机的辅助装置和覆盖件损坏能直接观察到，可以采用就车拆卸、更换或修复的方法。若发动机支撑、正时罩和基础部分损坏，则需要将发动机拆下进行维修。当怀疑发动机内部零件有损伤、破裂或缸体有破裂损伤时，需要对发动机进行解体检验和维修。必要时应进行零件隐伤探查，但应正确区分零件形成隐伤的原因。因此，在对发动机定损时，应考虑修复方法及修复工艺的选用。

（二）发动机定损及修复

（1）发动机附件。发动机附件因撞击破损和变形时以更换为主。油底壳轻度变形一般无需修理，放油螺塞处碰伤至中度以上的变形以更换为主。发动机支架及胶垫因撞击变形、破损以更换为主。进气系统因撞击破损和变形以更换为主。排气系统中最常见的撞击损伤形式为发动机移位造成排气管变形。由于排气管长期在高温下工作，氧化严重，通常无法整修。消声器吊耳因变形超过弹性极限而破损，也是常见的损坏现象，应更换。

（2）散热器及附件。铝合金水箱修与换的掌握，与汽车的档次相关。中低档车的散热器价格较低，中度以上损伤一般可更换；高档车的价格较贵，中度以下损伤常可采用氩弧焊修复。但水室破损后，一般需更换。而水室在遭受撞击后最易破损，水管破损应更换。水泵皮带轮变形后通常以更换为主。风扇护罩轻度变形一般以整形校正为主，严重变形需更换。主动风扇与从动风扇的损坏常为叶片破碎，由于扇叶做成了不可拆卸式，破碎后需要更换总成。风扇皮带在碰撞后一般不会损坏，因正常使用也会磨损，拆下后如需更换，应确定是否是碰撞所致。

（3）散热器框架。根据“弯曲变形整修，折曲变形更换”的基本维修原则，考虑散热器框架形状复杂，轻度变形时可以钣金修复，中度以上的变形往往不易修复，只能更换。

（4）铸造基础件。发动机缸体大多是用球墨铸铁或铝合金铸造，受到冲击载荷时，常常会造成固定支脚的断裂，而球墨铸铁或铝合金铸件都是可以焊接的。

一般情况下，发动机缸体的断裂是可以进行焊接的。当然，不论是球墨铸铁或铝合金铸件，焊接都会造成其变形。通常这种变形用肉眼看不出来,但由于焊接部位附近对形状尺寸要求较高,如在发动机气缸壁附近产生断裂，用焊接的方法修复常常是行不通的，一般应考虑更换。

（三）发动机进水后的损坏分析

发动机进水后，活塞在上行压缩时，所遇到的不只是混合气，还有水。由于水是不可压缩的，那么曲轴和连杆所承受的负荷就会极大地增加，有可能造成弯曲，在随后的持续运转过程中就有可能导致进一步的弯曲、断裂，甚至捣坏气缸。

需要说明的是，同样是动态条件下的损坏，由于发动机的结构不同、转速高低不同、车速快慢不等、发动机进气管口安装位置不一、吸入水量多少不一样等，所造成的损坏程度自然也就不同。例如：对于柴油发动机来说，由于其压缩比大，发动机在压缩冲程结束时的气缸压力要比汽油发动机高，一旦进了水，所造成的危害也比汽油发动机大得多。

如果发动机在较高转速条件下直接吸入了水，完全有可能导致连杆折断、活塞破碎、气门弯曲、缸体被严重捣坏等故障。有时候，发动机因进水导致自然熄火，机件经清洗后可以继续使用，但个别车辆的发动机进水后仍能使用，但在使用一段时间后，易造成连杆折断捣坏缸体等重大损失。

（四）非保险责任的发动机损坏

发动机维护不当，可能会因润滑油减少、油道堵塞、连杆螺栓松动等使连杆轴承烧蚀、磨损，增大连杆轴承与座之间的冲击力，甚至造成连杆螺栓冲断或造成螺帽脱落，轴承盖与连杆脱开，其固定作用消失，当活塞下行时，连杆冲向缸体，造成捣缸。发动机的这种损坏情况不属于保险责任，查勘定损人员必须严格掌握。如果客户有异议，可以要求保存客户损坏的发动机零件及油底中的残留物，以进一步分析原因。

个别汽车发动机在捣缸时，连杆轴承座及轴承盖脱开的瞬间，向下的冲击作用会将轴承盖击向油底壳，将油底壳打漏造成润滑油泄漏，油底壳破损处向外翻起。这种损坏情况，如不仔细观察，会感觉与发动机托底的事故非常相似。区别就在于破损处内凹或外翻，凡属于托底的故障，破损处一定内凹。处理此类问题时，要仔细分析，找出损坏原因，从而准确判断是否属于保险责任，同时也可以有力说服客户。

三、汽车底盘定损分析

（一）铸造基础件定损

变速器、主减速和差速器的壳体往往用球墨铸铁或铝合金铸造。受到冲击载荷时，常常会造成固定支架的断裂，而球墨铸铁或铝合金铸件都是可以焊接的。

变速器、主减速和差速器的壳体断裂可以焊接。但焊接会造成壳体的变形，这种变形虽然用肉眼看不出来，但会影响尺寸精度。若在变速器、主减速和差速器等的轴承座附近产生断裂，用焊接的方法修复常常是行不通的，一般应考虑更换。

（二）悬架系统的定损

悬架系统的作用是把路面作用于车轮上的垂直反力、纵向反力（牵引力和制动力）和侧向反力以及这些反力所形成的力矩，传递到车架（或承载式车身）上。悬架系统还承受车身载荷。悬架系统的传动机构维持车轮按一定轨迹相对于车架或车身跳动。对于独立悬架，还直接决定了车轮的定位参数。

由于悬架直接连接着车架（或承载式车身）与车桥（或车轮），其受力情况十分复杂，在碰撞事故中，悬架系统（尤其是独立悬架系统）经常受到严重的损伤，致使前轮定位失准，影响车辆正常行驶。

车辆遭受碰撞事故时，悬架系统由于受到车身或车架传导的撞击力，悬架弹簧、减振器、悬架上支臂、悬架下支臂、横向稳定杆、纵向稳定杆、转向节、发动机托架等元件会受到不同程度的变形和损伤。悬架系统元件的变形和损伤往往不易直接观察到，在对其进行损伤鉴定时，应借助检测设备和仪器进行必要的测量及检验。这些元器件的损伤一般不宜采用修复方法修理，应换新件。减振器是易损件，正常使用到一定程度后会漏油，如果外表已有油泥，说明在碰撞前已损坏；如果外表无油迹，则是因碰撞造成了弯曲变形，应更换。

（三）转向系统的定损

转向系统的技术状况直接影响行车安全，而且由于转向系统的部件都布置在车身前部，通过转向传动机构将转向器与前桥连接在一起。当发生一般的碰撞事故时，撞击力不会波及转向系统元器件。但当发生较严重的碰撞事故时，由于波及和传导作用，转向传动机构和转向机会发生损伤。

转向系统易受损伤的部件有转向横拉杆、转向器、转向节等。更严重的碰撞事故，还会造成驾驶室内转向杆调整机构的损伤。当安全气囊因碰撞引爆后，不仅要更换气囊，通常还要更换气囊传感器与控制模块等。需要注意的是：有些车型的碰撞传感器是与控制单元装在一体的，要避免维修厂重复报价。

转向系统部件的损伤不易直接观察，在车辆定损鉴定时，应配合拆检进行，必要时做探伤检验。确有损伤的，一般应更换。

（四）制动系统的定损

对于普通制动系统，在碰撞事故中，由于撞击力的波及和诱发作用，往往会造成车轮制动器的元器件及制动管路损坏。这些元器件的损伤程度需要进一步的拆解检验。

对于装用 ABS 系统的制动系统，在进行车辆损失鉴定时，应对有些元件进行性能检验，如 ABS 轮速传感器、ABS 制动压力调节器。而管路及连接部分的损伤可以直观检查。

轮辋遭撞击后以变形损伤为主，应更换。轮胎遭撞击后会出现爆胎，应更换。轮罩遭撞击后常会产生破损，应更换。单独的轮胎损失不属于保险责任范围。

（五）传动系统的定损

传动系统包括变速器、离合器、传动轴等。

变速器及离合器总成与发动机组装为一体，并作为发动机的一个支撑点固定于车架（或承载式车身）上，变速器及离合器的操纵机构又都布置在车身底板上。因此，当车辆发生严重碰撞事故时，会造成变速器及离合器的操纵机构受损，变速器支撑部位壳体损坏，飞轮壳断裂损坏。这些损伤程度的鉴定，需要将发动机拆下进行检查鉴定。

前轮驱动汽车，碰撞常会造成外侧等角速万向节破损，需更换。有时还会造成半轴弯曲，也以更换为主。

变速器损坏后，内部机件基本都可独立更换，对齿轮、同步器、轴承等的鉴定，碰撞后只有断裂、掉牙才属于保险责任，正常磨损不属于保险责任，在定损时要注意界定和区分。从保险角度来看，变速器的损失主要是托底，其他类型的损失极小。

（六）自动变速器托底的处理

接到自动变速器托底碰撞的报案后，立即通知受损车辆，就地熄火停放，请现场人员观察自动变速器下面是否有红色的液压油漏出（大部分自动变速器液压油为红色）。不允许现场人员移动车辆，更不允许任何人擅自启动发动机。

根据现场查勘结果，分别采取不同的救援处理方案：

（1）只有变形而没有漏油情况的救援。自动变速器油底壳只有变形而没有漏油，可将受损车辆拖到附近修理厂。进行受损汽车的牵引时，距离原则上不要超出 3 km，变速器应置于空挡，车速不得大于 10 km/h。

（2）已经漏油或虽然没有漏油但离汽车修理厂较远时的救援。认定自动变速器油底壳已经漏油或虽然没有漏油但离汽车修理厂路途较远时，不允许直接牵引，要采用可以将受损车辆驮走的拖车，将其驮运到汽车修理厂。

（3）修复处理。将属于保险责任的受损车辆运到汽车修理厂修复。自动变速器箱体损坏后，一般情况下，只需更换箱体就可以了。但有时候，汽车配件市场上可能只有自动变速器总成而没有单独的箱体。

四、电气设备定损分析

（一）蓄电池

蓄电池的损坏多以壳体 4 个侧面的破裂为主，应更换。

（二）发电机

发电机常见撞击损伤为皮带轮、散热叶轮变形，壳体破损，转子轴弯曲变形等。皮带轮变形应更换。散热叶轮变形可校正。壳体破损、转子轴弯曲以更换发电机总成为主。

（三）雨刮系统

雨刮片、雨刮臂、雨刮电机等，因撞击损坏主要以更换为主。而固定支架、联动杆等，中度以下的变形损伤以整修修复为主，严重变形需更换。雨刮喷水壶只在较严重的碰撞中才会损坏，损坏后以更换为主。雨刮喷水电机、喷水管和喷水嘴被撞坏的情况较少，若撞坏以更换为主。

（四）冷凝器及制冷系统

空调冷凝器采用铝合金制成，中低档车的冷凝器一般价格较低，中度以上损伤一般可更换；高档车的冷凝器价格较贵，中度以下损伤常可采用亚弧焊修复。储液罐因碰撞变形，一般以更换为主。如果系统在碰撞中以开口状态暴露于潮湿的空气中时间较长，则应更换干燥器，否则会造成空调系统工作时的“冰堵”。压缩机因碰撞造成的损伤有壳体破裂，皮带轮、离合器变形等，壳体破裂一般要更换，皮带轮变形、离合器变形一般也要更换。空调管有多根，损伤的空调管一定要注明是哪一根；汽车空调管有铝管和胶管两种，铝管常见的碰撞损伤有变形，折弯，断裂等，变形后一般校正；价格较低的空调管折弯、断裂时一般更换；价格较高的空调管折弯、断裂时一般采取截去折弯、断裂处，再接一节，用亚弧焊接的方法修复。胶管的破损一般要更换。

空调蒸发箱大多用热塑性塑料制成，常见损伤多为箱体破损。局部破损可用塑料焊修复，严重破损一般需更换，决定更换时一定要考虑有无壳体单独更换。对蒸发器是选择更换还是维修的确定方法与冷凝器相同。

膨胀阀被碰坏的可能性极小。

（五）电器设备保护装置

有些电器件在遭受碰撞后，外观虽无损伤，却显示“坏了”，其实这有可能是假象。

如果电路过载或短路就会出现大电流，导致导线发热、绝缘损伤，有可能酿成火灾。因此，电路中必须设置保护装置。熔断器、熔丝链、大限流熔断器和断路器都是过流保护装置，可单独使用，也可配合使用。碰撞会造成系统过载，相关保护装置会因过载而工作，出现断路，导致相关电器装置无法工作。此时只需更换相关的熔断器、熔丝链、大限流熔断器和断路器等即可，无需更换相连的电器件。

五、汽车维修工时费的确定

事故车辆的维修费用，包括零部件价格和工时费。对于不同地区的同一款车，虽然因各地采用的维修方法不同，工时标准可能略有差异，但总体差异不大。差异较大的是各地的工时费。

（一）维修工时

1. 更换、拆装工时

在事故车辆的修理中，通常将更换、拆装作为同类工时处理。

确定汽车碰撞损失的更换、拆装项目工时标准时，可以先查阅生产厂家有无相应的工时定额，如果有，再根据当地的工时单价计算相应的工时费。如果无法查到汽车生产厂家相应的工时定额，可以查阅汽车维修主管部门制定的工时定额标准。部分进口乘用车可从《MITCHELL 碰撞估价指南》中查到各项目换件和拆装所需要的工时。

2. 修理件工时费

零件修理工时的确定与更换工时的确定非常复杂，原因主要有以下几点：

（1）修理工艺差异的影响。修理工艺不同，也会导致汽车修理件工时的巨大差异。如汽车碰撞后导致的车门轻微凹陷，如果修理厂无拉拔设备，校正车门就必须拆下车门内饰板，而采用拉拔设备，则无需增加这部分作业工作量。这样车门的校正工时差距就会加大。

（2）地域差异的影响。同样一个零件，由于工人的技术水平不等，在甲地修理工时可能是 1 ~ 3 h，而在乙地的修理工时可能是 2 ~ 5 h。这就造成了零件修理工时定额的制定相当困难。评估人员应当根据自己的理论知识和实践经验，结合评估基准点的实际情况与当地的《汽车维修工时定额与收费标准》，较准确地确定修理工时。

3. 辅助工时费的确定

在对事故车辆的修理作业中，除包括更换零部件工时、拆装工时、修理工时外，还包括辅助作业工时（如放置、除锈、调整、检查等）。虽然每项工时都不大，但对于较大的碰撞事故，各作业项累计后的工时通常是不容忽视的。

不过，需要注意的是：将各类工时累加时，若各损失项目在修理中有重叠作业，必须适度核减劳动时间。

（二）单位工时费

各地规定的单位工时费不尽相同，有的地区统一规定了单位工时费标准，有的地区采用“企业自报，主管部门批准，公示收费标准，允许实际下浮”的方法。无论采用什么方法，汽车维修企业面对保险公司时，一般都可以进行价格谈判。

（三）烤漆费用

汽车烤漆费用取决于烤漆面积及漆种单价。

1. 烤漆面积计算方法

烤漆面积的计算，并非利用数学方法简单计算其实际面积，而是采用实践经验法。比较常用的计算方法是：烤漆面积不足 0.5 m^2，按 0.5 m^2计；大于 0.5 m^2不足 1 m^2，按 1 m^2计；大于 1 m^2小于 3 m^2，按实际面积计；大于 3 m^2小于 12 m^2，按实际面积的 80%计；大于 12 m^2，按实际面积的 70%计。

2. 漆种单价

汽车面漆有烤漆或瓷漆。烤漆与瓷漆的不同点在于其干燥和固化的方式，烤漆通过溶剂的挥发而干燥，瓷漆和聚氨脂类漆的干燥则通过溶剂的挥发与油漆中分子的交互作用来实现。简单地说，烤漆的固化过程为物理变化，而瓷漆的固化过程是物理和化学变化的过程。

用蘸有香蕉水的白布摩擦漆膜可以判断漆种。观察漆膜溶解程度，如漆膜溶解，并在白布上留下印迹，则是烤漆，反之为瓷漆。如果是瓷漆再用砂纸在损伤部位轻轻打磨几下，鉴别是否喷了透明漆层，如果砂纸磨出白灰，就是透明漆层。如果砂纸磨出颜色，就是单级有色漆层，最后借助光线的变化，用肉眼看一看颜色有无变化，如果有变化为变色漆。通过上述方法，可将汽车面漆分为 4 类：硝基烤漆、单涂层烤漆（常为色漆）、双涂层烤漆（常为银粉漆或珠光漆）、变色烤漆。

市场上所能购买的面漆大多为进口和合资品牌。世界主要汽车面漆的生产厂家，如美国的杜邦和 PPG、英国的 ICI、荷兰的新劲等，单价都不一样，估价时常采用公众都能够接受的市场价格。

任务三　汽车水灾的定损

一、汽车水灾定损概述

（一）汽车水灾理赔注意事项

1. 确认保险责任

根据保险条款，汽车水淹所造成的发动机内部损失一般为免责范围，因此，对于没有购买发动机进水损失险的标的车来说，发动机内部损失不属于保险责任范围。但是，对于购买了发动机进水损失险的标的车来说，界定因水灾造成的发动机损坏时，需要准确区分哪些属于引进水造成的损失，哪些属于机械故障造成的损失。因进水造成的损失属于保险责任范围，否则，不属于保险责任范围。

2. 现场查勘及定损注意事项

当保险公司接到水灾车险事故时，要及时进行现场查勘，做好以下工作：

（1）迅速、快捷到达出险现场，对保险标的及时、果断地采取合理的施救措施。

（2）认真、细致地进行现场查勘。

（3）详细了解汽车在水中浸泡时间的长短。

（4）区分车型对不同受损程度的标的车进行抽样，评定损失。

（5）对同一地区、同一车型、相似受损程度的标的车制定相对一致的损失评定标准。

（二）水淹车辆的施救注意事项

查勘人员到达现场时，汽车仍在水中，则必须对其进行施救。施救时一定要遵循“及时、科学”的原则，既要保证进水汽车能够得到及时救援，又要避免汽车损失进一步扩大。施救进水汽车时，应注意如下事项：

1. 严禁水中启动汽车

汽车进水熄火后，驾驶员绝对不能抱着侥幸心理贸然启动，否则会造成发动机进水，导致损坏。汽车被水淹的程度较重时，驾驶员最好马上熄火，及时拨打保险公司的报案电话，或者同时拨打救援电话，等待施救。

实践证明，暴雨中受损的汽车，大多数是因为汽车在水中熄火后，驾驶员再次启动而造成发动机损坏。据统计，大约有90%的驾驶员，当发现自己的汽车在水中熄火后，会再次启动，这是导致发动机损失扩大的主要原因。

2. 科学拖车

施救水淹车时，一般应采用硬牵引方式拖车，或将汽车前轮托起后牵引，不要采用软牵引方式。如果采用软牵引方式拖车，一旦前车减速，被拖汽车只有选择挂挡、利用发动机内部的阻力来牵阻减速。这就会导致被拖汽车发动机的转动，最终导致发动机损坏。如能将前轮托起后牵引，可避免因误挂挡而引起的发动机损坏。另外，拖车时一定要将变速器置于空挡，以免车轮转动时反拖发动机运转，导致活塞、连杆、气缸等损坏。自动变速器汽车，不能长距离拖曳，一般不宜超过20～30 km，以免损伤自动变速器。

将整车拖出水域后，应尽快拆下蓄电池负极线，以免各种电器因进水而短路。

（三）水淹车辆的维修与保养注意事项

1. 及时告知

将受淹汽车拖出水域后，应及时将注意事项告知车主和承修企业。被保险人应尽快采取措施施救，最好印制格式化的告知书，交被保险人或当事人签收，以最大限度地防止损失扩大。

对容易受损的电器（各类电脑模块、音响、仪表、继电器、电机、开关、电器设备等）应尽快从车上卸下，进行排水清洁，电子元件用无水酒精清洗晾干，避免因进水引起电器短路。注意：在用无水酒精清洗时，浸泡时间不宜过长，以免腐蚀电子元件。某些价值昂贵的电器设备，如果清洗晾干及时，完全可以避免损失；如果清洗晾干不及时，就有可能导致报废。

2. 及时检修电器元件

电器元件因水浸泡很容易损坏，因此，对水淹车辆的电器元件及时进行维护是特别重要的。

汽车电脑模块最严重的损坏是芯片损坏。前风挡处通常设有流水槽及排水孔，可及时排掉积水。汽车被水泡过以后，流水槽下往往沉积了许多泥土及树叶，极易堵住排水孔，应及时疏通。当积水过多时，水会进入车内，可能危及汽车电脑模块，导致电控系统发生故障，甚至损坏。一些线路因为泡水，其表皮会过早老化，出现裂纹，导致金属外露，最终使电路产生故障，车辆控制系统的电脑模块更怕受潮。车主应随时注意电脑模块的密封情况，避免因电脑模块进水，使控制紊乱而导致全车瘫痪。

有些汽车的安全气囊传感器与电脑是分体的，如果电脑装于车的中部，维修时只要更换了安全气囊电脑，就无需再换保护传感器。部分高档车的安全气囊传感器一般用硅胶密封，其插头为镀银，水淹后一般无需更换；低档车插头为镀铜，水浸后发绿，可用无水酒精擦洗，再用高压空气吹干。

一般而言，如果电脑仅仅是不导电，还可进行修理；如果是芯片出现毛病，就需更换了。

各类电机进水以后，对于可拆解的，可采用“拆解—清洗—烘干—润滑—装配”的流程处理，如起动机、发电机、天线电机、步进电机、风扇电机、座位调节电机、门锁电机、ABS电机、油泵电机等；对于无法拆卸，如雨刷电机、喷水电机、玻璃升降电机、后视镜电机、鼓风机电机、隐藏式前照灯电机等，一般应考虑一定的损失补偿率，一般为20%～40%。

3. 相关机械零部件的检查

车辆被水淹之后，要及时对相关机械零部件进行检查，以便及时采取措施，减少损失。

（1）检查发动机。汽车从水中施救出来后，要对发动机进行以下检查：

① 检查气缸有没有进水。气缸的进水会导致连杆被顶弯，损坏发动机。

② 检查润滑油里面是否进水。润滑油进水会导致其变质，失去润滑作用，使发动机过度磨损。检查时，将润滑油尺抽出，查看油尺上润滑油的颜色。如果油尺上的油呈乳白色或有水珠，就要将润滑油全部放掉，清洗发动机后，更换新油。

③ 将火花塞全部拆下，用手转动曲轴，如果气缸进水，从火花塞螺孔处会有水流出。如感觉有阻力，说明发动机内可能有损坏，不要借助工具强行转动，要查明原因，排除故障，以免造成更大的损失。

④ 如果通过检查未发现润滑油异常，可从火花塞螺孔处加入少许润滑油，用手转动曲轴数次，使整个气缸壁都涂上一层油膜，用以防锈、密封，同时也有利于发动机启动。

（2）检查变速器、主减速器及差速器。如果上述部件进了水，会使其内的齿轮油变质，造成齿轮磨损加剧。对于采用自动变速器的汽车，还要检查控制电脑是否进水。

（3）检查制动系统。对于水位超过制动油泵的被淹汽车，应更换全车制动液。因为当制动液里混入水时，会使制动油变质，致使制动效能下降，甚至失灵。

（4）检查排气管。如果排气管进了水，要尽快排出，以免水中杂质堵塞三元催化器和损坏氧传感器。

4. 内饰处理

及时清洗、脱水、晾晒、消毒及美容内饰也是必要的。如果车内因潮湿而有霉味，除了在阴凉处打开车门，让车内水气充分散发，消除车内潮气和异味外，还需对车内进行大扫除，更换新的或晾晒后的脚垫及座套。查看车门铰链部分、行李仓垫下、座位下的钢铁部分以及备用胎固定锁部位有没有生锈痕迹。如果有，应进行清洁和晾干处理。

车内清洁不能只使用一种清洁剂，应根据各部位的材质选用不同的清洁剂。多数美容装饰店会选用碱性较大的清洁剂。这种清洁剂虽然有增白、去污功效，但也有一定隐患，碱性过强的清洁剂会浸透绒布、皮椅、顶棚，最终导致出现板结、龟裂等。应选择pH不超过10的清洗液，配合专用抽洗机，在清洁的同时用循环水将脏东西和清洗剂带走，并将此部位内的水汽抽出。还有一种方法是，采用高温蒸汽对车内真皮座椅、车门内饰、仪表盘、空调风口、地毯等进行消毒，同时清除车内烟味、油味、霉味等各种异味。

5. 保养汽车

如果汽车整体被水浸泡，除按以上方法排水外，还要及时擦洗外表，防止酸性雨水腐蚀车体。最好对全车进行一次二级维护。全面检查、清理进水部位，通过清洁、除水、除锈、润滑等，恢复汽车性能。

6. 谨慎启动

在未对汽车进行排水处理前，严禁采用起动机、人工推车或拖车方式启动被淹汽车。只有进行了彻底的排水处理，并进行了相应润滑后，才能进行启动尝试。

二、汽车水灾损失影响因素

（一）水的种类

水有淡水和海水之分，不同种类的水对汽车浸泡所产生的损失不同，尤其是海水造成的损失，要考虑到海水的强腐蚀性对汽车有可能造成毁灭性的损失。在保险实践中，因海水造成汽车水灾损失的可能性很小。汽车水灾的产生，主要有暴雨、河流、湖泊等。所以在评估汽车水淹损失时，大部分损失是因淡水对汽车的浸泡而产生的。在对淡水水淹汽车的损失评估中，应充分注意淡水的混浊情况。多数水淹损失中的水为雨水和山洪形成的泥水，但也有下水道倒灌形成的浊水。这种城市下水道溢出的浊水中含有油、酸性物质和各种有机物质。油、酸性物质和其他有机物质对汽车的损伤各不相同，现场查勘时需充分注意，并明确记录。

（二）水淹高度

水对汽车的淹没高度是确定水损程度非常重要的一个参数。一般来说，针对不同的车型，“水淹高度”通常不以具体的高度值作为计量单位，而是以汽车上某个重要的位置作为参数。以轿车为例，水淹高度可分为 6 级，大概位置划分如图 6-7 所示，每一级别对应的位置如表 6-2 所示。每一级的损失程度各不相同，相互之间差异较大。具体内容将在后面的损失评估时再进行定性和定量分析。

图 6-7　轿车水淹高度划分示意图

表 6-2　轿车水淹高度级别和位置对应表

水淹高度级别	水淹高度位置
1	制动盘和制动毂下沿以上，车身地板以下，乘员舱未进水
2	车身地板以上，乘员舱进水，而水面在驾驶员座椅坐垫以下
3	乘员舱进水，水面在驾驶员座椅坐垫面以上，仪表工作台以下
4	乘员舱进水，仪表工作台中部
5	乘员舱进水，仪表工作台面以上，顶篷以下
6	水面超过车顶，汽车被淹没顶部

（三）水淹时间

汽车被水淹时间的长短，是评价水淹损失程度的另外一个重要参数。水淹时间长短对汽车所造成的损伤差异很大。现场查勘时，要在第一时间询问，以确定水淹时间。水淹时间的计量单位一般为小时（h），通常分为六级，如表 6-3 所示。

表 6-3　水淹时间（t）与水淹级别对应表

水淹级别	水淹时间	水淹级别	水淹时间
1	$t\leqslant 1$ h	4	12 h$<t\leqslant$24 h
2	1 h$<t\leqslant$4 h	5	24 h$<t\leqslant$48 h
3	4 h$<t\leqslant$12 h	6	$t>$48 h

每一级所对应的损失程度差异较大，在后面的损失评估时将进行定性和定量分析。

（四）汽车的配置

对汽车水淹损失定损时，要对被淹汽车的配置进行认真详细记录，特别注意电子元器件，如 ABS、ASR、SRS、AT、CVT、CCS、CD、GPS、TEMS 等。对水灾可能造成的受损部件，一定要做到心中有数。另外，还要对真皮座椅、高档音响、车载 DVD 及影视设备等配置是否为原车配置进行确认，如果不是原车配置，要看车主是否投保“新增设备险”。区分受损配置是否属于“保险标的”，对于理赔结果差异悬殊。

三、汽车水灾损失评估

汽车种类繁多，各类别之间存在差异。下面以保有量较大的乘用车为例，阐述汽车的水灾损失评估。

（一）水淹汽车的损坏形式

1. 静态进水损坏

汽车在停放过程中被暴雨或洪水浸入甚至淹没属于静态进水，图 6-8 为停车场被淹图，属于典型的静态进水。

图 6-8　汽车静态进水图

汽车在静态条件下进水，会造成内饰、电路、空滤器、排气管等部位受损，有时气缸也会进水。在这种情况下，即使发动机不启动，也可能造成内饰浸水、电路短路、电脑芯片损坏、空滤器、排气管和发动机泡水生锈等；对于电控车来说，一旦电路遇水，极有可能导致线路短路，造成无法打火；如果强行启动发动机，极有可能导致严重损坏。就机械部分而言，汽车被水泡过之后，进入发动机的水分在高温作用下，会使内部运动机件锈蚀加剧。当进气行程吸水过多时，容易造成连杆变形，严重时导致发动机报废。

汽车进水后，内饰容易发霉、变质。如不及时清理，天气炎热时，会出现各种异味。

2. 动态进水损坏

汽车行驶过程中，发动机气缸因吸入水而熄火，或在强行涉水未果而使发动机熄火后被水淹没，属于动态进水损害。动态条件下，由于发动机仍在运转，气缸内因吸入了水会迫使发动机熄火。在这种情况下，除了静态条件下可能造成的全部损失外，还可能导致发动机直接损坏。

（二）汽车水险的理赔分类

从保险公司的业务划分看，因暴雨造成的汽车损失，分为以下 5 种：

（1）由于暴雨淹及车身而进水，导致金属零部件生锈、电子元器件及内饰损坏。

（2）发动机进水后，驾驶员未经排水处理，甚至直接就在水中启动发动机，导致内部机件损坏。

（3）水中漂游物或其他原因对车身、玻璃等发生擦撞、碰伤等损失，或因其他相关原因造成汽车损失。

（4）落水后，为抢救汽车，或者为了将受损汽车拖到修理厂而支付的施救、拖车等费用。

（5）汽车被水冲失所造成的全车损失。

（三）水淹后的损失评估

汽车不同水淹高度对应的损失如表 6-4 所示。

表 6-4　汽车不同水淹高度对应的损失

水淹高度级别	特征	可能造成的损失	损失率
1	水淹高度在制动盘和制动毂下沿以上，车身地板以下，乘员舱未进水	制动盘和制动毂。损坏形式主要是生锈，生锈的程度主要取决于水淹时间的长短以及水质。通常情况下，无论制动盘和制动毂的生锈程度如何，所采取的补救措施主要是四轮的保养	约为 0.1%
2	水淹高度在地板以上，乘员舱进水，但水面在驾驶员坐垫以下	四轮轴承进水；全车悬架下部连接处因进水而生锈；配有 ABS 的汽车轮速传感器磁通量传感失准；地板进水后车身地板如果防腐层和油漆层本身有损伤就会造成锈蚀	0.5%～2.5%
3	水淹高度在驾驶员座椅坐垫面以上，仪表工作台以下	座椅、部分内饰潮湿和污染；真皮座椅、真皮内饰损伤严重。若水淹时间超过 24 h，还会造成桃木内饰板分层开裂、车门电机进水、变速器进水、主减速器及差速器进水以及部分控制模块、起动机、中高档车行李仓中 CD 换片机、音箱被水淹	1.0%～5.0%
4	水淹高度在仪表工作台中部	发动机进水；仪表台中部音响控制设备、CD 机、空调控制面板受损；蓄电池放电、进水；大部分座椅及内饰被水淹；音响的喇叭全损；各种继电器、保险丝盒可能进水；所有控制模块被水淹	3.0%～15.0%
5	乘员舱进水，水淹高度在仪表工作台面以上，顶篷以下	全部电器装置被水泡；发动机严重进水；离合器、变速器、后桥可能进水；绝大部分内饰被泡；车架大部分被泡	10.0%～30.0%
6	水淹高度超过车顶，汽车顶部被淹没	汽车所有零部件都受到损失	25.0%～60.0%

（四）水灾损失现场查勘报告

事先准备格式化的现场查勘报告，这是查勘定损人员实施快捷、准确查勘的前提。水灾损失现场查勘报告单的主要内容包括：标的车辆情况、水质情况、水浸高度、水淹时间及与其他查勘的相关信息。

任务四　汽车火灾的定损

一、汽车起火的原因

尽管汽车起火原因复杂，但引起着火的根源在于火源（着火点）、可燃物、氧气（或空气）3 大因素。围绕这 3 大因素，结合汽车结构，可以分析出汽车起火的真实原因。

（一）自　燃

根据保险条款的解释，自燃是指机动车在没有外界火源的情况下，由于本车电器、线路、供油系统等车辆自身原因发生故障或所载货物自身原因起火燃烧的现象。

（二）引　燃

引燃是指机动车在停放或者行驶过程中，因为外部物体起火燃烧，使车体乃至全车被火引着，导致部分或全面燃烧。

（三）碰撞起火

碰撞起火是指机动车在行驶过程中，因为发生意外事故而与固定物体或者移动物体相碰撞。假如机动车采用汽油发动机，碰撞程度又较为严重，引起部分机件的位移，挤裂了汽油管，喷射而出的汽油，遇到了运转着的发动机所发出的电火花，就会导致起火燃烧；或者位移的机件导致线束的短路，也有可能引发线束燃烧起火，从而引燃整个汽车，如图 6-9 所示。

图 6-9　汽车碰撞起火现场

（四）机械故障导致起火

由于汽车上有许多高速运转的机件（如轴承），也有在工作过程中不断产生摩擦热量的机件（如制动蹄片、轮胎），假如这些机件发生故障导致其无法分离或者损坏，那么就会产生大量的摩擦热量，从而导致起火。

（五）经停不当导致汽车起火

如果汽车正常行驶或停车，不可能引起外界物体起火。但假如停在了干草之上，或者在行驶时传动轴上被缠绕进去了易燃物品，那么炽热的排气管就完全有可能引燃易燃物，从而导致整个汽车起火。

（六）爆　炸

爆炸起火就是因为车内、车外的爆炸物起爆所引发的汽车起火燃烧，主要有以下 4 种情形：

（1）车内安置的爆炸物爆炸引爆。

（2）车外爆炸物爆炸引爆。

（3）车内放置的打火机、香水、摩丝等被晒爆引爆。

（4）车载易爆物爆炸引爆。

（七）雷击起火

雷击起火就是机动车在雷雨天气被雷击中而起火燃烧的现象。

二、汽车自燃的原因

在汽车起火原因的分析中，碰撞、引燃、爆炸、雷击等不难识别，理赔处理也基本包含在车损险的范围之内。但是，自燃的理赔属于单独列出，其识别也存在一定的难度。

据消防部门和车险理赔专家统计分析，汽车自燃（见图 6-10）存在着“五多”现象：小轿车多；私家车多；行驶状态发生火灾者多（约占 70%）；使用 5 年（或 10 万千米）以上者多（约占 70%）；火灾原因以漏油和导线短路居多（占 60%以上）。汽车自燃的主要原因如下：

图 6-10　汽车自燃

（一）漏　油

油箱中泄漏出来的汽油是汽车上最可怕的助燃物。漏油点大多集中在管件接头处。无论是行进还是停驶，汽车上都可能存在火源，如点火系产生的高压电火花、蓄电池外部短路时产生的高温电弧、排气管排出的高温废气或喷出的积碳火星等，当泄漏的燃油遇到火花，就会造成起火。

（二）漏　电

发动机工作时，点火线圈自身温度很高，有可能使高压线绝缘层软化、老化、龟裂，导致高压漏电。另外，高压线脱落引起跳火也是高压漏电的一种表现形式。由于高压漏电是对准某一特定部位持续进行的，必然引发漏电处温度升高，引燃泄漏的汽油。

低压线路搭铁是引发汽车自燃事故的另一主要原因。由于搭铁处会产生大量热能，如果与易燃物接触，会导致自燃。

造成低压线搭铁的原因有：导线老化；导线短路直接搭铁；触电式控制开关因触点烧结而发生熔焊，使导线长时间通电而过载。在添加防盗器、换装高档音箱、增加通信设备、开设电动天窗、添加空调等作业时，未对整车线路布置进行分析及功率复核，导致个别线路用电负荷加大；在对整车进行线路维修或加接控制元件时，如果在导线易松动处未进行有效固定，有可能使导线绝缘层磨损。

（三）接触点电阻过大

线路接点不牢或触点式控制开关触点接触电阻过大等，会使局部电阻过大，长时间通电时发热引燃可燃物。

（四）车载易燃物引发火灾

当车上装载的易燃物因泄漏、松动摩擦而起火时，导致汽车起火。

（五）超　载

汽车超载，会导致 3 种可能：第一，发动机处于过度疲劳和过热状态，一旦超过疲劳极限，就有可能发生自燃。第二，车载货物较多，相互间的摩擦作用较大，货物间若捆扎不牢，有可能摩擦起火。第三，弯曲的钢板弹簧有可能与货箱相接触，导致摩擦起火。

三、汽车火险的查勘与定损

（一）火险查勘的基本要求

查勘汽车火险现场，分析起火原因时，需掌握构成燃烧的 3 个基本要素：

（1）导致汽车起火的火源（火花或电火花）在哪儿？

（2）周围是否存在易燃物品（如汽油、柴油、润滑油、易燃物等）？

（3）火源与易燃物品的接触渠道中是否有足够的空气可供燃烧？

只要牢牢把握以上 3 点，再通过查看车身不同位置的烧损程度，首先找出起火点位置，再分析起火原因，判断出汽车起火的自燃、引燃属性，就可以为下一步的准确理赔奠定基础。

（二）与汽车自燃相关的几个问题

（1）发动机熄火后的自燃。发动机熄火以后，有时汽车反而会自行起火燃烧，这种现象有些令人费解。其实，当发动机熄火以后，由于失去了风冷条件，车体温度反而会上升，可能导致汽车上临近燃点的物品起火燃烧。

（2）汽车上的主要易燃物。汽车上的主要易燃物品有：燃料、润滑油、导线、车身漆面、内饰、塑料制品、轮胎等。这些物品一旦遇火，就会起到明显的助燃作用。一旦火势不可控制，就有可能将全车烧毁。

（3）晒爆的打火机与自燃。有的时候，驾驶员会将一次性的气体打火机放置在仪表盘处。如果汽车在烈日下暴晒，很有可能会晒爆气体打火机。爆炸的打火机完全有可能打坏仪表盘，如果恰巧将仪表盘上的火线打断了，所产生的电火花就有可能将弥漫在驾驶室内的可燃气体引燃。

（4）车厢内部是否会自行起火。车厢内部自行起火这种现象在理论上是存在的。但在实际当中，几乎不可能发生。由于车内没有明显的火源，再加之车的内饰品大多带有一定的阻燃功能，因此，一般不会在车内起火燃烧。

（5）防盗报警器与自燃。在汽车上擅自安装的防盗报警器，一方面可能未对线路进行功率复核；另一方面防盗报警器始终在通电。如果导线偶然断开或因电流过大而烧焦时，就容易成为汽车上的一个自燃火源点。

（6）拆卸油管可能引起自燃。对于电控车来说，当发动机熄火以后，油管中仍然会有一定的残余汽油压力。如果维修人员在此时马上动手拆卸相关油管，则会导致汽油喷射而出，引发火灾。

（7）自燃后的轮胎。汽车起火以后，由于风向的缘故，车身两侧以及车前后安装的轮胎燃烧程度并不一致。一般来说，顺风向的轮胎会烧得严重，逆风向的轮胎一般则不会燃烧。另外，由于地面的散热条件较好，而且地面与轮胎之间没有空气流通，所以轮胎的接地点也不会燃烧。

（8）自燃与油箱爆炸。在影视作品中，汽车燃烧往往会伴随油箱爆炸。这种场景是导演为了追求艺术方面的视觉冲击效果而设计出来的。在实际的汽车火灾现场，极少发生油箱爆炸。伴随着汽车的燃烧，油箱中的汽油往往只是会被烧光。这是因为在汽车起火燃烧的过程中，油箱内并无空气，燃烧着的火焰无法被引入油箱内部。但是，车体燃烧所产生的高温会对油箱及其内部的汽油产生强烈的烘烤，导致油箱中的汽油挥发，从而产生较高的气压将油箱盖顶开，汽油挥发而出，快速燃烧，直至烧光，如图 6-11 所示车辆。

图 6-11　自燃烧毁的出租车

（三）保险责任

根据保险条款的解释，当发生“在时间或空间上失去控制的燃烧所造成的灾害，主要是指外界火源以及其他保险事故造成的火灾导致保险车辆的损失”时，保险公司可以在车辆损失险范围内承担保险责任。

对于因本车电器、线路、供油系统等发生问题自身起火，造成保险车辆损失以及违反车辆安全操作原则，用有火焰的火，如喷灯、火把烘烤车辆造成保险车辆损失的均属车辆损失险的除外责任。在对因火灾造成保险车辆损失的查勘定损处理中，应严格掌握保险责任与除外责任的区分，研究、分析着火原因。

（四）火损汽车的定损

1. 火灾对车辆损坏情况的分析

汽车火灾情况分为整体燃烧和局部烧毁两种情况。

（1）整体燃烧。整体燃烧是指机舱内线路、电器、发动机附件、仪表台、内装饰件、座椅烧损，机械件壳体烧融变形，车体金属（钣金件）件脱炭（材质内部结构发生变化），表面漆层大面积烧损等现象。

（2）局部烧毁。局部烧毁大致分为 3 种情况：

① 发动机机舱着火：造成发动机前部线路、附件、部分电器、塑料件烧损。

② 轿车的外壳或客、货车驾驶室着火：造成仪表台、部分电器、装饰件烧损。

③ 货运车辆货箱内着火：造成货箱、运载货物的烧损。

2. 火灾车辆的定损处理方法

（1）对明显烧损的零部件进行分类登记。

（2）对机械类零部件进行测试、分解检查。特别注意转向、制动、传动部分的密封橡胶件是否有损坏。

（3）对金属件（特别是车架，前、后桥，壳体类等）考虑是否因燃烧而退火、变形。

（4）对于因火灾使保险车辆遭受损害的，分解检查工作量很大，且检查、维修工期较长，一般很难在短时期内拿出准确的估价单，只能边检查、边定损，反复进行。

汽车起火燃烧以后，其损失评估的难度相对较大。

如果汽车的自燃没有蔓延开来，只是涉及线路、管路被烧坏，根据条款，无需理赔。

如果汽车的起火燃烧被及时扑灭了，可能只会导致一些局部的损失，损失范围仅限于过火部分的车体油漆、相关导线及非金属管路、过火部分的汽车内饰。只要参照相关部件的市场价格，并考虑相应工时费，即可确定出损失金额。

如果燃烧持续了一段时间之后才被扑灭，虽然没有对整车造成毁灭性破坏，但也可能造成比较严重的损失。凡被火“光顾”过的车身外壳、汽车轮胎、导线线束、相关管路、汽车内饰、仪器仪表、塑料制品、外露件的美化装饰等可能都会报废，定损时需考虑相关更换件的市场价格、工时费用等。

如果燃烧程度严重，轿车外壳、客货车驾驶室、轮胎、线束、相关管路、汽车内饰、仪器仪表、塑料制品、外露件的美化装饰等肯定会被完全烧毁。部分零部件，如电脑、传感器、铝合金铸造件等，可能会被烧化，失去使用价值。一些看似坚固的基础件，如发动机、变速器、离合器、车架、悬架、车轮轮毂、前桥、后桥等，在长时间的高温烘烤下，也会失去应有的精度，无法继续使用。此时，汽车损失接近全损。

任务五　汽车盗抢的定损

汽车被盗会给保险公司和车主造成巨大的经济损失。以一辆售价 30 万元，投保了全车盗抢险的轿车为例，如果失窃，保险公司会给车主赔付车价款的 80%，即 24 万元，其余 20% 的车价款及车辆购置税、上牌费、装饰费、剩余时间的保费等费用则由车主自己来承担，大约需要 8 万～10 万元。

一、汽车盗抢险保险金额和赔偿处理

（一）保险金额

保险金额一般由投保人与保险人在保险车辆的实际价值内协商确定。当保险车辆的实际价值高于购车发票金额时，大多以购车发票金额确定保险金额。

在汽车盗抢案高发地区，针对容易失窃的车型，部分保险公司在核定盗抢险基准费率基础上，可根据车辆的风险高低在 50%～300%浮动。承保高风险汽车时，会增加保费。但还要根据该车使用人情况、车辆自身防盗装置、停放情况等条件而定。如果一辆装有电子防盗装置并有固定停车位的轿车，其盗抢险费率大概能下浮 30%；而一辆无防盗装置，又经常停放在马路边的轿车，其盗抢险费率则可能上浮 100%。

（二）赔偿处理

（1）赔付的基本前提。除另有约定外，投保机动车盗抢险的机动车必须拥有国家规定的车辆管理部门核发的正式号牌。

（2）出险通知。被保险人得知或应当得知车辆被盗窃、被抢劫或被抢夺后，应在 24 h 内（不可抗力因素除外）向公安部门报案，同时通知保险人，并在保险人指定报纸登报声明。

（3）提供单证。被保险人索赔时，须提供保险单、机动车行驶证、购车原始发票、车辆购置税凭证、原车钥匙，以及出险地县级以上公安刑侦部门出具的盗抢案件证明、车辆已报停手续、机动车辆登记证书。

（4）全车损失。在保险金额内计算赔偿，并实行 20%的绝对免赔率。但若被保险人索赔时未能提供机动车行驶证、机动车辆登记证书、购车原始发票、车辆购置税凭证，每缺少一项，增加 1%的免赔率；缺少原车钥匙（任何一把）增加 3%的免赔率，未能提供车辆停驶手续或出险当地县级以上公安刑侦部门出具的盗抢立案证明的，保险人不承担赔偿责任。

（5）部分损失。当全车被盗窃、被抢劫、被抢夺过程中及其以后发生事故造成保险车辆、附属设备丢失或损失需要修复的合理费用，在保险金额内按实际修复费用计算赔偿。

（6）找回失窃车的处理。如果保险车辆被盗窃、抢劫、抢夺后被找回的，若在 60 天之内尚未支付赔款的，归还车辆；若超过 60 天，已支付赔款的，应将该车辆归还被保险人，同时收回相应赔款。如果被保险人不愿意收回原车，则保险人在实际赔偿金额内取得保险车辆的权益，车主协助保险公司办理有关手续。

二、汽车被盗抢后的理赔

汽车被盗抢后，如果投保了盗抢险，可以在经济方面获得保险公司的部分赔付。无论是作为车主还是保险公司的查勘理赔人员，都需要在熟知盗抢险条款的基础上，了解保险公司关于盗抢险的理赔流程，以便有的放矢地去索赔、查勘、赔付。

（一）车主的索赔流程

保险车辆被盗、被抢或被劫后，车主应如实向公安部门和保险公司告知丢车日期、时间、地点、车内财物、行驶里程。保险公司还会了解车主是在汽车丢失多久后向公安部门报的案。

如果被盗汽车在 60 天内未追回，保户即可向保险公司索赔。索赔时须提供保险单、公安部门出具的案件证明、机动车行驶证、购车原始发票、购置费凭证、机动车辆停驶凭证收据等必要单证。

保户获得赔偿后，若被盗抢的车找回，保险公司可将车辆归还给保户，并收回相应赔款。如保户不愿收回原车，则车辆所有权归保险公司所有。

如保户自公安部门出具被盗抢证明之日起，60 天内不提交上述单证，视为自愿放弃。

（二）索赔时必带材料

汽车被盗抢后，车主索赔时需要携带如下材料：

（1）出险通知书：由保险公司提供，保户填写。公车须盖章，私车须签字。

（2）保险单原件。

（3）机动车行驶证原件。

（4）购车发票原件。

（5）购置费缴费凭证和收据原件。

（6）权益转让书：保险公司提供。公车须盖章，私车须签字。

（7）机动车丢失证明原件：由公安局提供。

（8）汽车钥匙（全部）。

（9）机动车停驶证明原件：交管局提供。

（10）车主证件：车主是单位的须营业执照或介绍信，是个人的须身份证。

（11）赔款结算单：保险公司提供。公车须盖章，私车须签字。

其中，机动车丢失证明、机动车停驶证明两项必须提供，否则保险公司不予赔偿；机动车行驶证、购置费缴费凭证、购车发票、车钥匙，每少一项保险公司可能会增加 1%～3%的免赔率。

本章小结

1. 定损核价应遵循的原则：严格执行理赔制度；准确定损核价；正确划分赔付范围；根据保险公司内部报价系统结合市场价格确定维修费用。

2. 事故车辆定损的注意事项：确定保险赔付范围要准确、反映损失程度的照片要精准、确定损失程度要准确、对损伤形成的原因判断要准确。

3. 事故车辆维修的原则：维修作业仅限于本次事故所造成的损失；对于能修理的零部件尽量修复，不随意更换；对于能通过局部修复恢复性能的，不扩大到整体修理；对于能更换个别零部件恢复性能的，不更换总成。

4. 碰撞造成的非承载式车身变形种类主要有左右弯曲、上下弯曲、皱折与断裂、平行四边形变形、扭曲变形 5 种情况。一般来说，承载式车身结构钣金件发生的只是弯曲变形的话，只需维修；假如发生了折曲变形，则需视情况维修或更换。

5. 不同碰撞部位对承载式车身的影响不同。根据碰撞部位的不同，碰撞事故有前端碰撞、后端碰撞、侧面碰撞、底部碰撞、顶部碰撞。

6. 非结构钣金件损坏时，视情况决定采取旧车修理、拆解修理或者更换。

7. 塑料件损坏时一般需要更换，但若保险杠的损坏程度不是很严重的话，可以焊修。

8. 发动机托底后，所造成的直接损失一般有：油底壳凹陷、壳体破损、润滑油泄漏、机油泵损坏等；而间接损失可能有：发动机曲轴轴瓦、连杆轴瓦烧蚀甚至与曲轴、活塞抱死，凸轮轴、活塞和气缸缸筒因缺油而磨损。

9. 发动机进水后，有可能导致连杆弯曲，在随后的持续运转过程中就有可能导致进一步的弯曲、断裂，甚至捣坏气缸。

10. 电器设备在汽车碰撞之后，有可能造成损坏的假象，需要区分是否为保护装置断开所致。

11. 事故车辆维修作业项目分为拆装项目、更换项目、待查项目、修理项目 4 种。

12. 事故车辆的维修费用包括材料费、管理费、工时费。

13. 汽车起火分为自燃、引燃、碰撞起火、机械故障导致起火、经停不当导致汽车起火、爆炸、雷击起火。

14. 造成汽车自燃的原因主要有：漏油、漏电、接触电阻过大、车载易燃物引发火灾、超载等。

15. 汽车进水之后，一定要按照严格的流程进行施救及拖车，以免造成损失扩大。

16. 投保了机动车盗抢险的汽车，被盗超过 60 天没有找到，可以向保险公司索赔，但有一定的免赔项目。

技能实训指导

◆ 实训指导 6–1

情景描述：一辆出租车，在市区道路路口等信号时，被同方向行驶的一辆速度过快的车追尾撞击，造成尾部损坏，后车负全责。轿车后备厢盖后挡板、后下底板、右后叶子板、右后车门发生变形，后保险杠、右后尾灯被撞击破损（见图 6-12）。

维修方案：由于后备厢盖后挡板、后下底板、右后叶子板、右后车门变形不大，可通过整形、喷漆法维修。但后保险杠外皮、内骨架以及右后尾灯总成已经破损，必须更换。

由于后备厢盖属于双层结构，整形前需要先分开，整形后再组装在一起，故工时量较大，定损价格为 300 元。后挡板的整形比较容易，定损 100 元。后下底板、右后叶子板的整形各定损 200 元，右后车门整形定损 100 元。

整形件均需要喷漆，但保险杠外皮已经更换，无需喷漆。按照喷漆价格 200 元/m^2，大约定损 600 元。定损总价格：1 500 元（不含所更换零部件的材料费）。

案例评析：对于损失不明显的，应尽量贯彻“能修不换，能局部维修不整体维修”的基本原则，只要能使事故车辆的性能和外观恢复到事故发生前的状态，就算履行了保险责任。

◆ 实训指导 6–2

情景描述：一辆轿车在高速公路行驶时，因车速过快，驾驶员观察不到位，与前方行驶的一辆大货车追尾，造成驾驶员死亡，车辆严重受损的事故。车损情况如图 6-13 所示，轿车的右侧严重变形，车身、发动机、变速器、仪表台、座椅、部分内饰均被损坏，而且大部分零部件需更换。

图 6-12　被追尾撞击的出租车

图 6-13　追尾致损的轿车

维修方案：初步估损价已达到新车购置价的 80%，说明该车已无修复价值，按全损处理。

案例评析：作为机动车的保险定损，一般来说，假如事故车辆的修复价格超过了汽车现值的 80%，就可以推定为全损。有时候，虽然汽车的损失金额未必很高，但因汽车发生事故落入了深水、山谷等处，施救费用很高，初步估计施救费、保管费、维修费之和已经达到了汽车的现值，也可以推定为全损。

◆ 实训指导 6–3

情景描述：张先生报案称其投保的轿车行驶时不慎与路面上的石头相撞，造成发动机油底壳破裂，机油泄漏，车辆就在事故现场的路边，请求保险公司速来查勘。

查勘定损人员及时赶到现场，发现道路中间有几块夜间拉石料的车辆散落的石头，其中一块被机油侵蚀，石头周围也有一片油污。经仔细检查，轿车的发动机油底壳有一孔洞，洞口向内凹，机油已漏尽。经与碰撞的石头比对，形状相吻合，汽车的停车位置距离所碰撞的石头不足 50 m。

事故车辆拖到维修厂以后，维修人员将其用举升机举起，对发动机进行全面检查。搬动曲轴带轮时，曲轴运转自如，拆检之后，发现机油泵集滤器、机油泵均无损坏，仔细检查曲轴轴承和连杆轴承，没有发现烧蚀、磨损现象。此次事故只造成了发动机油底壳的变形与碰裂，没有引起其他机件的损坏。

维修方案：该起事故并不复杂，更换发动机油底壳和润滑油即可。

案例评析：这是一起托底事故，属于车辆损失险的保险责任范围。赔偿范围除材料费外，还包括发动机的拆装、检查和调试工时费。

◆ **实训指导 6–4**

在一起追尾事故中，后车的前保险杠局部油漆脱落，有变形，未见断裂和穿孔损失。前车受损比较严重，当事车辆受损情况如图 6-14 所示。

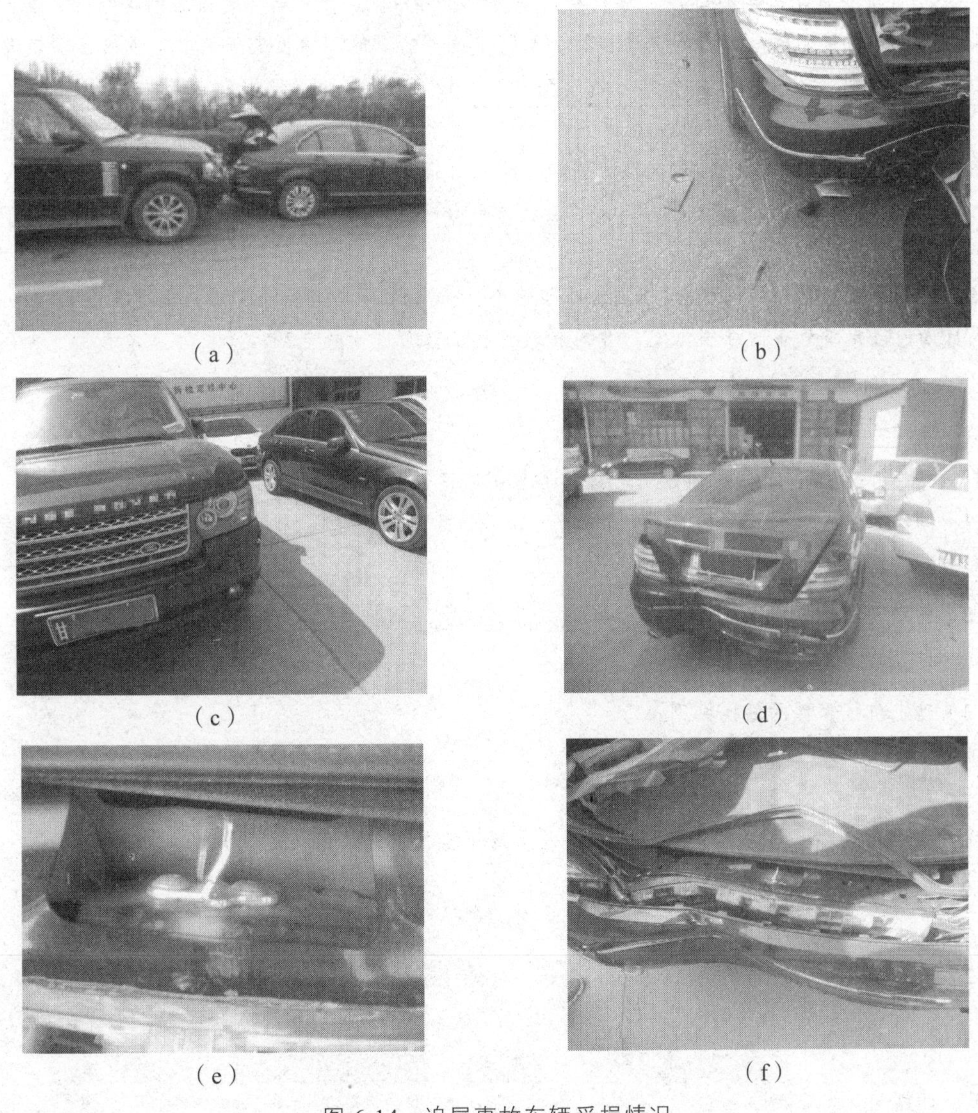

（a）（b）（c）（d）（e）（f）

图 6-14　追尾事故车辆受损情况

思考题：

1. 如何划分事故责任？使用哪种险种赔付哪些项目？
2. 如何制订两车维修方案？
3. 被追尾车辆的更换件有哪些？
4. 被追尾车辆的拆装项目有哪些？
5. 该事故的喷漆项目有哪些？

【实训任务工单 6-1】

<table>
<tr><td>任务名称</td><td>事故车定损核损</td><td>学时</td><td>2</td><td>班级</td><td></td></tr>
<tr><td>学生姓名</td><td></td><td>学生学号</td><td></td><td>任务成绩</td><td></td></tr>
<tr><td>实训场地</td><td colspan="3">汽车保险与理赔实训室</td><td>日期</td><td></td></tr>
<tr><td>实训设备</td><td colspan="5">具备事故车的维修企业或实训场所、数码相机、计算器、定损笔记本电脑、笔、记录本、自制配件、汽车辅助材料、索赔申请书、事故车辆损失确认书、事故车辆损失价格咨询认证明细表等</td></tr>
<tr><td>任务描述</td><td colspan="5">2022 年 3 月，张先生开着自己的出租车行至滨河路时，与一辆货车相撞。张先生发现车子受损严重，于是报警并向保险公司报案。保险公司接到报案后，派出查勘人员进行了现场查勘。请同学们以定损员的身份进行定损核损</td></tr>
</table>

一、资讯

教师分析案例提出引导问题，学生通过小组讨论、查询和指导教师指导等形式获得准备工作的信息。定损人员如何确定事故车的维修方案，并对材料费和工时费进行核定？

二、决策

1. 小组依据保险公司的定损原则，讨论事故车的修换原则。

（1）确定钣金件的修换原则：

（2）确定塑料件的修换原则：

（3）确定机械零件的修换原则：

2. 小组依据车险理赔系统中的定损软件及市场价格，讨论如何核定材料费和工时费：

（1）材料费的核定：

（2）工时费的核定：

三、计划

1. 工作分配：6 人一组进行训练，____人负责事故车维修方案的确定；____人负责材料费的核定；

____人负责工时费的核定；_____人负责模拟事故车维修人员。

2. 时间安排：事故车维修方案确定（____分钟）+材料费的核定（____分钟）+工时费的核定（____分钟）。

3. 工作步骤：按小组讨论的决策方案实施。

4. 设备和工具：需要准备哪些设备和工具？

四、实施

1. 钣金件定损及登记：

2. 塑料件定损并登记：

3. 机械零部件定损并登记：

4. 针对登记的修理清单，进行材料费和工时费的核定：

5. 填写车辆损失确认书：

6. 调查人员伤亡情况，并填写相关单证：

五、检查

1. 自查

自查人：

2. 互查

互查人：

六、评估

1. 考核评价

项目	能力表现	分值	得分
确定维修方案	明确原则、定损合理、登记准确	10	
材料费的核定	核算清楚、准确、合理	15	
工时费的核定	核算清楚、准确、合理	15	
团队合作情况	团队荣誉感、协作能力、领导能力	5	
学习工作态度	谦虚、诚恳、刻苦、努力、积极	5	
合计		50	

2. 教师点评（50分）

教师签名：

【实训任务工单 6-2】

<table>
<tr><td>任务名称</td><td>模拟演练车辆定损</td><td>学时</td><td></td><td>班级</td><td></td></tr>
<tr><td>学生姓名</td><td></td><td>学生学号</td><td></td><td>任务成绩</td><td></td></tr>
<tr><td>实训场地</td><td colspan="3">汽车保险与理赔实训室</td><td>日期</td><td></td></tr>
<tr><td>实训设备</td><td colspan="5">具备事故车的维修企业或实训场所、数码相机、计算器、定损笔记本电脑、笔、记录本、自制配件、汽车辅助材料、索赔申请书、事故车辆损失确认书、事故车辆损失价格咨询认证明细表等</td></tr>
<tr><td>任务描述</td><td colspan="5">作为一名定损人员，你应该如何依据车主的年龄、职业、性别、车型以及损坏情况，充分利用自己的专业知识及谈判技巧，通过自己的分析以及与客户、维修人员的沟通与谈判，准确、合理地对出险车辆进行定损</td></tr>
<tr><td colspan="3">一、资讯
教师提出引导问题，介绍车辆受损情况。学生通过小组讨论、查询和指导教师指导等形式获得准备工作的信息</td><td colspan="3"></td></tr>
<tr><td colspan="6">二、计划
学生分组演练，3 人一组：一人扮演报案的客户，一人扮演定损人员，一人扮演修理厂维修人员。
三、决策
1. 模拟角色
（1）车主为男性（女性），38 岁（32 岁），私营业主，其车的前部受损情况如图所示。
（2）维修企业技术负责人。
（3）定损员。
2. 编剧
学生自己设计模拟场面和对话内容。
四、实施
1. 模拟演练：可以根据学生的性格特点，选出 3 组模拟演练成员，其他人分成 3 组，参与演练。
2. 定损
（1）小组讨论确认车辆受损的零部件：

（2）确定维修方案：

（3）依据车险理赔系统中的定损软件及市场价格，讨论如何核定材料费和工时费：
材料费的核定：

工时费的核定：</td></tr>
</table>

3. 时间安排：演练时间由教师掌握，事故车维修方案确定（____分钟）+材料费的核定（____分钟）+工时费的核定（____分钟）。

4. 填写车辆损失确认书：

5. 调查人员伤亡情况，并填写相关单证：

五、检查

1. 自查

自查人：

2. 互查

互查人：

六、评估

1. 考核评价

项目	能力表现	分值	得分
确定维修方案	明确原则、定损合理、登记准确	10	
材料费的核定	核算清楚、准确、合理	15	
工时费的核定	核算清楚、准确、合理	15	
团队合作情况	团队荣誉感、协作能力、领导能力	5	
学习工作态度	谦虚、诚恳、刻苦、努力、积极	5	
合计		50	

2. 教师点评（50分）

教师签名：

复习思考题

一、填空题

1. 确定保险责任事故的车辆维修方案时，既要区分__________，也要区分___________。

2. 汽车保险定损时要处理好保险公司与________关系和保险公司与________关系。

3. 在汽车保险责任事故中，因碰撞、刮擦和倾翻等所造成的事故是最多的，在这类事故中，最易受损和受损最严重的部分就是__________。

4. 通常非承载式车身的修理只需满足________要求，而承载式车身的修理既要满足_____要求，更要满足________及_______的要求。

5. 为了查找汽车损伤，必须沿碰撞力扩散的路径查找______部位，沿_______扩散方向逐处检查，确认是否有损伤和损伤程度。

6. 钣金件本身设计的结构变形处表面油漆__________，而碰撞所造成的钣金件截面变形处______________。

7. 汽车上使用的塑料件主要有_______、_______、_______、_______、_______、______等。

8. 水淹车辆的维修与保养注意事项有_____、_____、_____、_____、_____、______等。

9. 水淹汽车的损坏形式有_________和________。

10. 汽车起火分为自燃、__________、_________、机械故障导致起火、经停不当导致汽车起火、爆炸、雷击起火。

11. 汽车进水后，一般应该采取_________牵引的方式进行施救。

12. 构成燃烧的 3 个基本要素为__________、_________、________。

13. 汽车火灾情况分为________和________两种情况。

14. 汽车火灾发生后，被保险人索赔时，须提供保险单、_________、购车原始发票、车辆购置税凭证、_______，以及出险地县级以上公安刑侦部门出具的盗抢案件证明、车辆已报停手续、机动车辆登记证书。

15. 汽车被盗抢后，在保险金额内计算赔偿，并实行_______的绝对免赔率。但若被保险人索赔时未能提供机动车行驶证、机动车辆登记证书、购车原始发票、车辆购置税凭证，每缺少一项，增加 1%的免赔率；缺少原车钥匙（任何一把）增加 3%的免赔率，未能提供车辆停驶手续或出险当地县级以上公安刑侦部门出具的盗抢立案证明的，保险人不承担赔偿责任。

二、判断题

1. 对因碰撞、倾覆、爆炸等所造成的事故的直接损失部分可予负责，但对非事故损失部分不予负责。（　　）

2. 碰撞所造成的钣金件截面变形与钣金件本身设计的结构变形不一样。（　　）

3. 在外地估价时切忌拖泥带水，能实行费用包干的，尽可能包干，一般情况下不留待查项目，对确实无法判断的，可现场分解。（　　）

4. 发生碰撞事故后，应根据实际情况确定是否需要解体检查，以确认被包围件的损伤情况。（　　）

5. 对私家车及出租车，客户如果强烈要求更换的，应考虑更换。（　　）

6. 通常承载式车身的修理只需满足形状要求。（　　）

7. 碰撞对不同车身结构的汽车影响不同，从而造成修理工艺和方法的不同，最终造成修理费用的差距。（　　）

8. 发动机支架、变速器支架不是碰撞应力的吸收处。（　　）

9. 支架在设计时均有保护重要零部件免受损伤的功能。在碰撞事故中常有各支架断裂、脱落及遗失的现象出现。（　　）

10. 承载式车身结构钣金件发生的只是弯曲变形时，只需维修；假如发生了折曲变形，则需视情况维修或更换。（　　）

11. 钣金件应该采用“弯曲变形就修，折曲变形就可以换”的基本原则，而不是“必须更换”，以避免产生更大的车身损伤。（　　）

12. 高强度钢在任何条件下，都不能用加热法来矫正。（　　）

13. 在中度以下碰撞后，安全带自动收紧装置也必须更换。（　　）

14. 对于用热塑性塑料制成的保险杠，破损后只能更换。（　　）

15. 当变速器、主减速和差速器的壳体破裂时，一般应更换。（　　）

16. 海水对汽车浸泡后，产生的损失会更严重，但海水浸泡汽车的事件发生的可能性小。（　　）

17. 在公路上拖动水淹汽车时，允许采用软牵引的方式。（　　）

18. 汽车被盗抢后，被保险人索赔时未提供备用钥匙，增加 20%的免赔率。（　　）

19. 在营业性的修理厂、停车场发生的汽车被盗，保险公司不予赔付。（　　）

20. 保险公司大多将发动机进水后造成的内部损失列为除外责任。（　　）

21. 汽车被盗抢后，被保险人索赔时未提供出险当地县级以上公安刑侦部门出具的盗抢立案证明的，增加 20%的免赔率。（　　）

三、选择题

1. 事故车辆的修理是恢复到（　　）的技术状态。

A. 事故发生前　　B. 车辆出厂时

C. 完好　　D. 基本完好

2. 对于重大事故，为避免道德风险，在保证修理质量的前提下，应尽可能推荐车主到（　　）去维修。

A. 车主指定的修理厂　　B. 一类汽车维修企业

C. 4S 店　　D. 保险公司指定修理厂

3. 在汽车前端碰撞事故中，检查（　　）与后翼子板、门槛、车顶侧板的间隙，并做左右对比是判断碰撞应力扩散范围的主要手段。

A. 前门　　B. 后门

C. 后备厢盖　　D. 轴距

4.（　　）是定损事故汽车的基本原则。

A. 用最少的维修成本完成汽车受损部位的修复工作

B. 用最少的成本使车辆恢复完好使用性能

C. 用最少的维修成本完成汽车的全部损失部位

D. 以下说法都不对

5. 如果门框产生塑性变形，应（　　）。

A. 修复　　B. 更换

C. 都可以　　D. 都不行

6. “水淹高度”通常不以具体的高度值作为计量单位，而是以汽车上某个重要的位置作为参数，以轿车为例，水淹高度可分为（　　）级。

A. 三　　B. 四

C. 五　　D. 六

7. 水淹时间的计量单位一般为小时（h），通常分为（　　）级，

A. 三　　B. 四

C. 五　　D. 六

8. 水淹级别为三级的水淹时间为（　　）。

A. $t \leqslant 1$ h　　B. 1 h$<t \leqslant 4$ h

C. 4 h<t≤12 h　　D. 12 h<t≤24 h

9. 汽车被盗抢后，在保险金额内计算赔偿，被保险人索赔时提供的凭证缺少（　　）增加1%的免赔率。

A. 保险单　　B. 购车原始发票

C. 车辆已报停手续　　D. 以上三项，每缺少一项

10. 汽车被盗抢后，被保险人索赔时未提供备用钥匙，增加（　　）的免赔率。

A. 1%　　B. 3%

C. 5%　　D. 10%

四、简答题

1. 汽车定损核价应该遵循什么原则？

2. 对车身及覆盖件查验时，应注意哪些事项？

3. 碰撞造成非承载式车身的变形主要有哪些种类？

4. 对塑料件定损时，应注意哪些事项？

5. 变速器托底以后如何处理？

6. 水淹车辆施救应注意哪些事项？

7. 汽车水灾损失的影响因素有哪些？

8. 水灾损失现场查勘报告单主要包括哪些内容？

9. 汽车自燃的主要原因有哪些？

10. 什么样的天气中因水造成的汽车损坏可以作为保险责任？

五、案例题

1. 一驾驶员驾驶轿车行驶于高速公路上，因观察不够仔细而追尾撞上一辆正常行驶的大货车，导致保险杠被撞断、发动机罩折起、前风挡玻璃破碎、驾驶员受轻伤。事故发生后，前车停车查看案情，轿车驾驶员试图打开车门出来。但是，就在此时，后方高速驶来另外一辆大货车，推动该轿车“塞”入了前车下面，导致轿车受损程度明显加剧、驾驶员当场死亡的悲剧（见图 6-15）。

思考题：

（1）在该起事故中，被追尾撞击的大货车是否负有相关责任？

（2）轿车应该承担什么责任？

（3）后方驶来的大货车，应该承担什么责任？

图 6-15　三车追尾碰撞图

2. 一辆装用柴油发动机的自卸汽车，在行驶途中发现发动机冒烟，停车查看时起火，将整个驾驶室、变速器、方向机等铝合金制成的部件全部烧毁。车主拨打 119 火警电话求救，大火被消防警察扑灭。

查勘得知，该车有九成新，白天起火，驾驶员首先拨打 119 求救。由于是新车，电路老化问题可以基本排除，排查重点放在油路方面。询问车主在行车途中有无发动机动力不足的现象，得到了“不存在”的明确答案。据此，排除了供油管漏油的可能，重点在回油管查找。进一步检查发现，回油管有一处不明原因的折痕，且位置恰好对准发动机的排气管，估计是该处发生的漏油漏在了排气管上，引起车辆自燃（柴油自燃温度为 335℃，而排气管温度高达 700℃ ~ 800℃）。该处起火后，引燃了电缆，将火引入了驾驶室，烧掉了整个驾驶室。

思考题：

（1）该车是否符合自燃特征？

（2）为什么变速器、方向机等铝合金制成的部件会被烧毁？

3. 某车主报案称：轿车于 2 月 25 日零点 30 分左右在一县乡公路行驶时自行起火燃烧。查勘发现：驾驶室过火严重，仪表台总成、座椅、内饰等全部烧损，全车玻璃因过火而全部烧光，蓄电池烧损，但奇怪的是驾驶室内没有发现方向盘骨架残留物（不可能烧得无影无踪）。发动机机舱内过火较轻，仅相关电缆线、塑料等烧损，发动机润滑油未参加燃烧，但润滑油量约为 1.5L ，冷却水（并非冷却液）约有 2L。消音器有约 30 mm × 30 mm 的陈旧性孔洞，消音芯已脱离。左半轴球笼没有防尘罩，左前制动片报警线脱落且拧在一起（见图 6-16）。

图 6-16　燃烧之后的轿车

思考题：

（1）为什么该车的消音器会有约 30 mm × 30 mm 的陈旧性孔洞？为什么制动蹄片报警线路脱落且拧在一起？为什么车上没有发现过火后的方向盘钢骨架？

（2）该车是否具备正常的行驶条件？

（3）该车的火灾会不会是车辆自身原因引起的？

4. 2007 年 7 月，济南地区急降大暴雨。某公司的业务员急于赶飞机，由驾驶员王某驾车送其去机场。在行至一立交桥底时，前方因发生交通事故导致道路堵塞。此时暴雨刚下过不久，雨水汇集在桥的底部，没过了王某汽车的底盘。为及时赶上航班，并尽快脱离困境，王某启动发动机想将车开到地势稍高的路段。岂料此时积水已漫过汽车排气管。发动机启动后，活塞的巨大吸力将雨水从排气管倒吸进气缸，导致曲轴连杆折断。由于该车投保了车辆损失险，所以被保险人向保险公司就发动机的损坏提出了索赔申请。

思考题：

（1）在《机动车辆保险条款》中，因暴雨构成的保险责任包括哪些？

（2）本次事故造成的发动机连杆折断，是否属于保险责任？

5. 石家庄的刘先生，晚上将自己的私家轿车停在楼下时，右侧两车轮被盗。发现后，即与所投保的保险公司联系，询问索赔程序。保险公司的答复是“车轮丢了属汽车零部件被盗，不在理赔范围内”。无奈，他只好去派出所报了案，并自费购买了新车轮。手持合同，他多次找保险公司索赔却无果。

思考题：

（1）汽车全车盗抢险的赔付条件是什么？

（2）为什么一定要规定“全车被盗”才可以理赔？

6. 赵先生开车去九寨沟旅行，晚上将自己的轿车停于一无人值班的旅馆停车场。第二天起程时发现车子被撬开了车门，一台价值 7 800 余元的照相机和旅行袋被偷走。赵先生马上向保险公司报了案，要求索赔照相机和旅行袋。

思考题：

（1）赵先生的索赔申请能否得到保险公司的支持？为什么？

（2）假如赵先生的索赔申请被拒绝，他该怎么办？

项目七　汽车保险案例分析

学习目标

1. 掌握车辆水淹事故损失的近因分析思路，进一步理解近因原则在保险理赔中的作用。
2. 理解代位追偿的相关规定。
3. 理解汽车牌证有效期及车辆是否年检对保险理赔的影响。
4. 掌握机动车辆自燃事故的确认方法和赔偿条件。
5. 理解交强险生效时间的确定依据。
6. 明确汽车使用性质的改变会影响保险理赔。
7. 熟悉不同情况下，汽车被盗抢事故的赔偿处理方法。
8. 进一步学习汽车保险诈骗的识破方法。

任务一　车辆涉水事故案例

【案例 7–1】涉水车辆受损事故损失的理赔案例

一、案情简介

2022 年 8 月 5 日晚 10 时左右，王女士驾驶自己的小轿车行驶至兰州市西固区阀门厂十字路口。因当晚雨很大，此处积水太深，如图 7-6 所示，车辆无法正常行驶且熄火。在消防救援人员和其他救援人员的帮助下，通过装载机将车辆牵引至无积水的路边，王女士清理车内积水，并擦拭发动机舱后，启动发动机，结果发动机发出发动声后随即熄火，尔后则无法启动。王女士询问 4S 店后，向保险公司报了案，查勘人员很快到达现场，对现场进行了查勘，并协助王女士联系 4S 店进行救援，将车辆拖至 4S 店。经检查，连杆弯曲、气缸受损，发动机损伤严重。王女士为该车购买了 228 600 元的车辆损失险以及第三者责任险/三者险、不计免赔等常规险种，未购买发动机特别损失险。对于损失赔偿，王女士与保险公司产生了很大争议，保险公司只同意赔偿车辆内饰清洗、车辆救援等费用 1 860 元，拒绝赔偿 38 600 元的发动机维修费。保险公司认为，造成发动机损伤的原因是因发动机进气系统进水并被吸进燃烧室，活塞运转时，水不可压缩，进而导致连杆弯曲变形，缸体损坏。王女士认为所有损失均因暴雨引起。

二、案情分析

汽车保险理赔只对近因产生的风险事故才进行赔偿。近因原则是指造成保险标的损失的近因是保险责任范围的，保险人承担损失赔偿责任；造成保险标的损失的近因不属于保险责任范围的，保险人不承担损失赔偿责任。在保险业务中，近因原则是认定保险责任的一个重要原则，对判定事故损失是否属于保险赔偿范围具有重要意义，所以任何一起事故的理赔都必须坚持近因原则。

在本案例中，暴雨和启动发动机这两个危险事故先后间断出现，前因与后因之间不具有关联性，后因既不是前因的合理延续，也不是前因自然延长的结果，后因是完全独立于前因之外的一个原因。根据近因原则，启动发动机是直接导致保险车辆发动机缸体损坏的原因，故为发动机缸体损坏的近因。

三、结　论

王女士对保险公司的赔偿不满意，向法院提起诉讼。法院审理认为，依据《机动车综合商业保险示范条款（2020 版）》第一章第六条规定："保险期间内，被保险人或其允许的驾驶人在使用被保险机动车过程中，因暴雨、洪水、泥石流造成的车辆损失属于保险责任范围。"而王女士的车辆损失是因涉水造成的，王女士驾车通过积水路段时，应该可以判断出涉水行驶会增大车辆损失风险，应主动采取必要措施。另外，王女士在没有对涉水车辆进行专业检查之前，自己启动车辆也是造成车辆损失的重要原因。法院判定保险公司赔偿王女士的车辆内饰清洗、车辆救援等费用 1 860 元，车辆维修费用由王女士承担。

在《机动车辆保险条款》中，暴雨属于保险责任条款中"雷击、雹灾、暴雨、洪水、海啸"的项目。对因暴雨造成的损失，一般说来，包括：① 金属零部件生锈、电子电器损坏、内饰损坏。② 发动机进了水，驾驶员直接启动发动机，导致内部机械机件损坏。③ 水中漂游物或其他原因对车身、玻璃等发生擦撞、碰伤。④ 汽车落水后，施救、拖车等费用。⑤ 汽车被水冲失所造成的全车损失。在目前各家保险公司的车险条款中，基本都将"发动机进水后导致的发动机损坏"列为责任免除条款。因此，在因暴雨造成的车辆损失中，发动机的损坏不属于保险责任。对发动机内部的损坏，保险公司有专门的险种对应，即发动机特别损失险。保险公司推出发动机特别损失险的原因，就在于发动机进水导致的损失比较大，且经常产生争议，所以保险公司对发动机进水导致的损失，由专门的险种来保障。

【案例 7–2】车辆水淹事故损失的近因分析案例

一、案情简介

2020 年 7 月 28 日，刘某为其自用轿车向保险公司投保了交强险、车辆损失险、第三者责任险、车上人员责任险及各项免赔率等，共计交纳保费 6 124 元。2020 年 9 月 5 日，刘某途经某路口，该路口因自来水水管爆裂，致使路面大面积积水，车辆因被水淹以及操作不当导致该车发动机损坏。事后刘某将车辆开到定点修理厂进行修理，共计花费修理费 4 万余元，并凭修理单据向保险公司提出索赔。

二、案情分析

对于水淹车损事故，保险公司承保损失应是以暴雨、洪水为近因，而刘某驾驶的车辆所遭受损失的近因是自来水水管爆裂。没有自来水水管爆裂，就不可能发生车辆损失，自来水水管爆裂对损失起决定性的作用，是损失的近因。因此，刘某投保的车辆所遭受的危险不是保险双方约定的并由保险公司承担的危险，即其损失不在保险公司承保范围内。

保险公司审核后，以不属于合同约定的保险责任范围为由，出具了拒赔通知书。但被保险人刘某认为，保险公司的拒赔行为违反了合同的义务，侵犯了被保险人的合法权益，于是便向法院提起诉讼，要求判令保险公司履行合同，赔偿其该次事故的车辆修理费。于是，法院开庭审理了此案。法院审理过程中，双方当事人进行了举证、质证等，争议的焦点是刘某的车辆发生的事故是否属于保险责任范围，及对保单中保险责任条款的理解。保单条款规定，"保险车辆遭受暴雨、洪水后在淹及排气筒的水中启动或被水淹及后因过失操作不当致使发动机损坏的"，保险人应承担赔偿责任。被保险人认为，该条款适用两种情形：一是车辆在遭受暴雨、洪水后在淹及排气筒的水中启动；二是车辆在任何情况下被水淹及后因过失操作不当。这两种情形中的任何一个致使车辆发动机损坏均应是保险人的责任范围。保险人指出，根据文义解释原则，该条款有两个层面的含义：一是车辆遭受危险的基本前提条件是车辆遭受暴雨、洪水；二是在遭受暴雨、洪水后车辆在淹及排气筒的水中启动或者被水淹及后操作不当而使发动机损坏，才属于保险人承保的责任范围。

三、结　论

法院认为，原被告双方签订的保险合同不违反法律规定，为有效合同，双方应当依照合同严格履行各自义务。保险人承担赔偿责任时应遵循近因原则。本案中，自来水水管爆裂致使路面大量积水，是产生保险事故的近因，不属于因暴雨、洪水而产生的事故范围。故该事故不属于保险人的承保责任范围。判决结果为保险公司对本起事故不承担赔偿责任。

任务二　保险赔偿后的代位追偿事故案例

【案例 7-3】全损赔偿后保险标的的所有权归保险公司的案例

一、案情简介

2020 年 8 月23日，个体运输专业户王某将其私有 × × 牌汽车向某保险公司投保了足额车辆损失险和第三者责任险，车辆损失险保险金额为 25万元，保险期为1年。同年10月 20 日，该车在途经邻县一险要处时坠入悬崖下一条湍急的河流中，该车驾驶员（系王某堂兄）随车遇难。事故发生后，王某向保险公司报案，保险公司经过现场查勘认为，地形险要，无法打捞，按推定全损处理，当即赔付王某人民币 25万元。同时声明，对车内尸体及善后工作，保险公司不负责任，由车主自理。10月 22 日，王某为了打捞堂兄尸体及车内购货款，就将残车以 3 500 元转让给邻县的李某。双方约定：由李某负责打捞，车内尸体及现金归王某，残车归李某。10月 25 日，残车被打捞起来，王某和李某均按约行事。保险公司知悉后，认为王某未经保险公司允许擅自处理实际所有权已转让的残车是违法的，遂起纠纷。

二、案情分析

保险公司推定该车全损，给予车主王某全额赔偿，根据《保险法》第五十九条规定，保险事故发生后，保险人已支付了全部保险金额，并且保险金额等于保险价值的，受损保险标的的全部权利归于保险人。保险公司已取得残车的实际所有权，只是认为地形险要而暂时没有进行打捞。因此，原车主王某未经保险公司同意转让残车是非法的。

保险公司对车主王某进行了全额赔偿，而王某又通过转让残车获得3 500元，其获得的收入大于车辆总损失，显然不符合财产保险中的损失补偿原则。因此，保险公司追回王某所得的额外收入 3 500 元，正是保险损失补偿原则的体现。

李某获得的是王某非法转让的残车，但由于他是受王某之托打捞尸体及车辆，付出了艰辛的劳动，且获得该车是有偿的，可视为善意取得，保险公司不得请求其归还残车。

三、结　论

该案例是机动车辆保险中的一个典型案例，同时涉及民法的适用问题。保险公司推定全损，进行了全额赔偿，获得了对残车的实际所有权。王某打捞并转让残车，未经保险公司同意为非法，但情有可原，保险公司可追回其所获的额外收入3 500元，并对其进行批评教育。王某的行为可视为善意取得，不追究其民事责任。

【案例 7-4】保险公司有权收回重赔保险金的理赔案例

一、案情简介

2019 年 8 月15日，个体运输户王某为自己的载货汽车投保车辆损失险和第三者责任险，保险期限为1年。当年 9 月20日，王某运货，在高速公路上被一辆强行超车的大货车碰撞，造成车损、王某受伤且货物被浸损的事故，且大货车驾驶员驱车逃走。交通管理部门认定，此起交通事故由逃逸大货车驾驶员负全责。事后王某向保险公司报案并请求赔偿。经鉴定车损为15万元，保险公司依损失额80%赔付12万元，同时保险公司还给付王某第三者责任保险金2 400元及施救费500元，扣除损余200元，实际赔付 12.27万元。后来逃逸大货车驾驶员被交通管理部门抓获，并通知王某。王某与逃逸大货车驾驶员会面达成协议，规定对方只须支付王某货物损失 7 000元及施救费 1 500元。保险公司得知后，要求王某退回重赔保险金，王某拒绝，双方遂引起争议。

二、案情分析

《保险法》第六十条规定：因第三者对保险标的的损害而造成保险事故的，保险人自向被保险人赔偿保险金之日起，在赔偿金额范围内代位行使被保险人对第三者请求赔偿的权利。前款规定的保险事故发生后，被保险人已经从第三者取得损害赔偿的，保险人赔偿保险金时，可以相应扣减被保险人从第三者已取得的赔偿金额。保险公司赔付了王某车损、第三者责任保险金和施救费，因此保险公司就以上三项保险金取得代位追偿权，即保险公司有权向肇事司机索赔以上三项费用。

《保险法》第六十一条第二款规定：保险人向被保险人赔偿保险金后，被保险人未经保险人同意放弃对第三者请求赔偿的权利的，该行为无效。因此，王某与逃逸大货车驾驶员私下约定放弃对车损及第三者责任赔偿请求权的行为无效。同时，为了避免王某行使两种请求权而获得双重利益，王某不能就已获赔款范围再向逃逸大货车驾驶员行使原有的赔偿请求权，故王某从逃逸大货车驾驶员处获得 1 500 元施救费为重赔保险金，其应归属保险公司。

《保险法》第六十条第三款规定：保险人依照本条第一款规定行使代位请求赔偿的权利，不影响被保险人就未取得赔偿的部分向第三者请求赔偿的权利。因此，王某有权就货损及车损赔付未足部分向逃逸大货车驾驶员索赔，但本案中王某放弃了向肇事司机请求赔偿车损赔付不足部分的权利。

三、结　论

最终王某与保险公司达成一致，王某退还保险公司重赔保险金，即施救费 1 500 元。

保险的基本职能之一就是损失补偿，它不允许被保险人因损失而获利。因此，对被保险人而言，一定要了解代位追偿权的真正含义，并学会行使向保险公司和向第三者的两种请求赔偿的权利。只有这样，才能既保全自己的财产又避免不必要的纠纷。

任务三　车辆牌照日期有效性问题的事故案例

【案例 7-5】新车买了保险，取得了机动车牌照后，未告知保险公司，车辆出险后遭到拒赔的案例

一、案情简介

赵某为其轿车向某财产保险公司投保了车辆保险，保险金额为 34 万元人民币。因为是新车，投保单上没有填写牌照号码。保险公司在保险单正本“特别约定”一栏中盖上了红色长方形图章，其内容是“领取牌照三日内通知保险公司，过期不负保险责任”。

但赵某从交警部门领取牌照后一直没有通知保险公司。后来，该车在保险期限内发生保

险事故，损失金额为人民币 20 万元，赵某依保险单向保险公司索赔。保险公司则认为，赵某违反了“特别约定”中的义务，做出了拒绝赔偿的决定。赵某不服，向法院提起诉讼。

二、案情分析

《保险法》第二十条规定：“投保人和保险人可以协商变更合同内容。变更保险合同的，应当由保险人在保险单或者其他保险凭证上批注或者附贴批单，或者由投保人和保险人订立变更的书面协议。”

本案例中保单载明的“特别约定”是合同的要件，是合同的基础。如果投保人违反该约定，保险人可以宣布保险合同自始无效。保险人之所以约定该项内容，其原因是保险车辆应当具有其合法的手续。如果没有牌照号码，被保险人和其他人员有可能利用该保单进行欺诈，将别的车辆冒充保险车辆来索赔。机动车辆保险条款也有类似规定，所以保险车辆必须有交通管理部门核发的行驶证和号牌，并经检验合格，否则保险单无效。

三、结　论

赵某履行“特别约定”的义务是轻而易举的。在公安机关核发牌照后给保险公司打电话，讲明牌照号码，或者开车到保险公司登记一下，对赵某而言，都不是件困难的事。赵某没有认真阅读和学习保单规定的义务，痛失保险赔款，其教训应为广大投保人和被保险人吸取。

履行“特别约定”的义务是很必要的，只有合同双方严格执行合同约定，才能获得相应保护。

任务四　车辆自燃案例

【案例 7-6】车辆线路短路引起的自燃案例

一、案情简介

王女士与某保险公司签订了保险合同，投保了交强险、行业 A 条款家庭自用汽车损失险、机动车第三者责任险、机动车车上人员责任险和不计免赔率特约条款，保险期限自 2020 年 7 月 1 日 0 时起至 2021 年 6 月 30 日 24 时止，保险费合计 3 256 元。2020 年 9 月 23 日，该车在正常行驶过程中发生火灾，造成全部损失。当地公安消防部门出具的火灾原因认定书表明该起火灾是车辆线路短路引起的。此次事故导致的该车损失约为 12 万元。王女士以火灾属于家庭自用汽车损失险保险责任为由向保险公司提出保险索赔申请，等来的却是保险公司出具的机动车辆保险拒赔通知书，拒赔理由为：“此次事故直接原因为车辆自燃，自燃属家庭自用汽车损失险责任免除项目，保险公司不予赔偿。”王女士不服，遂上诉至法院。

法院审理认为，王女士投保的行业 A 条款家庭自用汽车损失险条款责任免除部分第七条第五款明确规定“自燃及不明原因火灾造成的被保险车辆的损失保险人不负责赔偿”，且此项在条款中以黑体字予以特别提醒，因此判王女士败诉。

二、案情分析

王女士投保的行业 A 条款家庭自用车辆损失险保险责任部分第四条第二款规定：“保险期间内，被保险人或其允许的合法驾驶人在使用被保险机动车过程中，因火灾、爆炸造成被保险机动车的损失，保险人依照本保险合同的约定负责赔偿。”责任免除部分第七条第五款规定：“自燃及不明原因火灾造成的被保险车辆的损失保险人不负责赔偿。”本案争议的焦点是造成保险车辆损失的原因是属于保险责任的“火灾”，还是属于责任免除的“自燃”。根据“近因原则”，此次事故造成保险车辆损失的直接原因是车辆线路短路即自燃，因此自燃是此次事故造成车辆损失的真正原因，而自燃又属于责任免除，故保险公司不予赔偿，法院判王女士败诉。

三、结　论

损失原因的分析应当遵循“近因原则”，寻找导致损失的根本原因。如果造成损失的根本原因属于列明保险责任，保险人就应该给予赔偿；如果造成损失的原因属于未保风险和责任免除，保险人则有充足的理由予以拒赔。

【案例 7-7】不明原因引起的自燃案例

一、案情简介

2020 年 7 月 13 日晚，张先生发现停在自家楼下的汽车突然着火，便立即拨打电话报警。消防救援人员赶到现场后将火扑灭，可张先生的汽车已经焚毁。张先生随即向保险公司报案，保险公司查看保单后，确认张先生为自家车购买了自燃损失险，车辆保险金额 10 万元，车辆购买日期为 2019 年 5 月 20 日，车辆价格也是 10 万元。查勘员小李对事故现场和车辆进行了查勘，向张先生介绍了索赔的程序和要求。张先生向该公司提出索赔车辆损失险 10 万元。可该公司却以张先生没有向保险公司提供理赔资料，并且张先生的车辆属于不明原因自燃为由拒绝赔偿。协商未果后，张先生将该保险公司告上法庭。

二、案情分析

张先生的车辆失火烧毁后，消防部门以火灾原因不明为由，拒绝向张先生出具火灾原因证明，张先生更无法找到失火的具体原因。在《机动车综合商业保险示范条款（2020 版）》中，“火灾”属于车损险的保险责任，但“火灾”的定义是指被保险机动车本身以外的火源引起的、在时间或空间上失去控制的燃烧（即有热、有光、有火焰的剧烈的氧化反应）所造成的灾害。该案例中的火源是无法确认的，是不明火源。在第九条第（三）款中规定：“人工直接供油、高温烘烤、自燃、不明原因火灾”为责任免除条款。张先生虽然投保了自燃损失险，但张先生无车辆自燃的证明。由于保险条款是保险人制定的格式条款，对条款的解释适用对被保险人有利的解释原则，以及民法当中有举证倒置原则，所以案例诉讼后，争取让法院支持举证倒置。

三、结　论

法院审理时认为，火灾原因是案件判定的主要依据，法院再次请求消防部门进行鉴定，但消防部门以无法鉴定为由拒绝出具火灾原因证明。法院便采用了举证倒置的原则，要求保险公司证明，火灾不是自燃原因引起的。结果保险公司不能提供有力的证据，法院判决原告胜诉。该车为家庭自用，折旧系数为 0.6%，已使用 14 个月，原价为 10 万元，赔款应为 10 – 10 ×（0.6% × 12）=9.28（万元）。法院判决保险公司向张先生赔偿车辆损失保险金 9.28 万元，车辆残值归保险公司所有，诉讼费由保险公司承担。

不少人认为，汽车发生自燃的情况不太可能发生，没必要投保。实际上，车龄增加、线路老化、旧车线路改造多，都会给自燃埋下隐患。在炎热的夏天，汽车自燃更易发生。因此，常有保险人员建议给 4 年以上车龄的车辆投保自燃险。

任务五　改变了车辆使用性质的案例

【案例 7–8】自用车跑黑车，出险后遭拒赔的案例

一、案情简介

2021 年 2 月 16 日，王某为自己的一辆普通轿车按家庭自用车投保了交强险、车辆损失险、第三者责任险（限额 10 万元）、车上人员责任险（5 座，限额每座 1 万元）及各项免赔率，其中车辆损失险限额 7.8 万元，保费 1 120 元；第三者责任险限额 10 万元，保费 1 040 元；车上人员责任险（司）限额 1 万元，车上人员责任险（乘）限额 4 座，每座 1 万元。保险期限自 2021 年 2 月 16 日 0 时起至 2022 年 2 月 15 日 24 时止。

2022 年 5 月 15 日，该车与另一轿车相撞，并翻入路基下，车内一人重伤。经交警部门认定：王某在夜晚雨天车速过快，违反《道路交通安全法》第四十二条规定，应负全部责任。保险公司查勘员对现场进行了查勘，定损人员确认对方车辆损失 2 000 元，王某的车辆损失费和施救费合计 3 600 元，人员伤残总费用 3.5 万元。

2022 年 11 月 21 日，事故处理结束后，王某向保险公司提出索赔。但保险公司却下发了“拒赔通知书”。王某承认，发生事故时，自己载客挣钱，但否认长期跑“黑车”。王某多次与保险公司协商，要求按比例赔偿相关损失，协商未果后，向法院提起诉讼。

二、案情分析

此案如何赔付，有两种意见：

第一种是按比例赔付。理由为：尽管因投保人自称是家庭自用车，导致保险公司少收保费，但毕竟购买了保险，保险合同成立，保险公司应该承担风险。因此，根据保险条款规定，应按实交保费与应交保费的比例赔付。

即第三者责任险应赔付：2 000 × 100% × [1 040（实缴保费）/1 560（应缴保费）] = 1 333（元）

车辆损失险和施救费应赔付：3 600 × 100% × [1 120（实缴保费）/1 680（应缴保费）] = 2 400（元）

附加车上人员责任险赔付：10 000 × 100% = 10 000（元）

第二种是拒赔。理由为：《保险法》第十六条明确规定：订立保险合同，保险人就保险标的或者被保险人的有关情况提出询问的，投保人应当如实告知。而此案“订立保险合同时，投保人故意不履行如实告知义务的，保险人对于保险合同解除前发生的保险事故，不承担赔偿或给付保险金的责任，并不退还保险费”。

法院审理认为保险公司出具的证据合法有效，证明原告在发生事故时，进行载客营运，在订立保险合同时，未如实告知保险人，违反了《保险法》第十六条的规定，判决原告败诉，并承担诉讼费。

三、结　论

投保人王某改变了车辆使用性质，违规从事城市客运业务，增加了车辆使用风险，对于后果必须自负。

任务六　交强险约定生效时间的认定案例

【案例 7–9】认定交强险生效时间的案例 1

一、案情简介

刘某于 2015 年 3 月 12 日 10 时 22 分为其所有的货车投保了交强险，保险期限自 2015 年 3 月 13 日 0 时起至 2016 年 3 月 12 日 24 时止。2015 年 3 月 12 日 11 时 30 分左右，刘某驾驶货车行驶在路上，因驾驶技术生疏，发现相对方向有来车时，错把油门当刹车，先蹭上同向孙某驾驶准备超车的轿车，后撞到相对方向张某驾驶的二轮摩托车和公路左侧的房屋，造成张某当场死亡、三责车及房屋受损的交通事故。事故发生后，刘某立即向交管部门和保险公司报了案，并打 120 急救电话请求救援。其经交管部门认定，刘某负事故的全部责任，保险公司查勘员也查勘了现场。事故发生后，刘某垫付了所有费用。随后，刘某向保险公司申请赔偿，但保险公司以事故发生在保险期限开始之前为由，拒绝赔偿，刘某将保险公司诉至法院。

二、案情分析

被告保险公司辩称，刘某所有的货车在发生事故时，因所投保的交强险对保险期间约定了“投保后次日零时生效”，故该交强险未生效，保险公司不承担交强险保险责任。

经法院查明，刘某于 2015 年 3 月 12 日 10 时 22 分 2 秒向保险公司交纳了交强险保费，保单打印时间为 2015 年 3 月 12 日 10 时 22 分 32 秒。法院审理后认为，交强险保单中对保险期间有关“投保后次日零时生效”的规定，会使部分投保人在投保后至保单正式生效前的此段时间内得不到交强险的保障，违背了道路交通安全法的立法精神。根据《关于加强机动车交强险承保工作管理的通知》（保监厅函〔2009〕91 号）精神，认定刘某货车投保的交强险生效时间为该合同载明的“投保确认时间”即“2015 年 3 月 12 日 10 时 22 分”，故被告保险公司以合同未生效而拒绝赔偿的抗辩理由不能成立。

三、结　论

法院判决被告保险公司某分公司在交强险限额内，赔偿原告方关于张某的死亡伤残赔金 110 000 元，三责财产损失 2 000 元，合计 112 000 元，并承担诉讼费。

【案例 7–10】认定交强险生效时间的案例 2

一、案情简介

原告刘某购买了一辆二手车跑运输，上一年度交强险于 2019 年 4 月 16 日到期，后刘某于 4 月 20 日上午 10 时 33 分向某保险公司交纳保费，该公司于 10 时 36 分向原告出具了保险单。保险单保险期限以打印体约定保险期限自 2019 年 4 月 21 日 0 时起至 2020 年 4 月 20 日 24 时止，但保险公司未就该期限约定向刘某作出书面说明，也未要求刘某签署投保单等对上述保险期限予以确认。4 月 20 日 16 时许，投保车辆发生交通事故，造成人身伤亡，但保险公司以保险合同未生效为由拒绝理赔。刘某将保险公司诉至法院。

二、案情分析

被告答辩：

（1）保险合同关于保险期限的约定非格式条款，双方可以对保险合同的效力附期限。

（2）被保险人在收到保险公司签发的保险单后未提出异议，应视为对保险单载明的保险期限的认可，因此保险期限是双方协商一致的结果。

（3）除非投保人特别申请，交强险均以次日零时生效，所有保险公司均使用这种起保方式。被告认为，保险期限的约定符合《保险法》和《合同法》的规定，应为有效，事故未发生在保险期限内，故其拒绝理赔理由正确，请求驳回原告的诉讼请求。

法院经审理认为：《保险法》第十三条规定“投保人提出保险要求，经保险人同意承保，保险合同成立……依法成立的保险合同，自成立时生效。投保人和保险人可以对合同的效力约定附条件或者附期限”，因此双方的保险合同自 2019 年 4 月 20 日 10 时 33 分即已成立；关于保险合同的期限，在交强险中，保险合同通常设定保险期限自投保后次日凌晨起生效的模式，并已形成行业惯例，但并无法律依据，并使投保人在投保后、保单未正式生效前的时段内得不到交强险的保障。为使机动车道路交通事故的受害人得到有效保障，为此《中国保险业监督管理委员会关于加强机动车交强险承保工作管理的通知》要求在保单“特别约定”栏中，就保险期限作出特别说明，写明或加盖“即时生效”等字样，使保单自出单时立即生效。本案中，原告提交的保险单显示“保险期限自 2019 年 4 月 21 日 0 时起至 2020 年 4 月 20 日 24 时止”，被告提交的投保单显示“保险期限自 2019 年 4 月 21 日时起至 2020 年 4 月 20 日时止”，可以看出两份单据约定的保险期间不一致，应视为双方对保险期间未达成一致意见，保险合同应即时生效。因保险事故发生在保险期间内，属于保险理赔范围，保险公司应予以赔偿。

三、结　论

一审法院判决支持了原告的诉讼请求。

本案的核心在于保险公司关于保险期限自投保次日凌晨生效的规定是否有效。对于这个问题，可以从以下几个角度做出分析：

（1）双方未就该条款达成合意，是被告单方行为，对原告不具有约束力。保险单虽载有保险期限，但该条款是被告打印格式，没有原告的签字确认，且被告没有证据证明双方已经就保险单上的保险期限与原告达成合意。该做法虽是保险公司的通常做法，但保险公司未明确告知原告，也未解释和说明，不符合《保险法》第十三条关于投保人与保险人约定合同效力附期限的规定，该条款对原告不具有约束力。被告出具的“投保单”，在投保时被告并未向原告出示，也未要求原告签名，更没有就保险期限、责任免除等内容向原告做出说明和解释。该签名是被告的工作人员所签，不能代表原告，特别是投保单上的保险期限仅载明自 2019 年 4 月 21 日起，并没有具体时点，与保险单的 4 月 21 日 0 时显然不一致，不能证明与保险人就保险期限达成一致。

（2）该条款是被告提供的格式条款，将保险期限推迟，免除了被告本应承担的保险责任，加重了作为投保人的原告的义务，排除了投保人在交纳保费到格式条款起保时间段可能获得保险利益的权利。《保险法》第十九条规定：“采用保险人提供的格式条款订立的保险合同中的下列条款无效：（一）免除保险人依法应承担的义务或者加重投保人、被保险人责任的；（二）排除投保人、被保险人或者受益人依法享有的权利的。”另外，《保险法》第十七条规定：“订立保险合同，采用保险人提供的格式条款的，保险人向投保人提供的投保单应当附格式条款，保险人应当向投保人说明合同的内容。对保险合同中免除保险人责任的条款，保险人在订立合同时应当在投保单、保险单或者其他保险凭证上作出足以引起投保人注意的提示，并对该条款的内容以书面或者口头形式向投保人作出明确说明；未作提示或者明确说明的，该条款不产生效力。”被告没有证据证明其履行了说明义务，因此该条款应为无效。

针对本案情形，《关于加强机动车交强险承保工作管理的通知》（保监厅函〔2009〕91 号）

规定“由于交强险保单中对保险期间有关投保后次日零时生效的规定，使部分投保人在投保后、保单未正式生效前的时段内得不到交强险的保障”，为使机动车道路交通事故的受害人得到有效保障，更好地发挥交强险促进道路交通安全的作用，要求各保险公司做到：一是在保单“特别约定”栏中，就保险期间作特别说明，写明或加盖“即时生效”等字样，使保单自出单时立即生效。二是公司系统能够支持打印体覆盖印刷体的，出单时在保单中打印“保险期间自×年×月×日×时……”覆盖原“保险期间自×年×月×日零时起……”字样，明确写明保险期间起止的具体时点。显然，保险监管机构也认为不能未经投保人同意擅自将保险期限规定为保险合同成立后的次日零时，所以保险公司关于行业惯例的抗辩理由不成立。

任务七　车辆被盗案例

【案例 7-11】汽车被盗 3 个月后如何处理复得汽车的理赔案例

一、案情简介

李先生于 2019 年 12 月 21 日购买了一辆轿车，购车费 15 万元，附加费 1.5 万元。在某保险公司，他为该车办理了全车盗抢保险，双方确认保险金额为 15 万元，保险期限为 2019 年 12 月 22 日 0 时至 2020 年 12 月 21 日 24 时止。按照该合同中有关盗窃保险条款的规定，如果该机动车被盗，保险公司将按保险金额予以全额赔偿。

2020 年 4 月 24 日，该车被盗，李先生立即向公安机关和保险公司报了案。到了 6 月 24 日，汽车仍未找到。李先生持公安机关的证明向保险公司索赔，保险公司称要向上级公司申报。

8 月初，李先生被盗的汽车被公安机关查获，保险公司将车取回，但这时李先生不愿收回自己丢失的汽车，而要求保险公司按照保险合同支付 12 万元的保险金及其利息。而保险公司则认为，既然被盗汽车已经被找回，因汽车被盗而引起的保险赔偿金的问题已不存在，因此李先生应领回自己的汽车，并承担保险公司为索赔该车所花费的开支。李先生不同意，便将保险公司诉至法院。

二、案情分析

这是一起车辆被盗 3 个月后，保险公司应该赔付保险金还是还车的案例。被盗车辆被追回，但如果被保险人看到车辆已不值被盗前的价格，一般愿意选择由保险公司支付保险金。

另外，当时适用的全车盗抢险条款第六条规定：“保险人赔偿后，如被盗抢的保险车辆找回，应将该车辆归还被保险人，同时收回相应的赔款。如果被保险人不愿意收回原车，则车辆的所有权益归保险人。”也就是说，被保险人具备要车或者要保险金的优先选择权。因此，李先生要求保险公司按照保险合同支付保险金是合理的。

三、结　论

法院审理后认为，李先生与保险公司订立的保险合同符合法律规定，双方理应遵守。本案中的失窃汽车虽被公安机关查获，但已属于保险合同中约定的“失窃 60 天以上”的责任范围。故判决李先生的汽车归保险公司所有，保险公司在判决生效后 10 日之内向李先生赔偿保险金：15×（1－20%）=12（万元），并承担本案的诉讼费用。

【案例 7-12】自用车跑“黑车”被抢后的理赔案例

一、案情简介

2018 年 6 月 9 日，蔡某为其新买的轿车购买了包括全车盗抢险在内的汽车保险，该车使用性质为家庭自用车，保险期限为 2018 年 6 月 10 日 0 时起至 2019 年 6 月 9 日 24 时止。2019 年 3 月 5 日 1 时许，蔡某的儿子驾驶该车在城乡接合部拉“黑活”时，被车上乘客打劫。司机被拳打脚踢撵下车，车被开走。案发后蔡某的儿子向公安局报了案，但此案尚未破获。2019 年 5 月 10 日蔡某向保险公司提出索赔。保险公司以“机动车综合商业保险条款第五十一条及第五十三条之规定”认为此交通事故不属于赔偿责任范围，不予理赔。蔡某向法院起诉要求保险公司赔偿车辆损失 8.6 元。

二、案情分析

保险公司辩称，原告投保的车辆性质是家庭自用车，该车是在夜间拉“黑活”过程中被车上人员劫持开走的。由于原告私自改变了被保险车辆的使用性质，增加了危险程度，却未事先书面通知保险公司并办理批改手续，且原告在索赔时隐瞒了车辆用于营运的事实，涉嫌欺诈。

《保险法》第五十二条规定：“在合同有效期内，保险标的的危险程度显著增加的，被保险人应当按照合同约定及时通知保险人，保险人可以按照合同约定增加保险费或者解除合同。保险人解除合同的，应当将已收取的保险费，按照合同约定扣除自保险责任开始之日起至合同解除之日止应收的部分后，退还投保人。被保险人未履行前款规定的通知义务的，因保险标的的危险程度显著增加而发生的保险事故，保险人不承担赔偿保险金的责任。”该条款是对投保人如实告知义务的要求。本案中，蔡某擅自改变车辆用途的行为使车辆被盗抢的危险增加，而保险公司并不知情，所以根据保险合同的约定，保险公司有权拒赔。

法院经审理认为：被告作为保险人接受了原告的投保申请及交纳的保险费，并签发了机动车辆保险单，故双方之间形成了保险合同关系。双方都应诚实守信，严格履行合同，但本案标的车辆本来是家庭生活使用，却用于商业运营，增加了车辆的危险程度，且未就此告知保险公司。原告违背了保险合同的如实告知义务，无权就车辆被抢劫所遭受的损失请求保险公司赔偿。

三、结　论

法院判决，驳回原告的诉讼请求，并由原先承担诉讼费。

任务八　无证驾驶情形下交强险保险人赔偿责任案例

【案例 7-13】无证驾驶情形下交强险保险人赔偿责任案例

一、案情简介

2019 年 1 月 18 日 18 时 46 分许，被告张某驾驶登记在杨某名下的一辆轻型自卸货车行驶时，与相对方向左转弯江某驾驶的一辆普通二轮摩托车发生碰撞，造成两车不同程度损坏、江某受伤的交通事故。经查明，张某持有的驾驶证为拖拉机驾驶证（G 证）。交警大队认定，被告张某驾驶与驾驶证载明的准驾车型不相符的车辆，应承担事故同等责任；江某驾驶车辆左转弯未让相对方向直行车辆先行，应承担事故同等责任。事故发生后，伤者江某向法院起诉了张某和其投保的保险公司。经法院调解，保险公司同意在交强险责任限额内赔偿江某各项损失合计 50 110 元并履行完毕。

二、案情分析

无证驾驶的被告张某和受害人江某均承担交通事故同等责任。保险公司在交强险限额内赔偿江某 50 110 元之后，能否向无证驾驶的侵权人全额追偿交强险赔偿款？对此，有两种观点：

第一种观点认为，保险公司应按事故责任比例向无证驾驶的侵权人予以追偿，即保险公司向张某追偿的比例应为保险公司赔偿金额 50 110 元的 50%。因为根据《侵权责任法》和《道路交通安全法》的规定，机动车与机动车之间发生交通事故适用过错责任原则。要求被告张某承担全部责任违反了过错责任原则，也明显有失公平，不应支持。

第二种观点认为，根据交强险合同的约定，无证驾驶的情形下免除保险公司的赔偿责任，故保险公司可在交强险赔偿范围内向无证驾驶的张某全额追偿，即保险公司追偿的范围为其已经赔偿江某的 50 110 元。

支持第二种观点的理由如下：

（1）从文义解释的角度，保险公司有权全额追偿。《最高人民法院关于审理道路交通事故损害赔偿案件适用法律若干问题的解释》（以下简称《解释》）第十八条第二款规定，保险公司在赔偿范围内向侵权人主张追偿的，人民法院应予支持。这句话确定了保险公司向无证驾驶侵权人追偿的范围是保险公司“赔偿范围内”。“赔偿范围内”从文义上理解，第一层意思当然是追偿范围不应超过保险公司实际向受害人赔付的范围。而笔者认为“赔偿范围内”同时也含有一层意思：保险公司追偿的范围不应低于保险公司实际向受害人赔付的范围，即应全额追偿，而不应按事故责任比例只追偿一部分。

（2）交强险责任限额范围内的赔偿不以事故的责任划分为前提。《道路交通安全法》第七十六条规定：机动车发生交通事故造成人身伤亡、财产损失的，由保险公司在机动车第三者责任强制保险责任限额范围内予以赔偿。《解释》第十九条第一款规定：未依法投保交强险的机动车发生交通事故造成损害，当事人请求投保义务人在交强险责任限额范围内予以赔偿的，人民法院应予支持。根据以上两条可得出一个结论：无论交通事故侵权人是否投保交强险，侵权人在交强险责任限额内承担的均是全额赔偿责任，不以事故的责任划分为前提。区别只在于投保交强险的情形下，交强险内的全额赔偿责任由保险公司代为承担；未投保交强险的情形下，全额赔偿责任由侵权人自行承担。

（3）全额追偿符合保险人和被保险人的合同约定。保险公司的追偿比例问题属于保险人和被保险人对最终赔偿责任的分担，归根结底属于保险合同纠纷，自然应根据保险合同的约定予以处理。无证驾驶违反了法律、行政法规中的禁止性规定，而且属于交强险保险合同明确列入免责条款的免责事由，投保人在投保单上予以签名确认，应当认为保险公司已尽到相应的提示义务，故该免责条款合法有效。保险公司向受害人承担交强险赔偿责任后，当然有权依照交强险合同的免责条款向无证驾驶侵权人追偿。

（4）全额追偿符合我国交强险制度运行的现状。从交强险制度的立法目的来看，无证驾驶的情况下，保险公司在交强险限额内先行赔偿是为了及时有效地对当事人的损失给予救济，而不是对无证驾驶侵权人的损失予以分担。在无证驾驶情形下，保险公司承担的只是中间责任，无证驾驶人才是赔偿责任的最终承担者。保险公司承担交强险赔偿责任，但其本身并非社会福利机构，在侵权人无证驾驶的情况下对受害人先行承担赔偿责任后，应当有合理的途径消化或分解这一加重的负担，即对无证驾驶侵权人全额追偿。另外，从目前交强险的实际运营状况看，交强险还不是一种完全的社会保险，需要考虑运营成本和费率计算的实际问题，向侵权人全额追偿有利于降低其运营成本，从而避免谨慎守法的机动车驾驶人为违法驾驶者分担违法成本。

（5）全额追偿对无证驾驶行为的否定性评价，是以私法手段促进公法目的实现的有效手段。无证驾驶属于严重的交通违法行为，加大了道路交通安全隐患，将给不特定的人带来严重的风险，应该受到法律的制裁和惩罚。如果保险公司只能按照责任比例予以追偿，容易导致驾驶人无证驾驶时存在侥幸心理。要求无证驾驶侵权人承担全部责任体现了对无证驾驶人违法行为的否定性评价，同时也是以私法手段促进公法目的实现的有效手段，有利于引导当事人不得无证驾驶。

三、结　论

保险公司另案起诉张某返还由保险公司向江某垫付的交强险限额内赔偿费用 50 110 元。法院支持了保险公司的诉讼请求。

任务九　在同一被保险人名下的两车追尾事故赔偿案例

【案例 7–14】同一被保险人名下两车追尾事故赔偿案例

一、案情简介

王经理非常疼爱自己的妻子，虽然家中已经有了一辆私家车，还是给已经有了驾照的妻子单独购买了一辆轿车，并亲自为妻子的轿车办理了包括购买保险在内的全部手续。为了体现对妻子的爱意以及以后交费方便，他将两辆车的车主、投保人、被保险人均写成自己，并且购买了同一家保险公司的保险产品。周末，为了锻炼妻子的驾驶技能，两人各自驾车外出郊游。由于妻子驾驶技能不熟练，来到一个路口时，追尾撞上了正在等红绿灯的丈夫的车，以致两辆车均受损。

二、案情分析

本起事故中，责任方属于妻子，由于她追尾撞了老公驾驶的车，应该承担事故的全部责任。

由于妻子不是故意驾车撞击老公的车，因此，妻子驾驶的车前部受损，完全可以从其自身的车辆损失险中获得赔付。

丈夫驾驶的车尾部受损，不属于其自身车辆损失险的赔偿范围，因而不能从自身的车辆损失险中获得赔付，应该由肇事方承担赔偿责任。

由于两车属于同一个被保险人，驾驶两车的又属于夫妻关系，假如由责任方的第三者责任险赔付被追尾车辆的损失，那么保险公司的赔款实际上就落到了肇事方的家人（即她的老公）手里，这不符合保险赔偿的原则。因而，被追尾车尾部的受损，无法从责任方的第三者责任险中获得赔付。

三、结　论

前车损失不管多大，也得不到赔偿；后车可在本车保险限额内得到赔偿。

任务十　汽车保险诈骗案例

【案例 7–15】通过 DNA 认破保险诈骗案例

一、案情简介

2019 年 10 月 20 日 23 时左右，亳州公司理赔中心驻蒙城理赔分部查勘定损员接到专线调度，在蒙城县往篱笆方向的乡村道路上发生一起 × × 轿车撞树的单方事故。

查勘员接到调度，了解该案是蚌埠公司承保的车辆，属于代查勘案件。与报案人联系确认出险地点、约定到达时间后，即驾车前往事故现场。到达后发现事故现场一片狼藉，外观部件散落一地，标的车由南向北撞到路旁的一棵大树上，车损严重。

二、案情分析

查勘员按照查勘标准流程向客户问好并发放矿泉水后，开始向客户了解出险经过。报案人刘某称当时自己一人驾驶该车从蒙城往蚌埠去，为躲避一辆电动车，猛打方向盘撞到路边的树上，造成本车受损，且已经向交警事故中队报案。

此时，查勘员心中产生了几个疑点，一是半夜三更乡村道路上还会有电动车吗？二是是否有可能是酒驾调包？

带着疑点，查勘员便开始仔细勘察事故现场，发现本车前部受损严重，主副气囊全部弹开，初步估计损失在 20 万元左右。从现场撞击程度看，车速应该在 80 km/h 以上且无任何刹车痕迹，用手摸发动机冰凉无温度，右前轮胎钢圈在没有碰撞的情况下有一个大口子，用手电筒一照，发现右前刹车盘上锈迹斑斑，又查看了另外 3 个刹车盘同样有锈迹，就初步断定此现场非本案第一现场，涉嫌保险欺诈。

查勘过程中，事故中队的民警到达现场，查勘员便打算把初步怀疑告知交警，请求协助调查。但为了不打草惊蛇，便没有表露自己的怀疑。这时，其中一位民警简单拍摄了几张照片后对车主说拖车马上就到，明天办理手续。查勘员告知车主由于此案损失较大，为了后期赔付方便，需现场做一份询问笔录，但车主说有点头晕想先去医院检查，便和朋友一起开车离开了。

由于发动机罩前杠等部件与树挤在一起，看不到树损失的痕迹，查勘员便决定原地等待事故车辆被拖走后，再查勘树木损失痕迹，以便锁定第一现场的证据。果然，虚拟的巨大撞击力下，树皮只有轻微的接触痕迹，此时查勘员更加确认该事故现场是虚假事故现场。

由于在晚上，且车已拖走，无法进一步调查。第二天，蒙城交警大队很快出具事故证明交给车主办理理赔。理赔中心高度重视，认为此案的查勘员分析得非常有道理，这起案件是代蚌埠公司查勘，但要把此案当做自赔案件处理。随即联系安徽某司法鉴定专家前来支援，经查勘员与专家一起到事故停车场又仔细查看了车辆损失部位，发现副气囊上有一滴血迹，便联系该鉴定机构省公司的 DNA 检测人员前来采集血样。因车主报案时称当时就他一个人在车上，核查人员就提出要采集驾驶员的血样以进行 DNA 比对。这时车主拒不配合，声称保险公司没权利抽他的血样，并对查勘员进行人身威胁。

但经查勘员耐心细致地向车主讲了理赔政策，以及保险欺诈所要承担的法律责任，在强大的攻心政策下，车主意识到事情的严重性，再三考虑，随后拨打 95518 专线电话，要求注销此次案件，不再要求保险公司理赔。

三、结　论

认真查勘，仔细核对，科学取证，是本次保险诈骗被识破的关键，最终为保险公司挽回了经济损失。

【案例 7–16】“先险后保”且为双车事故的骗保案例

一、案情简介

2019 年 6 月 15 日 16 点 38 分，陆某报案称，其驾驶 AD 车，在西站机车厂附近行驶时与前车发生追尾事故，造成两车严重受损的保险事故。

查勘员到达现场时，车辆已被移到了修理厂，报案人陆某说明案件已由交警进行了处理，并向查勘员提供了现场照片，图 7-1（a）就是其中的一张。现场查勘结束后，定损员到达修理厂对车辆进行定损，车辆损失情况如图 7-1（b）（c）（d）所示。

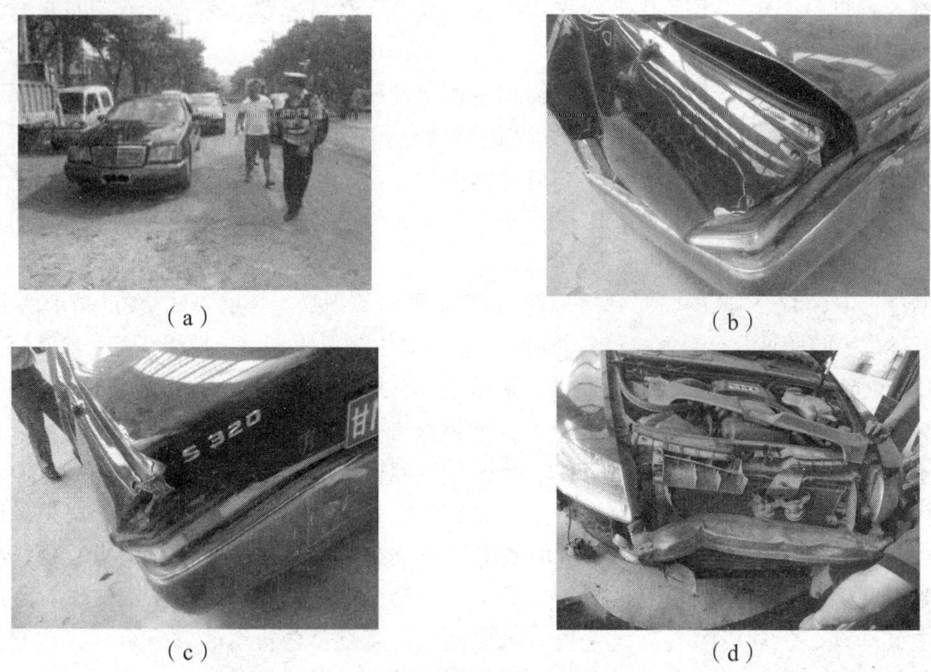

（a） （b） （c） （d）

图 7-1　追尾现场图和受损情况图

二、案情分析

核损人员针对车辆受损不合理及案件信息不完整，将案件提交到市分公司进行核查处理。稽查人员对报案人做了询问调查，并前往交警大队进行了调查核实，得出的结论是“事故真实”。但标的车发动机盖和前杠骨架的受损情形都不合理，与所描述的事故不符，且不可能在同一次事故中形成。于是，省公司核损组会同市分公司理赔中心车险分部再次讨论案件，制订核查方案。

由省公司委托 95518 通知报案人来兰州理赔中心核实案件信息，并做询问笔录。在经过了长时间各种理由的百般躲避、推托之后，报案人陆某终于到理赔中心做了一次不完整的询问笔录（中途被他的同伙急匆匆地叫走了）。询问过程中已有破绽暴露出来，前言不搭后语，回答问题前后矛盾，好多细节都被推翻、改口。虽说询问笔录没做完整，但还是拿到了想要的结果。询问后可以判定，作为驾驶员的陆某根本不是被保险人单位的员工，他也证明不了出险当日报交警的经过。

三、结　论

从后期对案件的核查得知，本起骗保案是修理厂精心策划的，主谋就是三者车驾驶员马某，他始终藏在幕后，未曾露面，而所谓标的车驾驶员陆某，其实就是修理厂的一个修理工，是马某手下的一名员工。陆某露出了破绽后，马某也无法自圆其说，最终通过攻心策略，使马某放弃了骗保的目的，注销了案件。

参考文献

[1] 李景芝，赵长利. 汽车碰撞事故查勘与定损实务[M]. 北京：人民交通出版社，2009.

[2] 李景芝，赵长利. 汽车保险典型案例分析[M]. 北京：国防工业出版社，2010.

[3] 易伟. 教你购买汽车保险[M]. 北京：机械工业出版社，2010.

[4] 梁军. 汽车保险与理赔[M]. 3 版. 北京：人民交通出版社，2010.

[5] 王健康，吴金文. 保险学概论[M]. 2 版. 北京：电子工业出版社，2010.

[6] 董恩国，张蕾. 汽车保险与理赔实务[M]. 2 版. 北京：机械工业出版社，2010.

[7] 曾鑫. 汽车保险与理赔[M]. 北京：人民邮电出版社，2010.

[8] 何宝文. 汽车保险与理赔[M]. 北京：机械工业出版社，2011.

[9] 罗双. 机动车保险文书[M]. 北京：机械工业出版社，2011.

[10] 陈世飞. 汽车保险与理赔[M]. 长春：吉林科学技术出版社，2011.

[11] 余义君. 汽车保险与理赔实务[M]. 西安：西北工业大学出版社， 2011.

[12] 张晓明，欧阳鲁生. 机动车辆保险定损员培训教程[M]. 北京：首都经济贸易大学出版社，2012.

[13] 李景芝，冯传荣. 汽车火灾理赔实务及案例解析[M]. 北京：机械工业出版社，2013.

[14] 常兴华. 汽车保险与理赔[M]. 北京：机械工业出版社，2013.

[15] 王艳梅. 保险学[M]. 北京：机械工业出版社，2013.

[16] 党晓旭. 机动车辆保险与理赔实务[M]. 4 版. 北京：电子工业出版社，2014.

[17] 张新亚，兰晓斌，张云龙. 汽车保险与理赔[M]. 成都：西南交通大学出版社， 2014.

[18] 王永盛. 车险理赔查勘与定损[M]. 3 版. 北京：人民交通出版社，2014.

[19] 郭颂平，赵春梅. 保险基础知识 [M]. 北京：首都经济贸易大学出版社，2014.

[20] 李景芝，赵长利. 汽车保险理赔[M]. 北京：机械工业出版社，2015.

[21] 王一斐. 汽车保险与理赔[M]. 北京：机械工业出版社，2017.

[22] 陈超，王爱兵，王强. 汽车保险与理赔[M]. 上海：同济大学业出版社，2018.